周 燕◎著

车轮滚滚

——刘瑞龙的一生

人民出版社

刘瑞龙与夫人江彤（1980 年前后摄于北京家中）

1955 年 3 月，刘瑞龙率中国农业代表团访问缅甸，归途中在轮船上留影

1956 年，刘瑞龙在农业部大院

1974 年，刘瑞龙与夫人江彤在上海合影

刘瑞龙在工作中（20世纪80年代摄于北京）

1980 年夏，刘瑞龙深入基层调查研究时，与干部群众亲切交谈

1949 年 5 月，刘瑞龙（石钧）到刚解放的上海后，
给夫人江彤（希兰）写的第一封信

2010年8月，（右起）延淮、延东、延申、延宁来到四川省阿坝藏族
羌族自治州若尔盖，寻访父亲刘瑞龙参加长征时三次走过的草地

目　　录

引　子

1929年初冬，上海的清晨，天气阴沉沉的。

在英租界冷冷清清的麦根路上，一位身穿灰布长衫、头戴黑色礼帽的高个子年轻人，踏着满地的落叶，由南向北走来，在麦根路91号——一座有铁栅栏围墙的花园洋房前，停住了脚步。他机警地环顾四周，见身后无人跟踪，便轻轻地揿响了门铃。

出来开门的是一位厨娘打扮的中年妇女。

"这里是国文补习学校吗?"年轻人问。

"是的。"厨娘像是刚刚撂下手中的活计，习惯地用围裙擦着手，轻声问:"你找哪一位?"

"我叫石钧，是从江北来的，想在此地找一份教书的工作。"

"你是怎样找到这里的?"

"是一位叫镜松①的先生介绍的。"

……

在对过规定暗号后，厨娘脸上露出微笑，连声招呼说:"快进来，

①　镜松:时任中共江苏省委书记李维汉的化名。

镜松先生正等着你呢!"

这所漂亮的花园洋房,对外是一所私立学校,实际上是我党的一处秘密机关。中共江苏省委第二次代表大会即将在这里召开。这位名叫石钧的年轻人,就是参加大会的通海地区的代表。他的真实姓名叫刘瑞龙,是上任不久的中共南通县委书记。

当年,中共江苏省委管辖的范围包括江苏、安徽两省和浙江的大部,以及中共中央所在地上海,对于指导全国的革命运动有着举足轻重的作用。参加这次会议的代表大多是我党老资格的革命家。中央代表有:李立三、周恩来、项英;省委常委有:罗迈(李维汉)、李富春、陈云、赵容(康生);还有部分中央军委的干部列席会议。刘瑞龙是第一次参加党内这样高规格的会议,一种庄严、神圣的使命感在他心中油然而生。

通海如泰① 位于长江出海口北岸,是国民党反动统治的腹心地区,此时已燃起了革命武装斗争的星星之火。红军游击队和农民自卫武装已经发展到 2000 多人。他们不断出击敌人,搅得土豪劣绅和反动军警不得安宁。如何用革命的武装对付反革命的武装?是中共江苏二大的重要议题之一。

在各地代表进行会议发言时,刘瑞龙用大量的事实,有力地驳斥了托陈取消派混淆中国革命的性质和任务,妄图取消工农武装革命的行径。

他一针见血地指出:"当地官僚、地主、资本家互相勾结剥削农民,他们低价买进大批海滨荒滩,筑堤堵潮,开河蓄淡,招租垦种。这些垦牧公司都是官僚、地主、资本家垄断土地、收取地租的机关,都有一套统治机构,像个小朝廷。其中一部分还与外国银行有关系,带有浓厚

---

①　通海如泰:系指南通、海门、如皋、泰兴四县及周边地区。

的封建性和买办性。"深刻揭露了这些垦牧公司剥削和压榨农民的封建实质。

最后，刘瑞龙用激扬澎湃的话语结束了发言："通海如泰地区的劳动人民，同全国人民一样，深受苦难，要求解放，革命的条件正在成熟，斗争的火炬正在燃起！但是，人民群众必须在共产党的领导之下，在革命思想的熔炼之下，才能进一步觉醒起来，聚集起来，为自身的彻底解放，坚决与敌人血战到底！"

"后生可畏！"

莅会者用赞许的目光注视着这位充满朝气的年轻人。他的稳健、犀利和果敢，引起在座的中央和省委领导同志的高度重视。在这次代表大会上，年仅19岁的刘瑞龙当选为中共江苏省委委员。他不仅是21位当选委员中最年轻的一位，也是最年轻的大会代表。

此时的刘瑞龙，俨如一艘撑起风帆的航船，从宽阔的长江口直驶大海，开始乘风破浪的人生航程。然而，大海喜怒无常，既有风平浪静的和顺，也有掀天蔽日的狂暴。他又将怎样冲破迷雾，绕过暗礁，搏击狂风巨浪呢?！

在之后60多年的革命生涯中，这位一往无前的年轻人，坚守信仰，不忘初心，历经创建红十四军血与火的洗礼，冲出万里长征和浴血河西走廊的悲壮历程，穿越八年的抗日烽火，在人民解放战争中，已经成为叱咤华东、中原、华北五省战场的野战军后勤司令员。

那是一幅旷古未见的人民战争的宏伟图景！

在东起黄海之滨，西至豫西山区，北自山东渤海，南达长江北岸，纵横两三千公里的广大地区内，男女老幼齐动员，家家户户忙支前。在通往淮海战场的大路、小路上，数百万民工推着小车、挑着担子，顶风踏雪，从四面八方涌向前线。在后方，妇女们夜以继日地磨面、做军鞋、缝军衣，照顾伤病员。一切为了胜利，已成为千百万人民的自觉

1940 年冬，时任中共淮海区军政委员会书记
的刘瑞龙

行动！

　　1973 年年底，为生动再现当年淮海大战中百万群众踊跃支前的感
人情景，长春电影制片厂组织力量，拍摄了一部彩色战斗故事片。作为
淮海大战支前后勤工作的主要组织者和指挥者之一，刘瑞龙欣然挥毫，
庄重地写下"车轮滚滚"四个苍劲有力的大字！

第一章　懂事的小雷惠

　　小雷惠出生才 70 天，父亲便撒手人寰。小时候，他与母亲相依为命，因衣着破旧，街坊开玩笑："真是少年有志，小小年纪就穿上朝服了，前补后补的，日后必有大福大贵。"曾经参加武昌起义的表兄为他命运的逆转给予助力。14 岁时，他考上被孙中山先生称作"开全国之先河"的通州师范学校。将来能做一位授业解惑的教书先生，是他们母子十分期望的事情。

一　陆洪闸的陆陈行

大江东去。潮起潮落。沧海变桑田。

这里是大海托起的神奇土地。

千古以来，长江每年挟裹着数亿吨的泥沙冲进黄海和东海，同时也将汇聚百川所积淀的自然与人类的文明和精华留在了这片土地上。

南通——一颗璀璨的明珠，成为万里长江出海前最后的创造！

早在五六千年前，江海大地除如皋、海安西北部外，还是茫茫的海域。由于江面骤然开阔，江水流速降低，加之海潮的顶托，咸淡水流交汇，长江流域下泄的大量泥沙在这里发生沉积，江口沿岸形成一块块小小的沙洲，继而连接成片，与陆地相并接。

当时光飞转到汉代，现今如东一带，隆起了一块名叫扶海洲的沙洲。南北朝时，扶海洲与扬州东部的沙嘴并接，完成了南通成陆史上第一次沙洲连陆的大并接。

与此同时，现南通市区一带，又隆起一块新的沙洲——胡逗洲。胡逗洲先后与其东边的南布、长沙、东社等沙洲并接，范围不断扩大。到公元 10 世纪初，胡逗洲又与其西北边的如皋大陆并接，完成了南通成陆史上第二次大并接，长江北岸一直延伸到余西一带。

……

在南通成陆史上曾发生过 4 次大并接。在公元 10 世纪中期，后周在这里设州，因其"据江海之会，通吴越之路"，遂取名通州。随着通州古代盐业的发展，居民聚落随之出现，渔业和农业也发展起来，商贾往来，经济繁荣。到了明朝，通州已有"风土庞厚，民俗淳雅，甲诸维扬"之美誉。

从元末到清初的 300 多年间，通州东部的江岸也曾发生过大规模坍塌。从 17 世纪末到 18 世纪初，在通州以东，余西至余东一线的长江中，一块块新的沙洲又纷纷露出水面。到 19 世纪末 20 世纪初，现代南通的境域才真正形成。

19 世纪末，一批准备以实业救国的民族资本家，看中了这片植根于华夏又不断向大海延伸的年轻土地。刚刚被光绪皇帝授为翰林院修撰的新科状元张謇，鉴于甲午战败，国事日非，为了实现"救贫"、"塞漏"之抱负，告假还乡，在两江总督张之洞的支持下，在这里做出了经天纬地的壮举。

从 1895 年，张謇便在家乡开始了"实业救国"的实践。他在唐闸镇创办了通州第一个近代工厂——大生纱厂，后更名大生一厂，又陆续在崇明外沙（今启东）、海门、通州城南创办了大生二厂、三厂和八厂（即大生副厂），并在吕四、海门交界处围垦沿海荒滩，建成了纱厂的原棉基地——拥有10多万亩耕地的通海垦牧公司。随着资本的不断积累，张謇又在唐闸创办了广生油厂、复新面粉厂、资生冶铁厂等，逐渐形成了唐闸镇工业区。为了便于货物、机器和器材的运输，张謇在唐闸西面沿江兴建了天生港和大达轮船公司；又在天生港附近建起了发电厂；在城镇之间、镇镇之间开通了公路，使城、厂、港、（狼）山之间的交通构成一体。

到20世纪初，即通州境域最后形成的同时，通州已成为我国早期民族资本主义工业的重要基地之一。在这片神奇的土地上，机器轰鸣，汽笛声声，书声琅琅。这里的黑夜也亮起来了。那有着尖尖屋顶的教堂，不时响起当当的撞钟声……

位于长江出海口的狼山（古称紫琅山）是中国佛教八小名山之一。在通州城与狼山之间，有一个小小的村镇叫陆洪闸。通海大地是由沙洲成陆并接而成，河、湖、沟、塘星罗棋布。为了泄洪、防涝、挡住海潮，自古以来，这里修建了不少水利设施，许多村庄又都以闸、港、塘、圩命名。

陆洪闸不愧是一块风水宝地。雄峙江边的军山、剑山、狼山、马鞍山、黄泥山，不仅山姿秀丽，而且像一道屏障挡住了江水和海潮的冲击。山前大江滔滔东去，山后平畴千里，水光山色，明朗自然。难怪张謇在陆洪闸附近为自己选择了永世安息的墓地——啬园。

说来，陆洪闸也有近千年的历史，位于村西北那座建于唐朝的龙王庙就是最好的见证。随着沙洲的开垦，商品交换日益扩大，陆洪闸也日见繁荣，集市兴隆，店铺云集，逐渐变成一座小集镇。自从张謇在通州城南建起大生副厂，修通了通狼（山）公路和通启（东）公路，陆洪闸也越发繁荣，越发有了生气。

而陆洪闸的民居还保持着传统的风格，一座紧挨一座白墙灰瓦的四合小院，房屋虽然不高，却清雅恬静。小镇上居住的商户，不是亦农亦商的富裕农民，就是来此定居的游商小贩。居民的姓氏也略显庞杂，即使同一姓氏的邻居，也不一定是同族子孙。

陆洪闸的主街呈"丁"字形，"丁"字的一横，由南向北，附近的农民和打鱼人经常在此摆摊叫卖，久而久之就形成了小集市；"丁"字的一竖由西向东，在丈把宽的碎石路两边挤满了店铺，酒店、茶食店、杂货店、理发店、纱布店、药店、颜料店，应有尽有。在"丁"字的竖钩上，开着一家"刘记陆陈行"[①]，店东家的名字叫刘鹤祥。这是一座坐南朝北的小院，十余间瓦房围着一口四方天井，院子南边是用冬青树围成的小菜园，养鸡养鸭，种些自家食用的应时蔬菜。不用说，这是一户地地道道的殷实人家。

刘家并非祖居陆洪闸，据说，是近百年间从通州东边的观音山来此定居的。到刘鹤祥的父亲刘安盛，刘家已是一个拥有50亩自耕田的小康之家，农忙时雇几名短工，后来，又开了一爿豆腐店，自产自销。

刘鹤祥，字恩溥，生于同治元年，即1862年，少年时读书。当他进入而立之年时，正赶上张謇在通州大兴实业。精明强干的刘鹤祥抓住了这个千载难逢的好机会。他想：陆洪闸周边盛产大米，不如开一间陆陈行，转手间就可赚到一笔收入；何况，刘家在商业街上的位置好，朝东一面纵观通启公路，远远而来的送粮送棉纱的小推车或挑担，刘家第一个看到，朝北一面则通览整条商业街。刘鹤祥说干就干。他将祖上分得的20多亩水田租给人家耕种，自己即做起贩卖粮食和土纱布的小买

---

① 苏中一带，把买卖豆麦杂粮从中抽收行佣的粮行称作陆陈行。

卖来。随着通州的变迁，短短几年，刘鹤祥便成了一个殷实的小地主兼商人。

刘鹤祥先后娶过三房妻子，结发妻子王氏，过门不久就病逝了，没有留下子嗣。续弦崔氏，生了两个儿子。刘老爷子刚刚发迹，大儿子又娶了亲，崔氏却不幸命归黄泉。随后，刘老爷子又娶了第三房妻子。

这位女子名李淑桓，乳名遂安，是通州西亭镇一位老儒生的独生女。李家是西亭镇的望族。李遂安的祖父兄弟十人，当地称为"老十房"。遂安清秀俊美，性格外柔内刚，不仅粗识文字，还有一手上好的针线活儿。她心气很高，一心想找一位有才有德之人托付终身，谁知一直拖到 30 岁出头，还没有碰到合适的人家。终于有一天，媒人给她介绍了陆洪闸一个"年龄相当的书香人家"，她才中意答应出嫁。

成亲那天，李遂安坐着花轿，从通州城北穿城而过，一路吹吹打打，很是热闹。当步入洞房，揭开红盖头的那一刻，她突然眼前一黑，昏了过去。出现在她面前的哪里是什么年龄相仿的书生，分明是一个比自己大十多岁的老头子。更让李遂安没想到的是，刘老爷子的大儿子应龙已经成家，二儿子锦龙也有八九岁了，家里还有一个尖酸刻薄的儿媳妇。自从李遂安嫁到陆洪闸，大儿媳葛洁莲就从来没给过她好脸色。

清宣统二年农历九月初一（公历 1910 年 10 月 3 日），那个风雨交加的秋夜，"刘记陆陈行"的小院里，人们一阵忙碌，像李遂安这样 30 多岁生头胎的，在这一小镇的确不多见。焦急不安的刘老爷子在堂屋里踱来踱去。

丑时，睡房里突然爆发出婴儿的啼哭声。这哭声像是要刺破雨夜的霹雳隆隆的闪电。

"恭喜老爷！太太生了，又是个男孩！"接生婆掀开门帘，忙出来报喜。

刘老爷子备感惊喜，不由得仰天作揖："谢老天爷，又赐我一条

刘瑞龙童年生活的祖屋

蛟龙！"

　　在封建社会，又是殷实人家，连生贵子，自然是一件值得喜庆的事。还没等看到孩子，刘老爷子便脱口而出："这孩子的哭声比雷声还响亮，就叫他雷侯吧！"

　　从剧烈的阵痛中渐渐舒缓过来的李遂安，仔细地端详着睡在身边的儿子，粉红的小脸、柔软的黑发、圆润的耳郭、睡梦中还在微微吮动的小嘴巴，很是可爱。自从嫁到陆洪闸，她的脸上第一次露出微笑。

　　在通州农村，大人习惯用"侯"字给男孩子取乳名，为的是人丁兴旺、五谷丰登、万事如意。什么接侯、连侯、官侯、世侯、水侯、火侯、猫侯、狗侯……比比皆是。在通州地方话中，"侯"与"惠"谐音。李遂安粗识文字，不落俗套，当她第一次把着儿子的小手教他写字时，就在白纸上写下"雷惠"二字。依照族牒，他的大号叫——刘瑞龙。

二　"城河里的石头，总有翻身的时候"

不幸的是，小雷惠出生只有 70 天，一场暴病让 48 岁的刘鹤祥撒手人寰，留下 33 岁的李遂安和雷惠寡母孤儿。大哥刘应龙和大嫂葛洁莲俨然成了一家之主，家庭经济大权完全掌握在他们手中。

生活在这样一个经济状况逐渐败落的家庭中，雷惠和母亲还始终遭受兄嫂的虐待和歧视。每天吃饭，只有大哥大嫂可以上八仙桌，有鱼有肉有滋味。雷惠、二哥和母亲只能坐在灶台边，吃糙米饭，配些腌菜和小鱼小虾。葛洁莲稍不顺心，就会摔盆砸碗地大吵大叫，指桑骂槐地欺负婆婆更是家常便饭。

一次，雷惠实在饿极了，母亲就在炉膛里烤了几块小红薯。葛洁莲闻到香味，生是用火钳子把半生不熟的红薯从炉膛里夹出来，摔在地上，还恶狠狠地骂着不干不净的话。

刘应龙和葛洁莲还几次诱迫李遂安改嫁，都遭到她的拒绝。有几次，李遂安被逼得实在无奈，只好逃到尼姑庵避难。后经亲友劝说，刘应龙夫妇才勉强同意继母回家。想到自己悲惨的命运和受尽欺凌的生活，性格内向的李遂安常常在夜里轻声抽泣，可是想想可怜的小雷惠，她也只好忍气吞声。

转眼间，雷惠到了上学的年龄。随着南通近代资本主义的发展，早在 10 年前，镇上已废除私塾，办起新学，陆洪闸初级小学就设在村西北的龙王庙里。学校的条件非常简陋，4 个年级的学生同时挤在西厢一间教室里，由陈耀同先生一人执教。

在 4 个班级的学生中，雷惠才识出众又最勤勉好学。每天上课前，不论同学们怎样打闹嬉戏，只要走进课堂，他就摊开书本，聚精会神地朗读或背诵课文。从小受母亲的指点，凡是新课文，雷惠总要事先预习，再听先生的讲解，所以一听就懂，心领神会。再有他的记性极好，理解能力超常，别的同学需要背诵十几遍才能记住的课文，他只要读上两三遍就能流利地背诵了。江海地区雨水多，家里的一把旧雨伞破得不能再用了。每当雨天，雷惠就顺着小街的屋檐，一溜儿小跑，直奔学校，从来不迟到。陈老先生很喜欢这个懂事的孩子，同情他的家庭境遇，经常单独给他讲解唐诗、宋词中的名篇佳句，推荐他读一些古今小说。雷惠的学习能力以及获取的知识远远超过了其他同学。

大哥大嫂只供给雷惠衣食和学费。为了挣些零用钱，过年时能给雷惠做件新长衫，买些必需的学习用品，母亲常年纺纱、糊纸锭、代人刺绣，每天熬到深夜。雷惠深知母亲的艰辛，每逢假日，他就用长衫的下襟兜着纱线和纸锭到街上去卖，换回几个小钱。在丁字街上，小吃店一家挨着一家，飘散着诱人的香气，雷惠从不看上一眼，换回的钱总是如数交给母亲。

乡下孩子本来穿着就简朴，但像雷惠穿得那样破旧的倒也不多。雷惠的衣服多是母亲用父亲留下的旧衣服改做的。读书的孩子衣服最容易破的是胳膊肘和袖口，而雷惠的长衫穿得太久了，就连前胸和后背都磨出了洞。母亲只好找出两块结实点的布头，在长衫的前胸和后背各补上一块大补丁。

在陆洪闸，走南闯北的买卖人多，听个书看个戏的，颇有见识。看到一脸灵气的小雷惠天天夹着书本闷声不响地从铺前走过，俨如一个"小先生"，大人们也会跟他开几句玩笑："雷侯子，你真是少年有志，小小年纪就穿上朝服了，前补后补的，日后必有大福大贵啊！"

明清两代的官服很有特色，用绣有图案的正方形的"补子"表示品级，文官用飞禽，武官用走兽，前胸后背各一块，各分九等。雷惠知道母亲很艰难，从不与同学攀比吃穿，也不在意人们的玩笑。他想，衣服再好看也不过是一层皮，关键要看有没有真本事。渐渐地，从小饱尝生活艰辛的刘瑞龙，萌生了对旧社会穷富悬殊的愤慨。

母亲虽然不爱言语，也绝非听从命运的懦弱之人。她对雷惠的品德和学业管教甚严。每天晚上，她挑灯纺纱，听雷惠复习功课。母亲很喜爱通州童子书的鼓词戏文，经常让雷惠在书摊上买回一两本来，待复习完功课后，念给她听。

传说大唐贞观年间，通州有卖唱为生的母子二人流落京都，正逢江淮五位举子被唐太宗错杀。一时间，冤魂闹宫，嫔妃生病，唐太宗不得不张榜招医。通州母子自荐能逐鬼驱邪，在宫里敲敲打打，唱唱跳跳，居然保得后宫平安。唐太宗龙心大喜，册封通州母子为驱邪纳吉的"童子"，特许他们传唱盛唐故事。于是他们将"唐王魂游月宫"、"魏徵梦斩泾河老龙"、"江流儿唐僧西天取经"、"刘全冬天地府进献西瓜"等民间故事，逐一演绎成鼓词戏文，又逐渐形成了有鲜明地方色彩的童子戏，成为南通人所喜闻乐见的一种民间艺术形式。

作为生活在社会底层备受欺凌的母亲，她的全部希望就是教育自己的儿子成为自食其力的人。她对雷惠的学业要求很严，教育雷惠勤奋读书，坚苦自立，正直为人，还经常坚毅乐观地鼓励他说："城河里的石头，总有翻身的时候。"母亲的期盼深深铭刻在雷惠幼小的心灵里。

每当夜深了，陆洪闸小街已经沉寂在梦乡之中，而最东头的刘记陆陈行还亮着昏暗的灯光。母亲一边纺纱一边听雷惠背诵课文，那稚嫩清晰的读书声，伴着嗡嗡的纺车声，是那样和谐，那样动听，飘飘扬扬地向小街的尽头散去……

三　表兄葛松亭

1921 年夏天，雷惠从陆洪闸小学毕业了，以优异成绩考入南通城北高等小学。

位于天宁寺光孝塔下的城北高等小学，是当时南通教学质量最好的一所高小。陆洪闸距离城北有 10 多里的路程。一个 11 岁的孩子，每天往返二三十里路，实在太辛苦。表兄葛松亭主动提出，让雷惠在自己家里寄宿。

葛松亭的家坐落在南通城东门外龙王桥南街 10 号。黑漆大门坐南朝北。院墙外十几间店面一字排开，粮行、（棉）花行、日杂店、铜锡作坊、铁匠店，还有茶馆和小酒店。这些买卖，有的是葛家独自经营的，也有的租赁给他人。不用打听就知道，宅院中住的肯定不是普通人家。

推开黑漆大门，映入眼帘的是一道精致的雕花影壁。东边一堵镶有月亮门的白灰墙，把宅院分为东、西两个院落。西院是主人的家居，两排三室正房坐北朝南，清一色的粉墙黛瓦，栗色的木门窗，典雅而幽静。东院则是另一片天地，花木扶疏，绿树成荫，卵石铺路，曲径通幽。院子中央是一座接待宾客的花厅，木栏绕屋、雕花窗棂、檐角飞翘，古朴而庄重。花厅前有一座造型优美的太湖石假山，周围种满了杜鹃、月季、芍药、玉簪等应时花草和果树。宅院正南是一大片菜地，清澈见底的法伦寺河就从菜地边流过。主人家做饭、洗衣、养花、浇菜，都要从这里取水。

其实，葛松亭也出生于穷苦人家。他的母亲葛刘氏正是刘鹤祥老爷子的亲姐姐，小雷惠的亲姑姑。姑父葛湛清也是观音山人士，早先挑着担子走村串户地卖酒，后来在陆洪闸安下家来，盖了房子，置了地。雷惠的爷爷刘盛安看他老实忠厚、吃苦耐劳，便把自己的大女儿许配给他。

葛湛清精明能干，结婚后，便与妻子合计，卖掉了妻子陪嫁的首饰和绣品，开了一爿经营红火的杂货店，还生了 5 个孩子。葛松亭排行老三，是家里唯一的男孩。不要看葛湛清识不得几个大字，却一心供养 5

个子女读书认字。一个乡下人，能送女孩子们去读洋学，在当时是不多见的。可惜葛湛清还未享上清福，终因劳累过度，卧病辞世。

20 世纪初叶，清政府诏令停止武科科举考试，新式军事学堂就成为培养军队将佐的主要途径。葛松亭小学毕业后，考入南京陆军小学堂，三年后，又进入南京第四陆军中学堂，还与日后成为中国"四大家族"之一的陈果夫同窗。

1911 年 10 月 10 日，辛亥革命爆发了。21 岁的葛松亭热血沸腾，立即联络了几个立志推翻清朝统治的学友，连夜乘船，奔赴武昌，投身革命。他虽然个子不高，但凭借果敢精干和南京第四陆军中学堂的名气，刚到武昌，就被革命军任命为学生军第二团团长。

汉口、汉阳失守后，在历时 40 余天的激战中，葛松亭参加了前敌敢死队，开赴汉口前线，与清军殊死搏斗。翌年 1 月 1 日，中华民国临时政府成立时，临时政府副总统黎元洪大元帅为葛松亭颁发奖状。在这张两尺多长的大奖状上，印有黎元洪亲书的"作战英勇，智勇双全"八个大字和他的方印。随后，葛松亭被安排在中华民国军政府鄂省军务部当文书。不久，袁世凯篡位，因受胁迫参加革命的黎元洪也露出杀气，勾结袁世凯残酷镇压革命党人。革命成果付之东流。葛松亭心灰意冷地回到了陆洪闸。

回乡后，葛松亭先是帮助家里经营杂货店，后来又做起纱布生意。他毕竟是闯过天下、见过世面的人。他看准南通沿海地区屯垦沙田的大好时机，向亲戚、朋友借了些钱，做起炒卖沙田的生意来，还成了南通沙田大地主陈葆初的谋士。几把生意做下来，葛松亭不仅还清了借款和利息，还有一笔不菲的收入进账。他在龙王桥南购置了一座占地两亩有余的花园住宅，把百余亩沙田地租给佃户耕种，便在陈葆初创办的《通海新报》当起报馆经理兼主笔，成为当时南通城一位炙手可热的人物。

葛松亭是个孝子，发迹后，便把老母亲和尚未婚嫁的姐妹全都接到龙王桥一起生活。1919年五四运动爆发后，在新文化运动的影响下，小妹葛季膺成长为革命的新青年。她离开南通，到南京高等师范学校去读书。

从乡村到城市，小雷惠的生活环境比在乡下好多了，不仅打开了他的眼界，也避开了大嫂葛洁莲凶恶的目光和没完没了的吵叫，但寄人篱下的生活又让小雷惠面临新的磨练。

表兄家的环境虽然不错，因出身穷苦，生活过得很节俭。这么大的一个庭院，满园的花草树木，还有一大片菜地，烧水做饭、洗衣服，有一大堆家务事，家里却只雇了一个杂工。初到表兄家，雷惠就像一个小学徒，每天早晚要干零杂活儿。他和雇工老王同住在一间草屋里。雷惠也常常思念孤苦伶仃的母亲。每当这时，他就更加发奋地读书。他知道，只有自己学出本事来，才能让母亲过上好日子。

小雷惠长得虎头虎脑，十分可爱，不仅功课好，而且聪明懂事。时

晚年葛松亭（1890—1966）

间长了，老姑妈和表哥表姐们都渐渐喜欢上他。表兄30多岁才得一女，视为掌上明珠，取名珠儿。雷惠做完功课后，要帮表嫂带孩子，却从不耽误看书。有时，珠儿把他的长衫尿湿了，他竟一点儿没有知觉。就是在灶边烧开水，雷惠也手不释卷。一次，大表姐伯兰来厨房冲开水，闻到一股焦煳味，找来找去，才发现是雷惠的棉鞋在冒烟。大表姐没有责怪他，而是请人为他赶做了一双新棉鞋。

雷惠很爱读书，龙王桥街上的小书店是他经常光顾的地方，而且，他能用买一本书的钱连读三本书。这家小书店生意做得很灵活，顾客买回新书，只要不损坏，次日可以调换。每当书店进了一批新书，雷惠一定要在书店里呆上大半天，离开书店前，已经读完了一本书，再买回一本，通宵读完。第二天，他又换回第三本书，这一定是他最喜爱的一本书。

夏天，是小雷惠最快乐的日子，不仅因为能和小伙伴们在清凉的法伦寺河里游泳，捕捉小鱼小虾，还因为季膺表姐要从南京放暑假回家了。表姐一定带回许多书刊和全国各地的消息。

四　小小师范生

南通是一座风景秀丽的濒江水城，以天然水洼为基础，顺其水势，依水筑城，又因其城势，环城引水，城成濠河成。濠河分成南北两部，略呈"日"字形，静静地环抱着古老的通州城，宛如一轴绵延30华里的巨幅画卷。濠河沿岸，垂柳依依，风光旖旎，亭台楼榭如一颗颗明珠错落镶嵌。那坐落在濠河之滨建于唐代的千年古刹天宁寺和光孝塔，具有英式建筑风格的濠南别业，中国人自办的第一个博物馆——南通博物苑，五级六角、飞檐翘脊的文峰塔，以及集科学、艺术、园林为一体的纺织大观园……为通州古城增添了绚丽的风采。雷惠从乡下来到县城求学，不仅文化知识较前大有长进，眼界也开阔多了。

1924 年秋天，14 岁的雷惠考入江苏省第一代用师范学校。这所矗立在通州城南三元桥北千佛寺旧址的民立师范学校，建于 1902 年夏天，是我国近代著名实业家张謇抱着"实业救国""教育救国""实业、教育相迭为用""师范为教育之母"的信念，在创建公立师范学校的提议受到顽固守旧的官僚阻挠之后，毅然以其创办大生纱厂所获得的赢利为基础，自筹资金创建的。

辛亥革命后，孙中山先生领导的南京政府曾评价通州师范的创办是"开全国之先河"。因通州师范学校"规模宏大，成绩昭著"，江苏省公署将其更名为"江苏省代用师范"、"江苏省第一代用师范学校"，以后虽数易校名，但大家仍旧习惯称她——通州师范，或通师。

国民政府对中等师范教育有明确规定，师范生预科一年，本科 4 年，毕业后当小学教师。后来，通师根据需要又增设了测绘科、蚕科、农科和土木工科，还建立了工科教室、农学教室、农场、博物苑、测绘所等。这些设施已超过了一般中等师范学校的范围，具有大专学校的基本建制规模。

那时，读中学要有一笔不小的开销，能够读中学的一般是有钱人家的子弟，大中地主、豪绅和资本家阶层居多。而师范生膳宿由学校供给，只有制服及杂费要自己交纳，学生来源主要是小地主、自耕农和店员阶层的子弟。

雷惠能考上不收学费、管吃管住的师范生，将来做个穿鞋穿袜且不受风雨的教书先生，无论对陆洪闸的刘家，还是龙王桥的葛家，都是一件十分期望的事情。

开学前，表兄葛松亭特意为他扯了几丈棉布，按照学校规定，请来裁缝为他缝制了校服和军体课穿的童子军服。从那时起，家人不再叫他小雷惠了，而是直呼他的大号——刘瑞龙。

走进通师的大门，刘瑞龙仿佛走进一个清净而妙趣的世界，清一色的白墙青瓦，轩敞、开阔、雄伟。校园中央是前后五进院，前边是事务室和办公室，第三进院向后，便是高大的两层建筑，礼堂，图书馆，时系堂，进行会议和礼宾活动的松寿堂依次延伸。校园东西两侧整齐地排列着四组平房，东边是学生宿舍和食堂，西边是教室和自修室。站在松寿堂的二层凭栏远眺，濠河上风帆点点，群鸟飞翔；十里外的狼山，青岚塞空；堂后的荷花池，荷叶无边绿，莲花映天红。

最吸引刘瑞龙的还是通师的师资和名气。一代又一代的通师学生传诵着一个感人至深的故事：

光绪二十八年的一个夜晚，一位50岁的老人，拿着小锤子，在庶务宋先生手持蜡烛颤颤的烛光下，挨个儿地将学生的名牌，钉在学生寝室的门上。钉完最后一个名牌时，东方已露出曙光。就在

通州师范学校旧址

这一天，中国第一所师范学校在南通诞生了。这位老人就是通州师范学校的创始人张謇先生。

在开学典礼上，张謇先生说：要雪国耻，必须强盛国家；要强盛国家，必须讲求学问；要求学问，必须普及国民教育；要普及国民教育，必须兴办教育；要办教育，必须从办小学、办师范学校开始。张謇先生还意味深长地说：我希望"天下一家，中国一人"的信念，能深植在诸位心中。愿各位开拓胸襟，立定志愿；忠实不欺，坚苦自立；不妄自菲薄，不妄自尊大；创立优良学风，创建未来的事业。

自 19 世纪末，张謇先生在通州办工厂，办垦牧公司，办学校，修水利，筑公路，发展民族工业，使古老的通州日新月异。少年刘瑞龙格外崇敬这位创造了中国民族工业辉煌的著名的实业家、教育家。

第二章　红色通师

晨光社的革命启蒙，五卅惨案的强烈震撼，终于，那个在欧洲大陆徘徊的"共产主义"，点燃了刘瑞龙心中的明灯。他组织起革命青年社，将恽代英、萧楚女寄来的马列书籍编成书目，在进步学生中传阅。在革命斗争的烈火中，他成为红色通师新生力量的核心。在大革命失败的白色恐怖中，他在鲜红的党旗下坚定地举起拳头。

一　晨光社的革命启蒙

南通素有"江海门户"之称，通江达海。在国内公路、铁路交通尚不发达的 20 世纪 20 年代，主要靠水上出行的南通，北上齐鲁，南下吴越，西去巴蜀，东渡扶桑，交通可谓发达矣！

南通毗邻上海，去上海做工、求学的人较多，国内蓬勃兴起的革命运动很容易影响到南通。通师学生多出身于贫苦家庭，他们对时政腐败、经济破落和封建奴化教育极为不满。特别是 1923 年京汉铁路"二七血案"发生后，救国救民的思想在通师学生中进一步发展起来。有些学生开始接受马克思主义，阅读《共产党宣言》《俄国革命纪实》和《京汉工人流血记》等书籍。施洋、林祥谦诸烈士成为他们心中的楷模。他们在自修室的墙壁上粘贴着马克思、恩格斯和列宁的肖像。有的同学还用革命领袖的名言作为自己的座右铭。

1924 年 1 月，国民党第一次全国代表大会召开。孙中山先生在中国共产党的帮助下，决定实行联俄、联共、扶助农工的三大政策，进而改组国民党。全国民众的革命情绪空前高涨。

此时，中共早期著名青年运动领导人、共青团中央宣传部部长恽代英，正在上海大学①任教。在上海大学读书的南通学生巫钲一②，在他的帮助下走上了革命的道路。巫钲一受恽代英的派遣，一次次返回南通，带去恽代英主编的《中国青年》，在学生中间广为传阅，对进步学生影响很大。在此期间，在国立武汉中华大学读书的南通籍学生李俊民（又名李守章），受中共一大代表董必武和陈潭秋的影响，参加了革命，不断向南通寄来书信。被称为杰出的革命先驱者的如皋籍学生吴亚鲁③也来南通宣传革命。一时间，《新青年》《向导》等革命报刊源源不断地流传到南通，成了通师进步学生的精神食粮和战斗武器。

这年 5 月，通师学生徐家瑾、丛允中、杨文辉等 20 余人，组织起以钻研社会科学为宗旨的革命青年团体——晨光社，组织进步同学学习马克思主义，宣传三民主义。通师学生王盈朝、丛允中还与恽代英教授建立了通信联系。在通信中，他们坦露思想，针砭时弊，探讨社会的出路。在当年 6 月出版的《中国青年》上，恽代英向全国青年介绍了通师

---

① 上海大学：始建于 1922 年，首任校长于右任。共产党员邓中夏曾任教育长，瞿秋白、恽代英、张太雷等党的重要领导同志曾在上海大学任教。

② 巫钲一（1906—1927）：江苏南通人，1924 年由恽代英介绍加入中国国民党，后被反动当局通缉，流亡日本。1927 年秋在日本病逝。

③ 吴亚鲁（1898—1939）：1922 年加入中国共产党。1939 年 6 月在国民党制造的震惊全国的"平江惨案"中牺牲。

晨光社的进步活动，就更加激励鼓舞了南通的革命青年。晨光社等进步学生社团，还将《向导》《中国青年》等革命书刊分寄和介绍到其他学校去。刚刚步入通师的刘瑞龙，也被红色通师的政治气氛所感染。他不时旁听晨光社的活动，心胸豁然开朗。

1925年5月30日，上海学生为抗议日本大班率领打手枪杀中国工人顾正红，举行了反帝游行，遭到租界警察的血腥镇压，酿成震惊中华的"五卅惨案"。消息传到南通，通师的进步学生首先集会，声讨帝国主义屠杀中国人民的罪行。为进一步扩大声势，他们联合南通学院农科、医科和通州女师、省立七中等校的同学，组成"五卅惨案"后援会，组织各校学生罢课，进行反帝游行示威。他们还发起召开南通市民大会，发动民众抵制英货、日货，向市民劝募捐款。刘瑞龙也积极投入到这场革命运动的洪流之中。虽然，他只有15岁，还是预科学生，却表现出高昂的革命激情和出色的组织能力。他积极向后援会申请任务，把预科的同学都发动起来，到街上贴标语，撒传单，进行街头讲演。在示威声援的游行队伍中，他总是走在年级的最前边。

全国反帝反封建革命运动的日益高涨，引起民族资产阶级上层分子的不安。过去被学生们尊敬、崇拜的张謇先生，在五四运动时期，反对传播马克思主义。在五卅运动中，他把从事革命运动的学生说成是"亡国之原素"，阻止学生革命，引起刘瑞龙和进步学生的强烈不满。

相反，通师的几位进步老师受新思想、新文化的影响，曾选授鲁迅、郭沫若、冰心、叶圣陶等人的作品，学校图书馆也介绍一些国外名著译本，如《天演论》《民约论》《法意》《群学肄言》等，供学生阅读。这一切，对曾经沉溺于古文的刘瑞龙都有很好的启蒙作用。

当年，对刘瑞龙产生重要影响的当属他的姨父顾怡生。刘瑞龙入校时，顾怡生是通师教育主任，执教已有18个年头，在教育界威望很高。顾怡生虽不是共产党人，但同情和支持进步学生，认为他们勤奋好学、有救国理想，将来是国家栋梁之才。他曾介绍刘瑞龙阅读《新青年》上刊登的李大钊的文章和《独秀文存》，以及日本人撰写的《自助论》，对刘瑞龙日后走上革命道路颇有启发。后来，刘瑞龙等革命学生在大生八厂开办工人夜校，顾怡生主动担任不要报酬的义务教师。当革命同学遭到反动当局追杀，遇到危难时，顾怡生及时给以掩护，还为他们提供转移的盘缠……新中国成立后，时任中国科学院院长郭沫若得知顾怡生的事迹后大为感动，专门题诗贺其七十大寿，后又为其墓碑题写碑文。

1926年三四月间，南通县建立了中国共产党的独立支部。春夏之间，在恽代英的直接帮助下，通州师范也建立了中共党支部，相继吸收了十几位同学加入共产党。党支部书记王盈朝和最初的几位党员都是恽代英亲自介绍入党的。

五卅运动不仅唤起了南通青年学生，也推动了工农革命。刘瑞龙与高班的几位同学利用暑假率先到曹家店一带的农村，通过访问、开座谈会等方式，向农民宣传反帝反封建的革命道理。后来，他们又在棍子街、东马桥宣传三民主义，组织农民协会。在他们的带动下，通师学生不断深入到东乡农村宣传革命，发动农民群众同地主豪绅作斗争。他们还提出"不准涨租涨息"、"反对大斗大秤"、"荒年减租"、"因荒歉收交不起租时不准收田"等口号。这时，南通东乡的一些重点村子已初步建立起农民协会。

二　组织革命青年社

要说刘瑞龙直接接触马克思主义，还要归源于他的表姐葛季膺和表姐夫恽子强的启发和帮助。葛季膺是刘瑞龙的姑妈葛刘氏和姑父葛湛清的小女儿。恽子强则是中国共产党早期青年运动领导人之一恽代英的胞弟。

1920 年秋天，葛季膺离开家乡，进入南京高等师范学校学习。这时，恽子强刚好从南师毕业，留校任助教。由于共同的理想和追求，他们师生之间建立了深厚的友情。后来，葛季膺转入上海大同大学，却依然与恽子强保持着密切的通信联系和假期往来。他们在相互切磋学业、探求革命真理的同时，也在心中播下了爱情的种子。

恽子强出生在官僚家庭，祖籍江苏武进，后迁居武昌。父亲恽爵三是湖广总督张之洞的高级幕僚。眼看恽子强到了成家立业的年龄，自然有不少人向恽老爷子提亲说媒。二哥恽代英则主张，四弟应经过自由恋爱获得对偶。性格开朗的葛季膺便提笔给远在四川泸州川南师范学校任教的恽代英写信，一方面请教革命道理，同时告诉代英，如果能成为他的弟妇，她将终身荣幸。

在 20 世纪 20 年代初期，一位年轻女子能如此率真地直面婚姻，执着地追求爱情，实在难得，此举深深地感动了恽代英。他在给葛季膺的回信中说："我能直接与弟妇这样交谈，是很高兴的。"他还讲了建立新的人人劳动自立之家庭的道理。读了代英二哥的来信，葛季膺太激动了，她把二哥的信紧紧捂在剧烈起伏的胸口上。

1923 年，恽代英奉调上海，担任共青团中央宣传部部长，主编《中国青年》。葛季膺与他的联系就更紧密了。她甚至转学到上海，以便直接聆听恽代英的教诲，学习革命。在恽代英的引导下，恽子强和葛季膺先后参加了中国共产党。

五卅运动爆发时，恽子强和葛季膺正在长春第二师范任教，因积极领导学生参加反帝爱国示威游行，被校方解职。于是，他们风风火火地乘车南下，奔向大革命的中心——广州。恽子强在革命政府苏联顾问处任英文翻译，葛季膺则在国民党中央妇女部工作。途中，他们回南通探亲、完婚，就住在兄长葛松亭家里。

初次经受革命运动洗礼的刘瑞龙，全神贯注地倾听表姐讲述长春的

1953 年，刘瑞龙与恽子强（中）、丁瓒（右，通师同学）在北京合影

革命学生运动。他偶然看到桌上放着一本《共产党宣言》，随意翻了几页，便为其中从未见过的别开生面的语言所吸引："有一个怪物，在欧洲徘徊着，这怪物就是共产主义……"他怀着好奇的心情，如饥似渴地捧读着。这个在欧洲大陆徘徊的"共产主义"，开拓了他的思想境界，点燃了他心中的明灯。

在表姐那里，刘瑞龙还看到《共产主义ABC》《社会进化简史》《共产国际党纲》《帝国主义浅说》《新社会观》《马克思资本论入门》和《团刊》《中国青年》《向导》等众多革命书籍和刊物。在表姐的帮助下，他逐渐领会了其中的思想，初步懂得了共产主义是比三民主义更先进更完整的科学。

让表姐感到高兴的是，这个未满15岁的小表弟也关心起国家乃至世界大事来。表姐告诉他，这些书刊都是上海大学的恽代英教授寄给她的，恽先生很关心青年的学习和进步。以后恽代英和中共早期马克思主

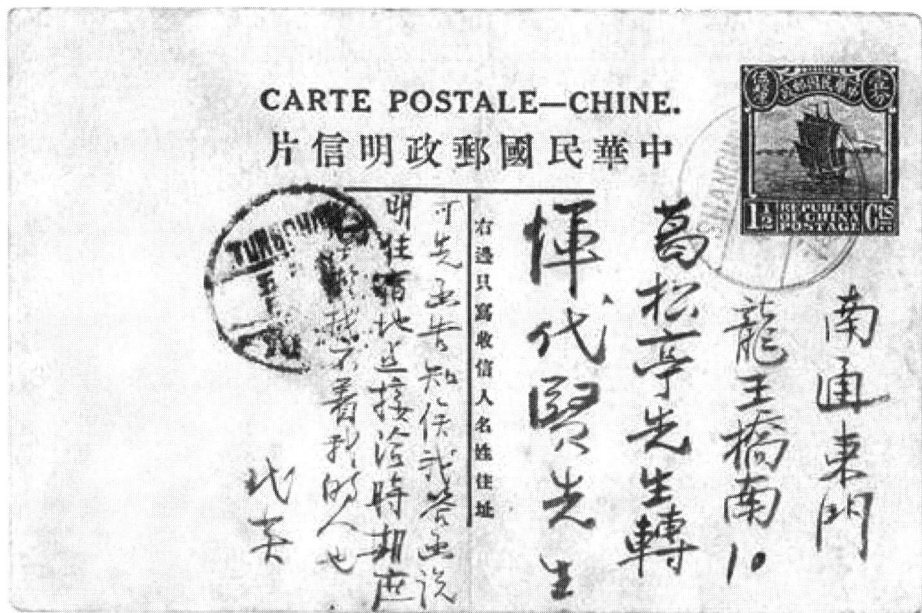

恽代英写给胞弟恽代贤（子强）的明信片，通过葛松亭转交

义理论家萧楚女都不断向南通龙王桥寄送革命书刊。葛松亭的家就成为恽代英和萧楚女等革命家直接向进步青年传播革命火种的又一个通畅的渠道，成为进步青年经常活动、开会的场所。

为了团结和引领更多的年轻人一起学习和掌握马克思主义的理论，恽子强和葛季膺进一步启发刘瑞龙，给他讲当年恽代英在武昌创建青年进步团体的故事。

1915 年，新文化运动在中国蓬勃兴起，民主与科学成为人们追求和奋斗的目标。恽代英等青年学生抱着救民于水火的满腔热情，迅速投身到这场伟大的思想启蒙运动中。1917 年 10 月，他联络一群热血青年，发起并创建了一个进步青年团体——互助社，以"砥砺品行、帮助学业、群策群力、自助助人"为宗旨，建立起一个团结、培养一代善良公民的社会团体。五四运动期间，恽代英以"互助社"为核心，领导武汉地区的反帝反封建斗争。后来，恽代英又在武昌创办了利群书社。恽代英结

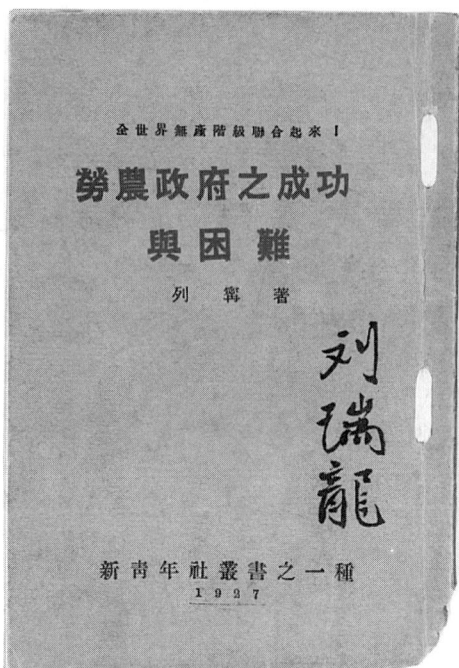

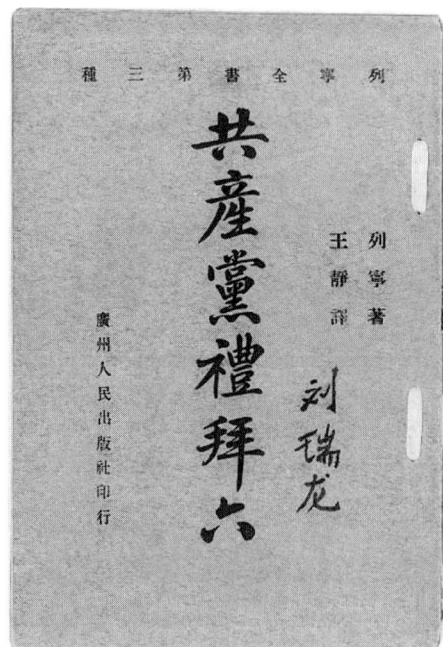

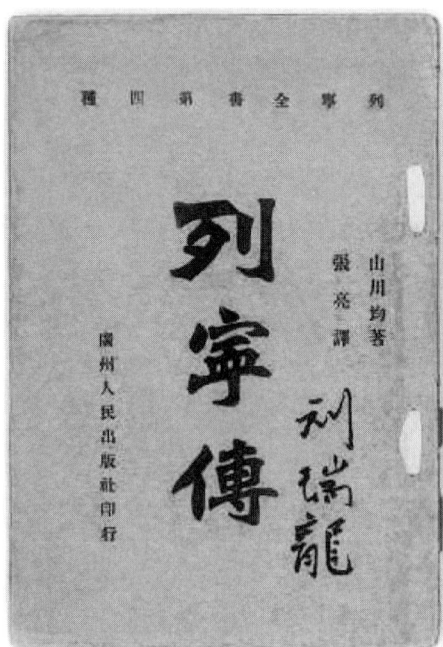

刘瑞龙珍藏的恽代英、萧楚女等寄来的革命书籍

社和创办书社的举动使湖南第一师范的毛泽东深受启发。毛泽东在岳麓山下集合了一批志同道合的进步青年，创建了在全国影响最大的革命团体新民学会，成为湖南省反帝反封建的核心组织。恽代英创办的利群书社和毛泽东创办的文化书社，成为当时长江中上游宣传马克思主义和新思想新文化的重要阵地，不仅推动了两湖地区以传播马克思主义为中心内容的新文化运动，同时造就了一批具有初步共产主义思想觉悟的进步青年。

葛季膺把话题转到眼下，她说："在南通，我们先以读书的形式把身边的进步青年组织起来，共同的理想和信念势必把大家拧成一股绳，在反对黑暗势力的斗争中成为坚强的战斗堡垒。"

恽子强和葛季膺慷慨激昂的鼓动，深深吸引着刘瑞龙。

葛季膺还给刘瑞龙讲起恽代英年轻时曾励志做"太阳系"的故事。

"'太阳系'？就是宇宙中的'太阳系'吗?"刘瑞龙表情茫然地反问道。

"对！就是宇宙中的'太阳系'!"葛季膺坚定地回答道。

原来，恽代英在愈发觉得中国社会黑暗的同时，也发现许多有志青年找不到出路，深陷苦闷。于是，他想做"太阳系"。他说："我们人人都应该做太阳系，教自己周围的人做行星，教行星周围的人做他的卫星。如果，卫星能够成为行星，又能变成新的太阳系，如此轮回，便是改造中国的方法。"

听了恽子强和葛季膺循循善诱的开导，刘瑞龙的心里越来越亮堂。

在恽子强和葛季膺的指导下，这年夏天，刘瑞龙将通师、通中等渴望学习马列主义的青年们组织起来，成立了南通师范革命青年社。革命青年社最初的社员有袁锡龄、陈国藩、丁瓒、顾民元、马尔聪、王子璟、严福生等人。

为了让更多的同学了解马克思主义，投身革命的洪流，刘瑞龙把导师们寄来的革命书刊编成书目，供进步同学借阅。

每当寒暑假，在外地读书的南通学生都回来了，带回全国各地的消息。在武汉读书的表哥李守章（即李俊民）、考入清华大学的通师学长朱铭勋（即朱理治），都参加了中国共产党，他们都与刘瑞龙有书信联系。回到家乡后，他们与进步学生一起阅读革命书刊，纵谈时政，探求救国救民的真谛，使刘瑞龙受到巨大的鼓舞。

渐渐地，在刘瑞龙周围聚拢的进步同学越来越多，他的表弟顾民元就是其中一个。

顾民元是顾怡生先生的独子，比刘瑞龙小两岁，不仅是刘瑞龙最要好的朋友，也是他的崇拜者。顾民元天资聪颖，自小就有"神童"之称。在他5岁上小学之前，父亲已经为他讲授了诗经、唐诗、简短的古文等篇章，他的文化程度超过了一般同学。上高小时，民元便和两位同学办起了一本叫《月潮》的刊物。

20世纪20年代初，新文化方兴未艾，但南通老文人势力较大，从西方涌进来的思潮很复杂，有的宣传无政府主义，有的倾向于马克思主义，有的则爱好文学理论和创作，一时莫衷一是。少年顾民元喜欢邀集朋友，在他家门前的竹林中展开辩论，侈谈国家大事，交流思想，还相互传阅"禁书"，组织秘密集会。

那时，顾民元在南通中学读书，因父亲顾怡生在通师执教，放学后，他便经常来通师参加刘瑞龙等人组织的课外活动。在刘瑞龙的影响下，他开始阅读马列著作，逐渐抛弃了无政府主义思想，转而信仰科学社会主义。

1926年年初，寒假开学不久，晨光社和许多进步同学都想邀请《学生杂志》主编杨贤江来校讲演。杨贤江是南京高等师范学校最早传播马克思主义的杰出的青年运动领导人。他主编的《学生杂志》和恽代英主编的《中国青年》，当时都是最受青年欢迎的进步读物，被誉为"指导青年走向光明之路的航灯"。可是在校董的支持下，一些思想右倾的学生却请来国家主义派、《醒狮》杂志的头目曾琦和陈启天，准备晚自习时在礼堂发表演讲。

国家主义派主张对外依附于帝国主义，对内投靠国民党右派，宣扬超阶级的国家观和反动的资产阶级民族主义思想，攻击的矛头直指中国共产党和社会主义苏联。晨光社的同学紧急商量对策，准备给两个人一点颜色看看。

这天晚饭后，礼堂里稀稀拉拉地坐了几个同学。首先上台演讲的是肥得圆滚滚的曾琦。他还没讲上几句，只听礼堂西侧的火巷里就响起噼啪噼啪的鞭炮声。原来，稚气未脱的顾民元和几个好友不停地向火巷甩"小鞭"，震得曾琦直闹心。他知道会场外有人故意捣乱，便咆哮起来。顾民元他们也不示弱，几串"连响"又把曾琦的吼叫声压了下去。陈启天霍然而起，气急败坏一阵歇斯底里。这时，礼堂后边又响起叮叮当当的敲盆声。顾民元乘势点燃了几个"二踢脚"，响声混成一片。坐在礼堂里听讲的同学再也按捺不住了，全都跑出来看热闹，会场全乱了。纵令曾琦、陈启天发狂地喊叫，也无人理睬。两个小丑只得连夜灰溜溜地离开南通城。

这年夏天，通师党支部的高班同学有的毕业了，有的因领导学生运动被校方开除。已经升入高年级的刘瑞龙，成为红色通师新生力量的领导核心。别看刘瑞龙年龄不大，但对每个同学的革命倾向了如指掌。哪些同学应该作为核心骨干，哪些同学可以争取，他心里有一本细账。

一位通师学长曾回忆说："我在刘瑞龙的秘密赠与下，读到一本苏联布哈林著作的中文译本。一天下午，刘瑞龙将我带到他的宿舍里。当时恰四周无人，室内静悄悄的。他从床铺底下取出一本白道林纸封面的书送给我。我接过连忙一看，封面正中印着七个特号的红字：《共产主义ABC》。刘瑞龙微笑地告诉我：'我们对你是半公开的。'"

1927 年，刘瑞龙把恽代英、萧楚女等寄来的革命书刊编成书目，以方便进步同学借阅

中华人民共和国农业部

1980 年，刘瑞龙就《书目》
写的后记

后来，由于环境险恶，刘瑞龙从青年朋友手中收回了几本革命书刊，交由表兄葛松亭保管。葛松亭将其秘密收藏在他家花厅的天花板上，反动派几次来葛府抄家都没有发现。葛松亭冒着生命危险保存下来的革命书刊有：1920 年版的《共产党宣言》、1924 年第三版《共产党宣言》，1921 年以后出版的列宁著《劳农政府之成功与困难》《讨论进行计划书》《共产党礼拜六》，山川均著《列宁传》，及一本 1927 年出版的《资本主义的解剖》。在葛松亭那里还藏有通师革命学生的入党志愿书、党小组会记录，以及信件、日记和手稿。1957 年，葛松亭的儿子葛祖慈考入北京大学，老先生让他将这些珍贵的革命文物带到北京，交给刘瑞龙。

1978 年，即葛松亭逝世 12 年之后，他的长子葛祖慰在翻修屋顶时，又发现了两本"丁达四（又名丁瓒）日记"，其中夹有一张书目。这张书目正是当年刘瑞龙为在进步学生中传递借阅革命书刊所编写的，上面留有借阅者的签名。葛祖慰把这张珍贵的书目作为革命文物交给南通博物苑珍藏。

1980 年夏天，刘瑞龙到南通、盐城一带考察粮棉基地。南通博物苑的有关同志拿出书目请他鉴定。刘瑞龙看过后，欣然提笔，写下《书目后记》：

　　书目是一九二七年夏我抄写给南通师范革命青年社同志借阅的，体现了青年们学习马列主义的渴望。该社在恽子强、葛季膺同志指导下成立。社员袁锡龄、陈国藩、刘瑞龙、丁瓒、顾民元、马尔聪、王子璟、严福生。

刘瑞龙

一九八〇年六月于南通

三　导师恽代英的召唤

1926年7月，为推翻帝国主义支持的北洋军阀的统治，中国国民党和中国共产党合作，领导国民革命军正式誓师北伐，一路势如破竹。到11月，盘踞中国大部分土地的吴佩孚、孙传芳、张作霖三大军阀势力，已经有两个被基本消灭。浙、闽、苏、皖、赣五省总司令孙传芳被赶到江北。北伐战争取得重大胜利。

国民革命军北伐以来，通师同学谈论最多的是革命形势的发展，谁都没有心思上课，有的外出联络各校同学，有的躲在宿舍里看革命书刊，有的同学干脆大笔一挥，在黑板上写下"请先生讲时事！"班上最活跃的学生当属刘瑞龙。

这时，孙传芳残部杀人魔王李宝章带着他的大刀队退守南通，一部分队伍就驻在通师校园里。李宝章残暴至极，凡逮捕进步人士，不管是否革命党人，立即砍头示众。学校已无法上课。家住外地和农村的同学纷纷回家暂避。刘瑞龙毫无畏惧，他和家住南通城里的进步同学，还时常到学校碰头，组织骚扰残敌的斗争。

为了避免无谓的牺牲，刘瑞龙他们的革命活动尽量在夜深人静时进行。有时晚上秘密集会，他们就装作三三两两外出散步的样子。夜间上街贴标语，无法从校门进出，他们就夹着写好的标语，提着糨糊桶，翻过厨房附近的一段矮墙出去，再乘着夜雾迷蒙悄悄溜回学校，轻手轻脚地摸到自己的床铺上。第二天清晨，上早班的工人最先看到满街都是"打倒军阀"、"打倒孙传芳"的大标语，便交头接耳低声议论起来。驻守在通师的李宝章匪部做梦也不会想到，这些标语竟是他们眼皮底下的那些毛孩子贴出去的。

1927年3月下旬的一天，葛松亭先生收到一封武汉来信，一看字体便知道是恽代英寄来的。信中除了一些问候的话外，主要内容则是通知刘瑞龙速来武汉，投考中央军事政治学校。刘瑞龙抑制不住激动的心情，这是导师恽代英向他发出的召唤！

原来，在北伐战争取得重大胜利的形势下，国民政府迁都武汉。恽代英也从广州来到武汉，主持中央军事政治学校（即黄埔分校）的工作。春节前，恽子强和葛季膺从广州绕道上海，回南通暂住，随后奔赴武汉投入新的战斗。刘瑞龙向他们表示了投考中央军事政治学校的迫切愿望。

刚满 16 岁的刘瑞龙，在同学们眼里已经是位雄赳赳的革命勇士，但在表哥眼里他还是个孩子，又没出过远门。再说，从上海开往武汉的大轮船，一起航就挤得满满的，在南通已无法上客。葛松亭决定亲自送刘瑞龙去上海，在那里登船直抵武汉。

4 月上旬的一天，他们终于从南通起程了。葛松亭西装革履，头戴黑色呢礼帽，鼻梁上架着金丝眼镜，手里拄着文明棍。那时的葛松亭还不到 40 岁，要的就是这副绅士派头。这一天，刘瑞龙特别兴奋，一上船就直奔船头，望着滚滚东去的江水，憧憬着如火如荼的战斗生活，仿佛已经跻身于大革命的洪流之中。

就在刘瑞龙买好去武汉的船票，等待起程的时候，以蒋介石为代表的国民党新右派在上海发动了"四一二"反革命政变。刘瑞龙亲眼目睹了蒋介石逮捕、屠杀共产党人和工人纠察队的情景。革命者的鲜血染红了黄浦江……

去武汉的路被阻断了。无奈，刘瑞龙只好跟着表兄折回南通。

7 月 15 日，汪精卫在武汉叛变革命。蒋、汪合流，共同向共产党人举起了屠刀，更加残酷的白色恐怖从江南波及到江北。国民党右派在南通进行所谓"党员登记"，推行反革命清党。1926 年 7 月，北伐战争开始时，由晨光社成员、共产党员蒋嘉宾介绍，刘瑞龙参加了国民党。

此时，他拒绝向国民党右派县党部登记，继续在共产党控制下的国民党左派县党部和革命青年社活动。然而这时，他的心中却充满了迷茫和惆怅，中国社会的出路究竟在哪里?!

9月下旬的一天，一艘由上海驶出的轮船抵达南通姚港码头。船上走下一位身穿蓝布长衫相貌英俊的高个子男子。下船前，他机警地扫视着码头和岸边的动静，只见警察林立，逐个搜查上岸的旅客。高个子男子急中生智，悄悄与上船卸货的脚夫讲好价钱，将手中那只沉重的行李包交给他，自己拎着小皮箱远远地跟在后面。

这位高个男子正是中共江苏省委派往南通工作的特派员陆景槐。临行前，中共江苏省委农委书记王若飞亲自向他布置任务。"四一二"反革命政变后，我党城市工作遭到严重破坏。党的八七会议后，党中央决定将工作重心转入农村，发动农民暴动，推翻国民党的反动统治。陆景槐回南通的任务是恢复发展党的组织，组建中共江北特委和南通县委，为发动农民暴动做准备。王若飞还模仿江淮口音，诙谐地将"陆景槐"三个字读作"骆警顽"。王若飞称赞这个名字很好！他鼓励陆景槐，要与国民党军警顽强地斗争到底。王若飞把一大捆传单和宣传八七会议的材料交给陆景槐，让他到达江北后，立即散发出去。陆景槐把这些宣传品打在行李包里，随身带上船。在那位脚夫的帮助下，这些宣传品被安全地带出了姚港码头。

回到南通后，陆景槐迅速了解江北地区的情况：南通、如皋、泰兴等县国民党党部虽然已经成立了"清党委员会"，但一时还摸不清共产党的组织情况，党的组织暂时还没有遭受破坏。他很快与一些支部取得联系，传达了江苏省委的指示：为了保证党组织的安全，要求参加国民党左派组织的共产党员和革命同志立即退出国民党。陆景槐还专门来到南通师范学校，找到刘瑞龙和革命青年社的同志们，带领他们举行仪式，正式退出国民党。

那是一个晚自修时间，学校里一片寂静。革命青年社的同学们集中在校园西北角一间僻静的教室里。讲台上竖立着一张印有孙中山先生肖像的明信片。在刘瑞龙的主持下，陆景槐向同学们报告了目前中国革命的形势和革命青年的任务。他用双手撑着讲台，两眼喷射着愤怒的火光。他从"中山舰事件"谈到"四一二"反革命政变，从"马日事变"谈到"宁汉合流"，一针见血地戳穿蒋介石"军事北伐，政治南征"的一系列反共阴谋。他说："国民党叛变革命已成事实，青天白日旗已变成白色恐怖的旗帜，中共江苏省委决定撤销国民党左派县党部！"

接着，陆景槐又向在座的同学介绍了中国共产党领导的南昌起义，以及党的八七会议纠正了陈独秀右倾机会主义路线，确定了土地革命和武装反抗国民党反动派的总方针。当他讲到中央特派员毛泽东和湖南省委最近成功地领导了湘赣边界秋收起义，一个"以农村包围城市，最后夺取城市"的新的革命形势已经开始时，刘瑞龙和革命青年社的同学们都兴奋地站了起来，有的挥舞着拳头，有的摩拳擦掌。

陆景槐（陆植三，1905—1998）

　　会后，陆景槐逐一对革命青年社的成员进行考察了解，根据年龄，分别介绍他们加入中国共产党和共产主义青年团。在谈话中，刘瑞龙向陆景槐全面阐述了自己对中国共产党的认识，他坚信共产主义是人类彻底解放的唯一正确选择，共产党所指引的道路是解救中国、改造社会的唯一正确道路，他决心跟着共产党斗争到底！

　　几天后，同样是在这间教室里，陆景槐秘密主持入党宣誓。黑板上用红、黄两色粉笔画了一面庄严的中国共产党党旗。刘瑞龙等几个新党员坚定地举起拳头，面向党旗宣誓："实行革命，阶级斗争，共产主义，牺牲个人，严守秘密，誓不叛党！"

　　宣誓结束后，陆景槐宣布了党组织的决定，由刘瑞龙同志担任中共通州师范学校党支部书记。

　　在"四一二"反革命政变"黑云压城城欲摧"的险恶形势下，17岁的刘瑞龙，毅然决然地站在中国共产党的旗帜下，以誓词作为立身行事准则，决心终生为履行誓词而奋斗。在此后长达62年的革命生涯中，他总是把党的利益放在首位，不避艰难险阻，不追逐名利地位，勤勤恳恳地为党的事业奋斗，即使面临生与死的考验，也毫不动摇。

四　在革命风雨中历练

　　1927年11月，中共南通县委正式成立，省委特派员陆景槐兼任县委书记。县委机关报《血光》创刊，成为宣传马列主义，认清政治形势，指导支部工作，正确引导群众的革命斗争的一面旗帜。

　　这时的刘瑞龙已经成为一位职业革命者。他很少在学校上课，但仍旧把通师作为从事革命活动的重要基地。学校西南角的一排平房就是进步学生经常活动的地方，南头一间是存放操练器械的仓库，中部三间是风琴练习室，北头一间是油印室。刘瑞龙时常在这里召开党支部秘密会

顾民元（1912—1941）

议，组织进步同学印刷革命传单，围绕"中国革命向何处去？"等问题展开热烈的讨论。

当时，与刘瑞龙一起从事革命活动的骨干就有他的表弟顾民元。经刘瑞龙介绍，顾民元加入了中国共产党，后来成为南通城区共产主义青年团的负责人。

顾民元曾带来一位名叫江世侯（后改名江上青）的扬州同学，旁听刘瑞龙组织的革命青年社的活动。江世侯的父亲江石溪当时受聘为南通大达内河轮船公司协理。他的大哥江世俊在南通通明电气公司任职。军阀孙传芳被北伐军撵到江北后，扬州百姓纷纷外出避难，16 岁的江世侯便转入南通中学读书。江世侯酷爱诗文，充满革命的激情，很快成为顾民元的同窗好友。顾民元不时把从刘瑞龙那里借来的革命书刊推荐给江世侯看，带他参加进步学生的秘密活动，还介绍他加入了共青团组织。

1927 年 12 月 11 日，乘国民党粤桂军阀混战，粤军主力离开广州之机，中共广东省委书记张太雷和叶挺、周文雍、恽代英、杨殷、叶剑英、聂荣臻等共产党人发动广州起义，建立了广州苏维埃政府。广州起义《告民众书》很快传到南通。刘瑞龙带着几名党员连夜将传单刻印出来，迅速组织进步同学到南大街散发出去。

南通老城最繁华的地方当属南大街。新年临近，南大街更是热闹非凡，顾客川流不息。刘瑞龙和几个同学，怀里揣着传单也在街上"闲逛"。大家穿着厚厚的棉袍，时而把手揣在衣袋里，撒出一沓传单后，又若无其事地把手插在袖筒里。集市上刚刚掌灯，顾客正多。顷刻间，街道上、店面前，到处都是雪片一样的传单。

"共产党又撒传单了！"当南大街骚动起来时，学生们已经跑得无影无踪了。

这一时期，通师还是南通传递革命书刊的中心，多数书刊是用假名寄递的，在南通各学校之间传阅。刘瑞龙他们曾用"吴一鸣"的假名寄递了许多革命印刷品。为了行动缜密，每天邮递员到来之前，革命青年社的同学早早等候在门房间，见有寄给"吴一鸣"的邮件就立刻取走。

一天，大批反动军警包围了通师，说是捉拿"吴一鸣"，从校门口一直搜到径深的松寿堂，结果一无所获。领头的军警不停地吼叫着：

"吴一鸣！你给我出来！"

"到底谁是吴一鸣?！"

"吴一鸣……"

"吴一鸣……"

直到这时，领头的才醒悟过来："无一名"——原本就是子虚乌有。他歇斯底里地乱骂了一阵后，带着手下灰溜溜地撤走了。

转眼到了寒假，根据县委指示，刘瑞龙以县总工会特派员的名义，带领通师的党团员和进步学生深入大生副厂进行调查研究，在车间、工房与工人谈心，深入了解到工人们的疾苦：工人们每天要干 12 小时的活儿，累得腿酸腰痛不说，还时常受到工头的打骂和侮辱；车间里的生产环境很恶劣，到处是飞絮，不少人染上了肺病；就是这样拼死拼活地干，一天只挣到几角工钱；有的工人全家都给资本家当牛做马，日子都很难维持，更何况拖儿带女的家庭了；童工和成人一样干活儿，所得的工资就更少了，境遇也更悲惨……

刘瑞龙还联络通州女师的进步同学，用学生会的公开名义，在大生副厂附近的白塘庙初级小学开办了一所工人夜校，由他和几位高年级同学任夜校教员。

夜校的学生绝大部分是大生副厂的青年工人，还有一些童工。夜校使用的课本是当时的通行本，一来可教工人识字，学算术，二来也好打掩护。同学们还印发了不少自编教材，向工人们宣传革命道理，启发他们的阶级觉悟。工人们都爱唱革命歌曲，如《农工歌》《少年先锋队歌》。这些革命歌曲有的是从上海传来的，也有的是从苏区传过来的。工人们干了一天的活儿，已经筋疲力尽了，但上夜校，他们都非常踊跃。

每当夜校下课，工人们的精神更加振奋，先是齐声高呼口号："打倒帝国主义！""打倒国民党反动派！""实行三八制！""要求增加工资！改善生活待遇！"然后，大家手挽着手，从夜校出发，从大生副厂门前走过。他们高唱着《工友歌》："来，来，来！工友们，来斗争！为我们，谋解放，求生存……"这是工友们团结斗争的心声，是向反动派发出的怒吼！

在密切的交往中，革命学生和大生副厂的工人成了知心的朋友，他们不仅受到深刻的阶级教育，还从工人中间发现了一批积极分子，在车间和副厂建立起两级秘密工会组织。

在刘瑞龙的组织和带领下，高年级的同学通宵达旦地编课本，刻印教材和歌篇。低年级的同学也不示弱，他们身材小，进出校门不易被人发觉，就负责向工厂送教材。他们带着足球和简易运动器械，在大生副厂西街和工人居住区，与童工们一起踢球，练兵式操，帮助童工们建立起儿童团。

冬去春来，到了1928年的"红五月"，大生副厂各种形式的工人斗争此起彼伏，传单满厂飞，闹得资本家坐立不安。

在此期间，刘瑞龙还带领通师同学到乡下声援农民的斗争。这年4月，西乡刘桥镇农民为反对糟房主杨星垣包揽刘桥酿酒捐，举行抗酒捐暴动。在中共刘桥区党组织的发动下，千余群众举行集会，向刘桥镇进发，与前来镇压的军警展开搏斗。刘瑞龙频繁往返于刘桥与学校之间，组织进步同学贴标语、撒传单，声援刘桥镇农民暴动。

通师校园就像漂浮在濠河里的一叶小岛，紧靠东西校墙是很少有人经过的小路。一天晚上，一个头戴斗笠、一身渔民打扮的人轻轻敲了教室西窗的玻璃。等候在风琴练习室里的两位同学吓了一跳，当认定窗外的"老乡"不是别人正是刘瑞龙时，他们化惊为喜。刘瑞龙把上级分配给东乡农民进行武装斗争的枪支，从窗口一支支地递进教室，藏在风琴后边，再乘机转运出去。这种秘密活动，校方和军警始终没有察觉。

五　聆听王若飞指示

中共八七会议后，在秋收起义和广州起义的影响下，江苏省的农民暴动在宜兴、无锡、江阴、丹阳、崇明、青浦、松江、海门陆续展开，很快扩展到大江南北的十几个县，大小暴动有20余次，产生了江阴红军游击队。武装暴动和红军斗争教育动员了广大农民群众，他们纷纷揭竿而起，与长期剥削压迫他们的封建地主和国民党反动军警展开英勇的斗争。

1928年3月中旬，大生一厂数百名工人，为反对厂方无故开除工人举行罢工。厂方勾结国民党县党部，调来通崇海联防队①镇压工人罢工。工人们群起反抗，愤怒地拿起铁棍，拆掉机器，捣毁公事厅，打死打伤 20 余名反动警察。由于敌强我弱，亲临第一线指导罢工斗争的县委书记陆景槐和 50 多名工人被捕。

就在这时，中共江苏省委农委书记王若飞从上海途经无锡、江阴，秘密来南通巡视工作。县委指定刘瑞龙在南公园迎接王若飞同志。

旧时的南通城，城包水，水绕城，在濠河边建有东、西、南、北、中五个滨河公园。南公园位于南门外。公园虽然不大，却树木繁茂，环境幽静。

一天下午，刘瑞龙按规定时间来到南公园，在茶社找了一个僻静的位置坐下，泡了一壶龙井茶。他先为自己倒了一杯热茶，然后，不动声色地把茶壶嘴对着自己，又把壶盖朝自己一边虚掩着。这是接头的第一个特定暗号。

不一会儿，一位中等身材、穿着豆青色哔叽长袍、头戴黑色礼帽、面庞丰满的先生走进茶社。来人漫不经心地瞭了一眼茶桌，随手将手中的《水浒传》上卷放在茶桌上。

"他就是王若飞同志!"刘瑞龙抑制着内心的激动，从衣袋里取出《水浒传》下卷，不慌不忙地放在茶桌上，一上、一下正好凑成一套。

王若飞的脸上露出轻松的微笑，摘下礼帽，轻轻地提了一下长衫，便在刘瑞龙对面坐下。

刘瑞龙和王若飞就像久别的知己，一边品茶，一边闲情逸致地谈论开来，从当天《通通日报》的新闻，到近年南通城的变迁。不多时，他们站起身来，沿着濠河并肩漫步，不经意间，已经来到设在堰头庙的中共南通县委机关。

---

① 通崇海联防队：也称通崇海启公安联防队，即地方警察部队。为防范共产党，1928 年，南通、崇明、海门、启东四县成立国民党地方联防区。

转眼间，王若飞完全是另一副装束，头戴鸭舌帽，一身工装，身边还放着一只手提饭盒，就像刚刚下班的工人师傅。他仔细询问了全县学校、工厂、农村党的组织建设和开展工作的情况，帮助县委总结了前一阶段的工作，随后又分析当前的斗争形势。他强调指出，新军阀向旧军阀争夺地盘，争夺统治权的战争便会开始，县委工作要充分运用党在工人、学生中的力量和已经取得的农村阵地，进一步奠定党在农村中的群众基础，要学会组织和领导群众开展斗争，摧毁地主武装，建立农民武装，有准备地进行武装起义。

夜深了，通师、女师楼窗里的灯火已经熄灭，大生副厂纺织机的嗡嗡声隐隐可闻，王若飞和县委的同志们仍在聚精会神地研究工作。聆听着若飞同志的教诲，刘瑞龙心中的方向更明确了。

4月初，王若飞动身去如皋，与如皋县委和东、西乡负责同志讨论如泰起义的准备工作。

国内形势的发展，正如王若飞精辟分析的那样。4月5日，蒋介石联合阎锡山、李宗仁、冯玉祥在徐州誓师北伐。张作霖仗着日本帝国主义的幕后支持，拼命抵抗。双方在全国各个战场展开了激烈的争斗。

中共泰兴县委书记沈毅和中共如皋县委委员徐芳德领导如皋、泰兴两县5万农民，举行了声势浩大的五一农民暴动。暴动大军响亮地提出"土地归农民""建立苏维埃政权"的口号。他们沿途袭击警察局，攻打、焚烧地主庄园，还没收分配了地主、豪绅大量的粮食和财物。

有5万农民参加的大暴动，使国民党地方当局和土豪劣绅惊恐万状。如皋、泰兴、泰县、靖江四县国民党军警联合出动，对农民暴动进行了疯狂的镇压。由于敌我力量过于悬殊，暴动队伍事先缺乏周密的部署和准备，暴动以失败而告结束。沈毅等一批共产党人和暴动农民被反动派逮捕，甚至遭残酷杀害。

六 被"无罪释放"

白色恐怖的阴云又一次笼罩着江海大地，英勇不屈的共产党人并没有被吓倒。

1928年6月2日，中共南通县委约定，上午10点在博物苑内的假山附近召开秘密会议，研究如何进一步发动工人农民开展土地革命，伺机举行武装暴动的事。参加会议的有县委书记彭汉章、县委组织部部长徐秋声、县军事委员丁介和、城区区委书记兼通师支部书记刘瑞龙及女子师范支部书记汪钦曾。会前，他们相约，如发生意外，除刘瑞龙和丁介和是同校同学外，其他人互不相识，概不牵连别人。

就在五位县委委员相继来到假山附近的一瞬间，几十个联防队警察突然出现在四周，端着枪步步向假山逼近。机警的汪钦曾最先发现敌人，她借从手袋中掏手帕擦汗，悄悄将一本小册子塞进了太湖石假山的孔洞里。

敌人的来头还真不小，警察局、联防队、国民党区部特务员同时出现在现场。气势汹汹的警察局杨局长一挥手，军警们一拥而上，当即从彭汉章身上搜出《少年通讯》，里面刊载着《关于没收土地和建立苏维埃》《最近江苏农民运动决议案》等文章。敌人又在徐秋声身上搜出一张"农民调查表"，其中写有组织发动农民的意见。

杨局长得意地用手推了推帽檐，令联防队员在花丛草寮中仔细搜查，太湖石的每一个孔洞都不要放过！

不多时，一个联防队员双手托着一本书跑过来："报告长官，我在假山石里发现了这个！"

杨局长一把夺过书，用金鱼眼扫了一下封面，即扬起书摇晃着说："好啊，《反对世界大战》，这不是共党的赤色宣传是什么?! 带走！"

彭汉章和刘瑞龙迅速用眼神传递着内心的疑惑，究竟哪个环节出了差错？是谁走漏了风声？

第二天，当地的反动报纸《通通日报》在《查获共党嫌疑犯》的醒目标题下，公布了一条短讯：

> 城厢内外，近日发现共党传单，官厅特别戒备情形，已迭志本报。联防区、公安局昨据密报，有共党潜入城南博物苑内，秘密开会，当派队警，驰往缉拿。时有男子汪世杰①、徐秋声、丁介和、刘瑞龙，女子汪钦曾，在假山下集议，当经捕获，搜出日记簿一本、共党书籍一册，将人证一并解至联防区部审讯。闻汪世杰，二十五岁，寿州人；徐秋声，二十四岁，宁波人，其身畔搜出《农民调查表》一纸；丁介和，二十二岁；刘瑞龙，十九岁；汪钦曾，二十二岁。陈区长定今日将各犯并解县政府审讯。

在狱中，彭汉章、刘瑞龙等五人被分开关押着。敌人提审过两次，刘瑞龙只讲他和丁介和是通师同学，是一道来博物苑散步的，和其他的人不认识。汪钦曾说，她是去医院看病，顺路来玩的。经过半个月的审讯，敌人未获得任何口供。

6月中旬的一天，由南通县政府区部特务员带领8个荷枪实弹的士兵，协同5个法警，将彭汉章、刘瑞龙以及在大生副厂逮捕的共10名"重大嫌疑犯"铐上手铐，连同全案卷宗，一并解送至南京特种刑事地方法庭审讯。在移狱途中，敌人出动了4辆警车，直开南通芦泾港，由招商局的上水轮押赴南京。

南京特种刑事地方法庭数次开庭，反复审问，刘瑞龙、丁介和、

---

① 汪世杰：即时任中共南通县委书记彭汉章。

汪钦曾三人始终没有口供。而汪世杰、徐秋声二人刚从外地来南通，没有职业，在他们身上又抄出可疑文件，法庭将二人定为重点疑犯。

博物苑的大搜捕，使中共南通县委遭到严重破坏，县委机关被迫停止工作。党组织通过各种关系全力营救被捕的同志，并责成县委委员黎昌圣① 具体负责营救工作。黎昌圣从南通来到南京，找到在陆军大学受训的国民革命军第三集团军第六陆军总指挥部主任参谋、中共地下党员单洪培，向他传达了党组织的指示。

此时，还有一位国民党军高官也分外焦急，那就是丁介和的兄长、时任国民革命军第三集团军第六陆军参谋长丁介石②。丁介和等人被押到南京不久，丁介石感到很棘手：自己是国民革命军之将领，弟弟却是共产党的嫌疑犯，数月前还参与如泰农民暴动，被记录在案，自己怎好直接出面干预！到底找谁来保释二弟呢？思前想后，他想到自己手下的主任参谋单洪培。在丁介石眼中，单洪培不仅精明强干，关系甚多，而且办事稳妥，委托他营救二弟是再合适不过的。

就这样，黎昌圣和丁介石的两条线同时集中在单洪培身上。

根据党组织的指示，单洪培立即给中共砀山县委书记蒋嘉宾发去一封密信，要他立即来南京，共商营救之事。蒋嘉宾是刘瑞龙和丁介和在通师的学长，对南通方面的关系比较熟悉。接到信后，他火速从皖北来到南京陆军大学，找到单洪培。

单洪培和蒋嘉宾通过内线关系了解到，必须有高级军政机关的证明信才能取保放人。他俩立即进行分工：一切合法手续，如，出示机关公文和证明信件、觅取铺保之类的事由单洪培负责；法庭内外的秘密活动

---

① 黎昌圣（1903—1933）：又名黎时中，四川达县人，1926年考入私立南通农科大学，1927年秋加入中国共产党。曾任红十四军第一师政治委员，红十四军失利后，回四川从事地下工作，因抵制张国焘的错误被秘密杀害。

② 丁介石（1892—1988）：即丁治磐，江苏东海人，国民党高级将领。曾任江苏省政府主席兼江苏绥靖总司令。

则由蒋嘉宾进行。

当时，国民党内部矛盾重重。北伐战争结束后，国民党内部斗争更加尖锐。7月下旬，蒋介石回南京参加国民党中央执行委员会会议时，提交了辞呈。单洪培和蒋嘉宾都认为机会难得，必须尽快动手。单洪培所在的第三集团军时下是阎锡山的队伍。这时，如果打出阎锡山的牌子，还是响当当的。

不日，单洪培从公文包中取出一张第三集团军总司令部的空白公文纸，上面盖有阎锡山的红色印章。见此，蒋嘉宾喜出望外。经两人商议措辞后，单洪培在公文纸上写下"南通男（女）师范的学生，因游博物苑误会被捕，实非共产党，请予以释放"的字样。

公函送出后，单洪培和蒋嘉宾又忙着觅取铺保。蒋嘉宾立即乘船回到南通，找到刘瑞龙的表兄葛松亭。由葛松亭出资，表姐葛淑兰则利用其社会背景，一同去南京保释刘瑞龙。虽然费尽周折，却一切顺利。

8月2日，南京特种刑事地方法庭进行宣判：

> 汪世杰附和反革命阴谋暴动之所为，处二等有期徒刑七年又四个月。
>
> 徐秋声宣传与三民主义不相容主义之行为，处二等有期徒刑六年又五个月。
>
> 刘瑞龙、丁介和、汪钦曾三人均无证无供，特宣布无罪释放。

刘瑞龙出狱后，县委委员黎昌圣通知他去上海，到南国艺术学院找黄晚村先生，由此与中共江苏省委接上关系，向组织汇报被捕经过。学长蒋嘉宾把他送到南京白下路大车站，互致珍重，依依惜别。在下关车站，刘瑞龙登上了开往上海的火车。

七　铲除奸细

在上海，刘瑞龙几经周折终于与省委接上了关系，并向省委作了详细汇报。省委负责同志告诉他，党组织正积极努力，继续营救彭汉章和徐秋声同志。据内线报告，南通博物苑被捕事件是因奸细黄道揆告密。省委要求刘瑞龙，回到南通后，立刻将此情况通报县委，迅速除掉这个祸害！

刘瑞龙回到南通时，南通党的工作仍处于停顿之中。6 月中旬刚刚成立的临时县委，因叛徒告密，再次遭受严重损失。刘瑞龙怒火中烧：这些叛徒、奸细都是反动派的走狗、帮凶，必须毫不留情地把他们铲除掉！刘瑞龙向黎昌圣等几位县委委员传达了江苏省委的指示。他们共同研究了引狼入瓮的具体办法。

出卖彭汉章和刘瑞龙等人的奸细黄道揆，也曾就读通州师范。一年前，在中共党组织的帮助下，国民党南通党务维持会和南通总工会成立，刘瑞龙在维持会兼秘书，黄道揆是总工会常委，他们彼此熟悉。总工会成立之初，黄道揆还有正义感，能够替工人群众说话。数月前，大生一厂闹工潮，国民党县政府责令黄道揆出面调查调解。他非但不劝阻工人复工，反倒顺应工人的要求坚持捉拿凶手，以致工人冲出厂门，局势无法控制。镇压工潮的通崇海联防队认定黄道揆有意煽动工人情绪，遂将他逮捕，押解到南京特种刑事地方法庭。贪生怕死的黄道揆不曾受到皮肉之苦，就主动投敌。他秉承主子的旨意，刚刚回到南通，便捕风捉影，四处刺探消息，堕落为可耻的奸细。

一日，刘瑞龙、顾民元和几位进步同学相约去狼山消夏，也约上黄道揆。一副斯文小职员打扮的黄道揆，见刘瑞龙出狱归来，先是一惊，又暗自庆幸自己的奸谋没有被识破，为了借机刺探"军情"，他没有推辞，痛快地接受了。

狼山风景区距南通市区约 6 公里。黄泥山、马鞍山、狼山、剑山、军山，自西向东沿江成弧形排列，绵延约 4 公里，像五颗绿色的翡翠镶嵌在长江口的北岸。每逢假日，南通城里的学生们常常踏青远足，观五山风光，看大江东去，百舸争流。

一行年轻人来到黄泥山后，刘瑞龙选择了一块靠近江边的大礁石，大家席地而坐。黄泥山的确是观江望景的绝佳境地：水天一色，涛声轰鸣，气吞吴会。

"花生米——干子①，米酒——烧酒……"不远处一个提篮小卖，一边吆喝着，一边向这边走来。当年，常有一些文人墨客到狼山吟诗作赋，也常有一些卖酒菜的小贩提着篮子四处叫卖。而这一天，卖酒的小贩却是刘瑞龙专门安排的地下党员。

一张硕大的干荷叶铺在大家中间，煮花生米、五香豆腐干、鸭肫、鸡爪香气诱人。小贩从提篮里捧出酒坛子，摆上酒盅和筷子，就到一旁抽烟去了，实际是在观风放哨。

顾民元招呼着为大家斟酒。在几位学友中，属黄道揆年长，大家都起哄向他敬酒。清风、涛声、美酒，几杯下去，黄道揆便飘飘然了。正当他举杯向着大江抒发情怀时，冷不防被身后的人用力推到江水中。他连泡儿都没冒，就被漩涡卷到江底，冲到大海里喂王八去了。

那边，小贩依旧"花生米——干子，米酒——烧酒……"地吆喝着。这边，几位年轻人举杯碰盏，欢庆为革命除害！

几天后，顾民元告别南通，去上海艺术大学学习。刘瑞龙到天生港码头为他送行。下水的大达轮拉响了起航的汽笛，刘瑞龙不住地向顾民元挥手。他久久地伫立在码头上，直到大达轮消逝在海天的尽头……

---

① 干子：当地人对豆腐干之类食品的称谓。

不想，这一别竟成了刘瑞龙与顾民元的永诀！①

9月初，新的学年开始了，刘瑞龙将步入本科学习的最后一年。当他夹着书包来到学校时，只见同学们都在浏览影壁上最新张贴的布告。

布告是由校长于敬之亲自签发的，布告称：原三年级学生刘瑞龙入校后品行不端，多次参与反对政府危害社会的活动，近期又被警方逮捕，其行为严重影响了学校的声誉和正常的教学秩序，经校董事会研究，作出将其开除的决定。

刘瑞龙蔑视地看着布告，拳头在胸前用力一挥，然后，微笑着向同学们告别，气宇轩昂地走出校门。同学们都用敬慕的神情目送着他们心中的英雄。

"明明是无罪释放，怎么又开除了?!"表兄葛松亭背着手，在客厅里踱来踱去。他虽然支持刘瑞龙参加革命，却也为他今后的前途担忧。

"要不这样吧，我到学校里再去和校董们通融通融，咱们怎么也得把最后一年的书读完啊！"

面对表兄的劝说，刘瑞龙坚决不肯。他绝不向反动派低头！

无奈，葛松亭只好把他安排在《通海新报》当校对。

刘瑞龙想，这样也好，利用报馆作掩护，也能为尽快恢复城区党组织多做些工作。他便痛快地答应了。

---

① 1940年，顾民元任启东县抗日民主政府县长。1941年1月，顾民元在南通县同乐镇被国民党俞福基部绑架。新四军某部在追剿俞部时，将其误杀。同年4月，中共苏中四分区地委、行政公署追认顾民元为革命烈士。

第三章　领导农民运动

中国之国民革命，质言之即为农民革命。刘瑞龙肩背斗笠，甩开脚板，深入到东乡农民之中，发动群众，点燃了武装斗争的火焰。年关斗争、抗春荒斗争、秋收斗争……农民革命和红军游击队搅得地主老财们不得安宁。在江海连接的天边，正冲出一缕破晓的曙光。在中共江苏省第二次代表大会上，19岁的刘瑞龙当选为省委委员。

一　坐镇东乡

"中国之国民革命，质言之即为农民革命。为要巩固国民革命之基础，亦唯有首在解放农民。"①

对于中国的农民问题，恽代英较早认识到它的重要性，并曾致信毛泽东希望他也能重视这个问题，到农村去开展工作。他们"来鸿去雁"探讨改造中国的方案，努力寻找符合中国实际的革命道路。

---

① 引自 1926 年 1 月中国国民党二大通过的《农民运动决议案》。毛泽东受主席团指定，参加该决议案的修改工作。

1923 年 10 月，恽代英出任《中国青年》主编，并在该刊多次发表文章，号召城市青年到农村去，同农民广交朋友。他说："去结交农民！去团结农民！去教育农民！而且最重要的去研究农民！"他经常鼓励青年学生到农村去，做农民运动，宣传教育发动农民起来反抗封建地主豪绅的剥削。他根据大量事实材料，写出《湖北黄陂农民生活》一文，分析农民受剥削、受压迫的根源，揭露地主豪绅通过多收田租、放高利贷等对农民进行严酷盘剥的罪行。

在恽代英寄给南通进步青年的大量书刊中，刘瑞龙还阅读了毛泽东、彭湃等中共早期农民运动的主要领导人有关农民问题的精辟论述，使他渐渐悟出中国革命的真谛，并付诸日后的革命实践。

五卅运动期间，15 岁的刘瑞龙就与高班的几位同学到南通周边的农村，通过访问、开座谈会，进一步了解农民，并向他们宣传反帝反封建的革命道理。在刘瑞龙等人的带动下，通师学生不断深入到东乡农村宣传革命，发动农民群众同地主豪绅作斗争，在东乡的一些重点村子初步建立起农民协会。大革命失败后，刘瑞龙又多次带领通师同学到乡下去，声援农民的斗争。

到农村去，到农民中间去，去研究农民，和农民交朋友！在革命导师的指引下，青年刘瑞龙迈开了坚实的步伐。

1928 年 7 月，中共江苏省委通过了江苏省农民斗争决议案，为加强对秋收斗争的领导，决定在全省建立淞浦、沪宁、南通、淮盐、徐海、扬州六个特区委员会。

9 月初，中共南通特委①成立，统一领导南通、如皋、海门、启东、靖江、泰兴、泰县、东台八县的斗争。中共南通县委派县委委员刘瑞龙到东乡一带领导农民运动。

---

① 中共南通特委于 1928 年 9 月初成立，翌年 10 月停止活动。

　　通海如泰地区位于长江口北岸。19 世纪中叶，随着国际资本主义侵略势力进入长江流域，这里变成帝国主义列强掠夺原料、倾销商品的重要市场，江北的粮食、棉花、生猪、花生等农产品被源源不断地运往上海，上海的工业品又一批批地运到江北，形成了从上海到江北各地的买办和商业高利贷剥削网。

　　通海如泰地区的豪绅资产阶级在迈向资本主义化的过程中，仍旧顽固地保存旧的生产方式——地租剥削。地主公司用资本主义的方法大规模地集中土地，如，南通东乡二甲的恶霸地主瞿三歪嘴，拥有 3 万多亩土地，自夸从二甲向北走 20 里，踏不到别人家的田地；如皋西乡以卢锡三为首的 20 多户卢姓大地主，占有 10 多万亩土地；在启东和海门沿海一带，每年新出水的沙田也全被豪绅地主霸占，仅大地主张两铭一户，就占有土地 20 多万亩。豪绅买办垄断和操纵市场，他们家里有钱，手里有枪，官府有人，到处作威作福。

　　江苏又处在国民党反动统治的中心地区，反动政府加捐加税名目繁多，不仅正税连年翻番，附加税更是以正税的几倍往上涨，什么自卫亩捐、公安亩捐、党部民众捐、保卫团捐、警察捐、户籍捐、防务捐等，不下三四十种。地方衙门的苛捐杂税也疯狂地加在农民头上，如，青菜捐、柴草捐、米捐、酒捐、牛捐、猪捐、鱼捐等等。农民无法完租纳税，只好去借高利贷，生活更加水深火热。地租剥削是地主剥削农民最本质的方式。刘瑞龙决定利用去东乡工作的机会，首先对地租剥削做一次深入的调查。

　　东乡即南通东五区，包括余东、余中、余西、三余和三益五个区。这里主要生产小麦、玉米和棉花，稻谷要从外乡购进。刘瑞龙去东乡正是秋熟季节。每天清晨，他便背着斗笠，踏上洒满露水的乡间小道，深入到一个个庄子走访农户，细致地了解当地的地租情况。晚上，他又在油灯下，与区委负责同志和党员骨干一起开座谈会，研究如何做好发动农民的工作。一个多月下来，他走遍了东乡大大小小的庄子，把调查了解到的第一手材料一一记录下来，掌握了地主利用地租残酷剥削农民的有力证据。

由于民族工业的兴起，货币地租在东乡已相当发展。农民租种地主一千步田①要交坐租②100大洋，相当于田价的四分之一。此外，农民每年还要交纳20至30大洋不等的行租，遇到灾荒年，一粒粮食也不能少交。除地租以外，还有种种额外的剥削。如，佃户租田，要写"承揽"，要给地主面子钱，还要请吃上庄酒或送上庄礼，每隔几年，还要重新"承揽"，另行出钱，请酒，送礼。逢年过节，农民要送年礼节礼；粮食、瓜果上市前，要先送给地主尝时鲜；交租前，还要送样米、租鸡、租鸭。地主下乡收租，佃户要办酒招待，鸡鱼肉蛋必须丰盛。至于田实租，大斗大秤更是惯例。

这年11月，南通特委在海门茅镇召开通、海、如、启、泰、靖六县负责人联席会议，根据中共六大的精神，确定了今后的工作方针，即"在斗争中游击战争必成为主要斗争形式，赤卫队是主要工作之一"。会议要求，各县都要组织一支领导农民进行武装斗争的骨干队伍。为了加强武装斗争，省委运来一些短枪，作为组织武装小组的本钱。

遵照县委指示，刘瑞龙坐镇东乡，领导各区建立武装小组。由于东乡党组织的恢复和发展工作做得及时深入，由区委负责人仇建忠、唐楚云、俞金秀、陈宗恒领导的三益、余中、余东、余西四个区的武装小组很快建立起来。他们高高举起红军赤卫队的旗帜，每到一处，就召开群众大会，宣传党的主张，在贫雇农、手工业工人和贫苦知识分子中间广泛开展工作，发动群众起来斗争，收缴地主的枪支来武装自己。

---

① 一千步田约合4亩，即当地农民丈量土地的一种方法。

② 坐租又叫押租或顶首，即地主向佃户榨取的"保证金"。佃户欠行租，要从坐租中扣算。

这年秋天，东乡的庄稼普遍歉收。农历年关前，国民党反动当局和地主豪绅不管农民的死活，加紧追租逼债，催粮勒捐，交不出租子就插牌收田。佃户们忧心忡忡。中共南通县委决定，组织全县农民开展年关斗争。

腊月中旬，刘瑞龙和东乡党的负责人唐楚云来到三益区，在俞家沟，召开了有两三千人参加的群众大会。在会上，刘瑞龙提出"不完租、不完粮、不还债、不交捐"的斗争口号。会后，他又集思广益，召集党员和农民积极分子开会，研究斗争策略。

有人说："往常，有些人家拖租拖债，先是软约软拖，结果一直拖到来年也不交，家里穷得叮当响，地主气得直冒火，可一点办法都没有。"

还有人说："那时，我们是一家一户地拖租，交不起租还要遭毒打，现在有共产党给穷苦人撑腰，庄子里的人团结起来，力量就大了！"

刘瑞龙认为这个办法不错。他决定先由一批积极分子和大胆的农民带头拖租，接着大伙儿跟着干。办法确定后，党员积极分子迅速回到各区，走家串户地动员贫苦农民团结起来，向地主抗租抗债。

交租子的日子一天天过去，庄子里却死气沉沉没有动静。地主豪绅气得直冒火，狗腿子们上门翻箱倒柜，发现值钱的东西就拿，看见鸡鸭牛羊就抢。俞家沟的大地主俞兆奇和俞兆魁甚至扬言："过了腊月二十三送灶王爷的日子，谁再不交租还债，就叫城里的警察来抓人！"东乡的地主们纷纷购买枪支弹药，准备反扑。不少农民犹豫起来，怕扳不倒地主，反而要吃更大的亏。

刘瑞龙将这一情况迅速报告南通县委。县委决定，将三益、余中、余东、余西四个区的武装小组扩建成红军武装小队，立即组织行动，收缴地主的枪支，由刘瑞龙统一指挥部署东乡的年关斗争。

腊月二十三这天，在东乡田间的土路上出现了一支送财神的队伍。

两只摇头摆尾的大狮子欢蹦乱跳地在前面开道，穿着古装、戴着面具的"财神爷"大摇大摆地紧随其后，农户们一路敲锣打鼓，来到一张姓大地主的庄院前。有财神爷上门道喜可是大吉大利的好事。地主张老爷亲自打开黑漆大门，家丁们还在门前放起了鞭炮，兴高采烈地敬请"财神爷"入院。突然间，张老爷面如土色，几支乌黑的手枪同时顶住了他的后腰。武装队员迅速冲进地主庄院，在屋里屋外进行搜查。就这样，利用春节前聚众到地主庄上舞龙灯、耍狮子、讨年糕的民俗活动，红军武装小队收缴了好几家地主的枪支等武器。

余东区武装队长俞金秀个头不高，长得敦实强壮，腰间挎着盒子枪，威风凛凛的。他率领红军武装小队，冲进俞家庄院，打开粮仓和库房，把粮食和衣物分给贫苦农民，还捕捉了气焰嚣张的恶霸地主俞兆奇和俞兆魁。县委决定召开群众大会，公审这两个恶霸，为民除害。两个恶贯满盈的大地主被押上审判台当场处决，真是大快人心。

从除夕夜一连几天，各区红军武装小队积极开展活动，搅得地主老财们不得安宁。仇建忠率领三益区红军武装小队，在黑暗中摸进八索镇国民党警察局，一举俘虏10多个正在酣睡的警察，缴获手枪1支，盒子枪3支，步枪7支，子弹数百发，赢得东乡农民武装斗争的第一个大胜利。其他几个区也传来好消息，红军武装小队镇压了专替地主通风报信的狗腿子马士良父子，还打死了罪大恶极的地主狗腿子陆大……

在东五区群众武装斗争的影响下，中五区和西三区的农民也行动起来，开仓分粮，收缴地主的枪支。年关斗争初战告捷，农民们留下了用血汗换来的粮食和棉花，第一次过了一个没有地主追租逼债的快活年。

春节后，县委在东乡的仇家园召开5000多人的群众大会，提出了"成立南通东乡工农兵苏维埃政府"的口号。刘瑞龙坐在主席台上，看着满场群情激昂决心掌握自己命运的农民群众，心里真有说不出的高兴。

东乡武装斗争的火种正在迅速蔓延，各区红军武装小队积极开展活动，巧妙地从敌人手中夺取武器。

一天上午，余东区六甲一带出现了一支运盐的队伍。20多个挑着担子的"盐贩子"，个个身强力壮。这伙人正是余东区武装队长俞金秀率领的经过化装的红军武装小队队员。他们的目标是袭击下乡收捐勒索的国民党盐警，抢夺他们的枪支。

运盐队来到盐警经常出没的大东灶附近，放下担子假装休息。不多时，侦察员回来报告，有十几个身穿黑色制服的盐警正向这边走来。俞金秀带着"盐贩子"们有意迎了上去，待进入盐警视线时，撒腿就跑。

"停下！不停就开枪了……"盐警一边追一边大声呼喊。

见敌人上钩了，俞金秀暗自高兴。这时，他放下肩上的担子，盐警便蜂拥而上。说时迟那时快，俞金秀抢起扁担高喊一声"打！"游击队员们立刻冲了过来，用扁担劈头盖脸地向敌人头上抡去。一贯横行乡里的盐警乱作一团，只得乖乖地举手投降。

红军武装小队不费一枪一弹，就缴获了10多支步枪和数百发子弹。

二　取得抗春荒斗争胜利

年关刚过，严重的春荒又步步袭来。东乡许多穷苦农民已经揭不开锅了，而地主家的粮仓却装得满满的。中共南通县委决定，扩大年关斗争的成果，发动农民开展一场与地主豪绅争夺粮食的抗春荒斗争。

1929年3月，刘瑞龙亲自领导了余西区农民暴动，率领红军武装小队和农协会员，首先镇压了三马路的几个恶霸地主，分掉他们的粮食。

消息传到恶霸地主瞿三歪嘴耳朵里，他令管家严防死守。狗腿子李国栋给余西区警察局送去一张写有区委干部和农民积极分子名字的"黑名单"，要求警察局立即出兵，前来抓捕。他还派出家丁背着土造的"火铳子"在瞿家下仓日夜巡守，企图捉拿红军游击队员。得到这一情报，刘瑞龙与余西区委书记陈宗恒研究，决定干掉这个狗腿子！

一天，李国栋正准备出门，一辆小推车拦住他的去路。车上下来一位衣冠楚楚的先生，看上去像是做陆陈行的大买卖人家，身后还跟着两个腰插盒子枪的保镖。做陆陈行的人衣着与一般的生意人不同，长衫里面的法兰绒小褂要翻出很长一截袖子，脚穿黑丝袜，登着方口黑纹的皮面硬底便鞋。李国栋一见来头不小，急忙把客人迎进内厅坐下。

"先生，您准备要多少稻谷？"未等对方开口，李国栋点头哈腰地招呼道。

"有多少要多少！"那位先生跷着二郎腿，傲慢地答道。

"请问，您是……"李国栋还想问个仔细。

先生把脸一沉，拍案而起，顺势拔出盒子枪，对准李国栋："好个狗腿子，实话告诉你，我们是红军游击队，今天是专门找你算账的！"

李国栋见势不妙，拔腿就跑，只听"砰"的一声枪响，便栽倒在地。另一个伸头望风的狗腿子也被削去半个脑壳。

听到枪声，陈宗恒带领埋伏在庄院外的红军武装小队立刻冲了进来，打开瞿家下仓一间间囤满粮食的仓房，发动贫苦农民开仓分粮，还烧毁了瞿家下仓的全部租约债券。

在东乡，哪里的地主最张狂，红军武装小队就到哪里给他点儿颜色看看！

有红军游击队保卫抗春荒斗争，全县的农民都行动起来，纷纷到地主家去吃"麻雀饭"。这是青黄不接时，南通一带的贫苦农民与地主、富农斗争的一种手段。农民们像麻雀一样，成群涌到有钱人家里要饭吃，吃了这家，吃那家，其声势铺天盖地，足以让那些黑透了心的地主老财闻风丧胆。

然而，斗争的发展也不平衡，唐家闸附近的农民始终"按兵不动"。县委决定派刘瑞龙前往唐家闸，动员工厂的党、团员和工人积极分子，配合农民开展斗争。

唐家闸镇位于南通城西北9公里，是张謇发展民族工业的重要基地。通扬运河两岸工厂林立，大生一厂、资生冶铁厂、广生油厂、复兴面粉厂、阜生茧厂、通明电灯厂……唐家闸的百姓家庭多为半工半农，深受资本家和地主的双重压迫。

由于帝国主义的排挤，新兴的民族工业已处于风雨飘摇之中。几年前，江浙财阀组织银行团接管了张謇在江苏各地的大生企业，对工人的剥削更加残酷。唐家闸地区的地租要高出周围好几成。租种地主单门四家一千步田，坐租已涨到450大洋。

一个漆黑的夜晚，刘瑞龙悄悄来到资生冶铁厂党支部书记顾臣贤①家，和他一起研究发动工人配合抗春荒斗争的事。顾臣贤是位钳工，方头黑面，浓眉大眼，很有力气，从小喜欢抑富济贫，打抱不平。他是刘瑞龙任城区区委书记时亲自发展的工人党员。顾臣贤的家也是刘瑞龙经常落脚的地方。

顾臣贤说话直来直去。刘瑞龙也就开门见山："按理说，唐家闸农民受剥削最重，为什么他们的积极性一直调动不起来？"

唐家闸的产业工人大约有一万人，大生一厂就占了七八千，顾臣贤很自然地把话题引到大生一厂。他说："去年春天那场罢工斗争，县委书记陆景槐和一些工人骨干被捕，厂里的工作伤了元气。最近资本家又用小恩小惠笼络人心，听说前几天还卖了一些'平价麦'给大家。"

刘瑞龙说："看来，我们工作的重点应该放在半工半农的人家。"

顾臣贤表示赞同："是呵，这些人不动，旁人也不敢动。"

---

① 顾臣贤（1909—1933）：江苏南通市人。1928年8月加入中国共产党，曾任中共通海特委委员、南通中心县委书记。1933年9月被敌人杀害。

经过分析后，他们商定，由顾臣贤发动资生冶铁厂的工人，刘瑞龙去大生一厂做工作。顾臣贤还给他介绍了一些大生一厂的党、团员和工人骨干。

大生一厂警卫森严，厂门砌得像城堡一样，围墙外是一圈护厂河，无论从哪个门进厂，都要通过一道吊桥。怎样进入大生一厂？顾臣贤已经替刘瑞龙物色好一个名叫施满侯的"孩子王"，还找出一套旧工作服给刘瑞龙。

时年 14 岁的施满侯，长得瘦高瘦高的。他是冒名顶替病死的工人王生，进厂当童工的。从顾臣贤那里接受任务后，满侯子甭提多高兴了。上班前，他特意准备了两份夜班饭。他打算带老刘从西边的放工桥进厂，那里的门卫他都熟悉，相对安全一些。

当天下午，当下班的工人已经离厂，放工桥即将提起的时候，施满侯迈着长长的"仙鹤腿"，晃着膀子，大摇大摆地把老刘带过吊桥。别看施满侯瘦得像根麻秆，还真有派头。他向门卫一撇拇指："这位，是我请来的保全工师傅。"

门卫见刘瑞龙一身工人打扮，上衣口袋中还插着一把钢板尺，腮帮上长着硬硬的胡茬，全然当真，还跟满侯儿逗了几句俏皮话，顺顺当当地把刘瑞龙放进工厂。

施满侯把刘瑞龙带到自己干活儿的车间，把他安排在一个比较僻静的过道里。他利用在车间里捡拾纱筒的机会，把老刘要找的工人骨干悄悄地带过来。

深夜 11 点半，各车间轮流开饭。工人们拎着用篾草编的小饭篓在"食堂"里排着长队等候"烫饭"。当年，大生厂的设备是从英国进口的老纺机，蒸汽机通过长长的传动带把动力传送到车间。所谓"食堂"实际是通过传动带的过道，声音十分嘈杂。"食堂"的顶头有一个大灶台，上面垛着四口滚着沸水的大铁锅。工人们鱼贯而行，把自己的小饭篓在沸水中涮几下。成百上千的人涮下来，一锅沸水竟成了散发着霉酸味的稠米汤。烫过饭的工人站在"食堂"两边的长桌旁匆匆忙忙地向嘴里划着饭，再吃一点自家带来的豆腐卤或腌菜，很快又回到机器旁，开始紧张的劳动。

趁吃饭的机会，施满侯又找来其他车间的工人骨干。刘瑞龙一边吃饭，一边与他们谈心。看着工人们带来的饭食，刘瑞龙一阵心酸，不禁关心地问："怎么，大家吃的都是元麦①饭？"

"哪个欢喜吃元麦？肚子胀得屙不出屎来！"

"我们就是拿到工钱，也买不到大米啊！"

"米店老板说，江西运米的船一时过不来，他家的粮仓里只有元麦了。"

"我看这是鬼话！"

……

工人们你一言我一语气愤地说。

刘瑞龙启发大家说："最近，东乡的农民武装打开了好几户大地主的粮仓，仓里囤满了大米。眼下闹春荒，米行老板又囤积居奇，有意抬高米价，搞得农民没饭吃，工人拿钱买不到大米。"

"你说，我们应该怎么办？"工人们焦急地问。

刘瑞龙告诉大家："南通周围的农民都动起来了，到地主家里去吃'麻雀饭'。我们大生一厂的工人应该做农民兄弟的后盾！"

听刘瑞龙这么一说，工人们的情绪一下子高涨起来："我们大生一厂可是南通的老大哥，怎能落在后面呢?!"

有人干脆掰着手指头，计算起自己车间可以动员起来的力量。

还有人建议，将日班和夜班的工人分成两批，既不要请假，又不惊

---

① 元麦：即大麦，当地农村用作饲料。

动车间的工头。

这时，"鬼灵精"施满侯又出了一个好主意："我们应该交叉着去吃饭：以四号桥为界，港南的农民到港北去吃张百万家的，港北的到港南来吃魏四侯家的，让地主老财摸不清东南西北！"话音刚落，大家一致鼓掌赞成。

经过刘瑞龙和顾臣贤厂内厂外的一阵动员，工人们说干就干。

一日，四号桥上，南来北往的队伍像是去赶庙会，工人、农民搭帮结伙纷纷来到地主老财家。平日里趾高气扬的地主老财，只好赔着笑脸，红烧鱼、大肉圆儿、蒸咸肉、白米饭，摆满了八仙桌。

"吃吧，吃吧，这次吃掉的就算我请客……借去的粮食，还望各位凭良心……"地主老财如是说。

工人老大哥手一挥，呵斥道："良心？你倒是摸摸自己有没有良心！你种过一天地吗？你割过一次稻吗？"

地主老财赶忙缩回脖子，像只瘟鸡坐在门槛上。

饥饿了一辈子的农民们，终于放开了肚子，更放宽了心，将瘪缩的肚皮彻底填饱了！就这样，你来我往地足足吃了有六七天，个个吃得红光满面。大家不仅吃饱了肚子，还从兜里掏出米袋子，将装得鼓鼓的米袋子扛回家。

地主老财们再也忍不住了，纷纷报警。联防区队下令狠狠收拾吃"麻雀饭"的农民们。"麻雀"们一哄而散，该吃的下肚了，该分的聚不拢了。由于工人老大哥的踊跃参战，这一年的抗春荒斗争取得了重大的胜利。

三　在反动军警的眼皮下安然脱险

坐落在南通寺街华王庙隔壁的《通海新报》报馆，创建于 1913 年

3月。它的主要投资和创办人是南通有名的豪绅地主陈葆初。由于陈葆初本人拿不起笔，经理和主笔都交给别人做，陈葆初对报纸很少过问。对他来说，不过问，则来得更体面。他一直不即不离地把报纸当成抬高自己文化身份的一个工具。

1918年以后，葛松亭成为《通海新报》的经理兼主笔。其中，五四运动和五卅运动期间，《通海新报》办得较为出色，报道和评论大都站在反帝爱国运动一边。后来，陈葆初长期住在上海，便把报馆交予葛松亭经理。

1928年以后，中共南通党组织决定，利用《通海新报》开辟进步呼声的宣传园地，并借报馆之耳目，侦察反动派的动静。于是，一些共产党员和进步力量打入报馆内部。报纸上经常出现针砭时弊的评论。曾有一段时间，《通海新报》的社论多为葛季膺撰写，刘瑞龙参与讨论和定稿，还有一些共产党员被聘为报馆的特约撰稿人或记者。在进步力量的一再要求下，葛松亭还驱逐了报馆内一个专门与共产党作对的"国家主义派"人士。

1929年4月，为纪念五一国际劳动节，中共江苏省委发出通知，在全省开展红五月赤色纪念周活动。中共南通县委决定，由刘瑞龙负责组织城区的游行集会，地点就在《通海新报》报馆门前。

《通海新报》报馆内外的一系列革命活动，引起反动当局的高度注意。一日，一队军警包围了《通海新报》报馆，捉拿报馆内的共产党，指名道姓地要捉拿刘瑞龙。

正在这时，一个身穿灰布长衫戴着老式眼镜的"书呆子"，聚精会神地看着刚出版的报纸，旁若无人地从报馆里走出来。

"看见刘瑞龙没有？"军警中队长问。

"书呆子"头也不抬，继续看报，漫不经心地用手向里指了指。

一声急促的哨声，军警中队长一挥手："快！不要让刘瑞龙跑了！"

军警们一窝蜂似的冲进报馆。

这个"书呆子"正是刘瑞龙，见军警已经包围了报馆，他决定硬着头皮往外闯，从容不迫地在军警的包围中脱险了。

一队军警被刘瑞龙戏弄了。敌中队长恼羞成怒，在他的指挥下，军警兵分几路去捉拿刘瑞龙。其中一路一溜儿小跑，火速赶往陆洪闸抓人。

这天，大嫂葛洁莲正在陆陈行照顾生意，看到一队军警从商业街的西头直奔过来，知道凶多吉少。小兄弟在城里和乡下闹革命，一年多来，家里已经不得安生。她眼疾手快地打开后门，让正在屋里玩纸牌的丈夫及一伙人迅速顺着菜园子溜走了。

二哥刘锦龙是狼山邮电所的电话接线员，下夜班回来，正在屋里睡觉。不等妻子秦秀珍推醒他，军警已经冲进院子，将他逮了个正着。刘锦龙被押到南通警察局，几天后，又被押送到苏州监狱。经过两三个月的审问，刘锦龙背着所谓"国家主义派"的罪名，被释放回家。

刘锦龙是个老实人，同情革命，为三弟白挨了皮肉之苦不说，还丢掉了接线员这份安稳的工作。无奈，他只好利用自家窗前的那段门脸房，开了一个小酒店，与妻子一起酿些黄酒，卖些酒菜，艰难度日。

军警四处追捕，却不见刘瑞龙的踪影。几天后，《通海新报》因"通共"嫌疑被国民党军警查封。军警还抓走了报馆经理葛松亭等7名职工，位于龙王桥的葛宅也被查抄。

自从军警查抄了陆洪闸老宅，刘瑞龙就再也没有回过家。母亲李遂安心急如焚天天盼望着儿子归来。白天，她照常坐在家里纺纱、糊纸锭，还不时站在门口顺着小街张望，自言自语地说："雷惠该放学了，这孩子哪儿去了，怎么还不回来？"晚上，她整宿整宿地坐在床上，不能入睡，日复一日，年复一年……

刘瑞龙自坐镇东乡后，在红色游击区颇有声望。他的名字越发使反动派毛骨悚然。他一会儿出现在城区，一会儿去了唐家闸，一会儿回到东乡，一会儿又在闹市区领导群众集会。

这年秋天，国民党南通县政府在南门城墙上张贴布告，下令缉拿刘瑞龙，声言对通风报信者赏 200 大洋，捉拿归案者赏 500 大洋。布告贴出后，白色恐怖又一次笼罩了南通全城。通师的党、团员遵照党组织的指示，秘密收藏了文件和宣传品，暂时停止活动，大家都为刘瑞龙的安全担心。

50 多年后，一位通师校友在回忆那段经历时说："反动派的'通缉令'贴出一周后，在一个风雨交加之夜，我正在上自修课，突然接到组织通知，立即将一个重要通知送到秘密联络处。此时，教室外黑得伸手不见五指，我带着雨伞和电筒，匆匆走出校门。当我经过启秀桥时，遇见一位头戴笠帽、身披蓑衣、脚穿草鞋的农民，行色匆匆地迎面走来。为了避免碰撞，我揿亮手电筒，顿时喜出望外，原来是瑞龙同志。他绝对像个农民。我问他：'进城办事？'他说：'接到上级通知，进城开会。'接着，他又向我问了一些南通的情况。我告诉他，国民党县政府张贴出了缉拿他的布告。刘瑞龙镇定自若地说：'想捉我？谈何容易！倒是在校的同志身处虎穴之中，务必时刻提高警惕。'说完，他借着我的电筒光看了一下怀表，便握手告别。我目送他的背影消失在茫茫的雨夜中。"

四　领导汤家苴农民暴动

1929 年 10 月上旬，中共南通县委书记林子和不幸被捕，县委工作的重担就落在刘瑞龙和县委一班人的肩上。

一年来，刘瑞龙代表县委坐镇东乡，在领导红军游击队积极开展武装斗争的同时，当地党、团组织和农民协会、妇女协会、自卫队、少先队等群众组织也迅速发展起来。

对于农民的武装反抗，三益乡汤家苴大地主汤廉臣一伙既胆颤心惊，又咬牙切齿。他们与附近的几户大地主，秘密结成同盟，购买枪支弹药，联合组织了反动民团武装白龙党，还构筑碉堡，设置了几十里长的封锁线。白龙党不仅下乡捕捉共产党员，甚至连普通农民都不放过。一对农民夫妇因误闯他们的封锁线，被反动民团用铁钉钉在旗杆上，活活地被殴打致死。

面对敌人的暴行，县委决定为民除害，首先拔掉汤家苴这颗"毒钉子"。县委把武装进攻的任务交给了三益乡红军武装区队长仇建忠。

汤家苴是大地主汤廉臣的"土围子"，独处在一片稻田中央，占地近400亩，四周有30多米宽的壕沟环绕，只有东南和西北两处设有吊桥，有炮楼看守。此外，南边有一座大炮楼，北边有两座小炮楼，几个炮楼遥相呼应。仇建忠领导的武装区队只有百十来号人，拿下这座"土围子"谈何容易！

刘瑞龙和县委同志一起研究了攻打汤家苴的行动部署，决定把三益乡的群众组织起来，造成声势，红军武装区队乘虚而入，打他个措手不及。

说来也巧，正当武装区队琢磨用什么办法攻打汤家苴时，仇建忠派出的侦察员探听到汤廉臣出洞的消息。

10月25日这天，汤廉臣坐着黄包车，带着几个狗腿子，到余东镇为亲属置办结婚用品。红军游击队立即集合队伍，埋伏在老贼返回的必经之路王灶河渡口附近。下午，汤廉臣满载而归，不想却进入红军游击队的伏击圈。游击队员们如猛虎下山冲了上去，将汤廉臣从黄包车上揪下来，倒绑双手，按倒在地。汤廉臣吓得面如土色，跪着求饶。游击队员二话不说，将他押到武装区队的秘密驻地石头镇。

审讯时，仇建忠要汤廉臣交出全部枪支，争取宽大处理。为了保全性命，汤廉臣满口答应，并给儿子汤大宗写了一封亲笔信。

第二天上午，县委决定由县委特派员何兰阶带领两名红军游击队员，持汤廉臣的亲笔信到汤家苴进行谈判，汤大宗拒不交出武器，当我谈判代表返回时，汤家苴炮楼竟开枪打死一名游击队员。

血债要用血来还！县委立即召开紧急会议，决定攻打汤家苴。

当天下午，在仇建忠的指挥下，150多名红军游击队员兵分两路火速向汤家苴进发。县委发动了周围5000多名农民群众，高举着大刀、铁叉，呼吼着像潮水一般涌向汤家苴。敌人慌了手脚，几十个武装家丁怎么对付得了这么多的老百姓？他们集中在东南、西北的两个炮楼里猛烈射击，拼命守住吊桥。双方展开激烈交火。

谁知这时，从北边远远地杀出一路"奇兵"，几百名农村妇女抬着门板，夹着稻草，一路呼声地冲将过来。刘瑞龙和县委早有准备，知道汤家苴四面是河，不易通过，所以组织了这支妇女突击队。

妇女们冲到壕沟前，迅速把一捆捆的稻草填塞到河里，铺上门板，开出一条通路。红军游击队员们飞速冲过壕沟，手持大刀、铁叉的群众紧紧跟上，一齐推倒了汤家苴地主庄园的大门，奋勇冲了进去，很快摧毁了北边的两座炮楼。敌人全部龟缩到南炮楼，凭坚顽抗。

在攻打汤家苴的战斗中，红军武装区队打死20多个武装家丁，烧掉部分田契、租约和债据。在群众的一致要求下，武装区队处决了在押的反动民团头子、血债累累的大地主汤廉臣。汤家苴战斗初战告捷。

这年11月初，刘瑞龙正式接任中共南通县委书记。

这时，国民党派驻南通第十三旅第一团，会同南通、海门、如皋、泰兴、泰县、靖江六县警察大队、保安团，联合"搜剿"如泰边境的六甲、水洞口、东燕庄、西燕庄、芹湖、野庙垛、刁家网、季家市、黄家市等地，进行大肆烧杀。如皋县反动县长刘昌言，仅在黄家市一地，就捕杀农民40多人。在南通方面，敌人把东乡作为进攻重点，由汤家苴出发，对俞家庄、二十五总、二十七总、三余镇、二马路、三马路、白龙庙一带疯狂"搜剿"，屠杀革命干部和农民200多人，烧毁房屋1000多间，岸头镇、何家园、汤家园等地的房屋几乎全部被烧光。

被敌人残杀的农民尸体还躺在路旁，被烧毁的房子的火头还没有熄灭，在县委书记刘瑞龙的领导下，东乡人民又义无反顾地举起红旗：三益、余西、余中区的农民仍在进行分粮分衣分草的斗争；余西区300多农民在农民协会的领导下，镇压了当地的地主豪绅；余中区的红军游击队暂时转移，那里的群众照样进行斗争……

五　出席中共江苏二大

1929年下半年，国内形势发生了有利于革命的变化，敌人内部矛盾加深，新的军阀混战爆发，全国红军和革命根据地发展加快，白区党的组织工作有了一定程度的恢复。在江苏省革命运动日益发展，不断取得胜利的大好形势下，江苏省委决定，于11月下旬在上海召开中共江苏省第二次代表大会。省委通知通海地区党的负责人李超时和南通县委书记刘瑞龙出席会议。由于李超时正陪同省军委特派员在通海地区巡视，研究建立工农武装的工作，刘瑞龙便先期赴上海报到。

上海地处国民党统治的中心地区，党的代表大会是在极其秘密的情况下召开的。来开会的同志，有的是用代号，有的是用化名，有的只用名字中的一个字，真实姓名彼此都不知道。

会议期间，各地代表分别住在几个大房间里。房间里没有任何陈设，大家都睡地铺，开会则坐在地板上。那时，大家都是年轻人，第一次见面就像久别重逢的老朋友，但都十分注意严守党的纪律，除了进行会议讨论外，任何人都不私下交流自己所在的地方党组织的事情。

党中央军委书记兼组织部部长周恩来代表党中央莅临会议作指导。

他不住在会场，但每天都参加会议。有时，他还带来一包热气腾腾的糖炒栗子分给大家吃。

这次代表大会在江苏党的历史上是一次极难评价的会议。会议总结了前一时期工作中有益的经验，对促进全省革命运动的积极发展起了一定的作用，但李立三的"左"倾思想在会上占了支配地位。

20世纪80年代初，年逾古稀的刘瑞龙曾就当年出席中共江苏二大的情况[①]，作了如下回忆：

一、会议时间：1929年11月18日开始，到11月26日结束。

二、地点：上海康定路北，麦特斯特路东，麦根路桥南，门牌91号（一说是麦根路33号）。[②]

三、到会人数：中央3人：李立三、周恩来、项英。省委常委罗迈（李维汉）、李富春、陈云、赵容（康生）。中央军委干部列席4人（曾中生、朱瑞、邝继勋、柯庆施）。上海代表、外县代表若干人。

四、议程、会上的报告、中央代表三个报告：

1.李立三同志的政治报告；

2.周恩来同志的组织问题和军事问题的报告；

3.项英同志的职工运动报告。

省委有罗迈同志关于形势和任务的报告。

江苏省"二大"开会前，1929年10月26日共产国际执委会就国民党改组派问题致中共中央的信已下达。信中提出："中国进

---

① 《刘瑞龙同志谈江苏省"二大"》，《江苏革命史料选辑》1982年6月第4辑。

② 关于中共江苏二大会址的另一种说法：管文蔚《回忆中共江苏省第二次代表大会》一文提到，会议地址在法租界龙华路外日晖桥附近的一座大厦，即我党秘密控制的泉漳中学。

入了深刻的全国危机的时期"，这种"左"的形势估量，对省"二大"的指导思想影响很大。

会上热烈讨论了对革命形势的分析和估计，争论的焦点是革命形势和斗争策略问题。李立三同志说："我以为革命复兴即相当于革命浪潮，革命高潮即是等于直接革命……我们在策略上直接革命形势就是总同盟罢工，武装暴动，在革命复兴中我们策略是从经济斗争到总同盟罢工，革命复兴和高潮是互相衔接的，决无两个阶段，在革命复兴中间如果主客观条件成熟发生总同盟罢工，这即是直接革命的到来。"（李立三同志在一九二九年十一月二十六日江苏省"二大"第九次会议上的发言）当时周恩来同志不同意李立三同志对革命形势的分析。恩来同志说："所谓新的高潮与直接革命形势是不同的，现在已经有了新的高潮，但还不是直接革命形势。"（《周恩来选集》上卷　五十七页）恩来同志还说："中国大革命从五卅以后就开始革命浪潮，但是并不是马上暴动，还要看客观条件，我们同志常常说革命高潮到来就可以无条件暴动，这还是要看客观和主观的条件。"（周恩来同志在一九二九年十一月二十六日江苏省"二大"第九次会议上的发言）

关于革命主观力量的准备问题。李立三同志说："革命高潮和党的主观力量没有关系，革命是客观力量造成的。"（李立三同志在江苏省"二大"《中央组织问题的报告》）周恩来同志针锋相对地说："革命的主观力量的问题，这一问题在革命复兴中异常重要，如何来促进这一革命高潮的到来，完全是革命的主观力量决定的。"（周恩来同志在同一个会议上的《中央组织问题的报告》）为了说明主观力量的重要性，恩来同志在报告中又从理论上阐述了党和群众的关系、党的领导问题、群众组织力量和群众政治觉悟问题、党的组织及阶级基础等问题，报告并指出："我们更应当加紧我们主观力量的发展。"当时会上对思来同志的意见并未引起争论，而对何孟雄同志的观点争论得很激烈。

何孟雄同志当时是沪中区委书记，他也不同意立三同志对革命形势的"左"的估计及"左"的方针，也反对"反对派"①悲观的退守观点。他根据"六大"决议和江苏革命运动的实际情况，提出了自己的看法。孟雄同志很赞成周恩来同志的正确意见。在发言中，他坚持党中央二中全会关于当时国内革命形势开始复兴的正确分析。他主张党在决定策略方针时要记住过去失败的教训，要估计到阶级力量，计算到阶级相互的关系。他主张用防御进攻来准备进攻，在争取群众中要抓住最迫切的群众要求，党的策略应当是各种小的斗争汇合到大的斗争，党的策略应当根据客观形势的发展及时转变。他主张聚集（即总结）上海经验，反对会葬送群众斗争的不断示威。他认为群众还有落后意识，要加紧日常斗争争取胜利，来提高斗争的勇气。他反对当时赵容（康生）主张的"加紧大的罢工，不进攻就是保守"的"左"倾意见。他强调党的组织作用，批评中央报告中"主观力量没有关系"的说法是不正确的。他提出要注意改良主义在工人中的欺骗作用，不能放弃党在黄色工会中争取工人群众的工作。他同时强调必须对"反对派"进行斗争。

他对江苏农民运动，认为提出土地革命、游击战争的前途是对的，但要注意江南、江北条件的不同，要聚集江阴、无锡的失败教训，确定江苏游击战争的形式。他提出要走到农民中去，游击战争不能机械执行，要注意江苏党盲动主义的残余。

今天看来，他的主张在当时都是很切要的。但是，这些主张被大会批判为"割据观念"、"江苏除外观点"与"调和主义"，并

---

① 反对派：即后来的托陈取消派。

在大会决议中遭到不点名的公开批评。1930 年 2 月 26 日中央通告七十号，号召反对右倾调和主义，把孟雄同志在省"二大"会上的观点，作为调和主义典型来批判。但是，他态度坚决，力排众议，不怕打击，坚信真理在他这一方面。他出以公心，捍卫党的"六大"路线，遵守纪律，服从党的决议，对于被否定了的正确意见仍持保留态度。他在会上所表现出来的理论水平和分析问题的能力，以及对实际情况的深刻了解和坚持原则的精神，使我得到终身难忘的启蒙教育。

……

这次会议由罗迈同志作总结，他代表省委对当时的具体工作提出了方针任务。

由于当时我党的理论基础薄弱，大多数代表认识水平也低，大会没有接受恩来同志的马克思主义的正确观点，立三同志的"左"倾思想占了优势，因为当时省委是同意李立三同志的意见的。

根据李立三同志的"左"倾观点，确定了江苏党的总路线是"进攻路线"，"准备地方暴动"，"走向地方暴动"，想以江苏的全面总行动来促进全国革命高潮的到来。其结果，正如恩来同志所说，"由于否认革命发展之不平衡一点，一切盲动主义、命令主义都同时爆发。"（《周恩来选集》上卷 五十七页）立三"左"倾错误对江苏党和革命力量，以及实际工作带来的危害，是严重的。

根据省"二大"会议记录：

11 月 26 日，中共江苏省第二次代表大会闭幕后，召开第一次省委会议。到会者：镜松、徐锡根、徐炳根、大妹（徐大妹）、慕群（何孟雄）、朱秀英、刘瑞龙、杨、姜、夏采曦、陈资平、顾霖、纪、赵容、李富春、王克全、郭梦麟、游无魂、吴国治、廖陈云。会上，选出常委四人，候补常委二人。分工如下：镜松（李维汉）——书记，盛（李富春）——宣传兼军委，容（康生）——组织，锡（徐锡根）——职委（以上四人为常委）；廖（陈云）——农委书记（候补常委），全（王克全）——参加组织。

第四章　参与创建红十四军

也许是历史和大自然造化的巧合，中国工农红军第十四军的崛起、失败，与通海沙洲成陆的大并接来得何等相似。在土地革命的狂潮中，在国民党统治的腹心地带，竟形成了如泰、通海两大红色游击区。然而，这次历史的再现来得更迅猛、更激烈、更悲壮。硝烟尚未散尽，被烈火灼焦的土地上又响起浑厚粗犷的吼声……

一　与李超时共拟游击战争行动大纲

1929 年夏天，南通东乡农民武装斗争的星星之火逐步蔓延，如泰地区的红军游击队开辟了南至江边，东到镇涛，西至季家市、黄桥以西，北到通扬运河的一大块游击区。为了加强对通海如泰地区武装斗争的领导，江苏省委派遣中共东海中心县委书记李超时来南通，负责通海如泰地区党的工作。

李超时是江苏邳县人，毕业于黄埔六期，参加过叶挺指挥的讨伐夏斗寅叛乱的战斗。宁汉合流后，他回到家乡，开展党的工作，成为中共邳县党组织最早的领导人。

中共江苏二大结束后，李超时和刘瑞龙迅速回到南通。根据省委指示，李超时对本地区的武装斗争进行了较全面的视察，郑重地向江苏省委提出了在通海如泰地区开展红军游击战争的建议。

1930 年 1 月 20 日，中共江苏省委发布了《江苏省委通知第七号——为中央"扩大红军问题信"致各地党部》①，针对敌我力量对比之悬殊和江苏地区地处国民党反动统治中心的具体情况，简明透彻地阐述了通海地区游击战争的策略、形式以及发展前途。

《通知》指出："江苏虽然是帝国主义和国民党统治的中心，广大红军集中一地（朱毛）目前不易存在，但是在现时农村斗争发展的形势下，红军以游击队伍的形式，在集中的指挥下实行游击战争，无疑是可能的，而且是必要的。"

《通知》同时指出："通海区各县在目前积极发展游击战争、深入土地革命的工作中，必须特别注意建立和扩大农民自卫队和游击队，使之形成统一的组织和统一的指挥。一到乡村苏维埃或苏维埃的农民政权建立时，即应将游击队、自卫队、农村少年先锋队等集中起来编为红军，而更使之扩大。通海区目前的游击队，即是最近将来拥护苏维埃政权的红军基础。"

党中央同意江苏省委的建议，决定在（南）通、海（门）、如（皋）、泰（兴）地区成立中国工农红军第十四军。鉴于闽西苏区已有红十二军，浙江西南部成立了红十三军，中央认为，按这个序列依次向北排列，长江北岸的通海如泰地区就可以称为红十四军。

2 月初，通海区召开南通、海门、如皋、泰兴、启东五县县委书记联席会议，按照省委第七号《通知》的精神，讨论了通海区的政治形势

---

① 参见《中国工农红军第十四军历史文献资料》，中共党史资料出版社 1990 年版，第 69 页。

和工作路线，检查了各县工作中的缺点。到会同志一致认为，通海区总的工农斗争形势是复兴的，这一形势的发展，必然走向游击战争、地方起义、建立苏维埃、形成割据的前途。会议确定，党的工作必须采取进攻的路线，抓住群众迫切要求的口号，发动游击战争，建立苏维埃政权，没收和分配地主的土地。

在当时，游击战争的斗争方式对通海如泰地区的党组织和红军游击队来说是全新的。在敌强我弱的形势下，如何以寡敌众，以弱胜强，谁都没有经验。会上，李超时和刘瑞龙拟定了游击战争的行动大纲，并对各县如何开展游击战争作了具体部署。他们根据红军第四军在中央苏区作战中总结出的游击战争的基本原则，即"敌进我退，敌驻我扰，敌疲我打，敌退我追"的十六字诀，对通海地区游击战争的战术提出了四项要点：

1. 避开敌人的大部队，消灭敌人的小部队；

2. 利用各处树阴、沟港，设置疑兵，疲劳敌人而后进攻；

3. 迂回作战，把敌人引到小路上来，然后解决他；

4. 乘敌不意，进行奇袭，同时发动农民到处响应。

县委书记联席会议通过了这个大纲，要求各县根据会议精神对游击队进行切实的整顿。

南通东乡的农民武装，经过一年多武装斗争的锻炼，从武装小组到武装区队不断发展壮大。联席会议之前，刘瑞龙带领南通县委，按照江苏省委七号《通知》的精神，利用敌人"包剿"后的空隙，对东乡地区的武装区队进行了整顿，淘汰了一部分富农和流氓分子，吸收贫雇农和失业工人入伍，使东乡各武装区队得到巩固和发展，在全东乡乃至周边地区成立红军大队的条件已经成熟。

2月6日，中共南通县委在东乡何家东园隆重召开大会。会上，中共江苏省委委员、南通县委书记刘瑞龙代表江苏省委郑重宣布："中国工农红军江苏第一大队今天正式成立了！"接着，他宣读了江苏省军委的任命：由仇建忠任江苏红军第一大队大队长，李超时任红军大队政委兼政治部主任。红军战士敲起了威风锣鼓，吹起了祝捷的军号，在大会现场就有 60 多名青年报名参加红军。

江苏红军第一大队是中共江苏省委亲自批准的江苏第一支红军部队，这支部队即是中国工农红军第十四军第一支队的前身。

既然是红军部队就要有个部队的样子，由于物质条件菲薄，不可能有制式军装，甚至不可能人人都有武器，但部队的建设必须按正规部队要求：红军大队中建立起大队部和政治部及各级士兵委员会；建立起政治课制度、出操训练等部队正常的生活秩序；部队每到一地都派人站岗放哨；部队流动性大，没有设立伙食单位，伙食由老百姓派领，按部队规定的伙食标准如数交付饭费；如果有人违反群众纪律，部队领导即根据错误程度对其进行教育，直至纪律制裁。

二　何昆军长来如泰

为加速红十四军的创建工作，中共江苏省委军委决定，选派一批熟悉军事的干部和优秀的地下工作者充实到红十四军各级领导层。

1930 年 2 月 14 日清晨，何昆军长和张爱萍等军事骨干，在地下交通员的护送下，安全地到达如皋县西南的东燕庄，与如泰红军总队领导人薛衡竞、黎昌圣等胜利会合。得知这一喜讯，在通海地区领导武装斗争的刘瑞龙和江苏红军第一大队政治委员李超时都无比兴奋。

新到任的何昆军长可是个传奇人物。他是湖南永兴人，毕业于黄埔军校第四期，参加过广州起义。广州起义失败后，他不幸被俘，但凭借少年时练就的一身拳脚功夫，他撬开了监狱屋顶的椽子，带领大部分难友成功越狱。后来，他又在南京、上海等地从事党的地下工作。

　　一到如皋西乡，何昆立即投入到部队的整编和建军工作之中。他深入到战士中间促膝谈心，还现场示范立正、稍息、卧倒、射击、爬滚、刺杀等军事动作。红军游击队的战士大都来自贫苦农民，没有受过正规的军事训练，对何军长熟练敏捷的军事动作惊叹不已。

　　3月2日，何昆军长在如泰地区首次打出了红十四军的旗号，正式公布了《中国工农红军第十四军十大政纲》：

　　一、推翻帝国主义在华的统治；

　　二、没收帝国主义在华的工厂、企业和银行；

　　三、推翻地主资产阶级的军阀国民党政府；

　　四、建立工农兵苏维埃代表会议政权；

　　五、统一中国，承认民族自决权；

　　六、实行八小时工作、增加工资、失业救济和社会保险等；

　　七、没收地主阶级土地归农民；

　　八、改良士兵生活，分给土地和工作；

　　九、取消军阀在地方强征的苛捐杂税，实行统一累进税；

　　十、联合全世界无产阶级和苏联。

　　为了检验红军游击队的军事素质和战斗能力，何昆军长决定组织一次实战，攻打位于长江边的长安市。据侦察，那里的敌据点相对孤立，只有20多条枪。指战员们个个摩拳擦掌。

　　这一天，红军和手持梭镖、大刀、铁叉、鸟枪的群众，从如皋西乡戈家堡出发，在夜幕的掩护下，由东、西两侧向江边迂回，迅速完成了对长安市的包围。午夜，何昆军长以哨音为号令发出攻击命令。顿时，枪声大作，杀声震天，火油箱里的爆竹声犹如机关枪，连珠炮似的响了起来。敌人从睡梦中惊醒，一片惊慌失措，未加抵抗即缴械投降。

在长安市北边的西来镇，虽然驻有一支国民党警察部队，但唯恐后路被抄，龟缩在据点里，不敢出援。红军大获全胜，缴获了一批枪支弹药，还收缴了据点及附近几家大地主的粮食和财物，分给了贫苦农民。在战斗中，何昆军长身先士卒、骁勇善战的军事才能深受红军战士的钦佩。

长安市一仗，大长了红军的志气。如皋西乡的地主们如坐针毡。他们聚集到卢家庄，商讨对付红军的办法，决定以卢家庄为中心，构筑工事，组织民团，勾结国民党地方当局，企图与红军进行新一轮较量。

何昆了解到，如皋西乡有一个名叫季恺的富家子弟倾向革命，曾暗中帮助过当地的共产党人。何昆派人与季恺秘密联络，了解到卢家庄的大地主为了防范红军，想招收一支保安队。于是，何昆制订了一个智取卢家庄的周密计划。

3月22日，一小队化装成民团的红军战士，手持季恺的亲笔信来到卢家庄。地主们见是季恺派人来守卫卢家庄，个个欣喜万分，于是，庄门大开，将"武装民团"请进了庄子。

就在地主们额手相庆平安大吉时，军长何昆和参谋长薛衡竞已经率领如泰红军总队和赤卫军2000多人将卢家庄围了个严严实实。凌晨，随着红军土炮的几声巨响，卢家庄南楼子碉堡被炸塌，红军战士里应外合，迅速打开庄门，潮水般地涌进庄内。睡梦正酣的民团匪兵大多成了红军战士的刀下鬼，余下的也乖乖地当了俘虏。

战斗很快结束了，却不见卢姓大地主的踪影。何昆一声令下，封锁了所有出庄的通道。几个红军战士在庄西的破窑附近，发现了抖缩成一团的大地主卢松庭、卢雨轩、卢祝山等人。根据群众的要求，红军惩办了这几个罪大恶极的反动地主。

何昆军长到任仅仅一个多月，红十四军如泰总队就打出了威风，杀出了气势。

三　领导东乡的武装斗争

与如泰红色游击区遥相呼应，在刘瑞龙的领导下，东乡的武装斗争也如火如荼地开展起来，逐步形成了以东乡为中心的通海红色游击区。

1930年3月9日，通海红军百余人包围了北兴镇，袭击了北兴桥保安团、警察局和董家仓，缴枪33支，子弹3000发，毙伤警士多名，并发动2000多名群众分了董家仓、下家仓地主的粮食和钱财。

国民党南通县警察大队已招架不住通海红军的频繁袭扰，火速向江苏省警队求援。省警队派出机关枪队、步兵连星夜开赴南通，与县警察大队、特务队、保安团一起，对东乡大肆进行武装"会剿"，疯狂镇压红军。

县委书记刘瑞龙与红军大队长仇建忠、政委李超时根据"敌进我退"的原则，指挥江苏红军第一大队声东击西，灵活机动地与敌人作战。当省警队根据县警队通报的"敌情"火速开抵二甲镇时，却获悉红军游击队有一二百人又出现在余西区头二桥东北。当敌人集中所有兵力由二鸯乡和东社分两路向北兴桥"进剿"时，红军又巧妙地突破敌人的包围圈，使敌人扑了空。敌人在四甲坝、二甲镇一带密为布防，又在东社、兴隆一带进行防堵，准备与红军激战。红军游击队却在三益乡行政局前焚毁桥梁，割断了敌人在南通东乡的全部电线……就这样，红军游击队与敌人周旋了6天6夜，把敌人拖得狼狈不堪，最大限度地保存了部队的实力。

四甲坝、四杨坝是敌人在东乡加强军事"清剿"的重要据点，驻有县、镇警察队300多人，以四甲坝区队长凌霄和县警队第三中队长徐冠雄为首。当省警队担心城防空虚，撤回城里时，刘瑞龙和李超时、仇建忠果断决定，拔掉四甲坝、四杨坝这两颗钉子。

3月21日夜，我红军侦察小队在蒙蒙细雨中，潜入县警队驻守的四杨坝，活捉了敌"缉私营"7名士兵，得其口令。红军第三中队的百余名战士，在副大队长汤敬宗的率领下，不费一枪一弹，就端了敌人的老窝，拿下四杨坝，俘敌20多人，缴枪20多支，唯有县警队的徐冠雄只身逃回南通城。

红军第一、第二中队的300多名红军战士在大队长仇建忠率领下，进攻四甲坝，打进警察局，攻下区公所和沈家宅碉堡，歼敌一个营，缴获手提式机枪两挺、长短枪156支，打开牢门救出被捕的同志，还处决了血债累累的刽子手凌霄。天明日出，四甲坝上红旗飘扬，锣鼓喧天，鞭炮震耳，群众挑水抬饭，提着鸡蛋、糕饼来慰问红军。红军在广场上召开了上千人的群众大会，惩办了陈家仓大地主、县参议员陈伯伟。

几天后，红军第一大队南北两路胜利会师。当部队集中在北兴桥南面四丈河休整时，国民党省保安团胡祥藻营、汤家苴白龙党、三余乡保安团和实业警察特务大队又从四面包围红军。红军部队依托沟港，顽强阻击敌人。在包围圈内，上千群众帮助红军烧水、做饭、探听消息，配合红军作战。从清晨到午后，敌人没能前进一步。黄昏时分，县委领导的三支农民赤卫队前来增援，从侧后冲垮了敌实业警察特务大队，打开一个缺口。红军趁敌人混乱之际，发起反击，敌军纷纷溃退。敌人的多路"围剿"，以丢下7具尸体、20支枪、数千发子弹而告终。

东乡的武装斗争使敌人吓破了胆。国民党南通县党、政、军、警、商、实各界召开紧急会议，推派代表到南京、上海请愿，又给省政府及国民党中央政府发去电报：

> 属县东乡，匪共猖獗。探其内容，大有政治作用，故与寻常盗匪不同，而枪械之充足，人数之众多，竟几倍属县军警之上，所以抵制无力，势将坐困。幸国军、省警陆续开到，乃能转败为胜，地

方蒙福，实非浅鲜。近闻各军警，又有调动之言，人心顿起恐慌，于是各界召集紧急会议，一致挽留原来军警，暂维现状。伏乞俯准，实为德便。

为了统一领导南通、海门、启东、如皋、泰兴、泰县等县党的工作，直接领导中国工农红军第十四军进行武装斗争，3月下旬，中共江苏省委决定设立中共通海特委，任命李超时为中共通海特委书记，王玉文、张辛、陆克、刘瑞龙、顾臣贤为通海特委委员。

在中共通海特委和何昆军长的领导下，红十四军进行了整编，将江苏红军第一大队改编为红十四军第一支队；将如泰红军总队编为红十四军第二支队。通海特委还决定，适时召开中国工农红军第十四军成立大会。

四　红十四军成立

1930年4月3日这天，江海大地晴空万里，麦浪翻滚，菜花飘香。中国工农红军第十四军成立大会将在如泰游击区隆重举行。如皋县西南的贲家巷，红旗招展，武器林立，锣鼓喧天。红十四军指战员以及如皋县江安、卢港、石庄、磨头和泰兴县古溪、黄桥等地方圆七八十里内的赤卫队员、农会会员、妇女会员、少先队员们带着洋枪、火铳、大刀、梭镖、铁叉等各种武器，从四面八方奔向会场。

会场北边两棵高大的皂荚树间，悬挂着"红十四军建军大会"的红色横幅。会场中央用20多张方桌搭起司令台。红十四军的主要领导人和通海特委的代表在司令台上就座。成立大会由中共通海特委委员、泰兴县委书记王玉文主持，通海特委委员张辛代表特委宣读了中共江苏省军委对红十四军军部和各支队干部的任命决定：

红十四军军旗

任命何昆为中国工农红军第十四军军长；

任命董××为中国工农红军第十四军政治委员；

任命薛衡竞为中国工农红军第十四军参谋长；

任命余乃诚为中国工农红军第十四军政治部主任；

……

这一天，何昆军长精神抖擞，身穿深蓝色的对襟夹衣，腰系皮带，下打绑腿，头戴灰色八角帽，帽檐上方那颗红五星映得他满面红光。何昆军长向在场的数万名父老乡亲庄严地行过军礼后，高声宣读了中国工农红军第十四军《告工农及一切劳苦群众书》，郑重地向全中国及全世界工农宣言：

"我们是工农的武装，我们是工农政府（苏维埃）的卫队，我们誓死执行全国第一次苏维埃大会的政纲①，彻底消灭刮民党的反动势力与帝国主义的干涉！所有这些任务，须要广大工农群众的努力，不仅拥护

---

① 全国第一次苏维埃大会的政纲：系指 1930 年 2 月 4 日，中共中央在上海发布关于召集全国苏维埃区域代表大会的通告中所提及的大会政纲。

刚才长出来的红军，并要踊跃地参加红军。工农弟兄们，我们紧握着手，与反动的刮民党及其主人帝国主义战斗吧！"

尽管何昆军长声似洪钟，在数万人的会场上，要使每一个人都听到他的声音并非易事。会场周围还设有几十个"传播台"，分别有专人站在方桌上手持扬声筒，向群众传达司令台上的号令和讲话。成立大会结束后，数万群众在何军长的带领下高呼口号。震天的锣鼓、鞭炮、口号，声闻数里之外。

只听何昆军长一声口令，红军部队开始阅兵式。新任命的第二支队各大队的领导人带领部队按序列行进接受检阅。接着，正规部队和赤卫队进行游行示威，队伍延绵了好几里长。当地的老百姓第一次看到这么多威风凛凛的红军战士，浩浩荡荡的红军部队，真是备受鼓舞。

为了振军威，造声势，当晚，红十四军第二支队攻克了小蒋埭地主据点，捣毁敌碉堡，缴获部分枪支弹药。

刘瑞龙坐镇通海，未能参加盛况空前的红十四军成立大会，但红十四军第一支队向西攻打通海、如泰边界的骑岸镇，他们用战斗胜利的礼炮，为红十四军成立大会献上一份厚重的奠基礼！

英雄的红十四军吹响了战斗的号角。国民党江苏省政府成了热锅上的蚂蚁。敌人紧急部署，任命省警察总队队长李长江为南通、海门、崇明、启东、如皋、靖江、泰兴、泰县、东台九县临时"剿共"总指挥官，限期一月之内，肃清通海如泰全境的红军。

4月9日，李长江率省警察总队进驻如皋，在国民党如皋县党部和县府的配合下，组织城防委员会，加强各农村据点，不断派兵下乡"扫荡"。

何昆率领的红十四军第二支队采取避实击虚的战法，避免与敌主力接战，移师卢港以北的游击新区迮家庄，并选择了如皋西乡的重要据点老户庄作为打击目标。

老户庄是如皋大土豪张朝汉的老巢。庄里驻扎着国民党的保安团、县警察队和省保安队一个中队。老户庄深沟高垒，易守难攻，是挡在如泰和通海两个红色游击区之间的坚固堡垒。中共通海特委和红十四军军部下决心端掉这个"土围子"。

4月16日，何昆军长亲自率领红十四军第二支队的3个大队，加上赤卫队和前来支援的群众一万余人，趁夜色的掩护，分三路向老户庄方向迂回。

早饭后，老户庄的敌人出来"扫荡"了。一个敌营长骑着枣红战马，带着几十个武装士兵耀武扬威地出了据点。出人意料的是，不等敌人进入包围圈，前哨部队的红军战士即向骑马的敌军官射去一梭子子弹。战斗提前打响了。

"冲啊！快来捉'狗队'啊！"赤卫队员和群众以枪声为令，吼声响彻云霄。

敌人惊慌失措，弃马而逃，凭着工事殊死顽抗。

战斗进行到午后，红军战士士气正旺，尤其是周围上万参战群众恨不得一口吃掉这个罪恶滔天的老户庄据点。何军长召开紧急阵地会议，认真分析了敌我态势，认为我方虽然声势巨大，却多为手无寸铁的农民，不能硬拼，决定部队原地隐蔽休整，夜袭老户庄。

在短暂休战期间，如皋县城守敌派出先遣连增援老户庄。敌人居高临下，用高压水龙和机关枪封锁了围河，红军部队举步维艰。如不尽快解决这里的敌人，大股敌人一出动，红军将陷入被动。

何昆紧握手提机枪，高喊了一声："二大队的同志，跟我冲！"便带头向前冲去，占领了庄东头的晒谷场。何昆面色铁青，双眼怒视敌人的碉堡，对大队长张爱萍说："老张，让我来对付这狗娘养的。"话声未落，他便踏上张爱萍的肩膀，一纵身贴到谷草堆上，一边用手提机枪向敌人的碉堡射击，一边大声地喊：

"冲啊！活捉张朝汉！"

"红军战士们，冲啊！"

……

张爱萍在下边托着何军长，从洪亮的声音中，听得出他异常兴奋。敌人的火力被压下去了，战士们吼声震天准备冲锋。

刚才被打蒙了的敌人，这时才发现，红军只有一挺机枪。于是，敌人集中火力，疯狂地向红军的机枪阵地扫射。

突然，张爱萍感到肩头一晃，何军长像一棵折断的大树栽倒在他的身旁……

敌人的火力越来越猛。为了保存实力，红军部队只好撤出战斗。

何昆军长的牺牲对刚刚成立的红十四军是一个重大损失，战士和群众都极度悲愤。由于环境险恶，这个消息一直对外保密，很长时间，敌人都没有弄清虚实。

5月初，在红十四军发展的关键时刻，中共江苏省委任命李超时为红十四军军长兼政治委员。省军委还派来毕业于黄埔四期的朝鲜同志张世杰担任第二支队的军事领导工作。张世杰带领部队总结了老户庄战斗的经验教训，号召大家化悲痛为力量，严守秘密，加强整训，寻找战机，为何昆军长报仇。

五　到上海迎接军事专家

当年，中共江苏省委参与红十四军领导工作的主要是省军委书记李硕勋。在李立三主持党中央工作期间，"左"倾盲动主义给各地革命武装力量造成严重损失。在上海，李硕勋多次与通海特委和红十四军的负责同志研究形势、制定军事部署、总结经验教训，在实际工作中抵制"左"倾路线。他反对轻举妄动，主张扎扎实实地积蓄革命力量，等待时机成熟时再举行武装起义。

1930年5月初的一天，红十四军驻上海办事处接到李硕勋书记的指示，要李超时和刘瑞龙火速赶往上海，迎接两位重要军事干部到红十四军工作。办事处负责人黎昌圣在英租界大中华旅馆的五层事先为他们包了客房。

李超时和刘瑞龙要迎接的军事专家是两位刚从苏联回来的同志，一位是黄火青，另一位叫秦超。他们都是湖北枣阳人，既是同乡，又是同学，1927年大革命失败以后，又一同被党组织派到苏联学习军事。

黄火青和秦超回到上海后，军委书记李硕勋亲切地接见了他们。当李硕勋简要地介绍了江苏方兴未艾的武装斗争形势，以及红十四军的情况后，表情变得异常沉重。他说："斗争很残酷呵，红十四军的成立大会刚刚开过，战斗刚刚打响，何昆军长和薛衡竞参谋长先后在战斗中牺牲了。"他极力抑制住悲痛的心情，严肃地说："军事斗争不能光靠勇敢，靠冲冲杀杀，更要精通战略和战术，要讲究斗争策略。"李硕勋热情欢迎黄火青和秦超来江苏工作，称他们的到来如同一场及时雨。

李硕勋还特别叮嘱黎昌圣，一定要请李超时和刘瑞龙亲自来上海迎接黄火青和秦超同志，一来表示省委、省军委对两位军事专家的重视，二来让李超时和刘瑞龙安下心来，与黄火青和秦超一起，好好研究一下红十四军的作战方略。

在大中华旅馆，李超时和刘瑞龙与黄火青和秦超欣喜相见，就像久别重逢的战友。身材高大魁梧的秦超富有活力，一双眼睛大而有神，他的脸上总是带着自信而坚毅的微笑。相比之下，黄火青则显得儒雅、深沉。他们真可谓一对文武绝配。

简短的寒暄后，李超时和刘瑞龙详细地介绍了通海、如泰两大红色游击区武装斗争发展的情况。两位军事专家非常感慨地说："没想到，出国学习两年多，国内革命斗争的形势发展得这么快，红十四军已经在蒋介石的眼皮底下干起来了！"同时，他们谦逊地表示，要向当地的同志们好好学习，在实际工作中不断摸索经验。

在大中华旅馆短暂的会面后，李超时和刘瑞龙即返回江北。黄火青和秦超由交通员带路，乘船到海门的大新港上岸，随后进入通海游击区。黄火青和秦超刚一来到通海，就与刘瑞龙一起参与指挥了由红十四军第一支队发动的著名的汤家苴战斗。

汤家苴是地主反动组织白龙党的老巢。半年前，南通东乡红军武装区队曾经教训过那里的大地主。但这些反动家伙冥顽不化，又与周围的反动地主相勾结，经常袭扰红军部队，屠杀革命干部和农民群众，严重地威胁着通海游击区的巩固和发展。

5月19日夜，刘瑞龙召集红十四军第一支队和县委联席会议，决定发动群众，二攻汤家苴。口号是："消灭白龙党，分配土地，建立苏维埃政权。"县委联席会议确定，此次战斗分南北两路同时进攻，另派一部分部队在大高桥、货隆镇和赵家沟担任警戒。会后，东乡各区委紧急动员，深入发动群众，除了参加战斗的红军外，赤卫队和群众就有15000多人。

20日清晨，西到三马路、西三甲，东到王灶河、小五总，各路赤卫队和群众拿着钉耙、铁搭、水枪、大刀、钢叉等武器，沿路和红军会合，到货隆镇时，浩浩荡荡的队伍已经延绵两三公里长。

战斗一打响，汤家苴周围的田野上一片冲杀声。敌人躲在碉堡里，用机关枪、步枪、驳壳枪不停地向我射击。战士们冒着枪林弹雨，飞越围河，打开了碉堡外面的铁门，南北两路的红军和群众一齐放火烧毁了碉堡。敌人全部退缩到南炮楼，凭险死守。红军战士两次冲击未克。

这时，白龙党头子汤虎臣得意地露出头来，对着红军大声叫骂。爬上屋脊的红军射手一颗子弹即射穿汤虎臣的脑壳。接着，白龙党的另一个首领汤戎武也在红军射手的枪口下毙命。南炮楼的火力完全被我压制住了。

正当50多名短枪队员准备携带火油冲上南炮楼时，大高桥方面红军侦察员报告，三余镇的援敌已经出动，很快就要到达汤家苴。我红军和群众迅速撤出战斗。

增援的敌人黑压压地向汤家苴逼近。红军指挥员一声令下，20多名司号员吹响了进军号。群众一面撤退，一面大敲锣鼓，高呼口号，震天的吼声把敌人吓得缩了回去。这一仗，我军民消灭地主反动武装六七十人，压住了白龙党的嚣张气焰。

进攻汤家苴的军事行动，充分体现了群众武装斗争的性质，不仅推动了东五区的群众斗争走向高潮，也使斗争扩展到更广大的区域，使东五区和中五区逐渐连成一片。

在总结战斗时，黄火青和秦超也向刘瑞龙透谈了他们的一些想法。他们认为，借着这次战斗的胜利，部队应该向东发展，因为通海以东的广大地区，国民党的统治比较薄弱，除少数民团外，国民党没有正规军驻守，红军可以取得较大的回旋余地。他们还提出，部队应该及时进行整顿，加强军事训练，提高素质，有准备地打一些小仗，以利积累经验，鼓舞部队的斗志。

刘瑞龙认为两位军事专家的分析不无道理，但根据党中央的方针，红十四军要把攻打城镇作为主要军事行动目标，在通海一侧的作战方略是，由东乡向西乡推进，以求汇合，攻打南通城。在实际工作中，通海特委是根据省委和省军委李硕勋书记的具体指示，扎扎实实地发展，不断积蓄革命力量，在具体战斗中力求有准备，打则必胜。

六　接任中共通海特委书记

南通东乡的斗争，在刘瑞龙和县委的领导下，正向土地革命、建立工农政权的方向发展。6月，刘瑞龙到上海向省委汇报工作时，用李也萍的化名给省委写了一份书面报告《将破晓的南通东区》，真实地反映了农村斗争形势和农村中的土地关系、经济关系、社会男女婚姻关系以及农民迫切要求建立自己政权的情况。

在阐述农民革命的波涛冲破了农村许多旧的关系时，刘瑞龙写道：

第一，土地关系。完租纳粮，在一般群众脑子里似乎已经忘掉了，他们自动计划分配土地。在余中，许多人都分地主的田种，分地主田里的麦子。三益岸北已分配了土地，以前田少不够种的，匀点给他，田多的佃户，拨点出来。三益各处的田契粮串①，大部分烧掉了……

第二，经济关系②。农村和大市镇开始断绝。许多地方农民不把柴草和菜蔬运到市镇上卖，大市镇上也不让农民买米带到乡下来。至于债务关系，穷人欠穷人的要还，富人欠穷人的也要还。穷人欠富人的，老实不客气，不还。

第三，男女间的关系③也有很大的变化。以前父母媒妁说亲和以金钱为定的方式，已经废除了，只要两口儿心上合得来的就结婚。

第四，整个农村天天都在动，旧的社会关系破坏了，新的社会秩序还没有及时建立起来，群众迫切要求建立自己的政权。他们说："一定要成立自己的政府，老百姓当家作主，大家出主意，才能把事情办好。"

几天后，刘瑞龙从上海回到通海，接任中共通海特委书记。这时，

---

① 粮串：即粮票，亦名串票、截票。

② 经济关系：系指城乡贸易和债务两项。

③ 男女间的关系：系指婚姻关系。

通海特委的工作重心已转移到如泰地区。

经过几个月的战斗，红十四军缴获了部分精良枪支和机枪，上海办事处也将自己购置的和省军委支援的一部分轻武器秘密运抵江北。部队的武器装备，较之红十四军成立初期，有了一定程度的改善。根据省军委的指示，红十四军进行了正规建制的整编，配备了坚强有力的政治、军事干部队伍：

原红十四军第一支队改称红十四军第二师，秦超任师长，黄火青任政委兼参谋长；

原红十四军第二支队改称红十四军第一师，张世杰任师长，黎昌圣任政委。

部队整编后，发给每个干部、战士一套蓝布单衣，每月两元零用钱，以改善待遇，鼓舞士气。

面对红十四军的迅速发展和重拳出击，国民党江苏省警察总队队长李长江对通海如泰的"扫荡"一筹莫展。他在向上司的报告中哀叹："伏查本省匪患出没无常，时平时起，不能根本肃清。"又称："遇有军队镇压，则散处田间，与居民无异。设或无军队驻防，或防军单薄，一声呼啸，千百立聚，为所欲为，肆无忌惮，及派大兵进剿，则又散逃无踪。"

在李长江的求援之下，国民党当局令梁冠英第二十五路军三十五师的两个团、熊式辉第五师的一个团、钱士钧第三十二路军的两个团，以及省保安两个团，连同有关各县警察大队、保安团、民团等数万人，进驻通海如泰地区，"围剿"红十四军。

6月中旬，驻黄桥"剿共总指挥"李长江，在省保安大队长的配合下，纠合石庄、横巷、季家市、西来庵、卢庄、卢港等处国民党军2000余人，向我红十四军第一师活动的中心地区如皋西乡六甲、戈家堡、张庄、大小陈家堡一带发动"八路围剿"，妄图一举消灭红军。

张世杰师长根据群众提供的情报，决定采取集中优势兵力、诱敌深入、歼敌一路的战术，以第四、第五、第六营共 600 人的兵力，在六甲桥附近设伏歼敌，形成了长约 1.5 公里的袋状伏击圈。

6 月 14 日清晨，大雾弥漫，驻西来庵的省保安大队一个连约 150 人从宝庆寺出发，到达六甲桥时，因雾大，便吹号与其他各路敌军联系。我第六营是由季家市起义人员编成，司号员了解敌人的号谱。我指挥员令号兵伪装敌军吹号响应，将这路敌人引过六甲桥，进入红军的伏击圈。

战斗由第六营首先打响，第四营从西南增援，第五营堵住敌退路。敌人向戈家堡方向逃窜时，红军又从三面包抄，群众纷纷拿起铁叉、锄头前来参战。妇女们敲起铜盆，"捉'狗队'啊！"的吼声来自四面八方，把敌人搞得晕头转向。敌人像被轰赶的鸭子，直逼到祝家庄西头的港湾里。这里水深港宽，只有一只罱泥的空船停在港边。敌人争先恐后拼命地向船上爬，罱泥船被压翻了，十来个敌人落水丧命。

经过 3 个小时的激战，红军毙伤敌人 100 多人，缴枪 70 余支，子弹千余发，该路之敌几乎全部覆没。其他各路敌人听到先头部队惨败，不明红军兵力虚实，仓皇撤退。这一战斗的胜利，创造了红军在平原地带、在全局处于劣势的条件下，以灵活机动的战略战术，变全局劣势为局部优势、进而克敌制胜的范例。

这年春夏之交，在南昌起义中担任中共前委参谋长的军事专家刘伯承，在苏联学习后秘密回国，任中共中央军事委员会委员，后在上海协助周恩来举办短训班培训省委、特委负责干部，并主讲暴动方略、游击战、运动战等课程。刘伯承还与其他从苏联归国的同志一道翻译马列军事著作，为军委训练班和各地武装斗争准备教材，指导红军的军事斗争。刘伯承有关游击战争的讲义被印成小册子，在红十四军和游击队中广为流传，对部队作战起到指导作用。红十四军的战斗也越打越精了。

红十四军二师二营在营长陈宗恒的率领下，在通海地区打下华丰盐垦公司和徐家园两个据点，可以说是打得最漂亮的一仗。

7月12日晚，陈宗恒率领3个中队200多名红军战士经过30多里急行军，直逼掘港以南的华丰盐垦公司。打前哨的50多名尖兵，闪电般地出现在敌据点。敌自卫队员从梦中惊醒后，一个个呆若木鸡。叭叭叭……一梭子打过去，企图顽抗之敌当即倒下，其余的见势不妙，都乖乖地举起了手。红军不到20分钟即结束战斗。

接着，部队又冒雨，踏着泥泞小道，掉头北行，逼近长沙镇西市徐家园据点。徐家园四面是围沟，东西两边的吊桥旁架着土炮。据点驻扎着自卫大队，有50多人，30来支枪。黑暗中，陈宗恒果断地指挥部署：第一中队正面进攻，第二中队背后包抄，第三中队侧面打援。当一中队刚进吊桥，就被敌人发觉。敌人正准备点火放炮，第二中队已渡过围沟摸到土炮背后，几十个战士一跃而上，吓得敌人跪倒在地，当场缴械。桥口的声响惊动了西南据点里的敌人，敌防御工事里喷出火舌。第一、第二中队马上支援第三中队……战斗结束时，东方已经露出晨曦，长沙镇上红旗飘扬，群众烹茶煮蛋，送糕点，欢欣鼓舞地涌上街头。

第二天拂晓，在广大群众的支援下，红军又在三马路宿营地击退三余镇白龙党近千人的"扫荡队"。红军部队两天三捷，歼敌130余人，缴枪130多支。

红十四军成立仅两三个月，声名威震长江北岸。通海、如泰两大红色游击区逐步形成。鼎盛时期，游击区地跨启东、海门、南通、如皋、泰县、泰兴、靖江等县，中心根据地约120多平方公里。

当年5月11日，中共江苏省委主办的《上海报》印赠了一幅"全国苏维埃区域及红军游击发展形势略图"，在长江三角洲北翼——通海如泰地区，画有引人注目的14A——中国工农红军第十四军的赤旗。

红十四军的斗争与全国红军的斗争紧密关联，相互配合，相互激励着。当年，《中国苏维埃》刊登《全国红军概况》的材料时，就通报了通海如泰红军游击队的情况。7月，红军第三军团在军团长彭德怀的指挥下，攻占湖南省岳州（今岳阳），取得重大胜利的消息传到通海如泰时，红十四军全体官兵通过《上海报》刊登了激情澎湃的致敬信，信中写道：

> 接到你们占领岳州的消息，知道你们不但给国民党以巨大的打击，并且没收了城陵矶的海关，驱逐了帝国主义，很英勇的与帝国主义的军舰作战，这表示彻底反帝国主义者，只有我们工农劳苦群众和他自己的军队——中国工农红军。我们十四军全体的官兵，对你们此次行动表示十万分的赞同和钦佩。
>
> ……
>
> 我们大家更坚决的向前啊！进攻啊！我们誓死都要实现全国苏维埃大会决议的政纲啊！我们伟大的胜利已经不是很远了。

红十四军在通海如泰地区进行武装斗争和土地革命的消息不断传到上海，红十四军《告工农及一切劳苦群众书》也贴到了上海，引起上海文化艺术界的极大关注。中国左翼作家联盟（简称"左联"）的同志着手搜集有关红十四军的材料。著名作家胡也频、丁玲等曾到红十四军驻上海办事处进行秘密采访。上海的革命文艺工作者还积极推动南通的文艺活动。"左联"戏剧家联盟的第一个分盟就建在南通。党领导的上海艺术剧团由刘保罗、郑君里等率队到南通演出。南通兴起了话剧活动，逐步建立起进行革命斗争的一块新的阵地。

七　严惩腐败分子

一天下午，刘瑞龙开会后，路过东乡的一个庄子，隐约听到凄楚的哭声。顺着哭声，他走进一间茅草房，见一对老夫妇正坐在床沿上，你一言我一语地哭诉。刘瑞龙环视四周，老人虽不是家徒四壁，但也不宽裕。经过一番问寒问暖后，老人们才吐出真情："今天早上，两个吃派饭的武装同志向我们借钱……让吃晚饭时准备好……我们膝下无子，辛劳数十年，就是这点破家当……"说完，老人们又痛哭起来。

刘瑞龙安慰老夫妇说："我们共产党是保护群众利益的，决不允许胡作非为。请二老放心，我就待在这里，倒要看看他们是什么人！"

天将擦黑，两个武装队员果然来吃派饭，张口就向老人讨钱。

"你们是干什么的？竟敢在光天化日之下敲诈勒索！"

来人这才发现，昏暗的草屋里还站着一个人。他们膀子一晃，理直气壮地说："我们武装区队帮助你们打反动派，眼下经费紧张，借点钱有什么了不起，也不是不还！"

刘瑞龙不紧不慢地问："你们既然是武装区队的，我倒要问问，你们的领导是谁？"

"我说出来，会吓你一跳！"其中一个粗声粗气地说。

另一个紧跟着说："刘瑞龙！听说过吧？"

"你们向老百姓勒索，也是刘瑞龙的指示？"刘瑞龙紧追不舍。

"你管得倒挺宽！"这两个人气势汹汹地摆开要打架的阵势。

刘瑞龙猛地从腰间拔出盒子枪，厉声喝道："谁敢行凶?！我就打死谁！"

两人被这突如其来的举动吓蒙了，木呆呆地望着眼前的不速之客。

"实话告诉你们，我就是刘瑞龙。今天，你们就当着我的面，把这件事讲讲清楚！"

两个武装队员着实撞到了枪口上，一时不知所措。

刘瑞龙令他们立正站好，严厉地批评道："看看你们，什么鬼相样子，简直是土匪！你们学过'三大纪律六项注意'没有？今天倒好，敲诈勒索开了，这和刮民党有什么两样?!"

刘瑞龙压住火，令两个武装队员恭恭敬敬地向老人赔礼道歉，回去还要向部队领导汇报，作深刻的检讨。

"八路围剿"失败后，敌人寝食不安，准备集结更大的力量来对付红军。红军的战斗任务将更加频繁，更加艰巨。而两个武装队员向老百姓勒索钱财的问题，以及红军胜利后暴露出来的弱点和严重问题，引起刘瑞龙的深思：我们的红军是人民的军队，我们打仗、建立政权，以及所做的一切都是为了人民百姓。如果不加强纪律教育，听任违反纪律的现象肆意泛滥，我们就会失去群众的拥护和支持，在敌人的重重包围之中，又怎么能承担起繁重的战斗任务呢?!

1930 年 7 月 12 日，通海特委从南通迁到如皋。刘瑞龙及时了解到革命队伍内部的思想动向，随着斗争的发展和客观条件的变化，有少数干部出现了腐败现象。中共如皋县委先后处决了两个贪污、挪用公款的干部。眼下，如皋县委委员兼特务队队长孙盛等人的腐败问题，也发展到十分严重的地步，甚至激起民愤。

孙盛属流氓无产者，是如皋东燕庄人，因家贫无地，早年学徒织布，成了手工业工人。参加红军游击队后，他作战勇敢。一次，攻打申家埭恶霸地主周松平的庄院，敌人的子弹在他耳边嗖嗖飞过，他头上的凉草帽被打穿好几个洞，他全然不顾，奋勇冲进地主庄院，亲手活捉并杀掉了周松平。战斗结束后，孙盛很感谢凉草帽给自己带来的"福气"，一直戴在头上。群众送给他"破凉帽"的雅号，称赞他作战勇敢。孙盛也以此为荣。

游击队由小到大，孙盛领导着拥有几支短枪的特务队，还负责打土豪和为部队筹款等项工作，游击队的费用和购买枪支弹药的钱也都由他供给。他的名声越来越大，经手的钱也越来越多，他的头脑也越发膨胀，开始享乐腐化。平日，他一身黑色的绸裤绸褂，斜挎着二号快慢机枪，骑着英国进口的"三枪"牌自行车，抽鸦片，喝参汤，还把同姓侄孙女大宝占做小老婆。"破凉帽"一行动，便由全副武装的男女卫队，骑着清一色的新自行车前呼后拥，成了横行乡里的新恶霸。

为了教育挽救"破凉帽"，如皋县委书记于咸曾亲自找他谈话，要他在县委会上承认错误，停止筹款中的土匪活动，戒掉吸食鸦片的恶习，并决定送他去上海学习。但"破凉帽"态度蛮横，拒不接受批评，竟与于咸拔枪相对。

刘瑞龙和李超时详细了解了这一情况后，当即作出决定，必须严惩这个作恶多端的腐败分子，以正党纪和军纪。

第二天一早，师长张世杰作出秘密部署，用召集会议的名义请"破凉帽"到师部开会。会上，"破凉帽"习惯地坐在靠门的地方，一边吸着纸烟，一边心不在焉地抖棱着"二郎腿"。

张世杰师长用愤怒的目光盯住"破凉帽"，以端碗喝水为信号，守卫在门口的警卫战士迅速缴了"破凉帽"的枪，把他倒绑起来。会场外，十几名战士三下五除二又缴了"破凉帽"特务卫队的枪。直到这时，"破凉帽"才意识到问题严重，表面承认错误，却拒不交出详细账目。

这天下午，特委书记刘瑞龙在水洞口乡主持万人大会，将孙盛破坏党纪军纪、欺压百姓的条条罪状公布于众，并宣布立即执行枪决！主席台下，万众欢呼，拥护通海特委的决定。两声枪响，作恶多端的"破凉帽"和他的死党卫队长丁侉儿得到了应有的下场。

八　扑不灭的火焰

从 1930 年 4 月开始的阎、冯、桂三派军阀联合发动的讨蒋战争，在南起长沙，东至山东，西达襄樊的中原大地上，进行了半年之久，有百万大军参加这场空前规模的大混战。新军阀混战使得红军和革命根据地有机会得以迅速发展，也使得地处国民党政府卧榻之侧的红十四军有机会立足并不断壮大。

随着革命力量的增长和客观形势有利于革命的发展，党内"左"倾思想和"左"倾政策也有了发展。李立三为代表的"左"倾冒险主义错误在党内占据了统治地位。6月11日，中共中央政治局会议通过李立三起草的《新的革命高潮与一省或几省的首先胜利》的决议案，对中国革命的形势、性质和任务等问题提出了一整套错误的主张。不久，在李立三等人的主持下，又制定了以武汉为中心的全国总暴动和集中全国红军进攻中心城市的冒险计划。

根据中央决议，1930年7月14日，江苏省委与共青团江苏省委、上海工联领导机关合并，组成江苏省总行动委员会，作为领导各地总暴动和总同盟罢工的最高指挥机关，命令通海如泰方面"首先攻下南通，再向南京发展"。

在立三路线的错误指导下，通海特委也对红十四军提出了"准备会攻南通，截断长江，进攻上海、南京"等力不胜任的战斗任务。红十四军第二师，在敌人大肆"追剿"、处境极为困难的情况下，先后进攻金沙、东社、凤凰桥等地，损失很大，秦超、唐楚云、仇建忠等主要领导人和骨干相继壮烈牺牲，黄火青等负重伤。红十四军第一师进攻敌人严密把守的蒋垜、石庄、黄桥等地，也遭到失败。

在极其危急的形势下，为了继续贯彻省总行委的旨意，通海特委和红十四军领导人又拟订了更加冒险的"黄桥总暴动"计划，认为这是江北革命政权与反革命政权的最后决战。

7月29日，通海特委召集红十四军、驻如泰红军及如泰地方各县负责人举行联席会议，决定8月3日在黄桥实行总暴动，并成立了暴动委员会作为统一指挥机构，由红十四军军长兼政委李超时和省军委特派员徐德负责暴动的军事指挥。

黄桥镇位于如皋以西 30 多公里,四面环水,河宽 20 多米,深约 10 米,两岸筑有许多小碉堡,四座城门的要道口都筑有大碉堡,镇上驻有以李长江为首的"剿共总指挥部"、省保安大队的两个团以及地方武装。守敌武器精良,装备着重机枪、迫击炮,其中兵力的三分之二部署在北门,西门亦是防守重点。为此,通海特委和红十四军军部进行了周密的部署,我红十四军第一师主力第二团和第三团负责主攻,第一团和教导大队及赤卫军配合打援,经过三四天的宣传鼓动和示威会,发动了数万农民配合红军作战。

8 月 3 日凌晨,红军主力从横家垛出发,分四路突击,准备在黎明前发起进攻。参加战斗的有 10 万以上的武装农民,他们胸前都别有一块红布或红纸作标记,上面写着"共产党"、"共产军"或"共产自卫军"的字样,浩浩荡荡地涌向黄桥,甚至几十里外的老头和小孩也拿着菜刀、竹竿赶来了。

正当我红军主力已经从西路攻入城门,北路也打开缺口,眼看即可拿下黄桥的关键时刻,红军队伍中的内奸——泰兴县委特务队队长李吉根和他的侄儿红军连长李治平,突然从南路和东路撤兵,并把敌李长江部暗中引到红军北路,使我向纵深前进的攻城部队突然从侧后受到意外袭击。城内敌人乘机反扑。红军腹背受敌,伤亡严重,不得不撤出战斗。担负佯攻任务的红军和赤卫军撤退时也遭到敌人的反扑。

内奸的活动,使黄桥暴动遭受巨大损失。遵照党中央和省委指示,通海特委着手进一步整顿内部,并注意深入发动群众,肃清反革命,积极向敌人进攻。刘瑞龙和李超时果断决定将红军第一师教导队留在西乡,牵制李吉根部;师部率第二、第三团开往如皋东南乡的镇涛区,并与在通海地区活动的红军第二师取得联系,以便积蓄力量。

李吉根公开叛变投敌后，更肆无忌惮地以李治平做向导，带着敌人频繁地"扫荡"根据地，指名道姓地向红军进行政治喊话，瓦解红军和赤卫队，致使我根据地遭到更加严重的破坏，部队的处境越来越困难。

此时，在新军阀混战的战场上，阎锡山在津浦路战场痛失济南，使战局迅速向有利于蒋介石的方面转化。蒋军调整部署，集中兵力于平汉、陇海线战场。国民党中央政府为了解除"心腹之患"，开始加紧进攻红十四军。

矗立于江苏省如皋县境内的中国工农红军第十四军建军纪念碑

8月20日，国民党江苏省政府召开南通、如皋、泰兴、泰县、靖江五县县长联席会议，讨论"协剿"红十四军计划，决定"先从泰兴入手，次及各县"，并派国民党江苏省保安处处长亲自到黄桥"督剿"。在军事部署上，敌人对我如泰、通海两游击区实行分割围困，同时派出军舰和浅水舰封锁长江，协同陆地作战。通海如泰地区襟江带海，一马平川，红十四军没有进可攻、退可守的地理环境作依托。各地地主豪绅与国民党军事部署相配合，加紧发展"民团"等反动组织，强化保甲制度，屠杀革命群众，制造白色恐怖。

为了保存骨干力量，中共江苏省委和省军委决定，刘瑞龙、李超时及通海特委和红十四军的干部陆续撤离通海如泰地区，转移到上海，军部亦随之解散。由中共如皋县委书记于咸指挥留下的红军游击队，埋藏枪支武器后，分散隐蔽或撤退。当听到上级通知时，不少红军战士失声痛哭。他们表示永远心怀革命，决不叛党。

9月底，在强敌的猖狂进攻之下，红十四军最终被彻底打散。

硝烟尚未散尽，江海平原又被白色恐怖的阴霾笼罩着。然而，被烈火灼焦的大地还在震动，革命的星星之火仍在燃烧，江海大地上又响起浑厚粗犷的吼声：

> 老大人头挂前街，
> 老二分尸野鸭滩，
> 家中剩下我老三，
> 点火烧了破草棚，
> 扛起铡刀去共产，
> 先杀西庄臭猪头，
> 再杀东庄龙灯眼，
> 剥皮抽筋都不怕，

天大不了上阴间，
我到阴间心不死，
阎王殿上去造反！

第五章　在中共江苏省委

在黄浦江边，刘瑞龙曾有过幸福的初恋，又多么渴望亲耳聆听导师恽代英指点江山的激情讲演……然而这一切都被"左"倾盲动主义浪潮击得粉碎。根据省委指示，他在基层建立秘密联络点，组织党员、群众坚持地下斗争；他巡视徐海蚌地区，在铁路、矿井部署游击活动……行走在苍茫的江淮大地，他眼前跳动的却是一颗颗正在燃烧的革命火种。

一　痛失菊芬

1930年9月的一天，渐近黄昏，一列由南京方向驶来的旅客列车喷吐着呛人的气雾缓缓驶进上海北站。刚刚进入9月，江南的天气依旧非常闷热。两位身穿杭绸长衫的高个子商人，夹在嘈杂的旅客中，不慌不忙地走出北站。这两位商人模样的人正是中共通海特委书记刘瑞龙和红十四军军长兼政委李超时。他们接到江苏省委的紧急通知，来上海参加一个重要会议。

一辆黑色的雪佛兰轿车停靠在站前广场上。头戴软草凉礼帽的司机双臂交叉悠然自得地倚靠在车头上，帽檐下一双机警的眼睛却在仔细地搜索着每一位出站旅客。当刘瑞龙和李超时并肩走向停车场时，司机摘下礼帽，用手轻轻地在帽子上掸了三下，又重新戴在头上……他的一举一动，完全收入刘瑞龙和李超时眼中。根据省委事先规定的暗号，刘瑞龙向前一步，趁"借火"的机会与司机接上了关系。

这辆黑色轿车是中央特科派来的，司机是自己的同志。汽车穿过繁华的南京路，径直驶到霞飞路（今淮海中路）霞飞坊一幢法式洋房前。霞飞坊是上海近年兴建的法式建筑，近 200 幢有铁栅栏围墙的三层洋房整齐地排列着。这里居住着不少文化界名人。

在白色恐怖笼罩的上海，敌人经常进行大搜捕，街上不时传来刺耳的汽车警笛声。为了安全起见，省委将参加会议的同志分散地安排在市内的一些秘密机关。出来迎接刘瑞龙和李超时的是年轻的彭康夫人，她已经在三楼准备好"客房"。

刘瑞龙与彭康，虽不曾谋面，却仰慕已久。他是江西萍乡人，早年留学日本，曾在京都帝国大学攻读哲学。1927 年"四一二"反革命政变后，他和冯乃超、朱镜我、李初梨等爱国青年毅然放弃学业，回国投身革命，并在上海领导新文化运动，成为中国左翼作家联盟的主要创始人之一。两年前，南通党组织遭到严重破坏，顾民元等南通党员就是在彭康等人创办的中国艺术大学落脚，接上党的组织关系的。

"彭先生到外地讲学去了，恐怕一时回不来。来到这儿，就像回到自己家一样。"不等刘瑞龙他们开口，彭夫人先说话了。听口音，她是湖南人。

心细如丝的刘瑞龙，从彭康夫人的神情中似乎看到一丝难以察觉的伤感。许多年后，他才知道，彭康先生因一偶然事件，早在几个月前就被捕了。他咬定自己叫彭子 ，一直没有暴露真实身份。彭康夫人出生在职业革命家家庭，有着丰富的地下工作经验。彭康被捕后，彭夫人根据党的指示，秘密转移到霞飞坊，建立起中共江苏省委的一处地下机关。

头天晚上，刘瑞龙和李超时趁着夜色，由江北的丝鱼港搭乘运砂船来到江阴，又从无锡登上开往上海的火车，奔波了一整天，人困马乏，可刘瑞龙翻来覆去，整夜无法入睡。

白天，在无锡车站的报栏里，刘瑞龙看到当天《中央日报》的一条消息，得知又有一批参加南京暴动的同志被敌人枪杀，其中就有他相识不久的恋人余爱萍。凝视着这条消息，他顿感震惊和悲痛。

余爱萍——一个充满美好回忆和浪漫色彩的名字！

那是3个月前，刘瑞龙来上海向省委汇报工作。在红十四军驻上海办事处，李超时和夫人吕继英给他介绍了一位女朋友，她的真实姓名叫冯菊芬，与刘瑞龙同岁。

冯菊芬是江苏东海县白塔埠人，是李超时在东海县创建党组织时的早期党员。这个冯菊芬还真不简单，别看她身材娇小，却勇敢泼辣。她在家乡积极参加反帝反封建的宣传活动，带头参加东海中学发动的海洲学潮。为配合中心县委发动黄包车工人举行示威请愿斗争和贫苦农民开展反山霸的斗争，她组织同学们到处张贴标语，大造声势。她还利用自己地主家庭的特殊地位掩护中共东海县委的工作。她的父亲冯至善是个开明地主，同情革命，常招待革命者在自家食宿，还为他们提供秘密会议场所，从未出过差错。

1929年夏天，蒋介石借口保证孙中山灵柩安全移至南京，发布在主要交通干线和城市内实行戒严的密令，国民党东海县政府大肆逮捕共产党员和革命群众。冯菊芬因"赤化嫌疑"被关进清江监狱，她的父亲也受到牵连，一起被捕入狱。

在押期间，敌人要冯菊芬承认参加了共产党组织，逼迫她交代"同党"的行踪，冯菊芬横眉冷对。敌人又对她施以酷刑，还用撒有辣椒面的棒香薰她的鼻子。不管敌人怎样用刑，冯菊芬只有一句话"不知道！"因无证无据，半年后，冯菊芬被无罪释放。

1930年春天，冯菊芬来到上海，参加江苏省委在杨树浦举办的训练班，曾聆听中央军委委员刘伯承讲授军事课。这时，红十四军驻上海办事处从市区搬到杨树浦，李超时夫妇一合计，刘瑞龙儒雅忠厚，冯菊芬热情奔放，可谓天生的一对，不如做一回红娘，成全一桩美好的姻缘。

两位年轻人果真一见如故。他们在黄浦江边漫步，在杨浦公园畅谈理想，沐浴着初夏清凉的海风，两颗火热的心紧紧地连在一起了。

几天后，刘瑞龙要回南通指挥通海如泰地区的武装斗争。冯菊芬在上海继续学习待命。临别时，他们再次相会在黄浦江边，相互倾吐衷肠，以努力工作互勉。

"也萍[①]同志，我很快也要投入新的战斗了，我给自己起了一个新的名字。"

"说说看，我给你当参谋。"

在敌人腹心工作的同志，更名改姓是家常便饭。此时的冯菊芬并不知道李也萍的真名实姓，她脱口说出"余爱萍"三个字。

姑娘大大方方，年轻的省委委员反倒微微有些脸红。在文言文中"余"字与"我"字同义，"余爱萍"意为"我爱李也萍"。

那天，冯菊芬穿着一件白色夏布旗袍，微风轻轻地撩起她的短发。望着她那双闪烁着泪花的大眼睛，青春的热血在刘瑞龙胸中沸腾着。他紧紧握住菊芬的手，与她依依惜别。

这时，在中央主持工作的李立三被暂时的胜利冲昏了头脑，对中国革命形势、性质和任务等问题提出了一整套错误主张，还制定了以武汉

---

① 李也萍：即刘瑞龙当时的化名。

为中心的全国暴动和集中全国红军进攻中心城市的冒险计划，幻想能够"会师武汉"，"饮马长江"。

7月13日，在中央政治局会议上，李立三慷慨激昂地发出南京兵暴的指令。他不无自信地说："南京士兵暴动会使最高反动统治机关覆灭，此举将导致数千万群众之兴起！"根据江苏省委指示，在南京的中共党、政、工、团组织合并成立南京行动委员会。在上海待命的冯菊芬奉中央指令，赴南京参与暴动准备。她的任务是与地下党员傅天柱组成"家庭"，在中共南京军委机关担任掩护工作。

就在李立三发出兵暴指令的第三天，中共南京市委在夫子庙举行"飞行集会"，队伍尚未集合，敌人便开来装甲车进行镇压，集会的主要领导人当场被捕。短短半个月内，南京市委召开的有关示威行动的一系列会议，均被国民党密探侦破，大批同志被捕，遭敌人枪杀。李立三不但不总结教训，反而在7月下旬，再次部署，加强督战，并于8月1日举行暴动。由于行动过于暴露，南京暴动以彻底失败而告终。

南京暴动失败后，南京地下党组织遭到严重破坏。叛徒供出余爱萍是上海党中央派来的，她和傅天柱是假扮夫妻，并带敌人找到他们的住处。冯菊芬和傅天柱双双被捕，被关押在国民党南京宪兵司令部看守所里。9月初，冯菊芬和傅天柱先后在南京雨花台英勇就义。

刘瑞龙与冯菊芬在黄浦江边的握别竟成了永诀！

在狱中，冯菊芬坚贞不屈，为了不暴露组织，不牵连其他同志，同时表示对李也萍忠贞不渝的爱情，直到牺牲前，她仍旧一口咬定自己的名字叫余爱萍。

1952年12月，刘瑞龙与夫人江彤到雨花台革命公墓凭吊英烈时，当场证实了余爱萍烈士的真实身份。他还写下诗作《忆菊芬》，以示深切的怀念。

忆菊芬

浦滨握别未六旬，

噩耗惊传石头城。

互勉忠荩非虚约，

临危不忘自许名。

慷慨就义全大节，

坚贞不屈励丹心。

大地春回酬宿愿，

九州解放慰平生。

刘瑞龙《忆菊芬》诗手迹

二　参加中共江苏省委工作

1930 年 8 月中下旬，前往莫斯科向共产国际报告中国共产党的工作，并参加联共（布）第十六次代表大会的中共中央政治局常委周恩来和中共驻共产国际代表团团长瞿秋白先后回到上海，带回了共产国际政治秘书处的决议。看到李立三在掌握中央实际领导权的短短几个月时间里，在其"左"倾错误指导下，各地发生的盲动使得两年来健全、发展起来的中共组织和革命工人队伍遭受重大损失，各地红军和根据地也遭到了不同程度的损失，瞿秋白和周恩来的心情都很沉重。他们采取思想上说服教育、工作上稳步纠正的办法，通过个别谈话和召开政治局会议，基本统一了党内的认识。

9 月初，中共中央决定接受共产国际政治秘书处 7 月决议的指示，停止武汉、南京暴动和上海总同盟罢工，恢复党、团、工会的独立领导机构和组织系统，并开始在实际工作中纠正李立三"左"倾盲动主义的主要错误。

刘瑞龙和李超时此次来上海参加省委重要会议，就是研究贯彻共产国际 7 月决议的指示精神。为了加强江苏省委的工作，保存骨干力量，会议结束后，刘瑞龙和李超时被留在上海，参加江苏省委的工作。

9 月 24 日至 28 日，在瞿秋白和周恩来主持下，中国共产党扩大的六届三中全会在上海秘密举行，会议进一步批评了李立三的"左"倾错误，从此结束了李立三为代表的"左"倾冒险主义在党中央的统治。

10 月初，根据中共六届三中全会决定，江苏省总行动委员会改为江南省委，罗迈（李维汉）任书记，陈云任组织部部长兼外县工作委员会书记，刘瑞龙任外县工作委员会委员（后任副书记），李硕勋任军委副书记。

在江南省委扩大会上，刘瑞龙聆听了周恩来代表党中央作的传达报告。与会同志对李立三实际主持中央工作期间的错误进行了批判。

不久，江南省委召开常委会议，刘瑞龙和李超时与省委负责同志罗迈、李硕勋、陈云以及中央军委委员刘伯承一起，总结红十四军游击运动的经验教训。领导同志充分肯定了这支活跃在国民党统治的腹心地区的革命武装，在江苏人民革命斗争史上的特殊地位和不可磨灭的历史作用，同时也分析了红十四军失败的原因：客观上敌强我弱，力量悬殊；主观上受立三路线冒险主义的错误影响，加上缺乏斗争经验，不懂得正确分析革命形势和阶级力量，提出了环境不允许、幼年红军力不胜任的任务，对于领导武装斗争、发动群众深入开展土地革命、建立游击根据地尚缺乏完整的政策、经验，对于隐藏在部队内部的奸细缺乏警惕，使红军遭受重大损失。

参加了省委一系列的会议后，刘瑞龙感受最深的是：党的路线正确与否关系革命的成败。

江南省委扩大会后，刘瑞龙和省委委员徐大妹等人离开上海，巡视沪宁线。他及时抓住无锡全县45家丝厂工人为增加工资、改善劳动条件进行同盟总罢工的情况，组织县、区委的同志和工人积极分子在惠山开会，研究派党员深入各厂区进行宣传鼓动，指导工人的罢工斗争，并给省委写了《关于无锡丝厂斗争的报告》。

拜见导师恽代英，探讨革命的真谛，是刘瑞龙心中蕴藏已久的愿望。自1928年年底，恽代英回到上海，任中央宣传部秘书长，主编中共中央机关刊物《红旗》，刘瑞龙心中的愿望愈加强烈。在此期间，刘瑞龙曾几次赴上海参加会议，汇报工作，由于组织纪律的约束，与导师恽代英见面的机会总是擦肩而过。

1930年春天，恽代英以中央代表身份去厦门出席中共福建省委第二次代表大会，随后又去闽西苏区视察，亲眼看到朱德、毛泽东领导的红军经过长期游击战争所取得的伟大成绩。他饱含激情地撰写了《请看闽西农民造反的成绩——福建通信》和《闽西苏维埃的过去与将来》两篇文章，发表在《红旗》上。看到代英同志的文章，回顾红十四军的战斗历程，刘瑞龙备受教育和启迪。可是，待刘瑞龙再次来到上海时，听到的却是代英同志不幸被捕的消息。

恽代英从福建回到上海后，在党的会议上批评了李立三的"左"倾错误。李立三非但不接受正确的意见，反而给恽代英扣上"调和主义""机会主义"的帽子，将其排挤出中央领导机关，调任上海沪东区行动委员会书记。根据"总行委"的命令，沪东区应训练25支工人纠察队，并于五一国际劳动节前，在杨树浦松潘路附近的一个广场，举行上海工人纠察队第一次大检阅，向敌人示威。这场由李立三发动的规模空前的示威游行，遭到反动派血腥镇压。

恽代英曾是黄埔军校政治主任教官，著名的青年运动领导人，认识他的人很多。让他负责党的基层工作，频繁活动在敌人的眼皮底下，危险可以想见。1930年5月6日下午，恽代英去杨树浦老怡和纱厂门口等候工人代表前来联系工作时，不幸被捕。次日，被转押到国民党龙华警备司令部看守所。

导师恽代英落入虎口，生死未卜，刘瑞龙痛彻心扉。为了解实情，他借口来上海找事做，抽空去看望表姐葛季膺一家人。

大革命失败后，恽子强夫妇与党组织失去了联系，因处境艰难，背井离乡来到上海。恽子强在中法大学制药化学系当教授，葛季膺在家里带孩子，操持家务。刘瑞龙眼前的表姐，与大革命时期相比，已判若两人。因为生活拮据，孩子拖累，表姐变得疲惫和沉重。

当刘瑞龙关心地询问起恽代英夫人和孩子的情况时，葛季膺伤心地说："葆英嫂嫂现在闸北区的一家缫丝厂做工……他们的儿子小毛弟长得活像代英哥，夫妻俩喜欢得不得了……现在代英哥被抓起来了，真的有个三长两短怎么办……小毛弟还不满两岁，这孩子真可怜……"说着说着，表姐心痛地哭起来，还不时用袖口沾沾眼角涌出的泪水。

刘瑞龙不便多说，只是不断地安慰表姐，劝她注意身体，照顾好孩子们，他相信形势总有一天会好起来的。

三 鲁班路上的一爿面店

就在刘瑞龙和徐大妹等人巡视沪宁线期间，在上海的党中央酝酿着一场更加激烈的党内斗争。中共六届三中全会后，上海党内反对立三路线的情绪剧烈增长。鉴于三中全会虽然批判了李立三的错误，决定他离开党中央领导岗位，但没有指出李立三犯了路线性的错误，只是批评他犯有"策略上的错误"，党内许多同志对此很有意见。

王明在党内大搞宗派活动，还写了一本《两条路线》①的小册子，提出一条比立三路线更有过之的"左"倾机会主义路线。这些极不正常的做法引起党内一些同志的不满。林育南、何孟雄、李求实等党内有资历的老同志因坚持党的原则，首当其冲地成为米夫和王明打击、排斥的对象。

刘瑞龙回到上海时，李维汉江南省委书记的职务已经被王明取而代之。那时，王明穿着长袍马褂，戴着有个红顶子的瓜皮帽，一张娃娃脸，个子非常矮，特别是他完全没有实际斗争经验，仅凭在国外学到一些马列主义理论，就飞扬跋扈，颐指气使，刘瑞龙和省委许多同志很看不惯他。王明在中宣部工作时，曾被"抄把子"（即搜查行人的特务）逮捕，他马上把中宣部一个机关的地址开给巡捕，请他送信保人。在紧

---

① 1932年王明的《两条路线》一书再版时，改名为《为中共更加布尔塞维克化而斗争》。

急关头，王明慌了手脚，只顾自己，不惜暴露党的机关，更为党内同志所唾弃。当时除少数从苏联回来的人拥护王明，没有多少人支持他。

1931年1月7日，扩大的中共六届四中全会在上海秘密召开，会期仅一天。会议的筹备工作完全是在米夫和王明一手操纵下秘密进行的。在37名会议代表中，只有14名中央委员，8名候补中央委员，持不同观点的中央委员不通知参加会议。出席会议的王明等15名列席代表，与中央委员享有同样的表决权。在党的组织原则和党内民主遭到严重践踏的情况下，王明当选中央政治局委员。四中全会的种种做法和结局就像扔在干柴堆上的一把火，使党内矛盾更加激化。

因为反对王明，四中全会后，刘瑞龙被调离江苏省委，去上海法南区任宣传部部长。区委书记夏采曦向他布置了工作任务，并指示他开一家饮食店，作为区委的秘密联络点。

刘瑞龙选择了鲁班路北头的一爿面店。这家小店是红十四军失败后南通地区的几个干部暂避上海时合伙开的。面店前后有三四间平房，摆有七八张方桌，主要卖些面条、馄饨、生煎包子之类的面点和下酒菜。刘瑞龙化名李二，对外是店主。店里的伙计都是自己的同志。刘瑞龙又在面店南侧的新安里，租了一间石库门的后楼作宿舍。

所谓后楼，不过是相对被称作前楼的二层前开间而言，面积不足10平米，只能从前楼的隔窗中透进少量的光线，租金比较便宜。一张木板通铺，并排可睡四五个人。与刘瑞龙住在一起的，有面店的伙计和旅店的茶房，都是下层劳动者。

当年，党的经费很紧张，在省委工作，每月发18元津贴费，省委办公地点一般伪装成商号，来这里开会大多要穿长衫。在区委工作，每月只发给5元津贴，根本不够用，只好几个人合租亭子间或灶披间住，穿的也不那么体面。

来到法南区后，刘瑞龙首先联系区内工作基础比较好的救火会支部和华商电车公司支部，随后，又在光华织布厂和益丰搪瓷厂寻找并发展工作线索。在他的帮助下，光华织布厂组织起兄弟会。依靠工人弟兄的支持，小面店在鲁班路口站住了脚，顾客经常不断，区委和《红旗报》的记者也不时到这里来。

法南区知识分子党员较多，思想相对活跃。刘瑞龙重点联系了法南区的中小学和朝鲜人。第一次世界大战爆发后，朝鲜半岛被日寇占领，大批朝鲜人逃亡到上海。朝鲜爱国志士在上海设立了抗日独立运动总部，组成了"大韩民国临时政府"，对外则称"高丽侨民事务所"，地址就在法南区普庆里的一幢石库门房子里。

1931 年 4 月下旬，党内发生了突发事件，中共中央政治局候补委员顾顺章在汉口被捕叛变。顾顺章是中央特科负责人，掌握很多中央机关和负责人的地址和机密。党中央得到情报后，紧急布置中央和江苏省委的干部停止一切活动，立即搬家。使国民党一举破坏中共中央领导机关的阴谋彻底破产。顾顺章为了活命，又以出卖监狱里的同志向反动派献媚。他首先供出了关押在南京中央军人监狱的共产党嫌疑犯"王作林"，就是中共重要领导人恽代英。面对蒋介石的劝降，恽代英大义凛然，宁死不屈。4 月 29 日，恽代英在南京英勇就义。闻听噩耗，刘瑞龙悲痛万分。

恽代英是中国共产党创建时期的重要领导人之一。他的牺牲无疑是处于危难时期的中国共产党的重大损失。

1936 年深秋，美国记者埃德加·斯诺采访中国工农红军领导人毛泽东，聆听他述说往事，讲述自己是如何成为一个坚定的马克思主义者的转变历程。

采访快要结束时，斯诺问毛泽东："在你的述说中曾多次谈到恽代英这个人。而我在这几个月的采访中也曾多次听人谈论到他，周恩来就是其中一位。在红军中甚至有人称他为中国的'甘地'。他重视思想品德的修养，情操高尚，从不追求奢华，过着十分清淡的生活。但是，他对马克思主义的信仰则是十分坚定的，而且还似乎对中国早期马克思主义者的思想转变也起了重要作用。不知这样评价是否合适？"

毛泽东神情凝重地点了点头："你的评价是正确的。恽代英是一个受人敬重的人，他是全国革命青年的领袖，具有很强的理论水平，是一个非常出色的宣传鼓动家。他目光远大，政治立场坚定，与我也有着十分深厚的友谊。"

几天之后，又有一个意想不到的事件发生了。

一天晚上，刘瑞龙正在新安里宿舍与负责失业工人工作的俞志方谈话，研究怎样在益丰搪瓷厂、光华织布厂和斜桥一带的苦力工人中开展工作，突然听到马路上有急促的皮鞋声。从事地下工作的直觉，让刘瑞龙立即掩饰掉一切可疑的迹象。他又低声与俞志方统一口径："我们都是安徽皖南人，你刚从家乡来上海，关于面店的事，一概不知。"

话音刚落，房门就被踹开了，一个租界巡捕带着几个华界警察杀气腾腾地闯了进来。

"哪个是刘瑞龙?!"敌人用枪口抵住两人的胸口，恶狠狠地问。

刘瑞龙不慌不忙地用皖南话答道："我叫李二，在北边开面店，你们可以在附近打听打听，哪个不认识我。"

他又指着身边的俞志方说："他是我的同乡，叫张金昌，才从家乡来上海，是找我谈家里事的。"

"这里还住着什么人？"

"一个店员，两个旅店服务员，他们都在上夜班，此地没有叫刘什么龙的。"

说着，敌人从后边揪出一个人来。刘瑞龙一眼看出，正是中共南通金沙区委的工作人员，名叫陆俊。可当四目相视时，陆俊却说他不认识眼前这个人。敌人狠狠掴了陆俊一个耳光。刘瑞龙感到很纳闷："既然陆俊带着敌人来抓我，为什么又不指认我呢?"

敌人开始搜查。一间后楼，除了一张床铺外，屋里就没有多大的活动空间了，敌人只是从床铺底下搜出一堆国民党改组派的《革命日报》和《革命评论》，别无所获。

"这是干什么的?"华界警察指着一堆旧报纸问。

"店里包兰花豆和花生米用的。"

大个子巡捕翻看了一下报纸，随手扔在地上，做了个"不要"的手势，示意华界警察统统撤退。而华界警察则是奉"上峰"旨意，严格搜查共产党。他们借口这堆报纸可疑，遂将刘瑞龙、俞志方和陆俊一起推上警车，押送到西门分局。

敌人开始审讯，除审问姓名、籍贯、职业、文化程度外，翻来覆去都是围绕面店展开的："你的面店开了多久了?"

"为什么在店里吃面的人很晚才回去?"

"经常来你店的都是什么人?"

"你这个老乡是从哪里来的? 是来干什么的?"

"《革命日报》是谁的?"

……

看来，面店已经引起敌人的注意。刘瑞龙和俞志方按照事先约定的口径回答讯问，敌人始终没从他们身上找到任何破绽。

刘瑞龙被捕之后，光华织布厂的工人积极分子长根给他很大帮助。长根曾用亲属名义给刘瑞龙送过几次吃的东西。他还向党组织带出口信，帮助刘瑞龙寻找保人，办理取保手续。刘瑞龙出狱后，长根把他带到一家小茶馆，区委的同志正在那里等候他。据说，为营救刘瑞龙出狱，省委用了170块大洋的赎金。

刘瑞龙后来才知道，这次被捕完全出于意外。因同乡陆俊在上海涉嫌盗窃而被捕，敌人在陆俊的记事本中发现写有刘瑞龙名字和住处的字样。刘瑞龙是中共江苏省委委员，是敌人记录在案的重要人物。尽管陆俊一再申辩这个刘瑞龙只是他的同乡，不是什么共产党。敌人怎肯放过到手的"大鱼"呢？

这次被捕也给刘瑞龙和党内其他同志一个深刻的教训：在白色恐怖的环境中，稍微一点疏忽，都会给党的组织带来危险，甚至付出生命的代价。

四　足迹遍及徐海蚌地区

刘瑞龙出狱后，经过党组织的严格审查，没有自首和变节行为，很快为他接上了组织关系。省委认为刘瑞龙已经不能继续在法南区工作，决定调他回省委，担任外县巡视员，负责沪宁线的工作。

然而此时，上海的形势更加险恶。1931 年 6 月 22 日，中共中央总书记向忠发被捕叛变。在上海的党中央机关已被破坏得不成样子。还让刘瑞龙心痛的是，与他同战斗共生死的亲密战友李超时不幸被捕入狱。

6 月下旬的一天，李超时和妻子吕继英从上海北站登上火车，前往徐（州）海（州）蚌（埠）地区巡视工作。他们虽然经过化装，但在火车开过常州站后，吕继英便被当奸细的同乡认了出来。敌人确认吕继英身边那个高个子的男人一定是李超时。李超时夫妇发现被特务跟踪后，装作若无其事，当火车开进镇江站时，他们突然起身，随着拥挤的人流迅速走出火车站，各自跳上一辆人力车，但已经来不及了，尾随的特务接踵而至。

敌人知道抓到了共产党的重要人物，国民党江苏省政府主席叶楚伧亲自部署审讯，软硬兼施。最后，敌人只得拉出叛徒当面指认李超时。怒不可遏的李超时拖着沉重的镣铐，走近审判台，抓过砚台狠狠地向叛徒砸去……李超时知道，敌人肯定要对他下毒手，乘敌人让他与妻子会面的机会，吩咐怀孕的妻子争取活着出去，好好抚养孩子，长大后把他交给党。9 月 19 日凌晨，李超时在镇江北固山刑场英勇就义，牺牲时只有 25 岁。

李超时被捕后，中共江苏省委决定由刘瑞龙接替他的工作，任徐海蚌地区巡视员。

徐海蚌地区是军事重地，津浦、陇海两大铁路干线在这里交会。江苏省委对这一带的斗争一向非常重视。早在大革命时期，徐海蚌地区就建立了党的组织。此时，徐海蚌地区设有长淮、徐州、海州三个特委。

刘瑞龙去徐海蚌前，正是中央苏区红军在毛泽东的指挥下粉碎国民党第三次"围剿"之后，鄂豫皖红军也在胜利发展，徐海蚌地区的工作逐渐恢复。江苏省委确定的外县工作的中心任务是，组织和发展游击战争，配合苏区红军准备粉碎敌人新的"围剿"。

入夏以来，全国大部分地区出现长时间阴雨天气，6 至 8 月，暴雨连天，南起百粤，北至关外，大小河川尽告涨溢，其中长江中下游及淮河流域灾情最为严重，江堤圩垸普遍决口，沿江沿湖一片汪洋，武汉市遭水淹达百日之久，京汉铁路长期停运，津浦铁路中断行车 54 天，造成 20 世纪以来受灾范围最广、灾情最重的一次特大水灾。就在这时，震惊中外的九一八事变爆发了。日本军国主义者侵占了我国的东北三省。群众性的抗日救亡运动日趋高涨。蒋介石却坚持"攘外必先安内"，调集重兵，全力对付共产党。

刘瑞龙巡视的第一站即中共长淮特委。长淮特委以蚌埠为中心，领导安徽中部 10 余个县的党组织。特委书记朱务平参加过五四运动，是 1923 年参加党的老党员，在长淮一带有很好的群众基础。刘瑞龙此行化名张云生，因为他身材魁梧，朱务平和特委的同志们都叫他大张。

在长淮特委，刘瑞龙亲眼目睹了朱务平带领一班人在白色恐怖下的艰苦工作。由于党的经费十分困难，朱务平和特委的同志以做手工卷烟、拉黄包车、当搬运工等职业为掩护，维持贫困的生活，同时在工人群众中积极开展党的工作。为了更好地发动群众，朱务平经常摘掉眼镜，穿着破旧的衣服，深入到工厂、码头、车站及附近的农村。夜晚，他又隐蔽在破草房里为特委主办的《红旗报》写稿，有时还亲自刻钢板直到天亮，他的双眼布满了血丝。夏季的特大洪水使长淮区成了重灾区，到处倾墙颓壁，满目凄凉。当淮北各地数千灾民欲往江南谋生，在蚌埠火车站受阻时，朱务平立即组织特委同志前往火车站，发动灾民进行卧轨斗争，迫使国民党当局同意灾民乘火车南下……因积劳成疾，朱务平身患肺病，经常吐血，却不肯休息。刘瑞龙和许多同志都被他吃苦耐劳的革命精神所感动。

刘瑞龙经常和朱务平一起交谈，研究如何利用九一八事变，揭露蒋介石"攘外必先安内"的阴谋，同不抵抗主义作坚决的斗争。他们在铁路工人、搬运工人、黄包车工和郊区农民中间继续开展党的工作，派遣党员到蚌埠西游艺场、小南山及车站、码头等工人群众集中的地方散发传单，造成抗战声势，还发动青年学生到国民党蚌埠驻军中向士兵进行抗日宣传。

经过周密的部署和发动，9月底，蚌埠各界上万民众在蚌山公园召开联合抗日大会，通电全国，呼吁全国工人和各界人士团结起来，对日绝交，实行武装抗日。中共长淮特委印刷了大量的宣传品在会上散发，用粉笔书写的标语遍及蚌埠的大街小巷。

在朱务平的领导下，长淮区的工作又有了新的起色：为了配合许继慎领导的皖西红军反"围剿"斗争，钳制敌人的兵力，中共凤阳县委领导的游击队在霸王城附近撬掉铁轨上的道钉，致使国民党的一列军用火车翻出铁轨。凤台县（今颍上县）农民在县委领导下，与寿县游击大队配合，举行武装暴动。盱眙县县委书记李桂五领导西高庙地区农民举行暴动，缴获地主武装，正式成立了盱眙红军游击大队，随后，又将队伍整编为"中国工农红军徐海蚌地区游击支队"。蚌埠江淮中学学生组成北上决死团，准备奔赴黑龙江，与东北抗日义勇军并肩作战，蚌埠各界人士为他们筹集川资，铁路工人鼎力相助，其中17名同学顺利到达北平……

根据省委指示，刘瑞龙特别关注"两路"、"三矿"①的斗争，部署徐海蚌各县，组织游击活动，破坏津浦、陇海两条铁路线，加强瓦解白军工作，以支援红四方面军作战。他深入到烈山煤矿和贾汪的青山泉煤矿，以及陇海线的大许家车站和津浦线的西寺坡车站了解情况，与徐州特委研究工作部署。他们决定利用路矿附近的农村作掩护，进而在工人中开展工作，并依托工人支部发展附近农村党的力量。

冬天来了，被特大洪涝浸泡过的江淮大地到处是灰茫茫的一片，而刘瑞龙眼前却跳动着一颗颗正在燃烧的革命火种。他时而身穿灰色棉袍，头戴旧毡帽，行走在乡间的土路上；时而扮成投亲靠友的流亡学生，拎着小皮箱挤在北上南下的列车上；时而又一身工装，活动在车站、矿区的工人群众之中……在近半年的时间里，他坚实的足迹遍及整个徐海蚌地区。

1932年1月28日，日寇进攻上海，十九路军奋起抗战，淞沪抗战爆发。中国共产党领导上海全市日厂工人举行罢工，动员各界群众大力支援十九路军抗战。省委要求刘瑞龙火速赶回上海，前往淞沪前线，配合吴淞区委组织市郊战区难民要求救济的斗争。

8月，原中共江苏省委军委书记陈治平在河南开封被捕叛变，又窜到上海破坏党的组织。刘瑞龙每天都接到党组织派人送来的警报，继续留在上海工作风险很大。10月，党中央决定将刘瑞龙调离江苏省委，一是送他去苏联留学，一是调往满洲工作。出国深造机会难得，刘瑞龙当然很乐意，但一想到大革命失败以后，多少共产党员为革命牺牲了，

---

① 两路：即津浦铁路和陇海铁路；三矿：即烈山煤矿、贾汪煤矿和枣庄煤矿。

国内斗争正需要人坚持，特别是日本帝国主义占领了满洲，那里的斗争形势更艰巨更复杂，他毅然选择了去满洲。根据中央的要求，刘瑞龙翻阅了大量的资料，深入研究满洲问题，待定行程。

这年 12 月，红四方面军在徐向前总指挥的率领下越过风雪大巴山到达川北，创建川陕根据地。1933 年 1 月，党中央决定派刘瑞龙去川陕根据地工作，并交代了西上川陕的重要使命和具体任务。

春节刚过，刘瑞龙便化装成商人，随党中央交通员崔逢运，取道西安，尔后转道川陕。由于中共长淮特委军委书记刘小平叛变，敌人在蚌埠至徐州一线进行大逮捕，长淮特委遭到严重破坏，特委书记朱务平等一大批干部遭敌人逮捕、杀害，上海至徐州间的津浦路沿线又是刘瑞龙经常活动的地方，为了避开敌人的耳目，他做了多种准备，直到火车驶过河南归德（今商丘）后，他的精神才渐渐放松下来。

第六章　西上川陕

肩负重要使命，身带党中央的秘密文件，刘瑞龙西上川陕，行程2000多公里，一路历尽风险：长途汽车刚驶进西安车站，一群宪兵堵住车门，强行搜查……夜走凤翔古城，一束强光直向他射来……蜀道之难难于上青天，胡宗南追兵横枪挡住去路……赴任红二十九军途中，马儿崖军部突遭叛匪洗劫……他如何化险为夷？

一　肩负重任，奉命西行

火车用力地鸣着汽笛，经郑州、洛阳、三门峡，一路西行。经过一夜行车，满目春绿的江南水乡，被朔朔北风一吹，转眼间变成了黄土、窑洞和落叶凋零的枯木。

临行前，党中央交给刘瑞龙的具体任务是：落脚西安，协同陕西省委研究陕北问题，随后，到红四方面军总部报到，接受任命。党中央要刘瑞龙随身携带转交红四方面军总部的重要文件，其中包括共产国际十二次全会的文件。刘瑞龙将这些文件用药水密印在几部旧小说的背页。中央约定，刘瑞龙途中以"王大舜"的化名与中央联系，万一发生不幸，只要一提王大舜，中央便知道了。

20世纪30年代初，陇海铁路刚修到河南与陕西交界的潼关，去西安还要乘两天长途汽车。刘瑞龙和交通员崔逢运在潼关下了火车，在长途汽车站附近找了一家小饭馆，准备先填饱肚子，再去张罗开往西安的长途车票。

小饭馆里坐满了刚下火车的旅客。男人们一边等着上饭，一边吧嗒吧嗒地抽着旱烟，辣眼的烟雾呛得人喘不过气来。

刘瑞龙见靠墙角的一张方桌还有两个空位子，一个宪兵正抱着大碗狼吞虎咽地吃着，就用胳膊肘碰了一下崔逢运，便一起走了过去。

崔逢运唤来店小二："伙计，来两碗羊汤，多放点肉，再来一斤馍馍。"

不多时，店小二便把热气腾腾的羊肉汤端了上来。

等饭那工夫，刘瑞龙有意无意地端详着坐在对面的宪兵，他不过三十开外，挡不住热气飘香的诱惑，不时偷偷地抬起眼皮，看着刚刚上桌的饭食。

刘瑞龙给老崔使了一个眼色。

老崔便从兜里掏出纸烟递给那宪兵，又用陕西话与他搭讪："老哥，你可是车站上的？"

"我没那个福气，我是押车的。"宪兵老哥瓮声瓮气地说。

接着，他用手遮住半边脸，悄声说："听说，红军已经打到南山（即秦岭）那边，时局紧啊，所有的长途汽车都有宪兵押送。"

老崔显得很不在意："我们想明天去西安，请问老哥，长途汽车还好坐吧？"

"你看，"宪兵老哥指着满饭馆的人说："今天，从火车上下来这些人，买不上票，就得在潼关等上几天。"

"那……"老崔露出为难的神情。

"没问题，明天有我当班。"

"老哥辛苦！你看，我们为东家跑买卖，东奔西跑的，路上难呵，今后还要靠老哥多照顾。"

"哪儿的话，乡里乡亲的。"

……

老崔和宪兵老哥，你一句，我一句，饭还没吃完，已经交上朋友了。

"掌柜的，结账！"老崔吆喝了一声。

这会儿，宪兵老哥也吃完了，抹了抹嘴，便用双手在衣兜里左掏右掏，凑了些零碎钱放在桌上。

刘瑞龙连忙摆手说："老哥，算了，我们一起付！"

宪兵老哥连声道谢："二位真够朋友！"接着又补充说："明天早起，你们就不用排队了，我替你们买好票。"

第二天天一亮，宪兵老哥果真早早地等候在汽车站。他热情地招呼刘瑞龙和老崔上车，还特意安排了两个好座位，为他们放好皮箱。

破旧的长途汽车开上颠簸的公路，绕着大山摇摇晃晃地向西行驶。在两天的行程中，宪兵老哥的吃住花销全部由刘瑞龙和老崔招待，他真乐得合不上嘴，不住地念叨："这回可碰到好人了！"

然而，就在行程即将结束的时候，异常情况发生了。长途车刚一拐进西安车站，一群持枪的宪兵蜂拥而上围住了汽车。把着车门的几个宪兵，一个挨一个地翻检下车旅客的行李。此番情景已在刘瑞龙的预料之中。红四方面军进入川陕，曾虚晃一枪，逼近西安。国民党驻西安守军肯定如临大敌。

宪兵老哥可不管那一套，熟练地提起刘瑞龙他们的皮箱，大声吆喝道："让开，让开，这两位是我的朋友！"便带着刘瑞龙二人大摇大摆地走出汽车站，还帮他们找来黄包车，直愣愣地目送着两位朋友远去。

黄包车径直来到西北文化日报社，这里是中共陕西省委的一个秘密联络点。至此，交通员崔逢运的护送任务已经顺利完成了。

《西北文化日报》是杨虎城国民党第十七路军的机关报，社长兼总编辑宋绮云是中共地下党员。身着西装的宋绮云中等身材，四方脸，两眼炯炯有神，言谈举止和蔼可亲。

刘瑞龙与宋绮云尚未谋面时，就早有耳闻。宋绮云是李超时的同乡，他们又是武汉中央军事政治学校的同窗。宁汉合流后，宋绮云与李超时先后回家乡邳县从事革命活动，秘密建立地下党组织。李超时奉调通海地区后，宋绮云便潜入国民党军队从事兵运和统战工作。杨虎城所部驻防安徽阜阳时，宋绮云已成了杨将军的老朋友。如今，杨虎城是国民党西安绥靖公署主任、第十七路军总指挥，宋绮云自然是有头有脸的实力派人物。

当刘瑞龙谈到几年来与超时同志一起战斗的经历，以及超时同志牺牲的经过时，宋绮云的表情非常凝重，他说：“我们只能加倍地为党工作，来告慰牺牲的同志们。”

沉寂片刻，宋绮云的脸上又重新露出笑容，关切地对刘瑞龙说：“关于你去南边的事，我和省委已做了周密的安排。我们现在正努力做杨虎城将军的工作，促成第十七路军与红四方面军签订互不侵犯条约，保证川陕根据地经汉中、西安的交通线一路畅通。你就放心地走吧！”

刘瑞龙与宋绮云握别，互致珍重。宋绮云特别吩咐杨虎城警卫团的一名副官——我党秘密交通员，将刘瑞龙护送到中共陕西省委机关。

在中共陕西省委机关，刘瑞龙见到了省委书记贾洪光（即贾拓夫）、省军委书记汪锋和省委委员张德生，向他们转达了党中央关于陕西工作的指示。根据中央指示，省委立即召开专门会议，认真讨论了陕西的政治、军事情况和陕北游击运动等问题。

1931 年 10 月，以晋西游击队为基础组成的陕北游击支队转战至陕西、甘肃两省边界的南梁（今甘肃华池县）地区，同刘志丹领导的南梁游击队会合，组成西北抗日反帝同盟军。1932 年 2 月，西北反帝同盟军正式改编为中国工农红军陕甘游击队，由谢子长任总指挥，刘志丹任副总指挥。4 月，在陕西省委指挥下，习仲勋、刘林圃等人在甘肃陇南市两当县发动兵变。兵变后，部队改编为中国工农红军陕甘游击队第 5 支队，北上陕西栒邑（今旬邑），与刘志丹率领的陕甘游击队汇合。同年 12 月 24 日，中共陕西省委根据中共中央《关于陕甘游击队工作及创造陕甘边新苏区的决议》，在宜君县转角镇，将陕甘游击队改编为中国工农红军第二十六军，编制只有一个团，200 余人。红二十六军成立后，在陕西省旬邑、淳化、三原、耀县、宜君，甘肃省正宁等地区开展游击战争，开辟了以照金（位于陕西耀县西北部）为中心的红色苏维埃政权——陕甘边根据地。

刘瑞龙在西安完成党中央委托的任务后，以"王大舜"的名义，通过陕西省委转给党中央一份报告，汇报了他在西安的工作情况。因身上带有上海党中央的重要文件，刘瑞龙动身前往汉中时，中共陕西省委特派省委巡视员杜润芝和一位交通员为他带路，保护他的安全。中共陕西省委还委托刘瑞龙，到汉南特委后，参加他们讨论红二十九军的建设和军事工作。

省军委书记汪锋向刘瑞龙介绍了西安至汉中沿途的敌情。他说："自从红四方面军胜利入川并向陕南进攻以来，屡战屡胜。敌人追击部队始终远远地跟着，不敢靠近我军。蒋介石不得不从西北数省抽调大量兵力从正面实施堵截。陕南本来是杨虎城第十七路军的属地，现在又从甘肃方面调入蒋介石的嫡系胡宗南的部队，及邓宝珊[①]所部；从宁夏调

---

① 　邓宝珊（1894—1968）：甘肃天水人，爱国将领。1932 年任西安绥靖公署驻甘肃行署主任，后改任新编第一军军长。

集了马鸿宾的部队。谁想，这些军阀混战中的老冤家，在'围剿'红军途中不断发生冲突。途中若遇到杨虎城的部队，你可以大大方方地向前走，宋绮云同志已经为我们打通了关系，若遇到胡宗南的部队，可就要多加小心喽！"

为了减少旅途中的麻烦，应付盘问，省委还通过西安一家金店的社会关系，让刘瑞龙扮成去汉中收账的账房先生。刘瑞龙当时穿着长袍马褂，与这个身份正相符合。

二　凤翔古城遇故旧

1933 年 2 月 19 日，刘瑞龙和杜润芝、交通员三人离开西安，乘长途汽车西行。沿途寒风凛冽，黄沙滚滚。陕西关中地区经历了多年大旱后，一片荒凉景象，汽车所停之处，许多衣衫褴褛的男女农民拦路要钱。

中午，汽车在途中休息。刘瑞龙一行走进路边一个小饭馆，刚叫好饭菜，一伙要饭的乞丐便一拥而上，把桌子团团围住，胆小的眼巴巴地伸着手乞讨，胆大的竟伸手拿饼抓饭。老百姓让反动派逼得太苦了，刘瑞龙他们只好任乞丐们尽情地抓去吃。见三位行路人没有任何恼怒的表示，乞丐们干脆一抢而光。刘瑞龙他们只好趁势退出饭馆，赶紧在摊子上买了几个烧饼，就匆匆上车了。

傍晚，长途汽车抵达古城凤翔。杜润芝和交通员去安排住处。刘瑞龙便向闹市逛去，想看看古城的民俗风情，一路走着看着，不觉到了掌灯时分。

刘瑞龙正准备往回走，只见迎面来了一伙人，前呼后拥的，打头的手里还拿着个大号手电筒，晃来晃去，一束强光直向刘瑞龙射来。刘瑞龙不知发生了什么情况，不便后退，只得昂着头硬着头皮走过去。

"这不是刘老弟吗？怎么，今天在这儿碰到你了？"一位"官人"模样的人竟迎了上来，双手抱拳行了一个作揖礼。

刘瑞龙定睛一看，也感到惊诧："哦，原来是丁学长！"

这"官人"不是别人，正是当年刘瑞龙在南通师范的高班同学丁介和。他们曾一起在博物苑被捕，又一起在南京坐牢。眼前的丁介和身穿咖啡色绸棉袍，外套黑色呢马褂，一副绅士打扮。

"幸会，幸会！是哪阵风把丁学长也吹到大西北来了？"为争取主动，刘瑞龙抢先挑开话头。

"说来话长啊！"丁介和热情地握住刘瑞龙的手，半天不肯放下。

"外边太冷，我们四五年不见了，找个地方，好好呱呱！"说着，丁介和吩咐左右先回住处歇息，他带着刘瑞龙来到附近一家上等酒店。

丁介和要了一个单间，点了一桌丰盛的酒菜，还上了一瓶当地的特产西凤酒。刘瑞龙颠簸了一天，中午的饭又让人抢了去，这会儿也着实饥肠辘辘了。他不慌不忙地吃了两块烧鸡，先垫垫肚子，再来看看他丁介和究竟有什么下文。

丁介和呷了一口酒，面带惭愧地说："那年夏天，你被保释出狱后，家兄也托人将我保了出来。他怕我再闹出乱子，让我远离'主义'，就通过故旧把我弄到汧阳县（今千阳县），给了一个县太爷的差事。不要看汧阳离凤翔只有60来里，可是个寸草不生的穷山区，与南通水乡不好比啊！"

见到刘瑞龙，丁介和喜形于色，连喝了几杯酒，话也多起来："此次来凤翔，我给县里办点公事。刚才那几位都是县府的职员和听差。老同学来西北有何贵干啊？"

听了丁介和的一番表白，刘瑞龙心里有数了，精神也放松了许多，便高谈阔论地佯称道："兄弟此行，准备去兰州，投奔邓宝珊将军。我一直仰慕邓将军忠贞爱国之情操，刚毅通达之品德，在此民族危亡之际，能在邓将军麾下谋点儿事做，也好为中华民族之兴亡尽我微薄之力。我等热血男儿虽放弃'主义'，也不能就此虚度一生啊！"

"刘老弟，锐气不减当年！我们干杯！"丁介和斟满了酒，两人一饮而尽。

"这西凤酒，酸、甜、苦、辣、香五味俱全，回味无穷，老弟是否喝出点味来？"丁介和津津乐道地问。

"是啊，北宋大文豪苏东坡在凤翔府任签书判官时，曾留下'柳林酒，东湖柳，妇人手'的辞赋。要不是刚才你那只手电筒拦住我的去路，我也好尽情地饱览凤翔古城的民俗风情呵。"

"这样吧，我就从杯中的西凤酒讲起。这凤翔古代称雍，城东关东湖有座'饮凤池'。相传周文王元年瑞凤飞鸣过雍，在此饮水而得名。古有'周公雍酒庆捷'、'秦始皇秦酒庆功'、'汉武帝用柳林酒为霍去病饯行'、'唐肃宗赐名西凤酒'的记载，还有'开坛香十里，隔壁醉三家'的美誉。"丁介和酒兴大发，侃侃而谈。

"看来，丁学长是被西凤酒'醉'在大西北，不愿再回通州喽！"

两人频频举杯碰盏，可谓酣畅淋漓。

天色已晚，刘瑞龙又重任在身，不宜长谈。他推说明天还要赶路，丁介和只好作罢。考虑到路上兵荒马乱，刘瑞龙人生地不熟，丁介和便从怀中掏出几十块大洋，送他做盘缠。刘瑞龙不好推辞，就收下了，心想，明日进入蜀道，正好雇一乘滑竿，不仅减轻旅途之劳顿，也可增加一层保护，在人们眼里，哪有共产党乘滑竿的呢！

三　有惊无险蜀道行

过了宝鸡县，将进入蜀道，在益门镇的一块大石碑上赫然刻着"益州古道"四个大字。穿越秦岭的川陕公路即将在这里开工。公路局已用红油漆在路旁的石壁上划定了筑路标记。

历史上，关中平原长期为帝王所居。其向外的联系除东出函谷，经洛阳进入黄淮海平原为一条便捷之途，其余皆不便利，尤其是向南，与汉水流域及四川盆地的联系，必须翻越秦岭和大巴山。那里山势陡峻，水流湍急，通道的开辟多选择在河谷修栈道以通人马。

清晨上路前，刘瑞龙雇了一乘滑竿。两位轿夫都是敦厚纯朴的山里人。刘瑞龙先给轿夫递上纸烟，让他们歇歇脚，趁吸烟的工夫，便与他们攀谈起来。

"穿过南山，一般要走几天的路？"

"怎么也要走六七天吧。"一位轿夫说。

"难道只有这一条路？"刘瑞龙又问。

"说是南山有七十二峪（即河谷），但许多都是或南或北的半截路，只有陈仓道、褒斜道、傥骆道和子午道南北贯通。"另一位轿夫也接上话茬儿。

"这四条路中，哪条好走些？"

"西边的陈仓道，路要平些，但要绕到嘉陵江，古代人打仗运粮草，一般走那条道。"

"褒斜道直通汉中，是入川的官道，路虽然陡些，但近些，途中还有驿站。"

"傥骆道也到汉中，路上没有水，生活不方便。"

"东边的子午道，也叫'荔枝道'，老人们说是皇帝为贵妃娘娘吃鲜荔枝修的，由长安到汉水，再到汉中，又是旱路，又是水路，也不方便。"

两位轿夫一唱一和地解释道。

"看来，我们要走的就是褒斜道了？"刘瑞龙问。

"不全是，有人叫它'车道'，途中一段是新开的盘山路，经凤州、留坝到汉中，路上好走些。"

也难怪，轿夫们长年累月地在南山行走，乘滑竿的不是阔佬，就是文人雅士，或是走南闯北的生意人，听着，看着，说着，久而久之，知道的事情还真不少。

一支烟的工夫，刘瑞龙乘上滑竿，一行人便起程了。

六七天的长途跋涉，不仅辛苦，也够乏味的。一路上，刘瑞龙三人轮流坐一段滑竿。只要道路平坦些，就由坐在滑竿上的人讲故事。他们一会儿说"三国"，一会儿讲"水浒"，一会儿又抖搂一段笑话儿。刘瑞龙自幼酷爱古书，自然多由他来"说书"。他的开篇就是"明修栈道，暗度陈仓"。

"话说当年，楚霸王项羽摆下鸿门宴，刘邦被迫避走汉中，走的就是我们脚下的这条褒斜道。谋臣张良为他献上一计：'队伍一路后撤，一路烧光栈道。'张良话刚出口，刘邦就急了：'把栈道都烧光了，吾等将来怎么打回关中？'张良说：'现在不烧，项羽很快就会追杀过来，哪里还有什么将来呢？烧了栈道，项羽就放心了，以为我等再也不打算出汉中了。'刘邦闻言连声赞同。果然，项羽听说刘邦烧了栈道，就放虎归山，放心地让他在西蜀养精蓄锐。不久，刘邦表面上又重新整修栈道，却带兵从西边的陈仓道打回关中，建立了大汉的天下。这就叫作'明修栈道，暗度陈仓'。"

坐在滑竿上一颤一悠的，很是惬意。刘瑞龙有声有色，一边说着，还一边拍打着滑竿扶手，两位轿夫也听得津津有味。

一进南山，景色骤变，到处是苍松翠柏，流水潺潺，空气也清新多了，与山北黄沙扑面的景象迥然不同，越走越新鲜。沿途，山民们头缠白帕，口吐川音，路上卖吃的也渐渐多了起来，有醪糟，有麻花，还有菜豆腐。

山路初上，比较平缓，溪水畅流的山沟上架有木屋，木屋里装有舂米的水碓、水磨，还有提水上山的"筒车"，真是大开眼界。

走近悬崖陡壁，只见石壁上凿孔、架木、铺板，形成架空通道。据说，这就是古代留下的栈道，步行其上，顿生奇趣。刘瑞龙幼年时读过唐人李白的诗："蜀道之难，难于上青天。"与诗仙李白相比，刘瑞龙却有不同的感受，如今的路比那时好走多了！

刘瑞龙他们每天清晨赶路，尽情领略南山初春的村镇景色。每每这时，总感到有些凉意，他便吟诵起晚唐诗人温庭筠的《商山早行》，特别是第二联："鸡声茅店月，人迹板桥霜"，他仿佛进入诗人勾勒的诗情画意之中。

经过几天的行程，一行人经过草凉驿、黄牛铺、红花铺后，古凤州城即在眼前。

天色擦黑，刘瑞龙一行准备在雄居山腰的凤州古城过夜。当走近城门时，突然窜出几个哨兵，横枪挡住了去路："干什么的?"

刘瑞龙半躺在滑竿上，跷着二郎腿，满不在乎地说："西安金店去汉中收账的。"

说着，他吩咐轿夫放下滑竿，起身走了下来。

见此情景，杜润芝立即从衣袋里掏出一盒纸烟，分给众哨兵们，还给带岗的小头头点上火。口中青烟一冒，哨兵们的口气就缓和多了，装腔作势地盘问着每一个人。哨兵们一开口，刘瑞龙就听出这伙人肯定都是安徽宿县临涣集的壮丁。在徐海蚌当巡视员时，他对长淮特委书记朱务平的口音简直太熟悉了。

"你说是西安金店的，可听口音，你不是西安人。"打量着刘瑞龙阔绰的穿着，带岗的小头头像是在盘问，又像是套近乎。

"我是安徽宿县临涣集人……"刘瑞龙有意把口音说得很浓重。

哨兵们一听，都愣住了："那……那咱们可是地地道道的老乡啰!"

当年，在旧军队士兵中流传着一句顺口溜："你背迫击炮，我背机关枪，老乡遇老乡，两眼泪汪汪。"乡情最能拨动白军士兵心弦。刘瑞龙用了几句寒暄的乡音，竟把这伙哨兵都感动得不能自已。

带岗的小头头说："幸亏遇到了我们，不然连住的地方都没有，凤州城全让我们胡总指挥的部队住满了。"

原来，这股军队正是进川"围剿"红四方面军的胡宗南属下。而四川军阀历来割地称雄，不愿意叫蒋介石的势力进入四川。在川北，地方军阀田颂尧从未与红军较量过，认为乘虚而入的红军不过是些东流西窜的"残匪"，根本不把红军放在眼里了，继续在成都参加军阀混战。追击红军的胡宗南所部已经从汉中爬上了大巴山，田颂尧怕请神容易送神难，拒绝他们进川，胡宗南军队只得后退。刘瑞龙在途中遇到的情况，出发前就让陕西省军委书记汪锋说中了，眼下只能见机行事，避开险情。

为了照顾"老乡"，哨兵们把刘瑞龙三人安排在营部小厨房旁边的一间空房里。虽然胡乱凑合了一夜，但不用去找旅店，吃饭也是现成的，还能摸清下一段路程的敌情，又何乐不为呢！

说来也巧，第二天一早，随着一声紧急集合哨，后退的胡宗南部队便向天水方向开拔了。哨兵们也顾及不了老乡了，连招呼都没打，就匆匆上路了。刘瑞龙他们也定定心心、潇潇洒洒地继续向南走。

刘瑞龙一路说着张良，眼前又到了留坝县西北的张良庙。张良庙地处山中谷地，北倚柴关岭，侧靠紫柏山。纵目四望，可谓：松柏飞鸟凌空，红墙碧瓦辉映，深溪怪石嶙峋，更觉山川云树处处怡人。

张良与萧何、韩信并称"汉初三杰"，刘邦即位不久，先后杀掉韩信等有功之臣，张良急流勇退，到此隐身修行。

来到山前，只见山门上方横刻着"汉张留侯祠"五个朱红大字，大门左右各有一副对联：博浪一声震天地；圮桥三进升云霞。进入山门，便踏上"进履桥"，张良在圮桥为黄石公捡鞋、穿鞋一事仿佛历历在目。

庙院中矗立着高大的保安观，钟鼓楼，以及八角飞檐、琉璃瓦饰顶的灵官殿……走出江海大地的刘瑞龙，第一次看到这样雄伟壮观的胜景，真是不胜感慨。

他们再往前行，就到了褒城北面的七盘关，但见关山苍郁，奇峰入云。登关南望，汉江似练，巴山如屏，川陕根据地的红旗已经熠熠可见。

四　重整红二十九军

刘瑞龙途经汉中的一项重要任务，就是与中共汉南特委研究解决红二十九军的问题。

红二十九军是从川陕边区游击队发展起来的。1931 年，中共汉南特委遵照上级党委指示，决定在反动势力较为薄弱的西乡私渡河、廷水、骆家坝一带，发动群众开辟革命根据地，建立工农红军。中共陕西省委专门派人到骆家坝一带，了解社会情况，联络贫苦农民，组织革命武装力量。流氓土匪出身的骆家坝"神团"头子张正万，曾是当地的百长(即大甲长)，手下有 40 余人的武装，拥有一定的势力，经说服教育，他决定率部投向革命。

红四方面军入川时，中共陕西省委又派陈浅伦、程子文等人来西乡继续开展革命活动，建立了"川陕边区游击队"。党中央、陕西省委、汉南特委、红四方面军、四川彭杨学校[①]又先后派来 40 余名同志，在马儿崖、廷水两地建立了党支部，吸收了一批成分好、立场坚定、斗争勇敢、工作积极的同志入党。党组织的力量进一步壮大。到 1933 年 1 月底，红二十九军在马儿崖成立时，已有 2000 多人，40 多支长短枪、

---

① 彭杨学校：即为纪念我党早期农民运动领导人彭湃、杨殷而命名的红军干部学校。

200多支土枪，以及梭镖和马刀。

对于红二十九军的成分问题，陕西省委已有察觉。不久前，省委在写给汉南特委的指示信中明确指出："特别严重的问题是，旧的神团领袖还在中间有决大的作用"，"如果我们不能隔绝这些神团领袖与群众中间联系而使他们孤立起来，那我们党的领导是没有丝毫保障的。"

刘瑞龙一到汉中，即在汉南特委会议上传达了省军委关于红二十九军问题的一系列指示，严厉指出了依靠"神团"建立红二十九军的错误。在汉中停留了两天后，刘瑞龙便与汉南特委书记孟芳洲、省委特派员杜润芝一道赴西乡马儿崖红二十九军军部。

出发前，他们在驴马店租了三匹坐骑。驴马店的马不过是代步工具，不可能一路飞奔。在路上，孟芳洲向刘瑞龙详细介绍了红二十九军的几位主要领导同志。

"陈浅伦军长，就是西乡廷水乡竹园子村人，师范学校毕业，几年前，被陕西省委派到上海学习，前年6月回来任汉南特委书记，在西乡马儿崖一带组织武装斗争，红二十九军就是在他的领导下创建的。虽说陈军长出生在大户人家，可一直出生入死地领导乡亲们干革命，在老百姓中很有威信。

"政委李艮，是咱陕西长安县人，是大革命时期参加党的老同志，其实他才25岁。年初，上级派他到汉南巡视工作，参加红二十九军的创建工作。毕竟是老同志，工作稳健，洞察力强。建军不久，他就向我和陈军长提出，尽早解决张正万的问题，要发动广大穷苦农民参加红军，纯正红军的基本队伍。这次，你来得正好，咱们两股劲儿使在一起了。"

"既然已经发现张正万的问题，为什么不抓紧解决呢？"刘瑞龙不解地问。

"唉，红二十九军部分领导认为，张正万在群众中影响大，解决他的问题，会使群众与我们分裂。实际上，红军进入川陕后，共产党在群众中的影响正在迅速扩大。张正万的影响不像有些人估计的那样大了。"

"害群之马不可留！"刘瑞龙斩钉截铁地说，"在这个问题上，我们红十四军是有过血的教训的。叛徒李吉根过去是南通码头上的'青洪帮'，我们搞黄桥暴动时，就是这个坏家伙带着白匪军从后路包抄红军部队，使红军的一个师几乎全军覆没。这样的教训不能在这里重演！"

谈话间，一行人马来到西乡私渡河桥头。只见一位老大娘撂下背篓在桥头休息，刘瑞龙三人便翻身下马走了过去。

"老人家，去马儿崖要过桥吗？"孟芳洲弯下腰用当地话问老大娘。

老大娘怒视着过桥的路，摆了一下手说："去不得！桥那边有杨虎的队伍。"当地的老百姓憎恨国民党部队，称杨虎城为"杨虎"。

"去马儿崖，要走南边那条小路。"老大娘一边为刘瑞龙他们指路，一边背上背篓，沿着自己指点的小路径直走去。

山路崎岖，刘瑞龙他们索性牵着马，跟在老大娘后边行进。

自1929年夏天，被南通反动政府通缉，刘瑞龙就再没有回过陆洪闸老家。看着老大娘，他触景生情，想起了家乡孤苦的老母亲。

"大娘，您有儿子吗？"刘瑞龙问。

"有的。"

"他是做什么的？"

"在干红军。"

原来，这位老大娘是专门为红军放哨的。她等在私渡河桥头为的是给刘瑞龙他们引路。

向南走的羊肠小道弯弯曲曲，上山下坡，越溪过涧，穿过一片人迹罕至的山林，再经过一座小山神庙，就来到红区的边界，这里已经依稀可见红军的标语。临近傍晚，刘瑞龙一行来到了马儿崖。

马儿崖背靠大巴山，与陕西的镇巴、四川的万源山脉相连，三面是起伏的层峦向南延伸，北面是一片小丘陵，俯视山下，村落星布，水田相连，人烟稠密，鸡犬之声相闻。马儿崖独峰挺立，形如马头，山峰顶巅有一座庙宇，庙宇四周松柏成林，好似蓬松的马鬃。红二十九军总部即设在峰顶的庙宇中。

特委书记孟芳洲亲自陪同党中央特派员和省委巡视员来此指导工作，红二十九军的几位领导人自然喜出望外。当晚，刘瑞龙即同陈浅伦、孟芳洲、李艮、杜润芝等同志一起，研究了有关整顿部队和建设根据地的工作。陈浅伦和李艮诚恳地接受了陕西省委的批评，表示尽快研究出解决问题的具体意见。

夜晚，刘瑞龙和军部首长一起挤住在庙宇的北厢房，大家都躺在木板地上，被子是打土豪缴获的。夜间，山风一吹，冻得直打战，刘瑞龙被冻醒好几次，还听见军长、政委先后起来轮流去检查岗哨。

山上的生活很艰苦，一日三餐都是用玉米粉勾芡的大米稀饭和山上摘来的野菜，饭碗是用粗竹子锯成的。尽管如此，从军长、政委到普通战士，每个人脸上都洋溢着战斗的豪情。

因为还要到红四方面军报到，送达重要文件，刘瑞龙不能在此久留。军长陈浅伦专门选派了一个排的精兵，护送他入川。刘瑞龙一行经过数百里艰难跋涉，终于在3月18日到达位于川陕边的通江县城——红四方面军总部所在地。

通江是座一面傍水、三面临山的小县城。人口不多，只有几百户人家。红军入川后，这里成为川陕边的重镇之一，中共川陕省委、省苏维埃政府和红四方面军总部此时都驻在这里。在红军解放了的土地上，翻身农民个个喜气洋洋，不少农民鸣炮唱歌给红军和苏维埃政府抬猪送匾，大家都说共产党好，红军好，工农政府好。从2月初离沪西行，经过整整一个半月的行程，安全到达目的地，胜利完成党中央的委托，刘瑞龙如释重负，心情格外畅快。

位于四川省通江县境内的红四方面军总指挥部旧址

此时，川陕苏区最高军事领导机关即西北革命军事委员会，主席张国焘，副主席陈昌浩、徐向前，参谋长曾中生。西革军委下设红四方面军总指挥部和总政治部，徐向前任总指挥，陈昌浩任总政治委员兼总政治部主任，王树声任副总指挥。

初到通江，刘瑞龙首先详细了解了川陕根据地的斗争形势。四川全省分别为刘文辉、刘湘、田颂尧、邓锡侯、杨森、李家钰、罗泽州、刘存厚等军阀分割控制。1932 年 10 月，一心想当"四川王"的刘湘，同刘文辉展开争夺成都的大混战，全省大小军阀多卷入这场混战。红军利用这个有利时机，翻越大巴山，进据川陕，仅仅一个多月的时间，就解放了通江、南江、巴中大部分地区。通南巴地区，背靠巴山天险，俯视川东盆地，进可攻，退可守。直到这时，各路军阀才感到红军的威胁，匆忙结束成都混战，全力对付红军。1933 年 2 月中旬，蒋介石任命第二十九军军长田颂尧为川陕"剿匪"督办。田颂尧坐镇阆中，指挥所部6万余兵力，分左中右三路进攻通南巴地区，妄图用"三路围攻"将红军一网打尽。

眼下，方面军总部领导人都在南江县两河口前线指挥红军作战。刘瑞龙又赶赴南江，向张国焘报到，并亲手递交了党中央的重要文件，同时向他汇报了在陕西省委和汉南特委所了解的敌我情况及研究的问题，以及红二十九军的要求。

根据当时的战争形势，方面军总部任命刘瑞龙为红二十九军政治部主任。张国焘派他率领川陕省政治保卫局的一个排，连同原来护送他入川的红二十九军的一个排，携带新配发的37支驳壳枪，迅速返回西乡，就地开展游击战争，以配合红军主力开展反"三路围攻"的战斗。

刘瑞龙率领两个排的兵力，带着新配给的武器弹药，兴冲冲地返回马儿崖。还未到军部驻地，就有群众迎面扑来，声泪俱下地报告说："几天前，张正万叛变了……'神团'的那些畜生……抄了红军的指挥部……大庙里遍地是血，惨啊……"

刘瑞龙顿感情况严重，纵身下马，安慰老乡说："别急，慢慢说，陈军长和李政委他们在哪儿？"

"陈主官和李主官带着人冲出来了……又被匪徒盯住了……张正万那畜生把他们全都抓起来……都牺牲了……"

刘瑞龙急忙追问："那张正万呢？"

"怕红军追杀他，带着他的'神团'投奔国民党去了……"

刘瑞龙愤怒地甩了一下马鞭："唉！兔崽子，让他先下手了！"

他立即从公文包中取出纸和笔，迅速写了一封信，令通讯员火速送交红四方面军总部，便带领部队火速赶回马儿崖。

原来，张正万自从投向革命后，虽经陈浅伦多次教育，但恶习不改，与红军隔阂越来越深。他在骆家坝当百长时，烧杀抢劫，曾被国民政府监禁入狱，后经当地大恶霸熊镇川贿通政府官员将他释放，还收他做了干儿子。红二十九军成立后，打土豪分田地，镇压了熊镇川。张正万曾出面为干老子求情，陈浅伦坚决不准。张正万在雍家岩私存了 30 余石包谷，还长期霸占农民朱德明的儿媳。陈浅伦严肃批评了他，他更是怀恨在心。

西乡大恶霸、反动民团总局局长范鸣岐，通过骆家坝民团头子贿通利诱张正万及红二十九军中的其他不纯分子叛变。一些坏人也乘机挑拨说："张司令，你现在可是个光杆司令了，不如杀了陈浅伦，把原来的队伍拉出来。你不杀他的头，他可要杀你的头啊！"

潜藏在红二十九军军部的奸细也向张正万密报说："北边来的那个叫王大舜的，我看来势不善。他来后，陈浅伦一连几天召开重要会议，都不让司令您参加，您还是多留点儿神。"

当刘瑞龙带领部分精兵去川北报到、接受指示，原驻马儿崖的红二十九军主力第九连去李子坪剿匪，马儿崖军部已经空虚。内奸又将军部定于 4 月 1 日召开重要会议的消息透露给张正万："陈浅伦说了：'不把张正万几个解决了，要准备入川，人都调不走。'"

闻听此言，如同火上浇油。张正万眼冒凶光，满脸杀气，咬牙切齿地说："他奶奶的！打锤先下手！爷爷我倒要看看，是谁收拾谁！"张正万立即纠集亲信爪牙 10 余人，秘密开会，策划叛变。会后，他又串通暗藏在骆家坝的原民团头子，煽动各连的落后分子，纠合起两三百人的队伍。

4 月 1 日早饭后，叛匪兵分四路，同时向我马儿崖、冬青树垭河、五里坝、五台寺、丘家山、雍家岩等红二十九军主要驻地进发，里应外合，伺机叛变。张正万率领 10 余叛匪直奔马儿崖军部。

此时，前来军部开会的干部尚未到齐，正在个别谈工作。张正万为了刺探虚实，借口向陈军长请示打土豪问题，不顾卫兵阻拦，直闯大殿。

见张正万一脸匪气地闯了进来，陈浅伦不耐烦地做了一个手势，让他出去："军部要开会了，以后再说。"

陈浅伦的蔑视使张正万有些下不来台，但正中他的下怀，他已摸清了大殿内的情况，便转身退了出去。

不多时，五台寺方面响起三声信号枪声。在军部参加会议的人都把目光集中在陈浅伦的脸上。

"有内变！撤！"在陈浅伦的带领下，大家立即突围。

这时，张正万已经带着叛匪气势汹汹地向上殿扑过来。哨兵开枪阻击，不料被众叛匪击中，倒在血泊中。

陈浅伦等军部领导从马儿崖突围后，又被叛匪冲散，纷纷落入敌手。敌人把陈浅伦、李艮等红二十九军的领导人押到马儿崖磨子坪的空坝上，强迫周围坝子的群众去开会，妄图杀一儆百。面对敌人的屠刀，他们大义凛然。

临刑前，陈浅伦对在场的群众说："乡亲们，你们不要怕，今天，他们杀死了一个陈浅伦，以后共产党还要回来，共产党一定会成功！"他号召群众去川北参加红军，跟着共产党革命到底！

残忍的匪徒将几位红军领导人杀害后，又割下陈浅伦的首级，送往国民党汉中绥靖司令部，并在西乡县城南门悬首示众。在这次血洗中，省委巡视员杜润芝、汉南特委书记孟芳洲也先后牺牲。

马儿崖事变当天，驻五里坝、五台寺、丘家山、朱家垭河等地的其他各连，因骨干薄弱，居住分散，在叛匪的突然袭击下，一部分壮烈牺牲，一部分被迫缴械解散回家。在廷水、私渡河的各连，除第三连继续坚持斗争外，大部自行解散。在李子坪剿匪的红九连，惊闻事变发生，一行50多人迅速撤向川北。

"敌人最容易从我们的营垒内部攻破！"红二十九军军部被洗劫的惨痛教训，在刘瑞龙心头又刻下一条血淋淋的伤痕。而眼前的紧迫任务是立即寻找失散的红军战士。刘瑞龙在红四方面军第十师第二十九团政委杜义德等配合下，找回120多名失散的同志，与他带回的两个排合编成

红二十九军和陕南地区

人民英雄永垂不朽

命件统永放光辉

一九八三年三月

刘瑞龙

1983 年 3 月，刘瑞龙为纪念红二十九军牺牲烈士的题词

"陕南游击队"。这支部队在马儿崖、廷水、私渡河、孙家坪一带，同国民党的驻军、民团及叛匪，战斗了两个多月，配合红四方面军主力粉碎田颂尧的"三路围攻"。不久，红二十九军余部被正式编入红四方面军。

到 6 月中旬，历时 4 个月的反"三路围攻"战役胜利结束，红军共毙伤敌人 14000 余人，把田颂尧多年积蓄起来的兵力消灭掉近一半。红军的胜利，震撼了川军，鼓舞了人民，红四方面军的队伍一下子扩展达 4 万多人。以通江、南江、巴中为中心的革命根据地，扩展到 3 万平方公里，人口逾 200 万，红军在川陕边站稳了脚跟。

第七章　在川陕根据地

进入川陕苏区后，大量的新鲜事物吸引、鼓舞着刘瑞龙。他虚心向有经验的同志学习，向人民群众学习，以最饱满的热情，埋头工作，很快摸出搞好省委宣传工作的重心和路子——军事斗争的胜败是决定一切的，土地革命战争是壮大革命力量的基础，经济建设是胜利的保证，为这三者服务即是党的宣传教育工作的基本出发点。

一　初到中共川陕省委

1933年5月底，刘瑞龙回到通江西南的新场坝——川陕党政军领导机关驻地。他向方面军前委和川陕省委详细地汇报了红二十九军失败的教训和恢复工作的情况。根据当年2月召开的中共川陕省第一次党代表大会的决定，刘瑞龙被任命为中共川陕省委宣传部部长。他满怀信心地开始了新的征程。

让刘瑞龙特别高兴的是，在参加筹备川陕省委第二次代表大会期间，他见到了曾中生、张琴秋、郑义斋、吴永康等过去在江苏省委和上

位于四川省通江县境内的中共川陕省委旧址

海党中央时的一些老熟人。那时，在敌人腹心地区工作，由于党的纪律，同志们见面、开会只能谈指定的工作。从白色恐怖的黄浦江边，穿越崇山峻岭，辗转万里来到川陕根据地，大家的战斗经历各不相同，终于可以畅所欲言了，无不感到畅快和愉悦。

西北革命军事委员会参谋长曾中生，当年是中央军委委员，曾受中央军委书记周恩来委托，参加了中共江苏二大，对创建红十四军提出过很好的建议。曾中生毕业于黄埔四期，参加过北伐战争，曾在莫斯科中山大学学习深造，还出席过在莫斯科召开的中共六大，他能文能武，政治很强，这一切都深为刘瑞龙所敬重。

1930 年 9 月，中共六届三中全会后，曾中生被调任中共鄂豫皖特委书记兼革命军委主席。他和徐向前、许继慎、邝继勋、蔡申熙等人一起，积极领导鄂豫皖苏区的武装斗争，迅速打开了局面。当年 12 月上旬，国民党对鄂豫皖苏区发动第一次反革命"围剿"，在红一军主力东出皖西的危急时刻，曾中生果断地指挥反"围剿"斗争，粉碎了敌人的进攻。第二年春天，他又指挥红一军取得第二次反"围剿"作战的胜利。在他的领导下，鄂豫皖红军发展到 4 个师近两万人，根据地人口已接近250 万。

方面军总政治部主任张琴秋是 1930 年年底从苏联回到上海的。刘瑞龙在江苏省委工作期间，张琴秋任中共沪东区委委员。他们彼此熟悉。眼前的张琴秋一身戎装，英姿飒爽，是川陕根据地有名的巾帼英雄。

方面军总经理部部长郑义斋当年也在上海工作，曾在上海开设"义斋钱庄"，为党组织筹集资金，为苏区红军购买、转运军火物资。后来，他进入鄂豫皖苏区，被誉为根据地的"红色理财专家"。

川陕省委秘书长兼宣传部副部长吴永康，早年留学日本，在上海党中央时，曾任《红旗报》《上海报》编辑。《红旗报》曾多次报道通海如泰地区武装斗争的消息，热情颂扬红十四军所取得的胜利。

6 月 25 日，中共川陕省第二次党员代表大会在通江县新场坝召开。刘瑞龙参加了这次党代会。西北军事委员会参谋长、川陕省委委员曾中生代表省委作了《关于目前政治形势与中共川陕省党的任务》的报告。会议作出加强党、加强红军和地方武装建设以及深入和扩大土地革命等决议。

会议期间，刘瑞龙与省委书记袁克服，省委委员曾中生、傅钟、郑义斋、张琴秋、吴永康、余洪远等接触较多。从他们那里，初步了解到川陕根据地的概况，以及红四方面军西征、入川、打败军阀田颂尧等情况。

刘瑞龙接触最多的还是曾中生参谋长。他向刘瑞龙介绍了反田颂尧"三路围攻"胜利的经验。他认为，这一胜利主要得力于方面军确定的

"收紧阵地、诱敌深入、适时反攻、猛打穷追"的正确战略方针。

在交谈中，刘瑞龙还与曾中生交流了这些年各自的经历和感受。当谈到红十四军失败的教训时，曾中生说："军事斗争是我党政治路线的重要组成部分。在敌我力量极大悬殊的情况下，政治路线的失误，必然导致军事上的失败。"他还告诉刘瑞龙，方面军在近几年的军事斗争中，创造了一些成功的经验，他正准备认真地总结这些经验。

进入川陕苏区后，大量的新鲜事物吸引着鼓舞着刘瑞龙。但同时，他也清醒地意识到，自己从此进入了与白区、游击区完全不同的新的工作环境，执行过去基本不熟悉的任务。他告诫自己，除了向有经验的同志学习，向人民群众学习，在实践中学习外，别无其他途径。

一天，西北革命军事委员会主席张国焘来到川陕省委的驻地。在宣传部，他环视了简陋的陈设后，用严厉的目光注视着宣传部部长刘瑞龙上衣口袋别着的那支派克钢笔。张国焘本人是红军中为数不多的知识分子，就读著名的北京大学，又留学苏俄，却极端仇视知识分子。据当年一些老同志回忆，张国焘最看不得人家戴眼镜，也最看不得人家胸前别钢笔。

张国焘先是高谈阔论了一番川陕省委的宣传工作，突然把话题转到刘瑞龙身上："你在江苏省委工作时，反对王明同志……这些情况，我们是掌握的……"张国焘拉着长调，出言不逊。

张国焘接着又说："听说你刚来到根据地，就和某些人走得很近……你可要注意自己的立场啊……苏区工作与白区不同，没有分配你办的事就不要多问！"这分明是对刘瑞龙发出"警告"。

川陕省委宣传部是省委重要的政治工作机关，但刘瑞龙在川陕省委工作的几年间，既不是省委常委，甚至连省委委员都不是，明眼人都能看出，张国焘对党中央派来的刘瑞龙是防备且边缘化的。

在川陕根据地，一直在省委工作的刘瑞龙，与方面军的主要领导干部接触并不多，但徐向前总指挥的军事指挥艺术，陈昌浩总政委的热情奔放，都给他留下良好的印象。刘瑞龙与张国焘接触很少，但观察他的言行，便对这位官气十足、专横阴沉的张主席产生了很大戒心。特别是，张国焘以"右派集团首领"、"托陈取消派"等罪名，逮捕了西北革命军事委员会参谋长曾中生，将其软禁。同一天，张国焘控制的保卫局还逮捕了方面军政治部副主任徐以新、方面军政治部秘书长朱光和李春霖等领导干部。刘瑞龙心中顿时被阴云笼罩了。一幕幕触目惊心的事实，拨开了刘瑞龙心中的迷雾，使他亲身感受到张国焘错误路线的血腥与残酷。

从小生活于逆境的刘瑞龙，养成了坚忍、谨慎的性格；长期革命斗争的锻炼又使他处世冷静、思维通达。在强大压力下，刘瑞龙只好压抑心头的愤懑，埋头宣传工作。"既然党中央派我来红四方面军，就要不负委托。自己要做的是，按照党和革命的利益，按照党的原则和纪律，学习和办事，认真履行应尽的职责。"这种想法，支配着刘瑞龙在川陕苏区、在红四方面军工作的全部实践。

当年在川陕省委和红四方面军工作的熟悉刘瑞龙的老同志，都有一个共同的印象：刘瑞龙不爱说话，见了熟人只是笑笑，点点头，在紧张的行军和战斗之余，他最大的乐趣就是读书。

二 紧紧抓住宣传工作的重心

中共川陕省第二次党员代表大会还没结束，在旺苍县木门场召开的军事工作会议又传来了鼓舞人心的消息。会议总结了方面军反"三路围攻"的经验，作出扩编部队，加强军事训练，加强政治工作，提高部队战斗素质的决定。会后，红四方面军进行了整编，由原来的4个师扩编为4个军，计11个师，29个团，共4万余人。为粉碎敌人新的围攻，发展川陕根据地，红军各部队掀起了大练兵的热潮。

为了提高部队的政治素质，在扩编过程中，方面军进一步加强了政治工作建设，建立和健全了党政组织，并以军为单位开办了政治训练班，以师、团为单位训练党员和骨干。各级政治机关编印了许多教材和宣传品。团以上政治机关也都建立起敌军工作组织。

为提高部队的军事素质，方面军做了大量的基础工作。每次战役结束，部队的主要领导人都要亲自总结经验。这是红四方面军军事建设的一个显著特点。徐向前总指挥经常在会上报告军事，还在《干部必读》上发表文章，在战略、战役、战术各个方面都提出了许多精辟的见解。

"三路围攻"被粉碎后，敌人惊魂未定，正是发展根据地的大好时机。从1933年6月下旬到10月，方面军在徐向前总指挥的率领下，外线出击，发起仪（陇）南（部）、营（山）渠（县）、宣（汉）达（县）三大战役，进一步打击了田颂尧残部，重创杨森部，歼灭刘存厚军大部。10月底，方面军与王维舟率领的川东游击军胜利会师，并将川东游击军改编为红三十三军。

三次进攻战役的胜利，使川陕根据地进入鼎盛时期。在打土豪、分田地的热潮中，新苏区广大青年男女踊跃参军。红四方面军扩展到近8万人，根据地人口500余万，在西抵嘉陵江东岸，东至万源、城口，南达营山、渠县及开江、开县地区的4万多平方公里土地上到处飘扬着红旗。

木门会议后，川陕省党、政、军等机关先后从通江迁驻巴中城。古老的巴中城成为川陕根据地政治、经济、军事、文化的中心。

刘瑞龙经过几个月的学习实践，初步摸出了搞好省委宣传工作的重心和路子——军事斗争的胜败是决定一切的，土地革命战争是壮大革命力量的基础，经济建设是胜利的保证，为这三者服务是党的宣传教育工作的基本出发点。

究竟怎样根据苏区军事斗争、土地革命、经济建设三大中心任务，坚持不懈地、系统深入地宣传党在现阶段反帝反封建的十大纲领、政治主张和奋斗目标？怎样在提高群众觉悟的基础上去完成这些战斗任务？怎样向白区敌军开展宣传攻势，创造新的苏区和红军？又是刘瑞龙反复考虑，以及与省委诸同志经常研究的问题。

当时，负责川陕苏区宣传工作的有两个系统。一个是西北军区政治部及所属各军、师、团政治机构的宣传部门。红军是苏区最强大的宣传力量，红军打到哪里，根据地发展到哪里，党的宣传就跟进到哪里。另一个是党的川陕省委领导下的各级党、政及工、青、妇、反帝大同盟等群众组织的宣传部门。正是由于省委宣传部、省工农政府文教委员会以及西北军区政治部互相配合，统一内容，统一步调，使党的宣传工作表现出显著的优势。

当年川陕省委宣传工作最大的特点是为革命战争服务，利用群众喜闻乐见的形式，宣传共产党、苏维埃和红军，宣传党的方针政策，鼓动群众参军参战、发展生产、瓦解敌军，还要宣传学文化、讲卫生等等。刘瑞龙领导的省委宣传部虽然只有几个人，却是一支精干的骨干队伍。而归属宣传部领导的人就多了，专业工作队就有五六个。

一支由200多男女青年组成的宣传队，又分成若干个小分队。他们常年活跃在川陕苏区的城镇和山村，利用大会演讲、唱歌跳舞、表演活报剧等形式，宣传川陕省委、苏维埃政府和红军的政治主张。他们还利用民歌、小调、川戏、花鼓、金钱板等填词配曲，排演节目。例如，《土地革命歌》选用垂金扇调子，《刘湘罪恶歌》选用祝英台调，《反封建迷信歌》仿牧羊调，有说，有唱，有对白，有表演，很受山区农民群众的欢迎。宣传队走到哪里，哪里就响起一片震天的锣鼓声，吸引着十里八乡的群众。

川陕苏区山高岩石多，到处都是石碑、石柱、石牌坊、石门楼、石梯坎。宣传部领导着一支由20多位石匠组成的錾字队。他们走街串

刘瑞龙担任中共川陕省委宣传部部长期间，领导石匠队刻下上万条革命标语

镇，攀岩走壁，到处錾刻革命标语及省委和工农政府的重要文件。如今，在通江、南江、巴中、广元等地，还可以看到在大山的石岩上和城墙上的红军标语。南江、达县等地有一副石刻对联："斧头劈开新世界，镰刀割断旧乾坤"，充分表达了红军战士和翻身工农的革命气概与豪情壮志。

与錾字队异曲同工的还有一支10余人的粉笔队。他们提着装有各色颜料或石灰水的洋铁桶，专门在村镇的墙壁或岩石壁上刷写标语。当年，人们走遍川陕苏区，几乎看不见一处空墙。

宣传部还领导着一支专职的贴发队，他们经常背着大包大捆的标语、传单、报纸、布告、歌篇、歌曲集，到处张贴和散发。他们还经常分成小组，趁着黑夜，把宣传品散发到白区去。

由5位木匠组成的木工队做的可是手艺活儿。他们将木板或竹片刨得又光又平，用墨汁写上标语、口号、党的纲领和各种法令，然后漆上桐油，钉在街镇人流最集中的地方。他们还把一些写有革命标语和歌曲的木片、竹片投入江河，让它顺流漂游到白区，宣传那里的群众和敌军官兵。

办好报刊也是宣传工作的重要手段之一。《川北穷人》后改为《共产党》报，是川陕省委机关报；《苏维埃》是川陕苏维埃政府机关报；西北革命军事委员会主办了《赤化全川》报；方面军政治部主办了《红军》和供给各级领导干部学习的《干部必读》。此外，各军政治部、根据地的工、青、妇组织，都有自己不定期的机关刊物。这些报刊都是在极其艰苦的条件下编辑、油印的。这些版面只有16开的报纸，却成为组织、鼓舞红军战士和群众进行艰苦斗争的重要武器。

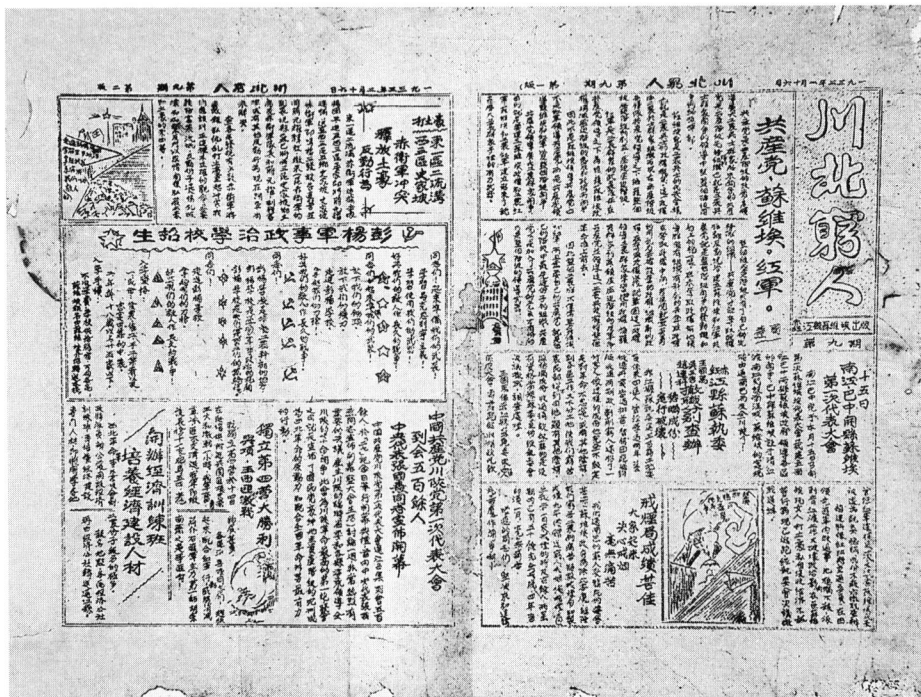

1933年2月出版的《川北穷人》报

1933 年 10 月，中共四川省委书记罗世文和中华全国总工会宣传部部长廖承志受党中央派遣，秘密来到川陕苏区。罗世文担任省苏维埃文教委员会主席。廖承志任省工会宣传部部长。他们都是省委常委，对发展苏区文化教育事业做了大量的工作，对刘瑞龙领导的省委宣传部的工作也给予很大的帮助。

罗世文学识渊博、理论精湛，曾在莫斯科东方大学学习过。在省委举办的高级训练班里，他给省委高级干部们讲授《列宁主义初步》。他以丰富精深的马列主义修养，结合中国革命实际，全面、深刻地阐明列宁主义的基本原理，开阔了川陕苏区高级干部的眼界，提高了他们的马列主义理论水平和分析能力，受到大家的热烈欢迎和一致好评。

廖承志是国民党元老廖仲恺、何香凝的独子。在川陕苏区，他化名何柳华。因为他多才多艺，同志们都亲切地称他"何才子"。在省委机关办的马列主义夜校里，廖承志是授课最多的领导同志之一。在讲课中，他深入浅出的阐述，风趣简明的比喻，吸引着所有听课的同志，还常常在课堂上逗人发笑。受母亲何香凝的熏陶，廖承志从幼年起就喜欢绘画。他的画兼有讽刺和幽默的特色。他绘画的无产阶级革命领袖肖像，在"红军画"中占有特殊的地位。当年川陕省委机关布置的"列宁室"里，标语、绘画大部分出自廖承志的手笔。川陕根据地流通的印有列宁头像的布币、纸币，也是廖承志的杰作。

三　家喻户晓的《革命三字经》

穷人们　快觉醒　团结起　来革命
国民党　害人精　降帝国　振穷人
催捐款　逼饷银　夺田地　强奸淫

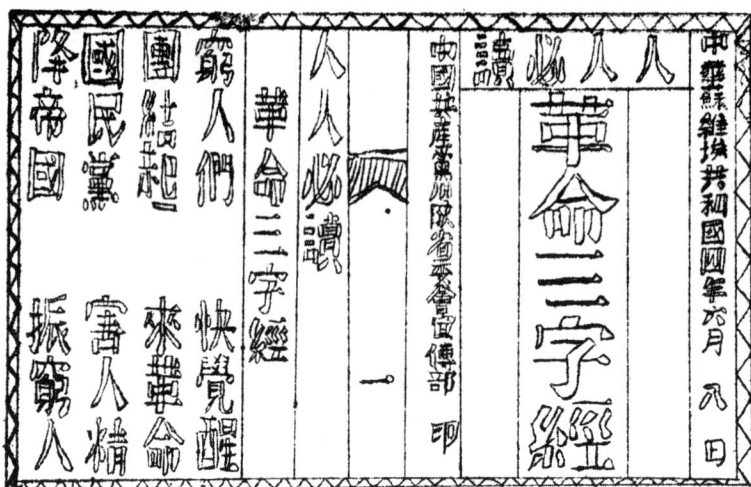

刘瑞龙担任中共川陕省委宣传部部长期间，亲自编写的《革命三字经》

又拉夫　又抽丁　保地主　护豪绅
……
齐暴动　莫迟疑　立政权　苏维埃
国民党　消灭完　逐帝国　救四川
擒刘湘　邓李罗　灭田杨　除众恶
赤化了　全四川　享太平　乐安然

　　当年在川陕根据地流传着《革命三字经》和《消灭刘湘三字经》，脍炙人口，家喻户晓。它不仅是列宁小学、苏维埃学校的学习课本，在战斗中，也是瓦解白军、打击敌人的一件重要武器。这两首革命的《三字经》就出自川陕省委宣传部部长刘瑞龙的笔下。

　　川陕省委和红四方面军总部非常重视教育工作。省委办有党校，省工农政府办有苏维埃学校，着重培养地方干部。方面军办有红军大学和彭杨学校，培养红军下级军政干部。各地普遍办有列宁小学和阅览室、俱乐部等群众教育机构和场所。红军也很注意组织群众学习文化。党和军队的负责干部经常到学校去授课。此外，红军在各县的重要场、镇开辟了列宁广场或红场，进行军事操练、体育比赛，召开群众大会，表演节目，对活跃群众文化生活起了很大的作用。省委宣传部还组织了十几位干部负责编写列宁小学和苏维埃学校的课本，以及向群众进行宣传的通俗读物。

为了把我党和苏维埃政府以及红军的主张和政策更加深入人心，方面军领导机关和川陕省委要求刘瑞龙及宣传部，用当地群众通俗易懂的语言，把人民群众的疾苦、愿望和迫切要求写成宣传品，用以启发群众和红军战士的阶级觉悟，发动和组织群众积极参加土地革命，保卫苏维埃政权，保卫革命根据地。这些宣传品还要向白区散发，要起到瓦解敌军，号召和动员白区人民起来进行斗争的作用。为了写好这篇具有号召力的通俗读物，刘瑞龙进行了认真的调查，又召集一些同志共同研究，决定写一篇简单易学、易读易背的《革命三字经》。

在南通家乡时，刘瑞龙经常给母亲读鼓词戏文，出口成句，闭口成章，写《革命三字经》还真派上了用场。起草中，他向群众了解了不少当地的乡俗民情和方言土语，比如，当地方言称"长工"为"长年"，称"佃户"为"客户"，"不愁吃，不愁穿"读作"不焦吃，不焦穿"。草稿写好后，刘瑞龙和省委宣传部的同志又拿到干部、群众中去宣读，广泛征求意见。《革命三字经》三字一句，约500字，讲的是老百姓自己的事，用的是老百姓自己的语言，读起来朗朗上口，既能识字，又启发阶级觉悟，深受群众的欢迎。

红四方面军开辟川陕根据地后，参加革命的女同志很多。她们大多是穷苦的农家女，还有不少童养媳，识字的不多。起初，大多数学员对学习文化缺乏信心。刘瑞龙在巴中苏维埃学校上文化课时，由浅入深地讲解《革命三字经》，边教文化，边讲革命道理。在学习生字时，他还形象地把字拆开，把字形和字意结合起来讲，帮助学员们加深理解和记忆。比如，"穷人"和"富人"，穷人住的是茅草房，干的是苦力活儿，瘦骨伶仃的；地主一口人就有一大块田地，胖得连路都走不动。这些形象生动的比喻使课堂气氛一下子活跃起来，那些第一次走进课堂的女孩子，一扫紧张拘束的情绪，个个露出了笑脸。

当年，省委的许多领导同志都到苏维埃学校和列宁小学讲课。张琴秋大姐则是女孩子们崇拜的偶像。她身穿双排扣的列宁装，八角帽下露出齐耳的短发，腰间挎着小手枪，既端庄又精干。刘瑞龙讲课时就用张大姐的革命经历启发大家："在我们川陕苏区，大家都羡慕张琴秋大姐，她是我们苏区唯一念过好几门外语的大学生。可是大家知道，张大姐从小家庭条件也不富裕，是靠父亲节衣缩食供她读书的。后来，她参加了革命，党组织又派她到莫斯科中山大学学习……如今，苏维埃政府为我们创造了这么好的条件，请来最优秀的老师为我们讲课，我想，只要大家刻苦学习，肯下工夫，在座的也会成为张大姐那样文武双全的女干部！"

张琴秋性格爽朗，没有架子，苏维埃学校的女孩子们很快就和她熟悉起来。她教大家唱《马赛曲》，讲社会主义苏联人民当家做主的故事。她还组织了方面军的剧团，亲自编写剧本，教女战士们跳苏联的水兵舞和乌克兰舞。有张大姐为榜样，大家的学习劲头就更足了。

红军的胜利让全川军阀为之震惊。蒋介石气急败坏，电责"陆军第二十三军军长刘存厚御匪无方，轻弃防地，着即褫职听候查办"，责令就职不久的四川"剿匪"总司令刘湘迅速纠合各路军阀全力"剿赤"，如有"剿匪"不力者，将严惩不贷。在川陕边，一场更大规模的战争风暴就要来临。

在国民党军刘湘部第一次进攻川陕根据地惨败后，组织六路进攻川陕根据地前，刘瑞龙用饱蘸愤怒的笔写下了《消灭刘湘三字经》。与《革命三字经》一样，《消灭刘湘三字经》深刻揭示了在国民党军阀和封建地主阶级的残酷剥削和黑暗统治下，工农劳苦大众和白军士兵的痛苦生活，以及迫切要求解放的愿望，对鼓舞根据地军民投入反"六路围攻"的战斗，对瓦解敌军，鼓舞白区人民进行革命斗争，都起到积极的作用。

在历时 10 个月的反"六路围攻"作战中，红四方面军在徐向前的指挥下，利用川北的有利地形，逐步收紧阵地，节节抗击，诱敌深入，进行了两次大反击和万源保卫战。在敌人到了"再而衰，三而竭"的情况下，红军抓住有利战机，先后在东、西两线进行反攻，集中兵力，重点突破，施展大纵深的迂回包围和穿插分割，穷追猛打，终于粉碎了刘湘纠集的 140 个团、20 万人的"六路围攻"，毙伤敌军 6 万多人，俘敌 2 万多人。红军不仅收复了全部根据地，还扩大了部分新区。

红军战士打到哪里，就把《革命三字经》带到哪里，直到红军长征经过阿坝、甘孜等少数民族地区时，《革命三字经》仍在广为流传。

四　红色苏区的第一部《公粮条例》

1933 年 8 月召开的川陕省第二次工农兵代表大会，确定了巩固和扩大川陕苏区是一切工作的中心。大会同时确定了扩大红军，优待红属，查田查阶级，保护工人利益，执行财政、经济、粮食工作，充实革命斗争力量，坚决肃清反革命，发展文化教育，健全工农政权，开办苏维埃学校，培养人才等全面建设革命根据地的决议。省委决定刘瑞龙在负责宣传工作的同时，参加土地革命，筹集粮食，指导群众团体等项工作。从此，决定了刘瑞龙在川陕根据地的全部活动。

这年夏天，刘瑞龙和吴永康、张琴秋一道，跋山涉水，历时5个月，在巴中近郊，调查阶级关系和土地关系，发动群众实行土地革命，在土地斗争中组织和武装群众，扩大红军，建党、建政。

川北人民在田颂尧的残酷统治下，饥寒交迫，长年挣扎在水深火热之中。军阀混战又给人民百姓带来无穷无尽的灾难。军阀加在人民头上的苛捐杂税名目繁多，仅田赋税一项就已收到五六十年以后。巴中一带的气候适宜种植鸦片，贩卖鸦片烟为四川军阀的生财之道。田颂尧命令当地农民将大片良田改为烟田，川北成了兵匪为患、烟毒遍地、民不聊生的人间地狱。群众曾奋起抗捐税，闹公堂，吃"大户"，盼"共产"。

红军所到之处，首先领导农民建立工农政权，打土豪，分田地，除留下部队用粮外，全用来解决农民缺吃、缺穿、缺种子、缺农具、缺耕牛的困难。土地革命砸碎了地主、豪绅、国民党军阀压榨农民的铁锁链，把共产党、红军、工农政府解放工农的主张宣传普及到千家万户。

在土地革命中，共产党将广大人民组织和武装起来，普遍建立了雇工会、贫农团、青年团、妇女会、赤卫军、少先队、儿童团等组织，把原来一盘散沙的农民组成坚强的、有组织的、建设新生活的革命力量。翻身解放的工农群众生产积极性大大提高。分得田地的农民为了多产粮起早摸黑地干活儿。加上风调雨顺，川陕革命根据地农业生产获得前所未有的大丰收。

红军要在根据地长期扎根，红军和政府公务人员几万人口的吃饭、穿衣就是大问题，仅靠打土豪，只能是杯水车薪。川陕省委和苏维埃政府适时提出了征收公粮的建议，并责成刘瑞龙在调查研究的基础上起草一部公粮条例。

如何让群众接受这部条例？每人交多少公粮合理？既要保护群众利益，又能保证红军和苏维埃公务人员及来往运输队吃粮，以及照顾没有生产能力的鳏、寡、孤、独、残疾者，所有问题都需要通盘协调考虑。经过大量的调查研究，统计核算，征求群众的意见，不久，川陕苏维埃政府第一部《公粮条例》正式公布了。

川陕省苏维埃政府公粮条例

一、推翻了国民党、军阀、豪绅、地主、资产阶级的统治，取消了苛捐杂税，组织了工农与自己的苏维埃政权机关，苏维埃公务人员和红军以及社会保险，必有一种保障生活的规定。省工农兵第二次代表大会议决，在自动原则上，在数量规定范围内，群众捐助粮食，这就叫做苏维埃公粮。

二、这公粮规定的数量范围，是由每个成年、老年、小孩，在每年吃穿尽够，还有剩余的粮食来决定：

甲 成年收谷在五背[①]以上者，应纳苏维埃公粮五升；六背以上纳七升半；七背以上纳一斗；八背以上纳一斗二升五；九背以上纳一斗五升；十背以上纳一斗八（五背以下统统不纳公粮）。

乙 老年、小孩由四背以上纳五升；五背以上纳七升半；六背以上纳一斗；七背以上纳一斗二升五；八背以上纳一斗五升；九背以上纳二斗（四背以下不纳）。

丙 富农由三背以上纳五升；四背以上纳七升半；五背以上纳一斗；六背以上纳一斗二升五；七背以上纳一斗五升；八背以上纳二斗。

三、如完全系旱地，即纳包谷、麦子、豌豆或杂粮。可分季缴

---

① 四川方言，"一背"即两斗，合100斤。

纳，秋收纳五分之三，春收纳五分之二（包谷背数以净米包谷）。

四、公粮的分配，以十分之四作苏维埃公务人员及来往运输队吃；以十分之四作红军吃；以十分之二作社会保险（即发给没有生产能力的鳏、寡、孤、独、废疾者吃）。

五、公粮集中，以区为单位，每区设置仓库保存，苏维埃必经常派人看守。

六、公粮计斗大小及轻重以每斤二十两；以每升一百两（即五斤）；每斗五十斤，按照两斗即一背计算。

七、本条例自公布之日起施行。

土地革命后，农民分得土地，得到实际利益。苏维埃政府的《公粮条例》定得合情合理，农民交纳公粮的积极性自然很高。实践证明，采取征收公粮的形式，对保证红军和苏维埃政府公务人员的粮食供给产生巨大的作用。在川陕根据地存在的两年多的时间内，红军和政府机关所需要 1.5 亿多斤粮食，主要是从公粮中提供的。

在共产党领导的革命根据地征收公粮，是川陕根据地的首创。以后其他革命根据地也开始征收公粮的工作。

在川陕省委工作期间，刘瑞龙承担着大量繁重的工作，除主持宣传部的工作外，还经常起草省党代会的决议和省委的政策及文件。他经常在昏暗的桐油灯下学习、工作到深夜。有时，省苏维埃政府的一些重要文件也要由他负责执笔。个中的原因还要从省苏维埃政府主席熊国炳说起。

熊国炳是大巴山上的猎户，还当过抬滑竿的轿夫。据说，他曾独自射杀过一只老虎。熊国炳身材高大，虎背熊腰，一脸络腮胡子，天生一副不怒而威的面孔。红军进入川陕不久，张国焘便把这位名震一方的

"巴山英雄"请进了西北革命军事委员会的驻地，目的是让他出任川陕省苏维埃政府主席，为苏维埃政府掌握印把子。

面对这一安排，熊国炳惊呆了，半晌才缓过神来："我是个打猎的……只会打枪，识不得字……咋个当这个政府主席呢？"

张国焘鼓励他："穷人的政府，就需要你这样有威望的穷人来掌印把子。有红军支持，有共产党给你撑腰，这个主席，你一定能当好！"

在川陕省第一次工农兵代表大会上，熊国炳以全票当选川陕省苏维埃政府主席，成了与张国焘、徐向前、陈昌浩、王树声等几位方面军最高领导人平起平坐的川陕苏维埃的父母官。

熊国炳生性憨厚质朴，要说动员群众参加红军，运送粮草，调动兵员，他可以几天几夜不睡觉，而且极具号召力。如若让他舞文弄墨，真是比上山打老虎还难。

1934 年 12 月，在川陕省第三次工农兵代表大会上，熊国炳第三次当选苏维埃政府主席。为了让广大群众更简明透彻地理解《平分土地须知》，西北革命军事委员会总部指示他，公布一个通俗易懂的《平分土地办法》。说实在的，要把洋洋五六千字的《平分土地须知》浓缩成两百字左右的布告，不要说大字不识几个的熊国炳，就是有个高小、初中文化的人也不一定能够胜任。

熊国炳一下子想到省委宣传部部长刘瑞龙，心想：刘部长可是川陕省委有名的大才子，由他书写的川陕省委公告、宣传大纲，最受老百姓的欢迎。倒不如请他给我老熊帮个忙！

不日，当熊国炳拿到刘瑞龙亲自书写的简明精练的《平分土地办法》时，磕磕巴巴地念了一遍，连声叫好。于是，他大笔一挥，在布告的下角写下他熊国炳的大名。

川陕省苏维埃政府布告
平分土地办法

没收豪绅地主土地　　把连①平均分给穷人

富农所有好田好地　　也要没收分给穷人

中农土地不能没收　　人多田少还要补足

首先分给雇工贫农　　按照人口劳力平分

参加红军分好田地　　家属老弱实行代耕

富农如不扯拐捣乱　　留给坏田自种务农

地主田地抖散分配　　原佃一般不耕原田

分田要照收成分算　　田地肥瘦搭配均匀

田地分配给了谁个　　粮食收获即归谁人

马上召开群众大会　　立即分田加紧春耕

主　　席　　熊国炳

副主席　　余洪远

祝义亭

中华苏维埃共和国五年②

　　土地革命不仅要让农民得到土地，而且要在土地上发展生产力。川陕省委、省工农政府和方面军很注意在战争胜利、土地革命、发动群众的基础上，发展根据地经济，把发展农业生产、增产粮食和经济作物，解决军民吃穿问题作为首要任务。当年在根据地有这样的口号：多种粮食不愁吃，多种棉花不愁穿，多种花生不愁油，多养水牛好耕田，多养猪羊好吃肉，多喂鸡鸭补身体。省委和工农政府还提出培养森林，提倡

---

①　把连：四川方言，"完全"的意思。

②　中华苏维埃共和国五年：即1935年。

栽植适宜当地速生的柳树和竹子；提倡发展耳山①、茶叶、白蜡、漆树、油桐和栽桑养蚕等，使苏区农、林、牧各业全面发展。

为了加速恢复和发展边区农业生产，省委和工农政府采取了一系列改善农业生产条件的措施，如：关闭烟馆，号召和教育人民禁绝鸦片；领导农民兴修水利；奖励开荒；提倡多养牲畜，积造肥料，改良土壤；打破敌人的封锁，想尽办法解决红军和人民吃盐困难的问题。

省委和工农政府还根据生产季节，组织广大工农群众在春耕、夏耕、秋耕中开展生产竞赛。苏区提倡切实执行"礼拜六"制度，发动党政军干部参加生产劳动，帮助贫苦农民和红军家属代耕代种，密切了与人民群众的关系。

在春耕劳动中，刘瑞龙领导宣传部的同志，根据农时和当地的民风民俗，用顺口溜的形式制定了春耕宣传大纲。他们不仅把大纲印成传单张贴在村村镇镇，还组织宣传队到田边地头演节目，进行宣传鼓动。他们号召妇女姐妹学会耕田、挖地、点粮食，多喂猪鸡，鼓动丈夫、兄弟参加红军；号召青年参加生产突击队，多栽谷子，多点粮食，多栽小菜，多喂牲畜，让大家有油盐吃，有新衣服穿；号召工人组织生产合作社，多打锄头、犁耙，巩固工农联盟。

红军初到川陕根据地时，当地的工业基础十分薄弱，只有小农具、酿酒、草纸、榨油等小作坊和手工织布等家庭手工业。为了打破敌人的封锁，满足革命战争中军需、民用的全部物质需要，川陕省委、工农政府和红军大力发展根据地的工业、商业和交通事业，建立了自己的财政和金融体系，建立起以军需工业为主体的军需、民用两个生产领导系统：由方面军总经理部及所属军、师、团经理处和供给部负责，开办兵工厂、纺织厂和被服厂；以川陕工农政府财政经济委员会领导各地开办

---

① 耳山：即生长黑、白木耳的山林。

铁厂、锅厂、犁铧厂、煤厂、布厂、盐厂、缝纫厂、纸厂、烟子厂（染料、油墨、墨锭等）、船厂、斗笠厂。

省委和工农政府还动员群众合股办生产合作社，开办各种手工业工厂，生产红军急需和工农群众日常需要的物品。到 1934 年年底，根据地的生产合作社已有 20 多种，如织布缝纫、织袜做鞋、炼铁铸锅、造纸制墨、烧木炭、推豆腐、弹棉花、熬硝盐、打梭镖、做火药等。工农银行实行低息和无息贷款帮助合作社发展，一方面收购、经销群众需要的生产资料和生活资料，如粮食、种子、农具、食盐、棉花、布匹、药材等；一方面组织茶叶、大烟、白蜡、木材、皮毛等出口，换取盐巴、铁锅、耕具等供应农村市场。工农政府还运用累进税收政策，支援农业生产。整个苏区货物流动充足，到处都一样"相因"①。

让刘瑞龙不能忘怀的是省委的郑义斋和吴永康同志，他们是根据地的理财专家和经济专家。在省委和苏维埃政府的领导下，他们带领干部筹划粮食，制定政策，发展军需民用经济，增强苏区经济实力，在保证军民供给方面做出了突出的贡献。

五　打过嘉陵江才知道大搬家

1934 年 9 月下旬，川陕军民历时 10 个月的反"六路围攻"作战大获全胜。四川军阀一片混乱。蒋介石为挽救败局，稳定四川局势，亲自飞抵西安，策划"川陕会剿"计划，纠集 200 多个团的兵力，对我川陕革命根据地形成四面围困的严重态势。我西北革命军事委员会针锋相对，制定了"智勇坚定，排难创新，团结奋斗，不胜不休"的训词，并制定了依托老区，收缩战线，主要打击胡宗南，重点夺取甘南的碧口及

---

① 相因：四川方言"便宜"之意。

文（县）、武（都）、成（县）、康（县）地区，并伺机向岷州、天水一带发展，建立发展新区的"川陕甘计划"。

然而这时，由于王明"左"倾错误路线的严重危害，中央苏区第五次反"围剿"失利。1934年10月，中央红军被迫撤离苏区，开始了艰苦卓绝的两万五千里长征。

一年多来，刘瑞龙特别挂念受张国焘迫害被秘密软禁的曾中生参谋长，时刻关注着他的安危。在遭受残酷打击、身陷囹圄的日子里，曾中生以惊人的毅力，夜以继日地撰文著书，完成了《与"剿赤军"作战要诀》等著名军事著作。这些著作不仅系统地总结了红四方面军反"围剿"作战的经验，而且对进攻中的冒险主义和轻易放弃根据地的逃跑主义进行了尖锐的批判，对提高干部的指挥能力起了重要作用，也为红军时期的战史研究留下了宝贵的资料。

刘瑞龙虽然长期从事地方工作，读了《与"剿赤军"作战要诀》这本小册子，也深受启发，更增加了对曾中生的崇敬。他联想到当年由于立三路线的影响和危害，给红十四军带来的教训，以及在川陕苏区反"六路围攻"之初期，张国焘不顾敌我力量对比悬殊，叫嚷"不停顿地进攻"，丧失了歼灭刘湘先头主力的战机。刘瑞龙深切感到，"收紧阵地，诱敌深入，集中兵力，待机反攻"，进行积极防御，是战胜强敌唯一正确的战略方针。正是由于徐向前总指挥抵制了张国焘的错误主张，适时收紧阵地，向敌人纵深后方迂回，以尽可能小的部队，进行顽强阻击或主动撤退，诱敌脱离阵地，乘敌立足未稳，实行反击，红军才取得消灭川军8万余众的重大战果。川陕根据地各次战役的胜利，都是方面军领导坚持正确的战略方针，抵制张国焘错误的结果。

还有一件事让刘瑞龙特别痛心，那就是与他并肩工作的亲密战友罗世文和廖承志也遭到张国焘的迫害。罗、廖二人抱着极大的热情来到川陕根据地工作，希望能为苏区的革命建设贡献力量。但他们逐渐看到张国焘的严重错误：轻视党的集体领导，尽力在党组织、红军及政府中培植个人势力，发展党内的家长制度，把川陕苏区视为他的独立王国，甚至以太上皇自居，谁不听从他的指挥就视为异己，给以排斥打击，直至监禁杀害。为了捍卫党的原则和革命利益，罗世文和廖承志曾对张国焘提出尖锐的批评，希望他能认识和改正错误，回到党的正确路线上来，不料却捅了"马蜂窝"。张国焘不但拒不接受批评，反而怀恨在心，伺机报复。

起初，张国焘并没把廖承志放在眼里，把他当成乳臭未干的毛头小伙。谁想，廖承志一点不顾及张主席的面子，多次在公开场合提出与张国焘相反的意见。有人报告张国焘，说廖承志经常在群众中怪模怪样怪腔怪调地模仿张主席的动作和说话语气，逗得干部战士捧腹大笑。

生性多疑的张国焘，认定罗世文和廖承志是专门来四方面军夺权的，于是，一纸密令，指使他人给罗世文和廖承志罗织了"莫须有"的罪名。因为他们来自白区，还带有大笔活动经费，便认定他们是"蒋介石的特务"。廖承志生于日本东京，父母都是国民党元老，更是罪加一等。张国焘下命令撤销他们的职务，把他们秘密关押在巴中县东山川陕省委机关后面的一座破庙里，由他亲自审问。

张国焘也不得不承认，罗世文和廖承志是根据地不可多得的文化人才，让其闲着，不如用其一技之长。没过多久，张国焘便把罗世文和廖承志交给川陕省委宣传部，令他们起草文件，刻蜡版，油印文件，做苦工。这样一来，刘瑞龙就有充分的理由，尽可能地保护他们的安全。省委保卫局的人曾多次试图拉罗、廖二人参加"代耕队"，或干搬运重物的苦力活儿。每遇到这种情况，刘瑞龙就以起草文件、刻蜡版任务紧急等借口，把他们留下来。

在被软禁的日子里，多才多艺的廖承志仍旧是个大忙人。上山砍松枝，扎主席台前的大牌坊，设计、悬挂大会横幅，书写成百上千的宣传标语，样样工作他都拿得起来。有时一些熟人乘卫兵不备，询问廖承志的情况，安慰他几句时，他毫无沮丧之意，风趣地吐吐舌头，然后报以他特有的微微一笑。

地处川陕山区的红军部队消息闭塞，很难看到外边的报纸，主要是靠无线电接收机收听新闻时政。国民党的电台除了谩骂"共匪"，就是编造谎言，相比之下，国外的电台还能客观地报道一些消息。一段时间，红军电台只能收到暹罗国①的法语信号。廖承志懂得英语、日语、法语和德语，因而，为红色中华通讯社新闻台翻译外国电讯，也就非他莫属。夜晚，刘瑞龙常常守候在电台边，把廖承志刚刚翻译的外电，编辑整理成新闻稿，及时刊登在《共产党》报和《红军》报上。

1935 年 1 月的一个深夜，正在翻译外国电讯的廖承志突然两眼放光，惊喜得差点喊出声来。刘瑞龙立刻瞪大眼睛，用食指封住自己的嘴，示意他肃静。廖承志了解刘瑞龙，虽然他平时不多言语，却为人正直。他有什么牢骚话，在刘瑞龙面前从不避讳。此时，廖承志压低了声音，在刘瑞龙的耳边悄声说："党中央在贵州遵义召开了政治局扩大会议，外电和国民党电台都报道了，主力红军一改被动挨打的局面，像是牵住了国民党军队的'牛鼻子'！"

刘瑞龙的双眼也放射出喜悦的光芒。他们虽然还不可能了解遵义会议实际上结束了王明"左"倾盲动主义路线在党中央的统治，确立了毛泽东在红军中领导地位的详细情况，却从中央红军在指挥艺术的灵活变化上，感觉到党中央领导层已经发生了变化。

新中国成立后曾任国务院总理办公室副主任、中央调查部部长的罗青长，当年也在川陕省委宣传部工作过。红四方面军到达四川苍溪时，罗青长和二十几个同乡小伙伴一起加入了红军。由于张国焘错误路线的

---

① 暹罗国：今泰王国的旧称，1949 年更名。

影响，在红军中大肆打击、排挤知识分子，只读过一年初中的罗青长也被列入知识分子的黑名单中，受到无端怀疑，被监控使用。是刘瑞龙顶住巨大政治压力，保护了罗青长等一批知识分子。每当回忆起这段经历，罗青长都很感慨。他说："刘瑞龙是我参加红军后第一个上级。他任宣传部部长时，是被排挤和边缘化的，他仍冒着极大的危险，尽最大的努力，运用自己的职务，保护了我和宣传文化系统的其他同志，令我终身难忘。"

为了配合中央红军作战，1935年1月至3月底，红四方面军进行了广（元）、昭（化）、陕南及强渡嘉陵江等战役，连续攻克阆中、剑阁、南部、昭化、青川、梓潼、平武、中坝、彰明、北川等县城。歼敌12个多团，计1万余人，控制了东起嘉陵江、西迄北川、南至梓潼、北抵川甘边界纵横二三百里的广大地区，成功地打乱了敌人的"川陕会剿"计划。

而此时的张国焘却片面夸大中央红军长征后革命斗争的暂时困难，面对蒋介石嫡系胡宗南所部的进攻，看不到川陕革命根据地能够坚持和发展的有利条件，更看不到巩固川陕革命根据地的重大战略意义。红军正在胜利发展中，他却再次发生动摇。4月，张国焘未经讨论，不顾遵义会议后，党中央给红四方面军进一步巩固和发展川陕革命根据地及一、四方面军配合作战的指示，不顾徐向前总指挥的坚决反对，继放弃鄂豫皖根据地之后，擅自决定放弃经过两年多艰苦斗争创建起来的川陕根据地，使兵强马壮的红四方面军陷于非常不利的地位，被迫开始艰苦的长征。

5月上旬，部队先后撤出彰明、中坝、青川、平武，向岷江上游地区前进。这时，红四方面军有5个军的正规部队，约9万余人，连同地方部队、机关、工厂、学校，共约10万余人。

刘瑞龙随川陕省委机关行动，在苍溪永宁铺，与方面军参谋长倪志亮一起渡过嘉陵江。在西进通过剑阁重华堰时，他才得知，张国焘将后方来了个"大搬家"，放弃了川陕根据地，只留下千余人坚持根据地斗争。刘瑞龙和川陕省委的同志们心情沉痛地告别了经过浴血奋战、花费了大量心血才创建起来的川陕革命根据地，告别了那里的人民，踏上了万里长征的艰苦历程。

第八章　漫漫长征路

　　红军长征进入少数民族地区后，刘瑞龙奉命调查研究少数民族问题，制定了一系列政策和纪律规定，使党的民族政策得以贯彻执行。红四方面军两过雪山三过草地，历尽艰辛，把革命的火种撒遍高原，让民族团结的种子在茫茫草地生根开花。在这方面，刘瑞龙做出了重要贡献。

一　调查研究，正确解决少数民族问题

　　1935年5月初，中央红军胜利渡过金沙江后，进入川康边，经会理、冕宁北上，准备在川陕甘建立新的革命根据地。

　　5月中旬，红四方面军为打破蒋介石的阴谋合围，策应中央红军北上，挥师岷江地区，先后攻占墩上、土门、茂县、威州、理番（今理县）和松潘、平武以南的镇江关、片口等广大地区。两军会师指日可待。

　　川陕省委按照红四方面军迎接党中央和准备与中央红军会师的行动方针，将工作重点放在做好新区的地方工作上，以便为两大主力红军会师创建一个稳固的立足点。而松（潘）理（番）茂（县）地区，是藏、羌、

汉等民族杂居地区，如何根据少数民族地区的政治、经济、文化特点来开展工作，是省委工作的一个新课题。

进入岷江地区之前，红四方面军和川陕省委就从调查研究入手，从政策和组织等方面做好准备工作。当时一些出入少数民族地区的汉族商人，通晓少数民族语言，熟悉那里的地理环境和民情风俗，他们为红军提供了丰富的资料，也使红军学到许多知识。

依照党对少数民族问题的基本方针，结合以往在鄂豫皖、川陕革命根据地开展地方工作的经验，刘瑞龙和省委书记周纯全、省委委员傅钟、省委秘书长吴永康等一起研究讨论，很快起草了《西北特区关于少数民族工作须知》，发表在《干部必读》西北特刊第二期上，供方面军部队和党政干部学习，以便在进入少数民族地区后，正确掌握党的民族政策，有的放矢地进行宣传工作。

刘瑞龙和省委其他同志一样，都是首次进入少数民族地区，一切都要从头学起，从头做起。部队进入川西北后，刘瑞龙不失时机地走村串寨，与当地百姓交谈，详细调查川西北地区的民族关系、风俗习惯、生产方式、宗教信仰等方面的情况，甚至仔细观察了不同民族的着装、民居以及饮食习惯，掌握了大量的第一手材料。

部队进入岷江地区后，川陕省委和红四方面军各部队抽调部分人员组成工作队，深入城镇村寨，开展地方工作。为使这一工作顺利进行，省委决定召开方面军各部队地方工作部部长和地方县以上干部报告会，由刘瑞龙宣讲在少数民族地区工作的意见。为了开好这次会，刘瑞龙汇总了大量的调查资料，做了充分的准备。

在报告会上，刘瑞龙根据党中央关于少数民族工作的指示，首先阐述了红军站住西北地区对中国革命的意义。他说，所谓中国的西北地区，应包括四川、西康、陕西、甘肃、青海、新疆、西藏等省，占据整个中国近一半的面积。在这片广大的地域里，有丰富的矿藏，可以说，金、银、铜、铁、煤、煤油、盐等应有尽有。这里有牛、羊、马、骆驼等大量的牲畜，有大米、小麦、包谷、棉花等多种农作物，有着上万万富于革命热情的少数民族同胞。在地形上来说，这里是中国的高原地区，居高临下，自古为用兵必争之地。如果我们赤化西北的任务完成了，争取苏维埃在全中国的胜利就易如反掌！

接着，刘瑞龙用大量实例，生动地介绍了生活在川西北地区的回、藏、羌等主要少数民族的区域分布、宗教信仰、语言文字、民族风俗、生活习惯、生产方式、商品流通以及怎样区别少数民族等基本常识。

可以说，红军长征进入少数民族地区，是盘古开天地以来，中国最大规模的民族调查。红军在这样短的时间内，初步摸清了川西北地区的民族关系，这在当时是一件很不容易的事情。

在报告会上，刘瑞龙带有江海口音的普通话清晰易懂，他所列举的大量实例生动、新鲜。尽管台下坐的都是身经百战的县团以上的干部，但大家听得聚精会神，还不时发出阵阵笑声。

随后，刘瑞龙着重讲解了党的民族工作方针和政策，即，发动民族解放斗争，推翻帝国主义、国民党压迫少数民族的反动统治；没收汉人中的军阀、官僚、地主、奸商、高利贷者的土地、财产，分给少数民族贫苦民众，取消一切苛捐杂税，改善少数民族人民生活；尊重少数民族风俗习惯，少数民族有使用本民族的语言文字和信仰宗教的自由。

刘瑞龙又代表川陕省委部署了宣传发动群众、建党建政、成立地方武装、实行土地革命、筹粮扩红等项工作。他强调指出："在少数民族地区开展工作，环境变了，工作对象变了，我们的工作内容、工作作风和工作方法也必须随之改变。我们的同志们不仅要在思想上认识到，深受奴役和压迫的广大奴隶、牧民、工人①是革命斗争的基本力量，为了

---

① 这里系指采木工人和金矿工人。

争取、团结和依靠他们，要正确执行党的政策，充分发挥党的民族政策的巨大威力。我们还要从思想感情上，视少数民族基本群众为兄弟，了解和尊重他们的风俗习惯、宗教信仰，严格遵守纪律，帮助他们发展生产，保护贸易，提高生活水平。"

关于遵守民族纪律问题，刘瑞龙也提出了具体要求。部队进入少数民族地区后，每一个工作干部和战士必须调查了解少数民族情形，学习少数民族语言文字，尊重他们的风俗习惯，要大力进行宣传和揭露国民党欺压、屠杀少数民族的罪恶，加深阶级教育，发动他们进行阶级斗争。在执行群众纪律方面，向少数民族群众购买物品要做到公买公卖，照货给价；向少数民族群众借用物品，应经过他们许可后才准借走，用完应迅速归还；到少数民族群众家中不准乱动其一切物件，如，拿柴草，下门板，拿水桶、锅、碗等；对清真寺应遵守他们的规矩，不准随便东摸西碰，要切实遵守民族风俗习惯；对少数民族妇女更要绝对遵守她们的礼节。

刘瑞龙代表川陕省委所作的报告，对日后红军在少数民族地区开展工作产生了巨大的影响，对完善党的民族工作方针、政策积累了宝贵经验。

与此同时，方面军政治部也印发了《红军对番民十大约法》《共产党、红军对番人主张》《告回番民众》等文告，并以散发传单、刻写标语、召开群众集会等形式，向各族群众进行广泛的宣传。

红四方面军在茂县立足后，先后成立了中共西北特区委员会，以及中华苏维埃西北联邦政府。为了更有成效地开展民族工作，西北特区委员会和中华苏维埃联邦政府都设立了少数民族委员会。方面军的军、师政治部之下也成立了少数民族委员会，团政治处之下成立少数民族小组。各级委员会在深入了解少数民族群众疾苦和要求的同时，着力研究少数民族间的政权、土地关系，经济、生产、商业情况，以及风俗习惯和语言文字等问题。

不久，中共西北特区委员会作出《关于党在番人中的工作决议》，更加明确地提出了在领导少数民族解放运动中我党的中心口号，如，"番人斗争的基本力量是奴隶、牧民、工人、贫农、中农"，还作出"番人解放斗争中的政权形式"，"武装番族劳苦群众"，"加紧番地经济建设"和"番人中共产党和共青团的工作"等方面的政策规定和工作要求。这一系列民族政策的制定和组织措施，再加上大批工作队严格执行党的政策和群众纪律，深入进行耐心细致的宣传发动，使岷江地区的地方工作迅速打开了局面。

就拿中华苏维埃西北联邦政府所在地茂县来说，先后建立起中共茂县委员会、茂县苏维埃政府。除苏维埃政府主席外，从副主席到委员均由当地少数民族成员担任。各族人民在县委和苏维埃政府领导下，进行了轰轰烈烈的土地革命。苦难深重的贫苦农牧民分到了土地和财物，当家做了主人。翻身后的各族人民，热烈拥护共产党，大力支援红军。全县为红军筹粮 300 余万斤，仅县城附近就有 1000 多名各族青年参加红军。他们还组织大批人力帮助红军运送粮食、物资，护送伤病员，接待过往红军。这一切，为红四方面军西进懋功地区，与中央红军会师提供了有力的保障。

二　雪山上的雄鹰与豺狼

当时的川西北地区，基本处于封建社会初级阶段。在不同的地区、部落，实行着土司、政教合一、屯田守备等不同的政治制度。农奴除对活佛、土司、头人、千户、百户等上层统治阶级交纳贡赋外，还要替他们当娃子（奴隶）、丫头（女奴），支应乌拉（人役和畜役），承受残酷的压榨和奴役。

在深入了解和熟悉少数民族情况的过程中，刘瑞龙又与省委领导同志一起，反复学习了《列宁主义概论》中有关民族问题的论述，对日后指导工作、掌握和执行党的民族政策帮助很大。

争取和团结少数民族中上层人士，是党的民族工作中不可忽视的一项重要工作。少数民族上层人士虽然与本民族的劳苦群众有着剥削与被剥削的矛盾，但在长期反对、抵制汉族反动统治阶级的歧视、压迫、掠夺，维护本民族、本部落的利益方面，又有着共同的要求。他们在少数民族群众中有相当的影响和感召力。共产党和红军提倡民族平等团结，尊重少数民族的风俗习惯和宗教信仰自由，帮助少数民族摆脱压迫和贫苦的政策，也得到部分上层人士的赞成和拥护。

红四方面军部队攻占墩上时，工作队对松潘县白草区区长羌族土司安登榜进行团结争取工作，就是红军执行党的民族统战政策的一个成功范例。

安登榜是松潘县镇坪、白羊一带羌族土司头领。明嘉靖二十五年，各地战事频繁，安氏祖先恩登喇嘛翻山越岭去成都请兵，平息了战乱。后恩登喇嘛奉召进京，被承赐"安"姓，受封为世袭长官司。从此，安氏土司便管辖着岷江流域上至镇江关，下抵平定关沿岸的六关三十寨以及白羊的 11 个村寨。安氏又与茂县的郁、苏两氏土司是古亲，在松、茂一带声望显赫。两年前，安登榜的父亲安裕祯土司病故，38 岁的安登榜当上了长官司。

安登榜在羌人中很有威望。国民党反动派为了统治和奴役羌民，委任他为松潘县第六区区长。安登榜正直、果敢，不愿意给反动派当御用工具，拒不执行县府令，而且抗捐抗税，反对国民党横征暴敛。地方军阀邓锡侯、刘翼经联名批示撤销他区长的职务。

安登榜袭位后，与继母张玉清之间矛盾激化。张玉清是北川县汉人，野心勃勃。她勾结国民党反动派，买通松潘县府，窃取了第六区区长的职位。羌民各阶层不服，安登榜也不甘示弱，与张玉清展开殊死斗争。当地反动政府对安登榜恨之入骨，多方迫害、追杀他。

正当安登榜处境危难时，红四方面军第四军第十二师的队伍来到了松潘地区。红军工作队向安登榜土司宣传我党的民族政策，热烈欢迎他参加革命队伍。安登榜也希望与红军一道打击迫害他的国民党反动派，毅然率领族人参加了红军。红军首长送给他一匹枣红马，还派了4名红军战士担任警卫。安登榜异常兴奋，第二天，就随红军先头部队顺河而上。

在安登榜的领地内，红军所到之处，都受到羌族群众的热烈欢迎。他们用洋芋糍粑、花糕、馍馍、烤羊肉款待红军。每到夜晚，他们吹起羌笛，跳起激情奔放的锅庄和皮鼓舞，和红军战士一起联欢，火树银花，通宵达旦。

红军先头部队前进道路受阻，后续部队尚未跟进，而堵截在敌阵地前沿的又是羌族土兵。红军不易强攻，请安登榜前往劝降。接到安登榜土司的快信后，羌族土兵当即撤离阵地。红军乘势击溃了踞守之敌，胜利进入松潘境内。

在红军队伍里，安登榜处处得到关怀和信任。他逐步认识到，羌族人民和汉族人民同样遭受国民党反动派的压迫，只有跟着共产党闹革命，各族人民才能翻身得解放。于是他带领红军踏遍了镇坪、镇江一带的关堡，还深入到相邻的茂县等地，向羌民宣传红军的主张，宣传共产党的民族政策。在他的鼓励和带动下，很多青年踊跃参加红军，人民群众积极为红军筹粮、运粮，给红军带路，翻山越岭去侦察敌情。平定关、靖夷堡、镇坪、镇江等地相继建立了苏维埃政权。为了扩大红军队伍，红军和羌民商定建立番民游击队，由安登榜任大队长。

8月初，红军离开镇坪、镇江，向毛儿盖进军。安登榜骑着枣红马离开他的世袭领地，率领着番民游击队行进在浩浩荡荡的红军队伍中。

部队到达毛儿盖后，安登榜积极带领红军战士到藏族村寨筹粮，每天早出晚归。一天清晨，他率领队伍出去，直到晚上还没有回来。红军立即派部队寻找，后来在索花一个山坳的半坡上，发现安登榜和随行的十几位民族兄弟都倒在血泊中。原来，在筹粮途中，他们遭遇敌人，展开激战，因众寡悬殊，全部壮烈牺牲。安登榜为各族人民的解放事业献出了宝贵的生命。他是羌族人民的骄傲。羌族人民执著地认为，安登榜是雪宝顶①上的雄鹰，他一定会活着飞回来的。

6月初，省委机关随方面军总部西渡岷江，经理番，到达杂谷脑镇（今理县县政府所在地）。这里峰峦叠嶂，沟壑纵横，杂谷脑河由西北流向东南，自然风光十分秀丽。在杂谷脑镇的后山上，矗立着一座金碧辉煌的大喇嘛寺。

红军进驻杂谷脑后，方面军总部和省委即派刘瑞龙和红三十三军军长王维舟带领工作队前去做团结争取工作。寺里的住持喇嘛很热情地接待了他们。

在大殿坐定后，刘瑞龙不动声色地打量着眼前的住持喇嘛。他身披红色毛呢布袈裟，足蹬长腰厚底牛皮藏靴，手腕上缠绕着质地上乘的念珠，怀中还揣着一只小巧精致的鼻烟壶，每隔一会儿，他便在手指上倒一些刺激性很强的鼻烟粉末，轻轻地吸入鼻中，那副儒雅清高的做派非同一般。

果不其然，这位住持知识广博，藏文造诣颇深，先是高谈阔论地讲了一番佛学，接着又谈到语言，大讲藏语的发音特点。最让刘瑞龙吃惊的是他的汉语讲得如此流利，这在喇嘛中是不多见的。

红军刚进驻杂谷脑，国民党的军用飞机便接踵而至，不停地在杂谷

---

① 雪宝顶：系岷山山脉主峰，海拔5588米，地处松潘县境内。

脑上空盘旋，撒下大量印有藏、汉文字的反动传单，妄图将红军抑留在此，待国民党追兵赶到，将其置于死地。寺院里的活佛、大喇嘛等乘机煽动少数民族群众反对红军，还派出喇嘛到危关寨、四门关、回龙桥等地串联，鼓动暴乱。

面对杂谷脑的紧张形势，刘瑞龙和王维舟再次来到喇嘛寺，做争取工作，制止事端。他们刚进入寺院大门，大殿前铜号声骤起，隐蔽在寺院各处的喇嘛和屯兵都端起了火药枪。刘瑞龙和王维舟等见势不妙，迅速撤出寺院，随行的一名副官不幸中弹牺牲。

当时，先头部队已经前去，而后续部队尚未到达。红军总部只能组织机关人员在杂谷脑街上到营盘街一线自卫抗御。战斗坚持两天后，红军后续部队迅速赶到，狠狠打击了暴动分子和地方反动武装的嚣张气焰。

早在红军进军川西北之前，帝国主义分子就以传教方式在少数民族地区活动，国民党也派特务以学习讲经为名潜入寺庙，在当地土司和头人中间活动，煽动他们反对红军。那位彬彬有礼的住持喇嘛就是披着羊皮的豺狼。他叫简博施，是国民党西安警察厅少将厅长。杂谷脑发生的反对红军的活动以至后来发生的暴动，都是他在喇嘛寺暗中指挥的。

杂谷脑喇嘛寺和危关、四门关、回龙桥等地发生的暴动，也给刘瑞龙和红军工作队上了活生生的一课。在争取、团结少数民族上层人士和宗教人士的同时，要学会识别国民党反动分子和帝国主义分子，同他们作坚决的斗争。

在少数民族地区工作，语言不通是一大障碍。刘瑞龙迫切感到，逐步沟通民族语言是将我党的纲领、政策深入宣传到群众中去的重要基础。于是，他积极向省委建议，选聘熟悉当地自然、地理和人文情况的藏族喇嘛和回族阿訇当翻译。这个建议得到省委的大力支持。刘瑞龙选聘的两位"通司"（翻译），帮助工作队翻译党和红军的布告、捷报和宣

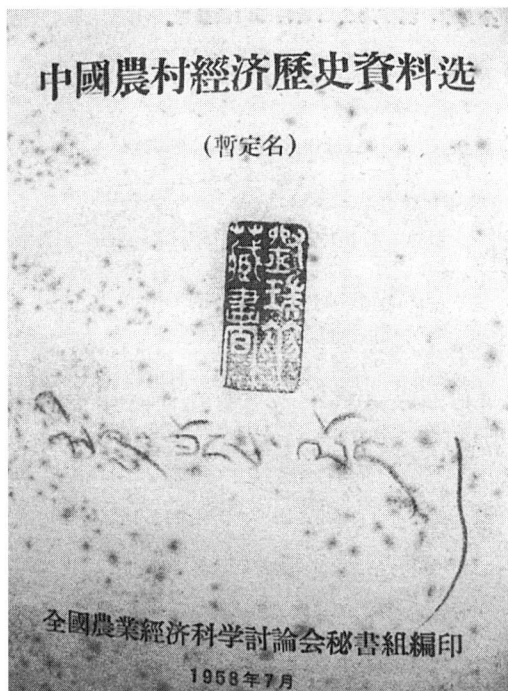

中國農村經済歷史資料选

（暫定名）

全國農業經济科学討論会秘書組編印

1958年7月

刘瑞龙在藏书封面上书写的自己藏文姓名

传品，做了大量的工作。工作队按照《优待专门家条例》，发给他们工资和生活等方面的优待。后来，红四方面军部队、省委和省苏维埃政府也选聘了一批"通司"，他们在深入开展地方工作方面发挥了重要作用。

在"通司"和当地群众的帮助下，刘瑞龙还在繁忙的工作中学习藏语和阿拉伯语。从此以后，他很喜欢在书或笔记本的封面上签写自己藏文或阿拉伯文的名字。

三　向刘伯承学习吃酥油

当中央红军胜利通过天险大渡河，经天全、芦山、宝兴走向川西北时，红四方面军派红三十军政委李先念率领先头部队策应中央红军。先头部队翻越海拔 4000 多米的红桥山,进占懋功、达维,于 1935 年 6 月 12 日与中央红军的前锋部队在夹金山下会师。喜讯传来,全军上下一片欢腾。

为迎接中央红军,红四方面军从总部机关到基层连队,上上下下捻毛线、织毛衣、毛袜,打草鞋,捐献粮食、药品、衣物,谁都想为两军会合贡献一份力量。方面军各部队将一批批慰问品送到中央红军驻地,兵站为他们补充了给养,宣传队到驻地演出慰问,洗衣队帮助清洗、缝补衣服。两军互相学习,交流经验,呈现出一派团结友爱的气氛。红军总政治部宣传部部长陆定一填词的《两大主力会合歌》在全军迅速唱开了。

两大主力红军会师前,党中央分析当时的国内形势,确定两个方面军会师后应集中力量向东向北发展,建立川陕甘根据地,以促进全国抗日民主运动的新高潮。为了统一战略方针,6 月 26 日,中共中央政治局在懋功县两河口召开会议,通过了周恩来代表党中央和中央军委所作的关于目前战略方针的报告。随后,中央政治局作出了《关于一、四方面军会合后的战略方针》的决定。决定指出:"集中主力向北进攻,在运动战中消灭敌人,首先取得甘肃南部,以创造川陕甘苏区根据地。"

两河口会议后,党中央决定派红军总政治部代主任李富春、红军总参谋长兼中央纵队司令员刘伯承、红军总供给部部长林伯渠和中央组织局主任李维汉等组成中央慰问团,到杂谷脑慰问红四方面军,向红四方面军广大指战员传达两河口会议精神,讲明中央关于集中主力向北进攻战略方针的重要意义。这时,徐向前和陈昌浩已经率军北进。张国焘出面迎接中央慰问团。

7 月 6 日,当慰问团到达杂谷脑时,红四方面军部队打出了"热烈欢迎中央红军"的大横幅,街上贴满了五颜六色的标语。战士们跑出驻地几里外,放着鞭炮,列队欢迎中央慰问团。

当年在上海,李富春、李维汉是江苏省委负责人,刘伯承是中央军委委员，刘瑞龙与他们一起开会，研究工作，彼此都很熟悉。看到这些老同志离开中央根据地后，经历了 8 个月的艰苦鏖战，穿着打着补丁的灰军装，又黑又瘦，但个个精神饱满，谈笑风生，特别是林伯渠部长虽年近半百，须发花白，仍然精神矍铄，刘瑞龙深受感动。

在与中央慰问团负责同志交谈中，刘瑞龙终于解开了心中的疑团——1935 年 1 月的那个深夜，他和廖承志从外国电讯收听到的消息，从而更确切地了解到遵义会议的一些情况。

中央红军第五次反"围剿"的失败以及退出中央苏区后遭到的严重损失，主要原因是博古和李德在军事指挥上犯了一系列严重错误。在中国革命最危急的关头，遵义会议依据民主集中制的原则，独立自主地解决了党中央的组织问题，结束了王明"左"倾教条主义在中央长达四年之久的统治，确立了毛泽东在党中央和红军中的领导地位。

遵义会议期间，蒋介石又作出新的部署，调集 40 万兵力，企图将 3 万多红军围歼于乌江西北地区。根据毛泽东的战略部署，红军决定放弃遵义，以出其不意的大踏步地前进和迂回，来摆脱追敌。根据敌情的不断变化，毛泽东采取高度灵活的运动战方针，指挥红军四渡赤水，巧渡金沙江，红军完全跳出了数十万敌人围追堵截的包围圈，取得了战略转移中具有决定意义的胜利！

在与中央慰问团相处的那些日子，刘瑞龙的心情格外爽朗，对党和红军的前途充满了希望。

一天，红军总参谋长刘伯承来到省委宣传部，与刘瑞龙"摆龙门阵"。刚一进屋，他就被堆放在墙脚的大大小小的酥油坨吸引住了。他三步并作两步，捧起一坨酥油，贴近鼻子深深地吸了一口气，连声说："啊，好香啊！"

刘瑞龙禁不住笑出声来："这酥油，味道很难闻，我们大家都吃不惯，只好用来点灯。"

刘伯承惊奇地啧啧道："用它点灯？真是太可惜喽！酥油可是好东西哟，无论是搅和糌粑，还是抹在干粮上吃都很香，与上海西餐桌上的黄油差不多！"

说着，刘伯承挽起袖子，亲自教大家提炼酥油。他一边解开包着酥油的牦牛肚，一边说："酥油只是少了一道脱臭工序。"

说话的工夫，警卫员已经点燃屋里的柴灶。刘伯承把酥油坨放在热锅里铲碎，一会儿工夫，酥油便融化了，滚沸了，冒起缕缕青烟。刘伯承立刻命令："撤火！"待酥油稍微晾凉了，刘伯承熟练地用勺子揭去表面夹着牛毛和杂质的油膜。刘瑞龙拿来饭盆和随身携带的急救纱布。两人一齐动手，把冒着热气的酥油过滤到饭盆里。酥油冷却后，难闻的气味没有了，果真和黄油差不多。

刘瑞龙告诉刘伯承："部队西进后，怎样适应少数民族地区的生活，如同打一场硬仗。酥油糌粑、发酵后的酸马奶、烧得半生不熟的牛羊肉，都是藏民的主食，也是他们招待红军的好东西，可我们这些内地的同志吃起来很不习惯。"

刘伯承说："红军要在少数民族地区生活下去，就得从生活习惯上来一场'革命'，要学会吃这些东西。"

"是啊，尤其是酥油糌粑，多数同志都吃不惯，很难往下咽。徐向前总指挥和陈昌浩总政委就带头吃糌粑。在一次军师干部会上，徐总指挥用糌粑招待大家，自己先抓起一把糌粑在嘴里嚼了两下就向下吞，还风趣地说：'为革命吃糌粑！谁不爱吃，谁就不想革命到底！'陈昌浩总政委吃糌粑的样子最地道。他一边用手搅和着糌粑和酥油，一边向嘴里送，把碗擦得干干净净的。"

刘伯承称赞道："这个表率做得好！"

听说刘瑞龙参加少数民族工作队，刘伯承非常感兴趣。他还以与彝民沽基部首领小叶丹"歃血为盟"一事为例，向刘瑞龙介绍了中央红军在彝族地区的工作经验。

他说："四川是少数民族众多的省份。红军经过的地方又多是少数民族聚居的地区。长期以来，由于国民党欺压少数民族，在民族间挑拨离间，制造仇恨，使民族问题极为严重。要做好少数民族工作，首先要唤醒他们的觉悟，帮助他们推翻反动派的统治，争取民族解放；对少数民族中的上层人士，主要是争取团结他们建立反蒋统一战线；对其中一些人的武装对抗，不能采取过分的军事行动，要尽量耐心地争取他们和我们一道打国民党反动派。"

刘伯承的一席话，解决了刘瑞龙在前段工作中遇到的一些棘手问题，使他深受教益。送别刘伯承时，刘瑞龙特意让警卫员带去两大坨酥油。刘伯承就像缴获了战利品，高兴地跃马回营。

四 给朱总司令记录整理《告川军将士书》

中央政治局会议后，张国焘从两河口回到杂谷脑。他避而不谈如何贯彻中央会议精神，却背着中央慰问团，召开干部会议，攻击党中央，歪曲中央路线，公开散布反对党中央的言论，有意制造分歧，挑拨红四方面军与中央红军的关系。

毛泽东、周恩来、朱德等十分珍视两军的团结，一再强调中央红军和红四方面军都是党领导的红军队伍，大敌当前，没有内部的团结一致，便无法战胜敌人，实现既定的战略方针，一切有损两军团结的言行都是错误的、危险的、有害的。为了实现北上创造川陕甘根据地的方针，党中央和中央军委先后对红军部队进行了一系列必要的组织调整。

1935年7月18日，中央决定，中革军委主席朱德仍兼红军总司令，任命张国焘为红军总政治委员。随后，中央决定组织前敌总指挥部，徐向前兼总指挥，陈昌浩兼政委，叶剑英兼参谋长；同时变更各部队的番号和军政首长，原红四方面军部队番号不变，原中央红军的军团改为军。

7月底，中共中央到达松潘县毛儿盖，与先期到达的原中央红军红一军团会合。由于张国焘借口"组织问题"未圆满解决而贻误了夺取松潘的战机，中央只得决定撤销两河口会议制定的松潘战役计划，改经人迹罕至的大草地继续北上。

在8月初召开的中央政治局扩大会议上，中央决定，中央红军恢复红一方面军番号，由周恩来任方面军司令员兼政治委员。中央还明令指示："一、四方面军会合后一切军队均由中国工农红军总司令、总政委直接统率指挥。"这些决定充分体现了党中央促进两军团结和照顾大局的精神。

8月20日，中央政治局在毛儿盖举行扩大会议，继续讨论红军的战略问题，通过了《关于目前战略方针之补充决定》，批评张国焘企图使红军西渡黄河，深入青海、宁夏、新疆僻地的错误主张，要求红军以主力"迅速占取以洮州为中心之洮河流域地区，并依据这个地区，向东进攻，以便取得陕甘之广大地区，为中国苏维埃运动继进发展之有力支柱与根据地"。

为了执行夏洮战役计划，由红一方面军和红四方面军混合编队分为左、右路军共同北上。党中央机关和前敌指挥部随右路军行动，向班佑、巴西地区开进；朱德、张国焘、刘伯承等率总司令部随左路军行动，向阿坝地区开进，在班佑地区向右路军靠拢，共同向甘南进军。

8月29日至31日，右路军一部成功地进行了包座战斗，歼灭国民党军第49师5000余人，为进入甘南打开了通道。这是红一、四方面军会师后取得的第一个大胜仗。林彪、聂荣臻率领的红一军先期抵达甘南的俄界，打开了红军向陕甘进军的门户。

然而，当左路军到达阿坝后，张国焘却阻挠部队北上，借口噶曲河涨水和草地不易通过，强令东进到达墨洼的部队返回阿坝。

9月9日，张国焘向党中央提出南下川康边的计划，以对抗中央北上创建根据地的方针。为避免两大主力红军冲突，党中央从大局出发，于9月10日凌晨，毅然率领红一方面军第一、第三军迅速北上，脱离险区。

9月12日，党中央在甘肃省迭部县俄界召开政治局扩大会议，听取毛泽东《关于与四方面军领导者的争论及今后的战略方针》的报告。会后，中央作出《关于张国焘同志的错误的决定》，并再次电示张国焘率领部队北上。

张国焘却置若罔闻，顽固坚持错误主张。9月17日，张国焘发布南下命令，提出"大举南下，打到天全、芦山吃大米"的口号。令左路军，以及右路军中的红四军、红三十军分别由阿坝和包座地区南下，向马塘、松岗、党坝一线集结。

10月5日，张国焘在卓木碉召开高级干部会议，公然宣布另立"临时中央"，还当场宣布了"中央委员"、"中央政治局委员"和"中央书记处"名单。

10月8日，南下的红军发起绥（靖）崇（化）丹（巴）懋（功）战役。深秋的川康高原寒风凛冽，指战员们衣单鞋破，沿途粮食缺乏。张国焘渐渐觉得南下后没有办法，打不开局面，开始消极起来。

在朱总司令看来，部队既然已经南下，就应打开局面，找块立足生存的地方，那么多红军，没有地盘，没有饭吃，无异于不战自毙。他亲自来到前敌总指挥部，与徐向前一起指挥作战。在军事行动方面，朱德积极行使总司令的职权，及时了解敌情，研究作战部署，定下决心。经过多天的战斗，红军连克绥靖、丹巴、崇化、懋功、达维、抚边等城镇，击溃了川军杨森部、刘文辉部、邓锡侯部5个旅又两个团，毙俘敌人3000余人，取得南下初战的胜利。

10 月 24 日，红军又发起天（全）芦（山）名（山）雅（州）邛（崃）大（邑）战役。在战役发起前和战役进行中，朱德缜密地研究敌情、地形和战斗特点，及时了解战况，总结经验，作出战略战术上的指导。

战役开始前，朱总司令把刘瑞龙找来，准备以他个人名义发布一份《告川军将士书》，请刘瑞龙记录整理。早在大革命时期，朱德就和川军打过交道，对军阀部队的作战特点了如指掌。他口述的大意是：蒋介石卖国残民，举国共弃，要川中各军袍泽勿受蒋贼愚弄，与红军携手共谋国事等语。

朱总司令说："川军向来欺软怕硬，惯打滑头仗，我们不打则已，要打就抓住打，狠狠地打！"他要求各级指挥员要讲究战术，发挥运动战的特长，以快以巧制敌，用小的代价去换取大的胜利。

红军迅速翻越夹金山后，随即发起猛攻，十几天内连下宝兴、天全、芦山等县城，击溃杨森、刘湘、刘文辉、邓锡侯诸部共 17 个旅近 7 万人，其中毙伤俘敌 1 万多人，控制了懋功以南、青龙江以北、大渡河以东、邛崃山以西的川康边广大地区。

蒋介石唯恐川西平原有失，成都难保，急令薛岳部两个军迅速参战。刘湘也指挥川军主力倾全力遏阻红军向川西平原推进。在遭红军进攻的名山、邛崃一带，敌人集结了 80 多个团 20 余万人的兵力，摆出一副决战的架势。

南下作战一路告捷的红军，对川军死保川西平原的决心和作战能力估计不足。11 月 16 日，在攻占邛崃、名山之间的重镇百丈后，遇到川军的凶猛反扑。十几个旅的川军在飞机大炮的掩护下，从北、东、南三面轮番发起攻势。百丈一带地势开阔，无险可守，红军指战员浴血坚持了 7 天 7 夜，终因众寡悬殊，被迫撤出百丈地带。这一仗，虽然毙伤国民党军队 1.5 万多人，红军自身也付出伤亡近万人的惨重代价。

百丈战斗后，四川军阀主力集中于东面的名山、邛崃地区，使得红军东进、南出均不可能，陷入极端被动的境地。大军云集藏区，不可避免地形成与藏民争粮的矛盾。藏族上层反动分子，不仅组织反动武装反对红军，而且利用一切机会煽动和威胁群众不与红军合作。何况，川西地区人口稀少，生产落后，数万大军辗转作战，难以满足兵员、粮食和被服补给的要求。由于战斗和疾病的大量减员，红军的有生力量日渐削减。部队经常以野菜、土豆充饥。当地不产棉花，部队不得不以棕榈制成衣服来抵御高原隆冬的严寒……无数事实证明，张国焘南下的方针是行不通的。

与张国焘南下碰壁形成鲜明对照的是党中央北上方针的胜利。9月12日俄界会议后，党中央率红一方面军一部继续北上，迅速突破甘肃南部的天险腊子口，翻过岷山，占领哈达铺。9月下旬，中央政治局在榜罗镇召开会议，正式决定以陕北作为领导中国革命的大本营。

中央红军和红四方面军在懋功会师时，中央军委给红四方面军派来一支无线电分队。张国焘对电台很不放心，怀疑是党中央派来监视他的。部队南下到达雅安附近时，张国焘强令收缴了无线电分队的发报机，只留下接收机抄收外语新闻，并让电台跟随方面军保卫局行动。

在长征中，罗世文和廖承志仍在刘瑞龙负责的省委宣传部。他们翻译和整理了大量的外语新闻稿，不仅对与外界完全处于隔绝状态的红四方面军领导机关有重要的参考价值，陕北传来的胜利消息也使广大南下红军指战员备受鼓舞。

开始，张国焘对党中央胜利到达陕北的消息进行严密封锁。徐向前总指挥据理力争："红军打了胜仗，必须向部队、向群众宣传，以此鼓舞我们的士气。"红四方面军的《红色战场》等刊物，连续报道了党中央胜利北上，在陕北建立根据地的消息。部队中不少同志私下议论，对张国焘南下的错误方针产生了怀疑和不满，要求维护党和红军的团结，立即北上的情绪日益强烈和高涨。

在随军南下和北返懋功途中，刘瑞龙曾写下两首诗，从"万山回吟啸，举首揽太清"到"遥念北上者，捷报传后营"，充分表现了两种完全不同的心境。

懋功南行

策骑攀北麓，晨雾阴冷浓。
嘘气成冰滴，奋力登顶峰。
破雾晴万里，红日浴絮云。
万山回吟啸，举首揽太清。

由宝兴北返懋功

黄昏发宝兴，困战急回兵。
篝火遍南麓，恍若满天星。
细雨拍面来，路滑梅南行。
遥念北上者，捷报传后营。

刘瑞龙后来回忆说："当年南下时，我们对张国焘错误的认识远不如今天这样深刻，但在艰苦失败的南下中，我们很多指战员确实感到懊悔和不满，而对于毛主席、周副主席率领红一方面军先行北上，我们确实惦念，关心着报捷的佳音。这种复杂心情，在我南下行军中写的两首五言诗中，就有所反映。"

党中央北上后，与南下部队始终保持着密切的联系，经常转告敌情，指示行动方针，表示了极大的关怀。在朱德、刘伯承、徐向前等同志的积极推动下，以及形势所迫，1936年1月27日，张国焘终于致电党中央，表示原则同意中央路线。

五　过草地，制定少数民族工作新政策

1936年2月初，天全、芦山地区的形势更加严重。敌人集中了薛岳等部六七个师和川军主力，开始向天芦地区大举进犯。红四方面军处于前有强敌，后无根据地，部队得不到补充的困境，难以在此与敌长期周旋，遂制定《康（定）道（孚）炉（霍）战役计划》，以一部兵力位于大硗碛、邓生、达维、抚边地区，钳制东南之敌，主力迅速西进，经懋功、金汤、丹巴进取道孚、炉霍、康定地区。2月中旬，南下部队陆续撤离天全、芦山、宝兴地区，经达维、懋功向西北转移。

部队在懋功短暂休息时，红四方面军政治部进行了调整，原川西省委①书记周纯全调任方面军政治部主任，原中央红军第五军团政委李卓然调任方面军政治部副主任，刘瑞龙被任命为方面军政治部宣传部部长。

在西进途中，部队不仅要与沿途的敌人进行战斗，极为恶劣的自然环境也时刻威胁着红军指战员的生命。红军不仅要再翻夹金雪山，还要翻越海拔5000多米的折多山。先头部队从当地群众中得知，翻越折多山需两天路程，每天下午山上会起风暴，必须赶在正午以前通过主峰党岭。徐向前总指挥细心地计划了路程，命令部队头天下午整装出发，向半山腰前进。

雪山上的天气变化无常，时而大风夹着积雪，恨不得把一队人马一起卷走；时而晴空万里，冰莹的雪山在太阳光的反射下，刺得人成了"睁眼瞎"。指战员们拄着木棍，顶着风暴，一步一步地攀登。越往高处走，空气越稀薄，使人头昏脑涨，喘不过气来，腿软得迈不开步，一些

---

① 1935年6月，红四方面军渡过岷江，川陕省委即改称川康省委。当年11月，红四方面军到达夹金山以南地区，原川康省委改称川西省委。

体弱的战士，走着走着，一头栽下去，从此长眠在雪山上。入夜，风暴越来越大，部队不得不停止前进，战士们三五成群地挤在一起御寒取暖……

为了鼓舞士气，在翻阅党岭主峰前，刘瑞龙与剧团团长李伯钊，在山腰温泉小庙里，填词写了《雪山行》，迅速印发歌篇给部队传唱。

在超越人类生存极限的困难条件下，红军指战员发扬了高度团结友爱的精神，共产党员和各级干部更是以身作则，带头帮助别人背东西，照顾年幼体弱的同志。红军以不畏艰险的钢铁意志，终于在正午前把一面鲜红的军旗插上了顶峰，胜利地通过了折多雪山。

3月1日，红军先头部队红三十军一举攻占道孚，继而占领炉霍和西康省东北部重镇甘孜城。到4月上旬，红军已控制了东起懋功，西至甘孜，南达瞻化、泰宁，北连草地的广大地区。

康北是以藏民为主的藏汉杂居地区，是一片平均海拔3000米以上的高原，地域辽阔，但气候寒冷，人烟稀少，物产贫瘠，对部队的生存发展都极为不利。红四方面军原来不打算在这一带久留，只想在筹集必要的粮物后即刻北上。3月下旬，红军抵达甘孜地区时，传来红二、六军团北上的消息。为了策应红二、六军团北进，根据朱德总司令的意见，红四方面军改变了原有计划，决定在这一地区停留下来现地休整训练，待与红二、六军团会合后，共同北上。为了这个目的，朱总司令和红四方面军坚持在康北高原地区等待了整整4个月，这是异常艰苦的4个月。

红四方面军总部停留甘孜期间，方面军新任宣传部部长刘瑞龙奉命研究少数民族问题，参与领导发动和组织群众的工作。他与方面军政治部以及红五军、红三十二军抽出的大批干部一起，在甘孜、道孚、丹巴等县的农牧区，进行了大量的调查研究，宣传我党的民族政策和政治主张，帮助藏民开展生产、搭桥垫路、治疗疾病，帮助他们学习革命道理，组织百姓联合会、青年队、姐妹团，喇嘛改进会等，还帮助他们成立了县、区、乡各级波巴依得瓦①政府，在道孚建立了千余人的波巴自卫军。

为了做好少数民族工作，刘瑞龙深入研究、认真总结了近一年来部队在少数民族地区工作的经验。鉴于一些同志对藏族同胞的宗教感情了解不深，尊重不够，有的把藏民念经时的虔诚当作笑谈模仿，个别人还把供奉的漆布神像拿来当作包袱皮用，引起藏族同胞的反感。坏人也借此造谣，煽动群众疏远红军。刘瑞龙将我党历来的民族政策和注意事项归纳起来，根据民族地区的具体情况，起草制定了《藏、回地区工作须知》、《藏区十要十不要》、《回区十要十不要》等纪律规定，以红四方面军政治部的名义公布。这些规定通俗易懂，便于记忆，使党的民族政策在部队得到贯彻执行。

刘瑞龙还根据党中央广泛组织抗日反蒋联盟的最新主张，制定了在少数民族地区工作的新政策。如，在政治上给一切革命的小头人、小喇嘛以选举权和被选举权；给革命的大头人、大喇嘛以选举权。在经济上，不没收革命区域内大头人、大喇嘛的财产，仅没收顽固对抗的反动头人的土地财产，分给广大群众；提倡贸易自由，开采矿藏山林，开办工厂，发展农业生产，欢迎和奖励本族私人投资。在宗教方面，实行政教分离、信教自由，保护喇嘛寺，等等。

这些新政策和纪律规定的颁布实施，不仅在妥善处理少数民族内部的阶级关系、争取团结上层人士方面发挥了巨大威力，而且在动员群众起来革命，大力支援红军，保证方面军二次北上，起了重要作用，同时对充实和完善党的民族政策也具有非常重要的意义。

5月1日，波巴依得瓦共和国中央政府在甘孜成立。朱总司令亲自

---

①　波巴依得瓦：系嘉戎藏语的一种方言，意为藏族百姓。波巴依得瓦政府，即藏族人民自治政府，简称波巴政府。

推荐格达五世活佛任波巴政府副主席。

格达活佛是甘孜白利寺住持。他严守佛规戒律，体贴民众疾苦，接济贫苦农奴，收容难民、孤儿，深受当地藏民群众的爱戴和尊敬。红军到达甘孜之前，由于听信国民党的反动宣传，格达活佛在寨子里悄悄地躲藏起来。当他亲眼看到红军指战员尊重藏族宗教信仰和风俗习惯，保护寺庙，秋毫无犯的大量事实后，渐渐打消了疑虑。

刘瑞龙曾多次带着红军的通司到白利寺与格达活佛攀谈，向他介绍共产党和红军的宗旨，以及红军对少数民族政策和宗教政策。格达活佛深受感动，深感红军是藏族人民的好朋友、大救星。于是，他亲自出面召回逃匿深山的村民，要他们安心生产，动员和组织僧俗群众为红军做通司，当向导，救护伤病员，筹备军粮马料。格达活佛还到附近的更龙、亚拉等寺，宣传红军的宗旨，要求他们尽力支援红军。格达活佛热诚支援红军的事迹，很快传遍甘孜地区。

朱德总司令离开甘孜北上时，专门到白利寺与格达活佛告别，鼓励他继续团结广大僧俗群众，坚持斗争，红军一定会再转回来！

1936 年，刘瑞龙（二排左一）参加朱德（二排左八）与红四方面军部分干部的合影（部分）

红军北上后，反动喇嘛生龙多者一伙，在国民党反动派的支持下，公开杀害波巴政府工作人员和红军伤病员。格达活佛大义凛然，冒着生命危险亲自到甘孜寺进行劝阻，特派手下最得力的色波喇嘛等人，将200多名红军伤病员护送到道孚县章谷寺，委托那扎夏活佛掩护治疗。他还组织僧俗群众拿起明火枪、刀矛、锄头进行自卫，保护了大量的革命群众。后来，为避免国民党反动派的迫害，格达活佛带着甘孜波巴政府的印章、文件，前往拉萨避难10年。在此期间，他做了数十首"弦子词"，表达了他对红军的思念之情。新中国成立之初，格达活佛为祖国统一，和平解放西藏，积极奔走，不幸被英国特务下药毒死，献出了宝贵的生命。格达五世活佛成为宗教界爱教爱党爱国的杰出典范。

1936年6月6日，在全军心向陕北的形势下，张国焘被迫宣布取消"第二中央"。

刘瑞龙、江彤夫妇与孙子草地（摄于1978年）

6月28日，张国焘与陈昌浩、李卓然联合发布《四方面军第二次北上政治命令》。

7月2日，红二、六军团领导人任弼时、贺龙、关向应等到达甘孜，与朱德、张国焘、陈昌浩会见。

7月5日，中共中央电令，红二、六军团改编为中国工农红军第二方面军，与红四方面军共同北上。

7月上旬，红二、四方面军组成左、中、右三路纵队，从甘孜、炉霍、绥靖地区出发，向甘南前进，通过草地。

草地是红军北上最艰苦的一段路程。几万大军相继通过草地，沿路的野菜都吃光了，同志们最后只有解下腰间的皮带来充饥，往往一根皮带要几个人分着吃。刘瑞龙心痛地看到一个个在战火硝烟中顽强搏杀的勇士，却在大会师的前夜，因为饥饿被茫茫的草地吞噬了生命。42年后，刘瑞龙的小孙子出世，他给孩子起了个小名叫"草地"，以此来纪念那段永世难忘的历程，缅怀牺牲的烈士们。

从1934年10月起，中国工农红军一、二、四方面军相继开始战略大转移，进行举世闻名的两万五千里长征，红军三大主力主要活动在西南、西北少数民族聚居地区，这么长期、广泛地与少数民族接触，在我党历史上还是第一次。这就使党和红军有了广泛接触少数民族的机会，使党的民族政策得到一次极好的实践。在这方面，刘瑞龙做出了重要贡献。

第九章　血染的西征

西路军兵败祁连山，刘瑞龙等8名红军领导干部被秘密关押在张掖敌看守所，受尽折磨。他带领狱中同志以"历尽难中难，心如铁石坚"的英雄气概相互激励。直面凶残的马步芳，他大义凛然，视死如归。不想，马步芳把手一扬，只说了一句话："就这样吧，你们的总司令要你们回去。"是党中央的营救，使他们终于回到延安。

一　奉命挺进河西走廊

1936年10月9日，红四方面军指挥部到达甘肃会宁。10月10日，三大主力红军近8万之师，胜利会合于广袤雄峻的西北高原，咆哮万里的黄河之滨。

为了打通与苏联的联系，首先造成西北抗日局面，红军结束长征后，中央军委按照党中央的部署，命令红四方面军执行宁夏战役计划。

10月25日凌晨，由军长程世才、政委李先念率领的红三十军，于河抱口（今虎豹口）强渡黄河成功。红四方面军总指挥部根据中央军委和红军总部的命令，指挥部队陆续西渡黄河。此次西征，红四方面军出动了红三十军、红九军、红五军，连同总部及直属机关，共计21800余人。方面军宣传部部长刘瑞龙也随军渡过黄河，决心与广大指战员一起为胜利完成党中央赋予的西征任务而英勇斗争。

10月26日凌晨，毛泽东、周恩来电示朱德、张国焘、彭德怀：第三十军、第九军渡河后，可以第三十军占领永登，第九军占领红水以北枢纽地带，并准备袭取定远营。渡河部队奉命进至景泰一条山地区。渡河10余日来，部队英勇战斗，迭创敌军，共毙伤、俘虏敌军2000余人。

11月2日，徐向前、陈昌浩向红军总部和军委报告：一条山地区人稀、粮缺、水苦，不能久留。若主力不能迅速渡河，建议已渡河部队先向大靖、古浪、平番、凉州（今武威）发展，必要时再转回接主力过河。

11月5日，朱德、张国焘电示徐向前、陈昌浩，主要任务是消灭马步芳部，独立开展一个新局面。

11月8日，毛泽东、周恩来电示徐向前、陈昌浩，向凉州前进，作战时集中兵力打敌一个旅，各个击破之。

由于西北战场的形势发生变化，中共中央和中央军委决定放弃《宁夏战役计划》，在《作战新计划》中，提出："徐陈所部组成西路军，以在河西创立根据地，直接打通远方为任务。"

11月9日，渡河部队撤离一条山地区，向平、大、古、凉地区前进。

11月11日，中共中央电令，将渡河部队改称西路军，成立西路军军政委员会，陈昌浩为军政委员会主席，徐向前为副主席。

11月12日，毛泽东等致电西路军，征求单独执行西进任务的意见。西路军复电中央军委和红军总部，依据现在敌我力量，估计可以完成任务。

11月13日，中共中央书记处致电共产国际，报告渡河部队已组成西路军，并依照共产国际新的指示，向接近新疆之方向前进。

......

至此，西路军在东起凉州西北之四十里铺，西到山丹约 300 余里的狭窄地带一线摆开。

马家军，日式装备，向以剽悍、凶残著称，作战时，先以猛烈炮火轰击红军阵地，而后组织集团冲锋，步骑交加，刀枪并举，乱喊乱叫，冒死突进。我河西部队完全处于被动挨打的局面，奋战月余，截至 12 月上旬，毙伤敌人约 6000 人，自身减员 5000 有余，元气大伤。

西安事变发生后，西路军行动方针几度变更。12 月下旬，部队撤离山丹、永昌地区，继续西进。红五军进入临泽县城，攻占高台。总部和红九军、红三十军分驻临泽东南沙河堡、倪家营子一带，开展地方工作。敌马步芳、马步青部两万余人追杀过来。我红五军浴血奋战到最后一人一枪，军长董振堂、军政治部主任杨克明以下 3000 余人大部壮烈牺牲。西路军主力在倪家营子与敌苦战，歼敌数千，但部队伤亡巨大，全部兵力已不足万人。

1937 年 2 月 11 日，西路军鉴于固守无望，决定东返。在甘州（今张掖）西南的西洞堡、龙首堡一带，击溃敌一个骑兵旅和宪兵团。在重返倪家营子途中，红军又遭敌人重兵围攻，血战七昼夜，伤亡惨重。

3 月 5 日夜，红军再度突围，又在临泽以南三道流沟遭敌包围，苦战 5 昼夜，于 11 日夜突围，经梨园口转入祁连山区，与敌几经冲杀，被迫后撤。这时，部队兵力连同伤员已不足 3000 人。

在 4 个多月时间里，西路军广大指战员以大无畏的英雄气概，披坚执锐，喋血沙场，与数倍于己的马家军殊死鏖战，先后共歼敌 25000 余人，虽然付出了重大代价，却吸引着 10 万敌兵西向，保证了陕北总后方的安全，有力策应了河东红军和友军的战略行动。西路军终因众寡悬殊、弹尽粮绝而惨遭失败。

3 月 14 日，西路军余部进抵康龙寺南石窝附近。陈昌浩在石窝山上主持师以上干部会议，含泪宣布了军政委员会的三项决定：

一、徐向前、陈昌浩离队回陕北，向党中央汇报情况。

二、由李卓然、李先念、李特、曾传六、王树声、程世才、黄超、熊国炳等人组成西路军工作委员会，李先念统一军事指挥，李卓然负责政治领导。

三、将现有兵力和人员分为两个支队进行游击活动，等待与党中央派出的援西军会合。由李先念率红三十军主力 5 个营和总部直属队人员组成左支队，到西面大山打游击；由王树声率红九军剩下的 3 个步兵连和两个骑兵连组成右支队，到南面大山打游击。

天色渐渐黑下来，凛冽的北风一阵紧似一阵，悲壮的气氛笼罩着整个石窝山顶。李先念、李卓然、王树声等人怀着万分沉重的心情，依依难舍地送别徐向前和陈昌浩。随后，集合部队准备转移。

此时的刘瑞龙正在生病，身体虚弱到极点。当他找到石窝山指挥部时，天已经全黑了。他只是在人群外听说，徐向前和陈昌浩已经离开部队。刘瑞龙拖着重病的身体与直属队的同志们随左支队行军。逶迤行进的红军部队，有的披着毛毯、羊皮，有的仅穿着单衣，打着赤脚，踏着深可没膝的积雪，顶着呼啸刺耳的寒风，沿着祁连山朝西北方向艰难地跋涉。有的同志走着走着一头栽倒，即被饥寒和缺氧夺去了生命……

大约三四天后的一个下午，李先念和李卓然面带苦涩地来到直属队，看望负责干部。为便于主力机动，他们决定组成干部队，当即与主力分开行动，任命毕占云为队长，曾日三为政委，张琴秋、吴永康、熊国炳、欧阳毅和刘瑞龙为支队委员会委员，实行集体领导，并派出 3 个连负责掩护。

干部队不足 400 人，除了原直属队的一些领导干部外，主要由总部特务团、妇女抗日先锋团余部、各军医院、后勤部的部分战士组成，大都是伤病员、妇女和小孩。这对于没有战略后方的战败之军来说，"包袄"够重的。支队领导决定发给每个重伤员和年龄较小的战士一些路费，派人护送出山，到山下群众家中养伤或自寻出路，留下的红军丢掉身上累赘的东西，坚持在山上打游击，并寻机突围。

出发之前，刘瑞龙从马背上卸下沉重的黑皮包，皮包里装着长征一路来编写、油印的数十册《干部必读》以及在少数民族地区整理、撰写的宣传材料。这些宣传品是刘瑞龙从爬雪山过草地的艰苦征程中一路带过来的，可今天却要把它们全都丢掉。他迟疑了片刻，从中挑选了一些最重要的东西装进马袋里，含着泪将那只大黑皮包就地掩埋了。

干部队离开主力后，先是南行，以后又向西折，途中多次遭遇敌人。一天傍晚，当部队到达北川门时，宿营未定，警戒部队就与敌人遭遇。眼见滚滚沙尘伴随着急促的马蹄声和疯狂的叫喊声像海啸一般汹涌袭来。

毕占云队长紧急招呼大家："敌骑冲过来了！赶快上山！"

转眼间，部队就被敌人冲散了。

天黑时，集合在山上的只有二三十人。

敌人在山下燃起无数火堆正在庆祝胜利，还不断向山上的红军发出咆哮。

"决不能坐等待毙！"毕占云当即决定："大家向没有火堆的地方迅速分散！"

刘瑞龙强忍病痛，与西路军司令部四局局长刘静生和川陕根据地赤江县保卫局局长张玉清一起夺路下山，拼尽全身气力，终于在天亮之前冲出了敌人的包围圈。

二　狱中担任临时党支部书记

祁连山连绵起伏，人迹罕至，没有飞鸟，没有道路，孤零零的陌生人很难转出群山。刘瑞龙和刘静生、张玉清三人路途不熟，只能在山里四处游动。眼下已是阳春三月，在刘瑞龙的家乡南通，濠河两岸已经桃红柳绿一片春色，可祁连山上却是一片冰雪世界，气温仍在零下三四十摄氏度，找不到任何吃的东西。途中偶尔看到牧民的帐篷，他们就去换些糌粑、羊肉吃，有时在冰河里打只野驴烤着吃。

1937年4月下旬的一天，刘瑞龙三人游转到红瓦寺附近的山上，在树林里露宿。清晨，只听一阵纷杂的脚步声和叽里咕噜的喊话，起身一看，他们已经被十几个搜山的反动民团的藏兵包围了。彪悍的藏兵将他们五花大绑，连推带搡地押下山去。当晚，他们被押在山脚下的一户农民家过夜。第二天一早，六七个持枪藏兵把他们押送到张掖国民党马步芳部第一〇〇师第三〇〇旅旅长韩起功处。

在旅部，一个军官开始讯问刘瑞龙三人。在10多年的革命生涯中，刘瑞龙曾两次坐牢，熟知敌人逼供的鬼把戏。他化名李占魁，说是在连里当司事①。敌人见他衣衫褴褛、胡须老长，不像个当官儿的，就没继续追问。审讯后，敌人将刘瑞龙三人押往张掖县看守所。

看守所是两进院，外边的院子是看守所长的办公室和关押政治犯的牢房，里边的院子是关押民刑犯的。刘瑞龙三人一进看守所，即被钉上脚镣，推进看守室对面的牢房里。刚进牢房，刘瑞龙眼前黑乎乎的一片，渐渐地，他才看清，这间阴暗的牢房分一大一小两间，中间有木栅栏隔着，牢房的铁门上只开了一扇小窗。此前，大、小间里各关押着一名被俘红军。

大约一个星期后，又有三个衣衫破烂、又黑又瘦的红军被推进大牢房。其中一位还有严重的脚伤。

"那不是魏传统同志吗？"刘瑞龙心中一惊。

这时，魏传统也认出了刘瑞龙。他们没有相互打招呼，而是用坚毅

---

① 司事：旧指公所、会馆等团体中管理账目或杂务的人。

的目光互相鼓励着。

被关进这间牢房的一共有 8 个人，都是红军领导干部，除刘瑞龙、魏传统、刘静生和张玉清外，还有董光益、袁正明、徐宏才和惠子明。当时，他们的真实身份都没有暴露，多数人穿的是光面破羊皮袄，里面是黥黑的本布衬衣，军裤磨得稀烂，有的还赤着脚，只有董光益穿得比较干净，布面皮上衣，布棉裤，看上去像是大官。敌人没有给董光益铐脚镣，而是单独关在有土炕的小牢房里。

刘瑞龙认识魏传统是在长征途中。魏传统是四川达县人，是川东根据地有名的文化人，写得一手绝佳的魏碑。当年川陕根据地家喻户晓的红军口号"斧头劈开新世界，镰刀割断旧乾坤"就出自魏传统笔下。魏传统也有与刘瑞龙相同家境和革命经历。他出身富庶，读过中学，一场流行乡里的霍乱使他家道中落。他 1926 年参加革命，1928 年入党，当年还是著名的左翼文化团体——创造社的成员。1933 年红三十三军成立时，魏传统任军政治部主任。后因反对张国焘，他 4 次险些被杀头，一度被贬为宣传处的油印股股长。

西路军兵败祁连山后，魏传统也被编入干部队。在一次突围中，魏传统率一支人马冲杀出来，途中又遭遇马家军的截击，连鞋子都被打烂了，他只得用一些枯草缠住伤脚，行走在冰山雪岭上。

回忆起悲壮的西征，特别是牺牲的同志，刘瑞龙和魏传统都非常难过。

部队在北川门被敌骑兵包抄时，为了掩护伤病员和妇女向外突围，政委曾日三带领一部分队伍进行火力掩护，不幸落入敌手。敌人凶狠地嗥叫着："当官的出来！否则，统统杀掉！"曾日三挺身而出。当敌人举起屠刀那一刻，他仰天高呼："红军万岁！"拉响了身上最后一颗手榴弹，与敌人同归于尽。这位跟随朱德军长参加湘南起义走上井冈山的老战士，把一腔热血洒在了冰莹的祁连山上。

让刘瑞龙和魏传统特别痛心的还有方面军总供给部部长郑义斋。在西征途中，郑义斋克服重重困难，带领供给部携带大批辎重，千方百计地搞好后勤工作。3 月 13 日凌晨，在部队已陷入绝境的时刻，郑义斋率领 10 余名警卫战士，带着方面军从根据地带出的最后一点家当——用来兑换法币的金条和黄金首饰，奔向总指挥部驻地，途中不幸被尾追的马家军包围。郑义斋当机立断，命令一名战士带着仅有的"家产"骑马突围，而他本人和担任掩护的全体战士都献出了宝贵的生命。

……

一天，魏传统低声对刘瑞龙说："我们 8 个人是否组织一个狱中临时支部？"

刘瑞龙思考片刻说："还是相互了解一下为妥。"

经过大约一周了解和考验，8 个人分别取得同意，在监狱中秘密建立了临时党支部。大家公推刘瑞龙为支部书记，魏传统、惠子明为支委。身在敌人的魔掌之中，随时都有被敌人杀害的可能。临时党支部首先强调：统一内部，相互勉励，保持共产党员的立场和气节，做好坚持斗争的思想准备。开始，个别同志情绪低沉，心情急躁，经过刘瑞龙和魏传统做思想工作，情绪渐渐稳定下来。

初进牢狱，一天只给两顿饭，牢里又阴又冷。临时党支部带领大家进行狱中斗争，首先赢得了每天放风两小时的胜利。每天上午饭后，难友们一起坐在地上晒太阳，一遍一遍地唱着《苏武牧羊歌》。

这首古韵悠扬的《苏武牧羊歌》产生于辛亥革命后，流行于二三十年代，对激发人民大众的反帝爱国主义精神起到很好的作用，在旧军队中也广为传唱。苏武是汉武帝时期的中郎将，奉命出使匈奴，被匈奴首领囚禁冰窟逼降，他饮雪吞毡坚决不从，被遣送到北海边牧放公羊，说要等公羊生子之后才能放他回汉朝，苏武不顾威胁利诱，不怕艰苦折磨，坚持 19 年终不屈服。临时党支部的同志们以"历尽难中难，心如铁石坚""任海枯石烂，大节不稍亏"的歌词互相激励。

　　刘瑞龙还利用放风机会，接近地方民刑案犯，了解到他们中的多数是被地主豪绅欺负的穷苦农民。通过聊天，刘瑞龙向他们了解到张掖地方的情况，向他们学了一些当地土语，有时还替他们抄写状子，不失时机地宣传红军抗日救国的主张。

　　魏传统通过看守人员找来《三国志》《西游记》《水浒传》等旧小说。刘瑞龙和魏传统一句句地对背诸葛亮的前后《出师表》，以"鞠躬尽瘁，死而后已"表白心迹。

三　天上掉下来的"外甥女"

　　张掖县地处祁连山东北麓，是河西走廊的重要枢纽。县城甘州，有千把户人家，算不上繁华，因为是穿越河西走廊的必经之路，每天人来车往还挺热闹。早在汉唐时代，张掖就是丝绸之路的重镇，东西大路直通长安和中亚、西亚；南北则由西宁经居延通往内蒙古草原。张骞、班超、法显、唐玄奘等都是途经张掖前往西域的。著名的意大利旅行家马可·波罗曾醉心于此，停留长达一年之久。古有"不望祁连山上雪，错将甘州当江南"的佳句。然而，在 20 世纪 30 年代，这里却成了一座残害西路军将士的黑暗地狱。

　　在河西走廊一带有 1000 多名西路军失散人员，有的被拉到敌人的工兵营去修公路；有的被强迫在敌人的修枪房、被服厂和医院做苦工；有的"红小鬼"被分在旅馆、澡堂当跑堂的小伙计，或在国民党大官家里当勤务兵；还有的被编入敌人的"补充营"去前线打仗，充当"炮灰"。那些失散在城镇的红军战士，有的靠卖杂货、做裁缝维持生活，还有的流浪街头，靠沿街乞讨度日，境遇非常悲惨。

　　红三十军第八十八师的刘德胜连长，在祁连山掩护左支队突围时腿负重伤，不幸被俘，被送进张掖伤兵医院。在养伤的日子里，刘德胜日夜思念红军，盼望着有一天能回到党的怀抱。伤势渐渐好转后，他开始在医院内外转悠，整个甘州城没有他走不到的地方。一个缠着绷带、挂着双拐的伤兵，很不引人注意，刘德胜有机会接触外界，打听消息，认识了许多人。当他发现，韩起功的敌营中也有我们的同志时，便冒着生命危险把他们一个个串联起来，并与分到敌人电台工作的红军报务员邱均品、蔡文良秘密组织了张掖地下党支部，既定任务是：团结同志，传递消息，等待时机，组织重返革命队伍。

不久，地下党支部便与在韩起功剧团工作的王定国等人取得联系。24 岁的女红军王定国是西路军前进剧团服装道具股股长，在西征战斗中曾两次负伤。剧团被敌人打散后，她们 30 多位战友被俘，先是被马家军押往西宁，后来又押解到张掖，交给敌旅长韩起功监管。经过积极活动，地下党支部很快联系到 20 多名党员。

据刘德胜侦察，在张掖看守所里还关押着部分西路军人员，据说还有领导干部。根据地下党支部的指示，王定国带着剧团的两个小姐妹，以寻找舅舅为名，来到看守所探监。

"长官，我是三〇〇旅司令部的。我舅舅在河西战乱时走失了，活不见人，死不见尸。听说，最近这里关了不少人进来，不知他在不在里边？"胆大机灵的王定国首先自报家门，说着，又从口袋里掏出一枚银元，悄悄地塞到当班的看守手里。

"你舅舅叫什么名字？"班头问。

"姓李。"在中国，赵、钱、孙、李，居百家姓之首，看守所里关着那么多人，总会有姓李的吧，王定国脱口道出她娘家的姓氏。

说着，班头向院子里喊话："姓李的，外边有人探监！"

见无人对答，魏传统机敏地碰了一下刘瑞龙："老李，有人来看你了。"

1981 年 11 月，刘瑞龙、江彤夫妇与红四方面军老战友、谢觉哉夫人王定国在空军招待所合影

刘瑞龙心领神会，便大声应答道："我是李占魁。哪个来找我？"

卫兵隔着牢窗对里边说："有个女子，个头不高，说是要找舅舅。"

刘瑞龙和魏传统心照不宣，不管是不是"家里人"，总能趁机了解一下外边的情况。

"我是有个外甥女，能不能让我见见？"刘瑞龙大声回应道。

卫兵向外报告："那个叫李占魁的红军说，想看看是不是他的外甥女。"

听说看守所里关着红军，王定国惊喜得心都快跳出来了，她尽力控制着自己情绪。其实，她根本不知道李占魁是什么人，为了摸清看守所里的情况，必须深入虎穴。

班头朝王定国扬了一下下巴："进去吧，只准一个人进，你们两个在外边等着。"随后，他又补充了一句："快点儿，他可是政治犯，要是上峰知道了，可是要掉脑袋的！"

走进看守所，一阵哗啦啦的脚镣声由远而近，牢门的窗口处露出一张消瘦的脸，只见两颊塌陷，胡子老长，唯有深陷在眼窝里的那双大眼睛闪烁着坚毅的光芒。这张脸，看似熟悉又非常陌生，猛然间，王定国的心被揪住了："这不是方面军宣传部的刘瑞龙部长吗？！"

对于刘部长，王定国太熟悉了。当年在川陕苏区，刘部长经常到苏维埃学校讲课，他写的《革命三字经》，方面军的战士们几乎人人会背。部队西渡黄河后，刘部长还组织了西路军前进剧团。那时的刘部长高大英武，眼前的他已被折磨得形容枯槁。王定国一阵辛酸，话还没出口，眼泪就滚落下来。她想起地下党支部交给自己的任务，一边擦着眼泪，一边哭诉说："舅舅，母亲找你好苦啊！今天总算找到了……"说着又呜呜地哭出声来。

看着眼前一身素花旗袍的年轻女子，刘瑞龙虽然叫不出她的名字，但已经认出她是西路军前进剧团的女战士。

"我的老姐姐还好吧？"刘瑞龙追问道。

"母亲好，家里都好。全家人都为找不到舅舅的下落担心呢！"

"让老姐姐放心，我李占魁是个教书先生，在红军部队里不过是个司事，过不了多久，我就会出去的。"

聪明的王定国知道刘瑞龙所说的都是暗语。她把刘瑞龙的话一一记在心里。最后，她又安慰刘瑞龙说："舅舅你放心，母亲一定会托人赎你出去的。"

班头来催了。王定国一边抹着眼泪，一边向外走。

"组织上派人来寻找我们了！"刘瑞龙转过身来，眼睛里闪烁着泪花，他要和难友们共同分享这一喜悦。

第二天，王定国又来了。她给刘瑞龙他们带来大饼和咸菜，还特意带来一罐稠稠的米汤和一刀"解手"用的黄草纸。刘瑞龙蘸着米汤，在草纸上写下与狱外党组织联络的秘文。

在近两个月的时间里，王定国和地下党支部的武杰、邱均品等同志，先后以不同身份多次到看守所看望刘瑞龙。为了改善他们在狱中的生活，尽快营救他们出狱，地下党支部决定，进一步做好国民党张掖县县长马鹤年的工作。

在大革命时期，马鹤年曾参加过共产党，后来与组织失去关系。数月前，在红五军攻打高台时，马鹤年是国民党高台县县长，混战中，他还打开城门迎接红军进城。

一天，马鹤年亲自带领监狱长视察看守所，他对刘瑞龙他们说："现在要打日本，国家需要人才，你们暂时受了点儿委屈，将来一定会有大用处。"

他又问监狱长："听说他们吃不饱？"

监狱长为难地说："看守所里抓进这么多人，一个伙夫实在做不过来。"

马鹤年交代说："可以把粮食分给他们自己做嘛！"

经临时党支部研究，决定由惠子明和徐宏才每天出去做饭。打这儿以后，看守所里的生活稍有改善。马鹤年还派人到看守所给刘瑞龙他们理了发。

四　忠诚的党外朋友高金城

党中央一直关心着西路军的将士们，早在 1937 年 4 月，周恩来副主席就派人带着他的亲笔信到西宁，拜访国民党高级将领赵守钰，希望通过他做马步芳和马步青的工作，解救西路军被俘人员。抗日战争爆发后，中共代表谢觉哉带领十几名工作人员从延安奔赴兰州，设立八路军办事处，其中一项重要任务，就是根据党中央、毛主席和朱总司令的指示，尽力营救和收容失散在河西走廊的酒泉、张掖、武威一带的红军西路军人员。

谢老一到兰州，便着手紧张的工作，几乎每天都能收集到有关西路军失散人员的消息。河西走廊地区被马家军严密控制着，我们的同志很难打进去。这时，地下党员吴波向谢老推荐了他的老相识——一位基督教传教士，名叫高金城。

高金城是河南襄城人，蒋阎冯大战期间，在冯玉祥部队的后方医院当过院长，后因不满国民党投降媚外、反共反人民的政策，曾多次被警察局搜捕。1936年冬天，他来到兰州，以传教士的身份在齐鲁会馆开了一所私立"福陇医院"。在吴波的启发引导下，高金城开始为共产党做一些秘密工作。他思想进步，愿意接近下层群众，为穷人看病不收钱，因而受到人们的爱戴和信任，在兰州及河西走廊各县有一定的社会影响和群众基础。

1937年8月初的一个晚上，经吴波等人介绍，谢老与"八办"处长彭加伦、副处长朱良才，在兰州五泉山与高金城会面叙谈。谢老希望高金城能去甘州，帮助共产党收容西路军被俘和失散人员。谢老还派原西路军警卫营长蔡光波与高金城同行，协助他工作。高金城欣然接受委托。

高金城来到甘州，以基督教办慈善事业为掩护，在国民党上层人物中积极活动，被甘肃省政府任命为甘凉肃抗敌后援委员会主任。他拿着省政府的介绍信，亨通甘凉肃一带，并宴请张掖县县长马鹤年及各方爱国人士，表示愿回甘州重开福音堂医院，接受抗日战士伤病员入院治疗。福音堂医院很快就开张了。

蔡光波与地下党支部取得联系后，营救工作出现了新局面。高大夫利用他在当地的影响，以医院救护伤员的任务很重为由，亲自向敌旅长

为营救红军西路军被俘失散官兵
做出重要贡献的高金城

韩起功借王定国等 7 名剧团人员到医院当护士，教给她们做护理工作，让她们以医院为掩护，接待或出外寻找西路军失散人员。高大夫工作很细心，要求非常严格，每天医院里来了多少人，都是什么人，护士们一定要搞得清清楚楚。福音堂医院实际成为张掖地下党组织的秘密联络站。在敌营电台工作的同志利用密码电报也与兰州"八办"取得了联系。

　　8 月上旬的一天，刘德胜亲自带着高金城准备好的点心和名片来到张掖看守所，看望刘瑞龙等同志。有县太爷马鹤年和高金城大夫的"双保险"，地下党支部的同志到看守所探监也方便多了。乘看守不在，刘德胜低声对刘瑞龙说："卢沟桥事变后，抗日战争已全面爆发，目前，国共两党重新合作。党中央在兰州建立了办事处，派人到甘州营救西路军失散人员。"刘德胜希望狱中的同志们注意身体，坚持斗争，准备迎接胜利的一天。刘瑞龙简单谈了狱中同志的表现，并将写有 8 位同志真实姓名和"我们身体都很好，请家里放心"的字条请刘德胜转交党组织。

高金城曾几次派人给狱中的同志送来食品，还派在福音堂医院工作的红军女战士装扮成修女，到看守所为魏传统医治脚伤。

张掖敌旅电台有 10 多个报务员，除两个管理人员外，其余都是被俘的西路军战士。地下党支部利用这个有利条件，搜集情报，掌握敌人动态。8 月下旬，马步芳从西宁发来电令，命令韩起功于 9 月初将关押在张掖县看守所的 8 名红军领导干部解往青海。译电人员立刻将这一重要情况报告给地下党支部。地下党支部在福音堂召开紧急会议，决定由蔡光波化装成买药的，急赴兰州，直接向谢老报告，一并带去由高金城用药水密写的刘瑞龙传出的字条。

刘瑞龙等红军干部将要被押送西宁，地下党支部的同志们都为他们的安全担心。从张掖到西宁近 350 公里路程，沿途要经过海拔四五千米的雪山和渺无人烟的荒漠。为了保证他们在路上的生活和安全，高大夫派人送来布鞋、绑腿和碗筷，以及仁丹、急救水等药品。地下党支部的同志送来干粮和咸菜。王定国通过募捐，凑了 20 多元法币，给他们在路上作盘缠。刘瑞龙知道此行凶多吉少，心情平静地安慰前来送行的同志们，并请他们转告组织："生死寻常事，万一不幸，请告诉家里人，不要难过！"

从张掖到西宁有两条路：一条贯通河西走廊，经武威、永登、民和、乐都，绕道西宁；但大多数跋涉者是由甘肃民乐县的红水，穿越祁连山中部的扁都隘口，进入青海省的阿力克草原，然后经俄博、门源、大通，到达西宁。

扁都口位于祁连山中段，把高大险峻的祁连山东西劈开，两山夹峙、峭壁摩天，形成著名的扁都峡，南通河湟、北达甘凉，历来为兵家必争之地。扁都峡不仅有峭壁湍流，还有连天的牧草，透过峰峦叠嶂，一条蜿蜒的小路盘旋在崎岖的山腰。这条小路，走过戍边将士，走过商贾驼队，也走过文人墨客，写下了许多脍炙人口流传千古的边塞诗篇。然而今天，在这条漫长的小路上，却溅洒着无数西路军战士的斑斑血迹。

深秋的青藏高原，天寒地冻，时而风雨交加。敌人派了一个排的兵力，荷枪实弹，腰挎马刀。在近 10 天的艰难行程中，刘瑞龙他们几乎都是步行，每天只能喝一顿稀稀的面糊糊，夜晚露宿在荒野或庭院，偶尔也用王定国筹集的盘缠骑一段毛驴，稍微走得慢一点，敌人的枪托就直捅过来。日寇的铁蹄正在践踏我中华大好河山，我等为民族解放而献身的七尺男儿，宁愿战死疆场，怎能白白死在马匪的屠刀下?! 刘瑞龙的心情非常沉重。在接近西宁时，远远听到塔尔寺方向传来沉闷的喇嘛长号声，呜……呜……呜……

在西宁，敌人把刘瑞龙等 8 位红军干部一同关进军法处，刘瑞龙和魏传统、惠子明、徐宏才 4 人被关在一起。审讯都是单独进行的，敌人首先胡骂一通，接着便追讯身份。刘瑞龙按照在甘州说的那样，咬定自己是连里的司事。后来，敌人又施展阴谋诡计，提出要他们留下，许愿高官厚禄。刘瑞龙的态度很坚决，坚持要求回到红军队伍中，抗日到底。敌人狠狠地抽了他十几鞭子，又把他押回原来的地方。

几天后，敌人把 8 位红军干部集中押到马步芳的司令部。刘瑞龙大义凛然，视死如归，几位战友也都昂首挺胸地站立在大厅里。只见马步芳毫无表情地从办公室里走出来，把手一扬，只说了一句话："就这样吧，你们的总司令要你们回去。"说完就缩了回去。

第二天，敌人果然派了一个班，由一个小头目带队，说是要把刘瑞龙他们押往兰州，同路的有魏传统、徐宏才、惠子明，还有一个姓王的女同志。经过一周的长途跋涉，他们于 9 月 22 日抵达兰州，被押抵国民党兰州绥靖公署。而刘静生、张玉清等 4 个人未能同行，具体原因和他们的下落成了永久的谜团。

事情的发展竟如此蹊跷！

原来，当谢老接到蔡光波从张掖送来的报告后，便亲自登门，要求国民党甘肃省政府主席贺耀祖释放我红军干部。贺耀祖与谢老既是同乡，又是故旧。大革命时期，谢老曾帮助他参加北伐。那时，贺耀祖是湘军第二师师长，而10年后，却成了声名显赫的甘肃省政府主席。对于国共建立统一战线共同抗日，贺耀祖态度动摇，甚至对美国的援助抱有幻想。为了争取贺耀祖，谢老做了大量的说服工作，进行了许多复杂而微妙的斗争。

贺耀祖对谢老提出的要求一般是尽力满足，但对被关押的红军领导干部，他不敢擅自做主，却暗中表示："倘若，接到上峰允许放人的命令，贤弟一定毫不犹豫地放人。"

谢老立即给中央军委主席毛泽东发去电报，请求以八路军朱德总司令和彭德怀副总司令的名义致电蒋介石及青海的马步芳，要求他们释放我西路军人员，并公开派人去收容。对于共产党的重要人物，蒋介石是不会轻易放过的，他强词夺理地说："这些人的案子上明明写的是'盗匪'，不是共产党，怎么能随随便便地放掉呢？"直到中共中央义正词严地向蒋介石提出抗议，他才被迫下令放人。

刘瑞龙、魏传统等被押解到国民党兰州绥靖公署后，由贺耀祖转送到八路军驻兰州办事处谢老那里。直到这时，刘瑞龙才真正感到自由了，终于到家了！回想起在此之前的几个月中，自己还是遭受敌人摧残的囚徒，现在回到中共中央代表谢老身边，能继续为党出力，喜悦的心情溢于言表。

这一年，谢老已经53岁，花白的寸发，微微翘起的八字胡须，满面红光，精神矍铄。要不是亲眼所见，谁会相信，这位年过半百的晚清秀才，凭着坚定的革命信仰和一双铁脚板竟翻越万水千山，走完了两万五千里长征路。

谢老告诉刘瑞龙他们，西路军的两位领导人陈昌浩和徐向前已经回到延安。李先念率领的左支队西越祁连山雪岭，经过47个日日夜夜，终于脱离九死一生的险境，幸存的420多位同志胜利地进入新疆。为掩护陈昌浩、徐向前和左支队撤退，王树声率领右支队吸引了敌人大部兵力，右支队损失惨重。不过，王树声本人历经千难万险后，已于月前回到延安。

在兰州"八办"，刘瑞龙还听到一个意外的好消息，他的"外甥女"王定国，在完成营救工作后，也回到党的怀抱。根据党组织的安排，她留在兰州，成为谢老的助手，后与谢老结为终身伴侣。

让刘瑞龙特别感动和钦佩的是高金城大夫。他为了民族解放大业，不顾个人安危，全心全意地帮助共产党工作，来张掖短短一个多月，就和地下党支部的同志一起营救了200多位西路军失散人员。

不幸的是，高金城积极从事进步活动和正义事业的行动，终于引起敌旅长韩起功的注意。1938年2月的一个夜晚，敌人将高金城秘密杀害，他的尸骨始终没有找到。值得慰藉的是，新中国成立后，凶手韩起功得到应有的惩罚，高金城先生被追认为革命烈士，他的革命事迹永远为后人景仰和歌颂。

五 在中央党校第十二班

大西北的初冬，朔风劲吹，寒气袭人。刘瑞龙、魏传统一行心头却温暖如春。他们历尽千辛万苦，终于来到深情向往的革命圣地延安。古城延安生机勃勃，焕发着青春的活力，到处充满同仇敌忾奋起抗战的浓烈气氛。

刘瑞龙和魏传统来到延安城西山脚下，小山坡上有七八间土窑洞，这里是中央组织部的办公地点。中组部副部长李富春亲切地接见了他们。在向刘瑞龙等人通报了延安开展清算"张国焘路线"的情况后，李富春说："张国焘的错误应由他个人负责，应与红四方面军广大指战员区分开来。"根据中央组织部的安排，刘瑞龙和魏传统进入中央党校第十二班学习。

中央党校设在延安城东的桥儿沟，距延安县城5公里，最明显的标志是一座典型欧洲哥特式风格的天主教堂，又高又尖的屋顶，老远就可以看得到。时任党校校长的正是刘瑞龙熟悉的原中共江苏省委书记李维汉。

这一时期，党校的分班是根据学员的来源和文化程度编为15个班，有高级干部班、陕北干部班、少数民族干部班、白区学运干部班等，其中第一、二、三班主要是红四方面军的干部，第十二、十三班是从国民党监狱获释的同志。与刘瑞龙一起同在第十二班学习的还有干部队的张琴秋大姐。她是经党中央营救，从南京晓庄"反省院"回来的。

"你还记得方面军前进剧团那个川妹子王定国吗？"张琴秋问。

"当然记得，我和魏传统能够获释回延安，王定国可立了大功了。她到看守所探监时，张口就管我叫舅舅，差点儿把我搞蒙了。"

"在西宁马步芳的集中营，要不是王定国和红军剧团的那些小姐妹千方百计地掩护我，咱们也不会在中央党校同学了。"张琴秋向刘瑞龙讲述了部队失散后她所经历的艰险。

张琴秋被俘后，被押解到西宁，在羊毛厂做苦工。王定国和剧团的小姐妹得知情况后急中生智，以剧团都是小孩子，需要一位炊事员为由，轮番找敌团长赵永鉴，要求把羊毛厂的苟秀英（张琴秋的化名）调到剧团来当炊事员。在她的真实身份尚未暴露之前，就被掩护到剧团里。后由于叛徒告密，张琴秋被南京政府派到西宁的特派员诱捕，被押解到南京。

在中央党校学习，是刘瑞龙平生第一次在党中央的直接领导下比较系统地学习党的基本知识。党校根据理论联系实际的原则，按革命形势和实际需要安排教学。毛泽东、张闻天、博古、刘少奇和董必武等中央领导同志，不定期地来党校作政治和军事形势报告。

学习马列主义，对许多同志来说是新鲜事，有的入党多年的老同志，还没有正式学习过马列主义理论。刘瑞龙在通州师范就读过一些马列的书，还和同学们一起组织革命青年社研究马列主义。怎样运用马列主义的基本原理，科学地分析认识革命斗争的形势，自觉指导革命实践，却是他入党 10 年来遇到一系列实际问题的关键所在。他带着这些问题孜孜不倦地在马列著作中寻找答案。

党校是一个革命大家庭。在校的每个同志，不论职位高低，年龄大小，身体强弱，每人 5 钱油、5 钱盐，都吃一样的饭菜。虽然生活条件如此菲薄，学员们学习却十分刻苦，有时晚上没有油灯，就借助月光学习，甚至摸黑讨论问题，气氛同样热烈。过年过节改善一次生活，吃点肉，大家都很满足。

1937 年 1 月中共中央进驻延安后，即在中央内部展开对张国焘错误的批判。3 月底，中央政治局召开扩大会议，揭发批判张国焘的错误。中央政治局总负责人张闻天深刻驳斥了张国焘为自己错误辩护的种种谬论和遁词。他指出：退却路线、军阀主义与反党反中央，是国焘路线的三位一体。同时，张闻天又诚恳地规劝张国焘必须立刻下决心改正自己的错误，坚持错误的结果必然会走到叛徒的道路上去。毛泽东、凯丰、朱德、贺龙等也都在会上作了深刻的批判。一些受迫害的红四方面军的干部用现身经历揭发了张国焘的种种罪行。在无可辩驳的事实面前，张国焘在会上痛哭流涕，低头认错。会后，在党内和红军内广泛深入地展开了揭发、批判张国焘路线的斗争。

刘瑞龙来到延安不久，也参加了批判张国焘的斗争。作为历史的见证人，他列举了大量的事实，有力地揭发了张国焘的军阀主义错误和反党分裂罪行。

党中央对张国焘尽力挽救，仁至义尽，最终未能制止他的叛变投降。1938 年 4 月，他借祭黄帝陵为名，逃出陕甘宁边区，到武汉投降国民党。张国焘声明脱党的第二天，中共中央作出《关于开除张国焘党籍的决定》。不久，张国焘发表了他的自首书——《张国焘敬告国人书》，成为可耻的叛徒。蒋介石把张国焘交给"军统"特务头子戴笠"运用"。张国焘在重庆正式加入戴笠的特务组织"军事委员会调查统计局"，成了佩戴国民党少将军衔的"特种政治问题研究室"主任，堕落成可耻的国民党特务。

这次深刻的党内路线斗争教育，紧密联系历史实际，着重清算张国焘的严重错误及危害，特别是他另立中央，分裂党、分裂红军的罪行。通过这场斗争，使广大干部认识到坚持党的正确路线和"党指挥枪"原则的极端重要性，一致表示要坚决保证党的绝对领导，紧紧团结在党中央周围，为完成新任务而奋斗。

后来，刘瑞龙在自己的回忆录中写道："对川陕苏区、川陕根据地的党、人民、工农政府、红四方面军曾经进行的历史变革，建树的历史功绩和张国焘的错误路线应该严格加以区分。不能够因为张国焘的错误路线曾经损害了党、人民和红军的事业，就否定了川陕党、人民和红军的伟大历史功绩。广大的人民群众活不下去要革命，这是一个历史事实。川陕党领导人民群众闹革命，建立和壮大革命军队，建立革命政权，建立和发展革命根据地，这都是客观的历史，是任何人不能抹煞的。在这个问题上，要坚持辩证唯物主义和历史唯物主义的看法。"

他还写道："在这一时期，尽管张国焘不遗余力地推行他的错误路线和政策，但以徐向前为代表的红四方面军广大指战员、川陕根据地的干部和党员为了维护党和军队的团结统一，与其进行了长期不屈不挠的斗争。他们为革命事业英勇战斗，以及广大人民群众对革命战争的热烈拥护和支持，川陕根据地的革命斗争和革命力量仍然向前发展。"

第十章　安吴古堡的钟声

安吴古堡的钟声震撼着一批又一批向往延安的热血青年。这里是为中国而战斗的青年之家。经过十余年炮火洗礼的刘瑞龙，奉命担任安吴青训班的领导工作。每当一支又一支青年战工团的队伍高唱《毕业歌》，踏上去前线的征程，他也仿佛回到红色通师火一样的岁月，沉浸在青春的激情中。

一　为中国而战斗的青年之家

1938 年 2 月，刘瑞龙结束了在中央党校的学习，被中央组织部派往安吴堡战时青年训练班工作。提起刘瑞龙即将赴任的安吴青训班，话题还要从抗战期间我党的青年工作谈起。

1935 年 10 月，党中央到达陕北后，陕甘宁边区成为全国革命的指挥中心和大本营。面对日益加深的民族危机，党中央确定了"组织千千万万的民众，调动浩浩荡荡的革命军"，建立广泛的抗日民族统一战线的基本策略。1936 年 11 月 1 日，中共中央发出《关于青年工作的决定》，要求共青团对自身组织实行根本性的改造，把共青团由无产阶级先进青年组织改造成为抗日青年的群众组织。1937年4月，西北青年救国联合会在延安正式成立，成为当时全国青年团体的最高领导机关。

七七事变和上海八一三事变爆发后，广大的中国青年一面失学失业无家可归，一面积极要求用抗战教育来武装自己。这年9月，西北青年救国联合会主任冯文彬与贾拓夫、欧阳钦等陕西省委负责同志，偶然聚在陕西泾阳县的云阳镇，大家商议后一致认为，创办一个短期青年训练学校很有必要。

他们说干就干。1937年10月中旬，一个由冯文彬任主任、包含150多名学生和4名工作人员的战时青年短期训练班，就在云阳镇斗口村开学了。第一期学员多数是陕西省内的青年运动骨干和民族解放先锋队队员，还有一部分来自全国各省的抗日青年。

进行这样一件破天荒的工作，既不能得到任何资助，又没有任何经验可供参考，全靠赤手空拳的青年人，困难可以想见。短训班借用了国民党元老于右任先生农场中的一幢西式房子作校舍，洋房台阶前的一片空场承担了教室、礼堂、饭厅、操场等许多重大任务。

究竟怎样办训练班？就连冯文彬本人脑海中也是一片空白。工作人员凭着过去从事青年运动的心得，依靠他们时时坚持青年群众的立场，15天的短训班办得出乎意料的成功，接着又是第二期、第三期。年轻的社会科学家胡乔木从延安调来，担任青训班副主任，无疑为这个战斗集体又加了一把旺火。

青训班办到第三期，几乎天天都有新学员来队，开学时是300人左右，结业时学员已超过500人。随着国民党军队在华北战场节节溃败，沦陷区大批流亡学生奔向西北，要去延安寻求救国的真理。

开学仅两个月，毛泽东主席得知青训班办得很有成绩，立刻打电报要冯文彬回延安汇报。毛主席充分肯定了举办战时青年训练班的做法。

他说："我们要取得抗战胜利，需要大批知识分子，将来建设新中国，更需要千百万知识分子。青训班应该是来多少收多少，来者不拒。"

根据毛主席的指示，党中央决定扩大青训班的规模，大量吸收青年知识分子参加革命队伍。中央组织部先后从中央党校、抗大、陕北公学选派了一批经过长征的红军干部和具有一定文化、理论水平的党政干部作为骨干，加强青训班的工作。

这时，于右任农场仅有的房屋，已经容纳不下成百上千的学生。1938 年 1 月，青训班迁至泾阳县云阳镇以北的安吴堡村。

春寒料峭，刘瑞龙和几位派往安吴青训班工作的同志依依不舍地离开延安，骑着马行进在黄土高原颠簸不平的牛车道上。虽说路上要走几天，但一想到就要投入抗日青年火热的斗争中，就连马蹄声都显得急促而清脆。

刘瑞龙来到安吴堡时，青训班已经办到第五期，内部的组织机构已经逐步健全起来，各项秩序也走上正轨。青训班设有班务委员会，负责计划与指导青训班各方面的工作。主任冯文彬是我党青年工作的专家，在中央苏区时就曾担任过红军少共国际师政委，长征到达陕北后，又是共青团中央书记、中央青年部部长。副主任胡乔木，曾就读清华大学，参与领导过北平学生和工人的抗日救亡运动，来延安前曾任中国社会科学家联盟书记，中国左翼文化界总同盟书记。他们为青训班的成功开办做了许多开创性的工作。

青训班在班务委员会下设教务处、生活指导处、总务处和秘书处，分别由刘瑞龙、张琴秋、葛瑞麒、郭士光担任处长。如果说刘瑞龙负责的教务处是青训班的参谋部的话，那么张琴秋领导的生活指导处就是政治工作处。这也是刘瑞龙继江苏省委、川陕省委、红四方面军、西路军、中央党校之后，第六次与张琴秋大姐一道学习和工作。

青训班所在的安吴古堡是一座高大气派的清代富商宅院。世居在这

里的吴氏家族是明清时期关中乃至西北有名的大贾巨富。据说，吴家后
人吴聘自幼体弱多病，17 岁时娶了三原富豪周氏之女，期望以大婚之
喜驱除病魔。不料，吴聘结婚才 10 天，便命归黄泉。安吴寡妇周氏从
此当家主事，使吴家更加兴旺起来。八国联军进占北京时，慈禧太后带
光绪皇帝仓皇逃难到陕西，就落脚在安吴堡。平素不吝啬钱财、恩泽邻
里的安吴寡妇，又为朝廷捐银 10 万两。危难之中的慈禧太后抑制不住
满心欢喜，当即认安吴寡妇做自己的干女儿，还让光绪皇帝封她为一品
护国夫人。

　　青训班的班部设在安吴古宅的一进院。刘瑞龙领导的教务处在古宅
后面一座中西合璧的望月楼上。古宅东侧雕梁画栋的迎祥宫戏楼是青训
班排演节目、召开晚会和举行各种集会的场所。安吴堡村东北角那座古
柏参天、牌坊巍然的吴氏陵园，则是青训班理想的露天课堂。

　　从第四期起，青训班进入大规模发展时期。民族危在旦夕！青年们

安吴堡战时青年训练班旧址

不甘心做亡国奴，他们对蒋介石消极抗战深恶痛绝，从共产党坚决抗战的主张和行动中看到了拯救民族危亡的希望。在太原、上海、南京等重要城市失陷后，沦陷区、国统区的爱国青年，还有不少海外华侨和留学生，为追求革命真理，跋山涉水，冲破国民党军警的重重阻挠和迫害，像潮水般地涌向西安八路军办事处。他们要到革命圣地延安，投身民族救亡洪流，安吴青训班就是他们到延安的第一个营地。

当年，有无数双年轻的脚印深深地踏在这座古老的城堡下，有无数双眼睛凝望着古堡门楼旁挂着的长木牌——西北青年救国联合会安吴青训班。安吴古堡传出的清脆悦耳的上课钟声，吸引着一批又一批向往延安的热血青年。尽管青训班的条件很差，睡的是地铺，坐的是破砖，上课在露天，吃的大锅菜，每人每月要交6元伙食费，还有严格的组织纪律要求，青年们依然不顾国民党当局的限制和阻挠，想方设法地找到安吴堡。一连几期，青训班学员都在千人以上，最高时达到1500多人。

安吴青训班不愧是一个团结、战斗的集体。工作人员的生活比同学们更辛苦。他们不仅食宿和同学们在一起，在军政学习、体育娱乐、集体生活以及修路、割麦劳动中都要做先锋。从班主任、处长、教员，到全体炊事员、饲养员、勤务员，服装和一切待遇都一样，每人每月只有一元的津贴，而人人都是从早到晚，自愿做着"两头黑"的工作。以至新来的同学常把他们当作伙夫或马童。正如青训班主任冯文彬说的："与其说她是青训班，不如说是一个为中国而战斗的青年之家，教员和全体同学是沐浴在同胞兄弟样的血缘的天伦挚爱的热流里，沉浸在青春的激情之中。"

这年2月，日本侵略军轰炸了山西临汾，同蒲铁路陷入敌手。很快，日军兵临黄河岸边的风陵古渡，潼关暴露在日军的炮火之下。大批同蒲铁路工人撤退，南渡黄河，滞留在西安的就有两三千人。这些工人拉家带口，生活很困难，有的想拉队伍打回老家去。

1938 年，冯文彬（二排右一）、刘瑞龙（二排左一）
等与安吴堡战时青年训练班部分干部、学员合影

中央职工运动委员会副书记张浩奉命来到西安，一方面组织领导工
人开展政治、经济斗争，一方面动员他们到安吴青训班学习。党中央
还决定成立一个职工大队，附设在安吴青训班内，由张浩任大队长兼
政委。

职工大队共办了两期，每期约两个月。张浩、冯文彬、胡乔木、刘
瑞龙等轮流授课。刘瑞龙主讲农民运动课，阐述在抗日统一战线中如何
建立巩固的工农联盟。

在安吴青训班组成一支职工大队，在我国工人运动历史上具有重要意义。这是第一次由我党亲自领导、单独组织的对产业工人的正规培训。两期内，青训班培训了 800 多名产业工人，使他们成为具有高度民族觉悟、具备抗日军政常识、拥护共产党领导、能够战斗的坚强的抗日战士，其中许多人都参加了中国共产党。职工大队不仅为发展我国工人运动培养了骨干，而且培养了一批政治工作和军事工作的人才。

二　坚定不移地贯彻教育为战争服务的原则

1938 年 8 月中旬，朱德总司令从华北前线回延安，准备参加党的六届六中全会，途经西安时，专程来到云阳镇。闻听喜讯，青训班的学员和当地群众自发召开欢迎大会。这天晚上，明月高悬，主席台两边悬挂着两盏明亮的汽灯，"热烈欢迎我们亲爱的朱总司令大会"的大横幅分外夺目。青训班的学员都没有见过朱总司令，大家睁大眼睛在主席台上搜索着。这时，会场上一阵喧哗，一位老大娘怀抱着一篓母鸡走上主席台，后边跟着一串群众，有的抱着大西瓜，有的提着鸡蛋、醪糟，一齐拥向总司令。学员们立刻报以热烈的掌声，向敬爱的朱总司令致敬的口号声此起彼伏。

在欢迎会上，朱总司令向大家报告了华北的最新战局，以及八路军在山西前线与日寇作战的情况。他的演讲激扬有力，回荡在月夜下的渭北原野，鼓舞着千百万不愿做亡国奴的中华儿女。人们抑制不住愉悦的心情，高声唱起庄严雄壮的《义勇军进行曲》。刘瑞龙经历悲壮的西征九死一生后，见到可亲可敬的朱总司令，心情更是格外激动。

朱总司令亲临青训班视察，受到全体学员和工作人员的热烈欢迎。他兴致勃勃地检阅了学员队伍，还分别在干部会议和全体学员、工作人员大会上发表讲话。朱总司令接受大家的请求，担任青训班名誉主任，并为学员们题词，鼓励大家："学好本领上前线！"学员们把朱总司令的题词刻写在安吴堡的城墙上，刷写在校内外许多墙壁上，激励鼓舞着一期又一期学员刻苦学习，勇敢地奔赴抗日杀敌的战场。

"青年的位置在前线"，这是同学们相互勉励的口号，也是安吴青训班贯彻始终的办学目的。为此，青训班在创办时，就明确公布了办学目的：在最短期间授予青年各种最低限度的战时军事、政治知识，使之能在中央政府领导下，依据革命的三民主义与抗日民族统一战线之精神，开展抗敌救亡工作。

依据这个目的，教务处确定了教学内容。除了讲授革命的三民主义、中国革命问题和抗日民族统一战线的理论与事实根据等基本理论外，还开设了基本军事动作、武器使用、步兵战术、游击战术等军事课程。在学习指导上，采取帮助各连、班学员制订学习计划，组织集体讨论、学习互助，建立读书顾问，发动学习竞赛，有组织地进行各项工作。

刘瑞龙来到安吴堡时，正好第五期开学。这时，每期的学员人数已经超过1000人，学习时间也延长到一个月，后来又增加了两月班和三月班。不但学习时间长了，同学多了，同学的成分也越来越复杂，已经不仅仅是抗日青年，男女老幼皆而有之，从大学教授、工程师、艺术家、海外留学生到目不识丁的文盲，从产业工人、贫苦农民、店东、小贩，到国民党军官士兵和党部委员；还有不少少数民族的兄弟姐妹和旅居暹罗、安南（越南）、缅甸、马来、南洋群岛和菲律宾的爱国华侨；以及100多位从五台山下来的年轻和尚……这样来历不同、要求不同的千百人，随到随收地进行抗日民族统一战线的军事、政治教育，诚然不是一件易事，但为了抗日救亡，大家走到一起来了，又是一件何等激奋人心的快事啊！

青训班成立之初，课程的内容很简单，主要的是政治基础知识及基本军事知识和动作。学员毕业后，大多数奔赴延安，到陕北公学和抗大继续学习，只有少数人到军队或民众团体去工作。随着抗战形势的发展，不仅求学者愈来愈多、成分也愈复杂，而军队、民运等各方面的需要也愈加迫切。针对这一特点，依照不同的求学要求，青训班编制了职工大队、农民连、妇女连、儿童连、艺术连、游击队、佛教连等连队。除一般军政训练之外，不同的连队都有特殊的课程科目，比如，职工大队讲工人运动，农民连学文化，儿童连着重文化娱乐，佛教连则在不伤害宗教感情的情况下，对青年和尚们施以抗日的军政训练。

刘瑞龙领导的教务处下设教务、军事、出版 3 个科以及教学研究室。在教务处制定的总体计划下，教务科负责编定课程进度，配备教员，指导、考核学员学习，以及招收新生和教育效果的考核检查。军事

1938 年 8 月，刘瑞龙（前排左二）与青训班部分干部在青训班老校址（于右任先生农场花园）合影

科负责军事教育和组织军事生活。出版科负责印刷编定的教材。对于培养新教员、加强老教员的理论修养、编写教材、供给学员参考资料、课务实施，便是研究室的工作。研究室是青训班理论、时事政治和军事问题的研究中心。

在主持教务工作的过程中，刘瑞龙坚定不移地贯彻青训班制定的教育为战争服务的原则。群众工作与军事教学便是青训班的两大特色。青训班不仅要求学员们在课堂上学懂一些政治军事知识，更重要的是引导他们掌握实战的本领。虽然每期只有三两个月，教务处在安排教学计划时，都有组织学员下乡调查的课程，注意引导青年到农民中去，接近农民，了解农民，进行宣传和组织民众的工作；同时，还要求学员们学会做统一战线的工作，如，访问驻军和地方党政机关，与他们进行联欢等。要准备打仗，军事训练更是必不可少的。按教学计划，每期学员都要进行野营演习，从实战出发，掌握从最基本的军事知识、战斗动作，到游击战争的战略战术，以便毕业后派上用场。

在安吴青训班，同学们最爱听冯文彬、胡乔木和刘瑞龙讲课。冯文彬无论讲课或作报告都是慷慨激昂，极富鼓动性。胡乔木最有文人气质，他讲课时，眼睛总看着天上，深邃的目光仿佛要刺破天穹。相比之下，刘瑞龙语调平和，却有条有理，引人入胜。他平易近人，经常和大家聊天，讨论问题，学员们都很喜欢他。

风陵渡失守后，为了保卫陕西，迎接战争，提高学员们的实战能力和实际工作本领，青训班的教学工作也加大了力度，每一期都要组织大规模的军事野营演习。为此，教务处制定了《下乡工作大纲》《下乡访问要领》和《地方调查大纲》。刘瑞龙从实际情况出发，把自己多年来在部队、在地方进行调查研究及做群众工作的经验和方法归纳起来，都浓缩在这些指导文件中。

在《下乡访问要领》中，刘瑞龙详细地指导学员应如何掌握调查

1938 年，时任安吴堡青训班教务处处长的刘瑞龙在讲课

研究的方法。如，到达目的地后，应首先访问当地政府机关：联保办公处、保安队部、保甲长，与他们建立良好的关系，才能便利地进行工作。接下去，就应该访问当地的抗敌救亡团体，要特别注意其中热心抗日的积极分子，与他们建立很好的关系。在没有抗敌救亡团体的乡村，应该访问那些农民公共集会的场所，如学校、合作社、茶馆等。在乡村中进行家庭访问，应首先访问地方领袖、知识分子。在访问农民时，不可采用调查、质问、说教的方式，要从"拉闲话"讲起，从农民切身利益说起，拉近与农民的距离。

在青训班的组织和带领下，学员们在军事演习的同时，还深入农村，通过挨户宣传，街头讲演，演剧，化装讲演，联欢会，壁报、标语、漫画等形式，做了大量的宣传和组织民众的工作。他们与当地民众抗敌团体，如抗敌后援会、自卫队、壮丁队、保甲建立了密切的关系，加强充实了这些团体的组织和工作。在没有抗日组织的地方，他们还协助地方当局迅速建立起青年抗敌后援支会、妇女抗敌后援支会或儿童歌咏团，帮助这些抗日团体进行训练。

这年年底，青训班发动 500 名学员到华北敌后去。各连队的同学立刻踊跃报名。他们怀着满腔的抗战激情，根本没有把 3000 里徒步行军和敌人的炮火放在眼里，24 小时之后，队伍就整装出发了。

三　新战士出马打胜仗

走进安吴堡的年轻人，整天过着沸腾的生活，歌声伴随着生活的每一个节奏，洋溢在晴朗的天空中。虽然，他们各有爱好，但共同的爱好就是唱歌。不夸张地说，人们清晨醒来，就开始唱歌，只要一个人敞开歌喉，几十人住的大房间便立刻成了歌声的海洋。

同学们！

大家起来，

担负起天下的兴亡！

听吧！

满耳是大众的嗟伤，

看吧！

一年年国土的沦丧。

……

巨浪！

巨浪！

不断地增长！

同学们！同学们！

快拿出力量，

担负起天下的兴亡！

每当欢送毕业班的同学上前线，安吴青训班的全体学员和教职员就要集合在迎祥宫戏楼前，高唱聂耳的《毕业歌》，一首接一首扣人心弦的歌曲，感人肺腑，催人流下激情的热泪。苦难危亡的祖国在呼唤。这是英雄儿女对母亲发出的神圣誓言！

1938年10月，广州、武汉相继沦陷。国民党军队节节溃败，丢弃了华北、华中、华南的大片国土。我八路军、新四军深入敌后，发动群众，展开游击战争，建立抗日民主政权，牵制了日寇大量的兵力，迫使日寇的侵华战争由进攻阶段转入相持阶段。

为了贯彻中共六届六中全会确定的，把党的主要工作放在战区和敌后，大力巩固华北，发展华中的战略部署，中共中央青委决定组织西北青年战地工作团，分赴晋东南和晋察冀两个敌后根据地，帮助开展青年抗日救亡运动，在斗争的大熔炉中锻炼干部，并决定从安吴青训班选调一批青少年干部，陆续组成6个西北青年战地工作团。

战工团的大队人马很快就要出发了。这是一支年轻的队伍，在近200名团员中，最大的24岁，最小的只有14岁。这些新兵缺乏工作经验，需要在实际工作中锻炼、考验和检查自己的力量。为将战工团的准备工作做得更扎实，先头部队出发后，主任冯文彬和副主任胡乔木、刘瑞龙研究决定，利用10天时间进行一次大练兵，从学习准备到实际演练，不能光在纸上谈兵，还要安排一定时间到安吴堡附近的农村进行实战演习。为此，刘瑞龙带领教务处确定了工作计划和实习活动的具体安排。

经过一番准备之后，战工实习团向农村进发了。一个个满怀激情的学员就像一颗颗熊熊燃烧的火种，撒遍了安吴堡周围数十个村庄、乡镇。短短几天里，他们进行调查研究，进行助民劳动，帮助农民挖地、搬土坯、撒肥灰、铡草，做了许多工作。他们灵活地利用群众大会、座谈会、联欢会、家访等多种形式，宣传了数千名群众，学会了抓住群众中的积极分子去接近和宣传更多群众的工作方法。他们还学会如何体察民情，收集记录了与人民百姓息息相关的各种问题，使抗战宣传更加深入人心，粉碎了汉奸散布的谣言。艺术连的同学们创作了 8 部剧本，60多幅漫画木刻，还收集了不少民歌民谣。

10 天的实习，紧张而有成效。在总结大会上，刘瑞龙盛赞道："新战士出马打胜仗！"

针对学员们即将面临的困难和重重考验，刘瑞龙作了具体的分析和指示。他说："同学们，我们就要出发了，离开安吴堡，我们是要到前线去工作。那里的环境与现在大不相同，工作的对象和范围也都不同，那是一个战斗的环境，不仅工作地区大，深入下去的时间长，而且非常复杂且经常变动。在那里，我们主要的是在群众中活动，团结、动员、武装群众参加抗战。因此，我们不仅要对农民工作，甚至要对敌方，对俘虏、友军、地方当局及其他救亡团体去工作，还要准备和当地军队的政治部、地方机关、游击队等一道工作，也可能自己单独工作。因此，我们必须在工作中加紧锻炼，必须努力使得自身具备一定的条件，最低限度也要向着这些方面发展。"刘瑞龙中肯地给学员们提出四四一十六条希望：

四条"心"：决心、信心、耐心、虚心；

四个"化"：战斗化、群众化、青年化、地方化；

四种精神：精诚团结、吃苦耐劳、克服困难、自我批评；

四套"本领"：分析情况、确定计划，检讨经验、推行工作，把握干部、组织群众，坚持原则、加强团结。

对这四四一十六条希望，刘瑞龙又联系实际进行了具体的解释。

春节刚过，战工团整装待发，他们高擎着三角团旗，集合在安吴堡西门外安吴青训班的校牌下。每个团队出发时，都受到青训班全体同志的热烈欢送。刘瑞龙和冯文彬、胡乔木一起与战工团员们一一握别，一再地勉励和叮嘱。同学那边则是另一番情景，过去送别人上前线，今天终于轮到送自己了，在即将分别的时刻，他们紧紧拥抱，无不感到热血在全身汹涌地奔流着，歌声和热泪交织在一起，却又依恋着安吴古堡和青训班朝夕相处的战友们。

当当，当当……安吴古堡的钟声响起来了，这是奔赴战场的进军号角！

> 正是时候了，同学们，
>
> 该我们走上前线，
>
> 我们没有什么挂牵，
>
> 总还有点留恋，
>
> 我们会去打击侵略者，
>
> 怕什么艰难危险，
>
> 我们的血已经沸腾了，
>
> 不除日寇，不回来相见，
>
> 快跟上来吧，我们手拉手，
>
> 去同我们的敌人血战，
>
> 别了，别了，同学们！
>
> 我们再见在前线！

在雄壮的歌声中，青年战工团迈着矫健的步伐踏上去前线的征途。望着这些热血青年远去的背影，刘瑞龙仿佛又回到红色通师那火一样的斗争岁月。

四　代理青训班主任

1938 年 11 月，西北青年救国联合会第二次代表大会在延安召开，根据大会对中国青年运动形势的分析：在敌人占领区域和战区，青年运动大大开展，需要大量有独立工作能力、能够领导群众工作的干部，而在全国各地训练一般政治、军事和技术人才的学校和训练班已经不少了，特决定把安吴青训班改为训练青年工作干部的专门学校。

根据这个原则，青训班对学生的选拔也就更严格了。这时在青训班学习的有长江流域各省及河南、山西的青年团体、儿童团和少年先锋队的干部，有游击队的青年战士，有陕甘宁边区的青年农民，有四川、陕西的学生，有来自各地的青年职工，还有陕北公学、抗大、鲁迅艺术学院等学校愿意从事青年工作的毕业生。这些学生有的富有实际工作经验，有的具备相当的文化、理论基础。

而此时的形势却越来越险恶。泾阳地方反动势力不断向安吴堡进行侦察和捣乱，还在附近的云阳镇、鲁桥镇、三原县城和泾阳县城设立了秘密督视据点。国民党在青训班附近开办了一些国民小学，派来一批经过国民党训练的教员向共产党争夺青年。他们还对当地农村青年进行所谓"三民主义"的宣传教育，挑拨青年反对共产党。

青训班的大多数学员是来自城市的知识分子，不少人都有怀表或手表。国民党特务打进安吴堡，装扮成修表匠，明目张胆地进行特务活动。学员们到街上买小吃或日用品，特务就鬼鬼祟祟地凑过来探听消息。还有些特务化装成卖醪糟的、修鞋的，在安吴堡附近发展特务，在群众中制造谣言。陕西国民党政府还借用"参观"的名义，组织特务和文化界、教育界一些受蒙骗的青年学生来青训班进行实地侦察。

1939 年春天，冯文彬和胡乔木因工作需要先后调回延安，由刘瑞龙代理青训班主任。这时，安吴堡留下 5 个学员队，大约有 300 多人。

5 月以后，蒋介石加紧对陕甘宁边区的政治和经济封锁。国民党在通往安吴堡的各个要道——咸阳大桥、草滩渡口、三原城鲁桥镇、泾阳城及泾渭河畔各渡口都设立了关卡、哨所和检查站，拦截投奔安吴青训班的各界青年。国民党还在安吴堡通往延安和陕北的道路上扎下卡子，驻扎军队或稽查人员，完全断绝了青训班与延安的通道。国民党特务还采取欺骗手段，向不明真相的学生散发所谓招生简章，说他们在三原、咸阳、西安也办有青训班，比安吴青训班的条件好得多。一些学生因不明真相而上当受骗，甚至身陷虎穴。还有一些投奔安吴青训班的学生，途中遭特务绑架，被关进国民党设立的青年劳动营。青训班的学生来源大大减少了。

既要领导教学，又要准备打仗，刘瑞龙肩负的担子更重了。为了粉碎国民党在政治、文化、军事上的封锁，根据党中央提出的"坚持抗战，反对投降；坚持团结，反对分裂；坚持进步，反对倒退"三大政治主张，刘瑞龙带领青训班在与国民党特务进行有理有利有节斗争的同时，加强自身的防范，青训班的学习和日常生活全部实行军事化。

那时，中共陕西省委驻在云阳镇，对外称八路军第一一五师留守处。省委的几位领导同志欧阳钦、张德生、汪锋等，刘瑞龙大都熟悉。1933 年年初，刘瑞龙西上川陕时，曾与他们一起研究过工作。省委对青训班很关注，发给他们几十支步枪、一挺机枪和一些手榴弹。学生们一手拿书，一手拿枪，白天站岗，夜间巡逻，革命热情和学习劲头丝毫没有因环境恶劣受到影响，反而更加高涨。

为了响应边区政府的号召，刘瑞龙带领青训班自力更生解决经济困难。他组织学员到关中淳化县亮马台开荒种地办农场，另一部分学员在安吴堡后面的嵯峨山上种豇豆、洋芋。他们还学习当地群众的经验，把豇豆和洋芋晒成干，贮存起来，备战备荒。

青训班不是一般的学校，而是在全民抗战这一特定的历史条件下，青年运动的一种重要形式，她的成长和发展受到毛主席和许多中央领导同志的热切关注和充分肯定。中组部部长兼中央青委书记陈云曾经说过："现在你们的主要任务就是把青训班办好，通过青训班向全国撒种子，开展青年运动。"

1939 年 10 月，安吴青训班成立两周年之际，毛泽东主席亲自为青训班题词："带着新鲜血液与朝气加入革命队伍的青年们，无论他们是共产党员或非党员，都是可宝贵的，没有他们，革命队伍就不能发展，革命就不能胜利。但青年同志的自然的缺点是缺乏经验，而革命经验是必要亲身参加革命斗争，从最下层工作做起，切实地不带一点虚伪地经过若干年之后，经验就属于没有经验的人们了！"这是人民领袖对安吴青训班最高的褒奖。

安吴青训班从创建到 1940 年 3 月撤回延安，并入"泽东青干校"，在两年半的时间里，先后开办了 14 期，培养了 14000 多名革命青年。他们根据党的需要，被派往抗日前线、敌后根据地、国民党友军中以及全国各民众团体，去开辟青年工作新的阵地，使抗日青年结成最广泛的统一战线，正如《安吴青训班班歌》①唱的那样：

> 烈火似的冤仇积在我们胸口，
> 同胞们的血泪在交流，
> 英雄儿女在怒吼，
> 兄弟们，姐妹们，
> 你听见没有，

---

① 《安吴青训班班歌》，胡乔木作词，冼星海谱曲。

敌人迫害你，

群众期待你，

祖国召唤你，

战争需要你，

你醒，

你起！

拿起你的武器。

学习，工作，

工作，学习，

一切为胜利。

今天我们在青年的故乡，

明天我们在解放的疆场。

你看！

我们旗帜风扬。

你看！

我们前途万里长。

第十一章　东进华中

东进，东进，再东进，直到海边！党中央的方针无疑是发展华中抗战局面最好的选择。进入 1940 年，皖东北形成了一定的抗战局面，但这一带是日军占领区，日伪军据点比比皆是。这里又是八路军和新四军的接合部，共产党领导的部队就有好几支。为协调领导，统一指挥，中原局决定调刘瑞龙担任苏皖军政委员会书记。

一　旌旗慷慨出潼关

1939 年 9 月初，刘瑞龙接到中央来电，指示他移交好安吴青训班的工作后，即去西安，等候与中央政治局委员刘少奇一同去华中敌后工作。

一年前，党的六届六中全会在延安召开。会议传达了共产国际的重要指示，批判了王明反对共产党在统一战线中坚持独立自主的原则，主张"一切服从统一战线"、"一切经过统一战线"的右倾投降主义路线。会议经过严肃讨论，批准了以毛泽东为代表的中共中央政治局的路线，肯定了毛泽东在全党的领导地位。全会还确定了党在敌后武装斗争的战略部署：巩固华北，发展华中。

华中是联系华北和华南的枢纽，战略地位十分重要。这里经济发达，交通便利，游击战争和群众武装力量有广阔的发展余地，对于整个抗战前途关系甚大。但与华北地区如火如荼的人民抗日运动形成鲜明对照，华中地区的抗日斗争尚未很好地开展起来，局面没有打开。中央决定，成立以刘少奇为书记的中共中央中原局，统一领导长江以北河南、湖北、安徽、江苏等地区党的工作。

刘少奇此次回延安，是参加中央政治局扩大会议。会议期间，党中央发表了《为抗战两周年纪念对时局宣言》，提出"坚持抗战，反对投降；坚持团结，反对分裂；坚持进步，反对倒退"的三大政治口号，动员全党和全国人民为克服国民党的投降反共逆流，为争取时局好转而斗争。

9月15日，刘少奇一行从延安出发。为加强中原局的领导力量，党中央决定调战功赫赫的红十五军团军团长徐海东，担任新四军江北指挥部副指挥兼第四支队司令员，随刘少奇一起赴华中。刘少奇的随行人员除他的秘书刘彬外，还有40多名从延安派往敌后的干部和随行人员。他们在西安停留小住期间，刘瑞龙加入到东进华中的战斗行列中。

自这年1月国民党五届五中全会确定了限共反共的方针后，国民党顽固派连续制造反共磨擦事件，国共两党的关系日渐紧张。出发时，为预防不测，徐海东身着国民党少将军服，以奉命去中原检查新四军工作的名义应付外界。刘少奇的身份不能公开，一般场合化名胡服，对外称是徐海东将军的秘书。

9月18日，刘瑞龙随刘少奇一行乘卡车，东出潼关，向中原挺进，当晚住在洛阳老城贴廓巷35号八路军办事处。准备第二天在舞阳县过夜，第三天抵达中原局所在地——河南确山县竹沟镇。

翌日清晨，队伍出发了，如同西安出发时一样，两辆卡车一前一后，保持着一定的距离。就在刘少奇乘坐的前一辆卡车即将通过南关城门时，守城的国民党宪兵突然一声长哨，用小旗拦住去路。七八个宪兵一下子冲了上来，将卡车团团围住，还七嘴八舌地吆喝着："统统下车！奉命检查！"说着，便爬上卡车。

坐在驾驶室里的刘少奇，见状打开车门，不动声色地走下车来。刘瑞龙和站在卡车上的同志们都为他的安全捏着一把汗。

正在这时，后面一辆卡车飞速驶来，戛然刹车。佩戴国民党少将军衔的徐海东快步走上前来，插着腰，大声喝道："干什么！你们想干什么?!"

一个宪兵小头目战战兢兢地指着卡车上的几个箱子说："长官，他们……"

徐海东往车前一站，呵斥道："滚开！这是我的人，车上的东西统统是我的，你们谁敢碰一个指头！"徐海东威风凛凛地把头一甩，示意大家上车！

看这当官儿的派头，宪兵们知道不好惹，连忙整队敬礼，小旗一挥，放车出城。

卡车出了洛阳城，即向东南方向驶去。离开洛阳城，就意味着走出了日寇经常骚扰和国民党严密控制的地区。虽然一路颠簸，但秋风送爽，大家的心情也轻松多了。

竹沟是河南确山县西边的一个小镇，坐落在伏牛山和桐柏山余脉交错的小盆地里。它三面环山，一面临水，大沙河由北向南绕镇而过，河岸上竹林茂密，树木苍翠。中共河南省委机关就设在镇东门外的大沙河旁。

竹沟一带有着光荣的革命历史。早在大革命时期，当地群众在确山县李湾村马尚德的领导下，成功地发动了农民暴动，成立了由马尚德任会长的县农民协会。这个马尚德就是后来赫赫有名的东北抗日联军领导人杨靖宇将军。抗日战争爆发后，一支以周骏鸣、王国华为首的游击队又活跃在竹沟周围。一年前，刘少奇来到竹沟，这里便成为中共中央中原局的驻地。

当刘少奇再次来到竹沟，形势已非昨日。在蒋介石消极抗日、积极反共的大气候下，全国各地的反共磨擦日甚一日。竹沟周围大都是国民党控制区，一些顽固派也蠢蠢欲动。共产党领导的部队和后方人员遭受

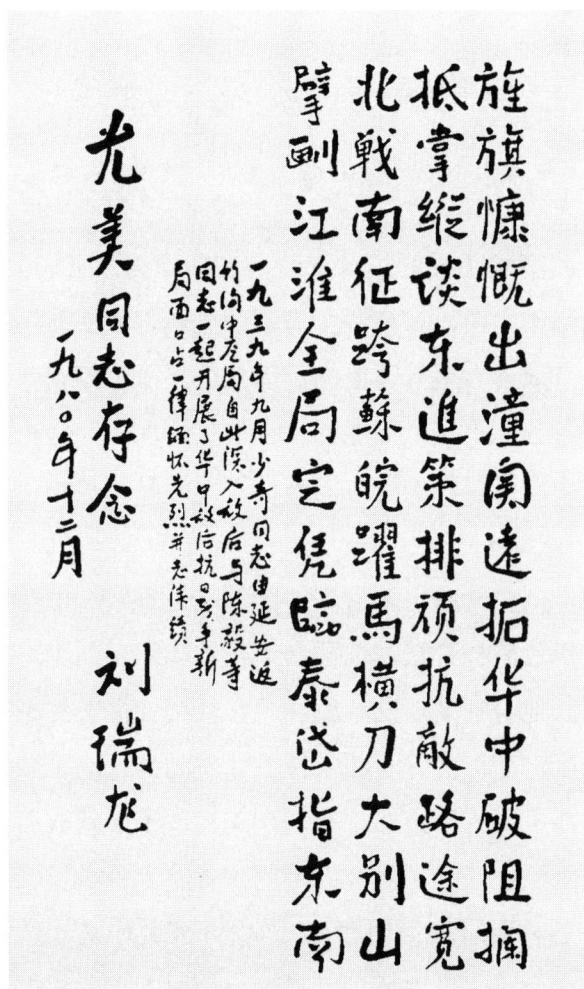

旌旗慷慨出潼关，远拓华中破阻拦
抵掌纵谈东进策，排顽抗敌路途宽
北战南征跨苏皖，跃马横刀大别山
擘划江淮全局定，凭临泰岱指东南

一九三九年九月少奇同志由延安道竹沟中原局自此深入敌后与陈毅等同志一起开展了华中及后抗日号角年新局面口占一律缅怀先烈并志佇读

光美同志存念
一九八〇年十二月
刘瑞龙

1980 年 12 月，刘瑞龙写给刘少奇夫人王光美的诗词

袭击的事件时有发生。

刘少奇在竹沟停留期间，召开了中原局会议，进行了紧张的工作。他和中原局的主要负责人一起分析了当前的形势：华中我军各部队已先后开赴预定地区，完成了战略展开的任务。陈毅、张鼎丞率领的新四军第一、第二支队，根据党的东进北上的方针，在长江三角洲一带开展游击战争，创建了江南敌后游击根据地，并以一部挺进扬州至六合一带站住了脚跟。张云逸、罗炳辉率领的新四军第四、第五支队初创了皖中、皖东敌后游击根据地。彭雪枫领导的新四军游击支队在豫皖苏边建立了根据地。李先念率领的豫鄂挺进纵队在四望山一带也建立了游击根据地。竹沟作为中原地区向敌后发展的基地，已经光荣地完成了历史使命。

而此时，共产党领导的抗日武装，在华中面敌背顽，处在敌、伪、顽势力的分割包围之中，有被各个击破的危险。而苏北反共顽固派孤悬敌后，不能及时取得大后方国民党反动派的接济，如我八路军、新四军南北对进，席卷苏北是完全可能的。在这种情况下，坚决贯彻党中央和毛主席关于全力东进，直到海边的方针，无疑是发展华中抗战局面最好的选择。

会议间隙，刘少奇拿出两份文件给刘瑞龙看，一份是毛主席亲自起草的党中央关于敌后抗日根据地群众工作的指示。刘少奇称赞这份文件考虑得很周到。他吩咐刘瑞龙认真学习，仔细弄懂文件中关于在根据地基本区、边沿区、敌占区等不同条件下，发动群众的不同要求，以及所应采取的不同斗争形式和方法，使刘瑞龙初次了解到敌后根据地群众工作的复杂性和艰巨性。另一份文件是刘少奇本人曾经发表过的文章《抗日游击战争的各种基本政策问题》。刘少奇谦逊地说，这篇文章中提出的意见，有些在今后工作中还可以参考。他要刘瑞龙根据这两份文件的精神，准备一个有关敌后建立抗日民主政权的意见，在干部座谈会上提出讨论。

二 与少奇同志谈地说天

刘少奇在竹沟统筹了华中抗战全局，具体部署了鄂豫边抗日游击根据地的工作后，率领中原局主要机关和徐海东、刘瑞龙等 300 余名干部，于 1939 年 10 月下旬第一批撤离竹沟，经过确山、汝南、项城、沈丘，向豫东、皖北方向挺进。

从竹沟到皖北近 300 公里的行程，一行人基本上是骑马或步行。出发前，虽然竹沟留守处通过地方统战关系对途中安全进行了具体安排，刘少奇还是叮嘱刘瑞龙协助秘书刘彬照料一下干部队，注意关心干部和队员的生活，每天派几名队员打前站，安排好住宿，掌握敌、友、我各方面的情况。

这时已是深秋，一路所见，在国民党横征暴敛、租课交逼之下，农村满目凋敝的悲惨景象，从黄泛区逃出来讨饭的人满目皆是，农民屋败衣破，新收的玉米棒子和红辣椒串零落地挂在屋檐下和村边的大树上晾晒……

刘瑞龙曾在中共江苏省委工作过，到过苏北、皖北的一些地方。刘少奇很注重调查研究，特别关心东进的走向和所经路线。行军途中，刘少奇不断向刘瑞龙询问：由中原向东，走哪些路比较方便？而刘瑞龙开始只是粗略地按照淮河南北的交通概况，谈了一些设想。从表情上看，刘少奇对他的答复不太满意。

每当这时，刘少奇总是非常诚恳地进一步说明自己的意图。他要刘瑞龙认真分析和比较在我军东进过程中几条行进路线的难易利弊。他还不断询问沿途所经地区的社会情况，如，物产、交通、民情、风俗和过去白区工作基础等等。从刘少奇关注的问题中，刘瑞龙逐渐打开了思路，深刻领会到党中央和毛主席关于东进方针的正确性和必要性，也深切地体会到刘少奇之所以提出一系列细致的问题，正是在筹划我军慷慨东进的战略部署，他的目光早已穿过中原大地，直指东海边。刘少奇鼓励刘瑞龙，继续深入研究这方面的新情况，中央准备调他回华中地区工作。

行军途中，刘少奇十分关心干部的学习，很愿意和大家讨论一些理论性问题。他问刘瑞龙，读过哪些书？有哪些心得？他从《反杜林论》谈到《唯物论与经验批判论》，还向刘瑞龙推荐了李达①写的《社会学大纲》和艾思奇主编的《哲学选辑》。他赞扬毛主席酷爱读书，十分重视干部的理论学习。他说，我们要做一名够格的党员，要力求提高自己的思想觉悟和马列主义水平。他还指着干部队里几位刚从延安马列学院毕业的同志说："他们就是毛主席要我带出来传播马列主义种子的。"

刘少奇对学风问题也非常重视，他说，我们队伍里，有两种马克思主义者，一种人满足于表面承认与口头宣传，不愿去实践，脱离实际，脱离群众，言行不一；另一种人学习马列主义的本质、精神和方法，把马列主义作为处事、处人、处己的准绳。他还说，毛泽东同志就是我们党理论联系实际的表率，我们要学习他实事求是、注重实践的精神。

党内许多同志都知道，刘少奇一向很严肃，不苟言笑。他整日埋头工作，起草文件，由于长期紧蹙双眉思考问题，眉宇间有两道明显的皱痕。可在东进的途中，他的话题却十分广泛，很喜欢"摆龙门阵"，一会儿谈自然科学，一会儿谈社会科学，对风云一时的党内历史人物的评价也很客观。每到一个地方，刘少奇还喜欢找群众谈天，了解当地的历史和现状，使刘瑞龙很受启发。

在谈到毛主席在我党的领导地位时，刘少奇说，我们党历尽千辛万

---

① 李达（1890—1966）：湖南零陵（今永州）人，中共一大代表，曾任中央局宣传主任。

苦，在危难中找到了毛泽东同志作为自己的领袖，这是全党的幸福，是中国革命能够胜利的保证，毛主席是我们党正确路线的代表。

刘少奇还几次谈到人的两重性——自然性和社会性。他说，由社会生产中不同地位所形成的阶级性，是人的本质特性，不同的阶级产生不同的党性。人从自然来，改造自然，又改造自身。我们要有意识地在革命实践中加强锻炼和修养，努力学习，提高党性，克服从旧社会带来的非无产阶级意识，达到无产阶级党性的标准。

在品评党内一些领袖人物时，刘少奇说，陈独秀这个人，大革命后期犯了错误，大革命失败后又犯了很大的错误。但在党的路线正确的时候，他这个人在处理党内的人和事时，还是比较讲道理的。刘少奇认为，对一个人的评价还是要进行历史的辩证的分析。

刘少奇还谈到六中全会期间毛主席对红四方面军指战员的评价。毛主席说，红四方面军的干部、指战员本质是很好的，张国焘错误路线所造成的恶果，只能由张国焘个人负责。刘少奇的一席话使刘瑞龙备感温暖，再次感受到党中央和毛主席对红四方面军广大指战员的关怀和爱护。

一天夜行军，队伍路过一个村子。刘少奇、徐海东、刘瑞龙和大队人马坐在村边的草堆上休息。刘少奇兴致盎然地指着满天的星斗，和大家谈起天文学方面的事情来，从牛郎织女谈到银河系，以及地球和星球之间的距离。

刘少奇指着斜躺在夜空中的银河，让大家辨认牛郎星和织女星。他说：“这两颗星星看似很近，它们之间的距离有 16 光年。”

“16 光年？”周围的人大惑不解，又非常好奇。

刘少奇解释说：“它们之间的距离太远了，已经不可能用普通的尺寸来度量，而是用光年来计算的，就是光在一年里传播的距离。光在一年里大约能行走 10 万亿公里。我们现在看到的牛郎星，是它在 16 年以前发出的光，织女星就更远了，它的光射到地球要 27 年。"

"这么说，每年七月七，牛郎和织女就见不到面了？"坐在刘少奇身后的一个小战士不无遗憾地问。

刘少奇笑了："是啊，这是古代传说，是人们追求幸福的美好愿望。"

刘少奇就此谈到学理论，他告诉大家，我们不仅要学哲学，学历史，学社会科学，还要学点自然科学。

穿过豫皖边境的界首镇，就看到黄泛区混浊的泥水顺着颍河冲下来。进入太和县以东地区后，刘少奇一行人马开始在黄泛区中跋涉，过了张村铺，才踏上干燥的土地。11 月 6 日，他们到达新四军第六支队司令部的所在地——安徽涡阳县北乡的新兴集。

新四军第六支队即彭雪枫领导的新四军游击支队，几天前，根据新四军军部的指示，刚刚改换了番号。

为了迎接中原局书记刘少奇的到来，这一天，第六支队司令员兼政治委员彭雪枫、中共豫东省委书记吴芝圃、支队参谋长张震、支队政治部主任萧望东等军地领导人骑着马专程赶到涡（阳）北。还有千余名战士和群众站在新兴集街道两旁夹道欢迎。新兴集沉浸在一片欢乐之中。

在短短两周的时间里，刘少奇连续听取各方汇报，深入了解情况。在第六支队干部会议上，他认真、详尽地传达了党中央关于发展华中、坚决东进的战略意图和方针政策，一再号召东进，东进，再东进，深入到敌后去。他还按照中央书记处同意的部署进行组织落实，很快成立了以吴芝圃任议长的豫皖苏边区参议会，通过召开边区各界人士代表大会，建立了政权机构——边区联防委员会；健全、充实了由吴芝圃任书记的中共豫皖苏边区党委。刘少奇亲自指定刘瑞龙参加豫皖苏区党委的工作，任区党委副书记。一些在邻近县活动的共产党掌握的抗日部队，陆续改编为新四军第六支队领导下的总队。这样，新四军第六支队已拥有 3 个主力团，1 个特务团，4 个总队，3 个独立营，近 1.8 万人。又一块由中国共产党领导的抗日根据地在豫皖苏边区迅速发展壮大起来。

在豫皖苏边区的工作告一段落后，刘少奇离开新兴集，奔赴新四军江北指挥部所在地皖东定远县藕塘区山黄家村。从东出潼关挺进豫皖苏一路，刘少奇对刘瑞龙进行了悉心的考察，留下极其深刻的印象。

遵照刘少奇的指示，刘瑞龙与彭雪枫、吴芝圃等同志一道拟定了豫皖苏边的工作要点。他们在永城县进行发动群众、减租减息、改善雇工待遇和合理负担的试点，调查了当地农村土地租佃、借贷、主雇关系和农民生活情况，初步拟定了减租减息、合理负担的要点。以后，刘瑞龙又到萧县了解当地政权和武装的情况，同萧县县委研究整顿方案。

时值隆冬，天寒地冻，豫皖苏边却呈现出一派热气腾腾的景象，练兵场上杀声震天，前线部队捷报频传，边区的各项工作正全面展开。

三　调任皖东北军政委员会书记

所谓皖东北，是指安徽东北部灵璧、泗县、宿县一带以及与其交界的江苏西北部部分地区。

当时我党在皖东北的主要统战对象是国民党安徽省第六行政公署专员盛子瑾。盛子瑾很有个人野心。他与军统特务头子戴笠关系密切。开始，盛子瑾在皖东北的力量很小，因而总想利用共产党为他发展势力。1939 年下半年，他公开表示愿与我党领导的八路军、新四军共同建立洪泽湖抗日根据地。为此，我八路军、新四军驻皖东北办事处和区党委确定：在坚持与盛子瑾合作的同时，要独立自主地放手发展进步势力，发展党，发展抗日武装，决不受任何方面的限制，只要进步势力发展了，不管将来皖东北局势如何变化，盛子瑾是坚持与我们合作或者分裂，我们总能立于主动地位。由于坚持党的统一战线政策，坚持和建立皖东北抗日根据地，我党我军在皖东北逐步取得有利地位。

盛子瑾同共产党公开建立抗日统一战线关系的情况，遭到国民党安徽省政府主席、桂系反共顽固派李品仙的压力和破坏。李品先撤销了盛子瑾的职务，还下令通缉他。盛子瑾屈于国民党方面的压力，又见共产党的力量不断增强，发展个人势力无望，遂率嫡系部队千余人渡淮南逃。原盛子瑾部队中由共产党掌握的 3 个支队，编入新四军第六支队第四总队。从此，皖东北进入共产党领导的抗日武装独立自主创建抗日根据地的新局面。

进入 1940 年，皖东北形成了一定的抗战局面，但政治、军事情况很复杂。这一带是日伪军占领区，日伪军据点比比皆是。国民党方面，安徽的李品仙和江苏的韩德勤都有重兵在这里活动，都虎视眈眈地把矛头对准共产党领导的抗日武装，尤以盘踞此地的江苏保安队第一纵队司令王光夏为最。

而此时，皖东北地区又是八路军和新四军的接合部，共产党领导的部队有好几支：由张爱萍任总队长的新四军第六支队第四总队；由八路军山东纵队政治部主任黄春圃（又名江华）率领的一支部队；由钟辉任支队长、韦国清任政委的八路军陇海南挺进支队；由胡炳云任大队长、田文扬（即田维扬）任政委的八路军苏鲁豫支队第一大队；有豫皖苏彭雪枫部派来的一个团；还有当地的地方抗日武装。这些部队进入皖东北的时间都不长，没有形成统一的指挥和领导机构，就此发展下去，就有被敌伪顽分割包围的危险。

刘少奇和中原局领导研究后，决定在皖东北建立军政委员会，由江华、张爱萍、金明、田文扬等有关方面负责人组成，调刘瑞龙担任军政委员会书记，协调皖东北的军政领导。

关于成立皖东北军政委员会一事，3 月 28 日，刘少奇专门来信作了指示，在信中规定了苏皖地区党与八路军、新四军总的任务：争取整

胡服（刘少奇）写给刘瑞龙等人的信

个苏皖地区（淮河、宝应、盐城以北，陇海路以南地区）成为我党和进步势力管理之下的巩固的抗日反汉奸的根据地，并在这个根据地上，建立统一的抗日民主政权，统一的抗日军队及统一的民众团体，坚持抗战。为执行这个任务，必须迅速发展我党领导下的武装部队，迅速扩大八路军、新四军，在半年内达到3万人枪以上。此外，坚持建立廉洁的抗日民主政权，发展自卫军，农工青妇救国会，实行各种进步的抗日政策，以便能发动广大群众的革命积极性，解决部队给养及斗争中的各种任务。

刘瑞龙离开新兴集，前往位于泗县的中共皖东北军政委员会赴任。一到驻地，他立即召集军政委员会会议，根据刘少奇的指示，确定了军政委员会的行动计划。

初到皖东北，有一件事情令刘瑞龙非常痛心。那就是半年前（1939年8月29日）发生的小湾子事件——中共皖东北特别支部书记江上青在率队谈判返回途中，遭反动武装袭击，身中数弹，壮烈牺牲，年仅28岁。

江上青是皖东北抗日根据地最初的奠基人。他的牺牲在皖东北是一件很震动的事情。根据地举行了隆重的追悼大会，中共豫皖苏省委书记张爱萍在悼词中沉痛地说，"上青的殉国，不仅使我们失去了一位知音，失去一位战友"，而且"使中国革命大厦失去了重要的栋梁"。活跃在安徽、山东一带的"抗敌演剧六队"谱写了挽歌《殒星》，在根据地各处传唱，以寄托哀思。

中共皖东北特支书记江上青，正是刘瑞龙当年熟悉的激情澎湃、酷爱诗文的扬州青年江世侯。刘瑞龙清楚地记得，1927年年底，表弟顾民元曾带江世侯来通师旁听革命青年社的活动。不久，顾民元介绍他加入了共青团。江世侯在南通期间，一直在刘瑞龙任书记的中共南通城区委员会的领导下工作。在反动派捕杀共产党的白色恐怖中，一个十六七岁的年轻人对革命的坚韧，以及对信仰的执著追求，是非常难能可贵的。

1928年秋天，江世侯离开南通。以后的事情，还是刘瑞龙来到豫皖苏根据地后才听说的：

江上青离开南通后，一直没有停止对反动派的战斗，曾两次被捕入狱。1931年九一八事变后，面对日寇侵略和国民党当局不抵抗政策所造成的深重灾难，江上青义愤填膺，饱含激情地写下了长诗——《前进曲》，唤醒民众，投入抗日的怒潮。此后，他与一批热血青年先后创办了《新世纪周刊》《写作与阅读》《抗敌》周刊等，热情宣传马克思主义的革命道理和唯物主义思想，宣传抗日救亡。卢沟桥事变后，他又发表了《卢沟晓月》的文章，表达了抗战到底的满腔激情。

江上青（1911—1939）

1938 年 8 月，江上青遵照党的指示到安徽，在中共安徽省工委领导下，参加了安徽省抗日民众动员委员会第八工作团，在大别山区开展抗日宣传工作。当年 11 月，皖东北地区被日军占领后，中共安徽省工委宣传部部长张劲夫等派遣江上青等一批共产党员到皖东北泗县，担任国民党安徽省第六行政区专员公署专员秘书兼保安副司令、第五游击区司令部政治部主任。他利用合法身份，积极开展抗日宣传，培训抗日干部，建立抗日武装，推动抗日民族统一战线等工作，在秘密党员中建立了中共皖六区专署特别支部，并任特支书记。1939 年 3 月，中共皖东北特委成立，江上青任特委委员。他与特委书记杨纯一道，协助中共豫皖苏省委书记张爱萍等推动形成了皖东北国共合作、团结抗战的局面。刘少奇曾高度评价说："抗战初期，我党在皖东北与盛子瑾的统战，是一个成功的范例。"

得知江上青已经牺牲的消息，刘瑞龙感到无比悲痛和惋惜。同时，他也非常牵挂江上青的亲人们。江上青在扬州的父母和家人一定沉浸在痛失亲人的悲恸之中。他们现在的生活会怎样呢?

刘瑞龙担任皖东北军政委员会书记后,由于共产党领导的各支部队来自不同方面,还存在若干不协调的问题。为了加快展开抗日反顽斗争的局面,帮助军政委员会解决工作中出现的问题,4月下旬,刘少奇决定北渡淮河亲赴皖东北。听到这个消息,刘瑞龙和军政委员会的同志们都格外高兴。

皖东北是我党新开辟的敌后根据地,人们都没有见过党中央领导人,刘少奇到来的消息不胫而走。

那天,淮河两岸景色迷人,碧绿的麦苗,嫩黄的油菜花,把平展展的大地装扮得煞是好看。淮河沿岸延绵几里,八路军部队、新四军部队、游击队、地方干部、社会名流、当地群众,熙熙攘攘,排成长河。

刘少奇在淮河北岸的罗岗村住下后,立刻要刘瑞龙、张爱萍等汇报情况。汇报会从下午一直持续到半夜,第二天又开了整整一天。刘少奇边听边记,仔细询问,摸清了皖东北和苏北的有关情况。随后,他分别找各部领导人谈话,做了大量的说服工作,终于把各方面的力量协调团结起来。

党中央领导同志亲临敌后,机会难得,部队的干部和战士都希望听中央首长作报告。刘瑞龙和军政委员会决定,利用在罗岗村召开五一国际劳动节纪念大会的机会,请少奇同志为驻地部队和干部群众作报告。为了满足广大群众的愿望,让大家都能清楚地看到中央首长,刘瑞龙派人找来七八辆牛车,在会场中间搭了一个讲台。

在纪念会上,刘少奇用他特有的浓重而高亢的湖南宁乡口音,报告了目前全国抗日战争的大好形势,讲述了党中央关于坚决东进的方针和策略,分析了皖东北军民所面临的困难和斗争前景。整个会场群情振奋，部队和群众斗志倍增。

正当刘少奇与刘瑞龙及军政委员会的同志进一步研究皖东北的工作、部署新的斗争时，盘踞在泗县、五河县的日、伪军两面夹击，向皖东北军政委员会所在地罗岗地区发动"扫荡"。我新四军第六支队第四总队在总队司令张爱萍的率领下，立即护送刘少奇和中原局机关干部连夜转移，跳出了敌人的合围圈。

这时，国民党顽固派韩德勤派遣顽军常备第七旅王光夏部的4个团倾巢出动，趁机进犯我皖东北根据地腹地朱湖、新行圩子及其以北地区。在刘少奇的领导下，张爱萍到前线指挥八路军南进支队、苏支一大队和新四军第六支队第四总队各团进行自卫反击，经过13天的战斗，打垮了王光夏的两个团，将顽军逐回运河以东地区，从此，皖东北根据地的形势渐趋稳定下来。

在反"扫荡"和对顽军自卫反击作战中，皖东北平原的麦子已经黄熟。根据刘少奇的指示，刘瑞龙和区党委的同志研究部署，决定抓紧时机，发动群众，保卫麦收，实行减租。全区立即组织起工作队，调查租佃关系，研究制定减租办法，广大人民群众在新生的抗日民主根据地里，第一次享受到当家做主的权利。

为了抓住时机，扩大战果，迅速把根据地的抗日民主政权建立起来，刘瑞龙及时召集皖东北的八路军、新四军干部和地方党政干部会议，请少奇同志作报告。在题为《在敌后怎样建立民主的抗日根据地》的报告中，刘少奇对根据地的武装工作、政权工作、减租减息、发动与组织群众、扩大抗日民族统一战线等一系列原则问题，作了精辟生动的诠释。他说："打鬼子要有枪，有了枪还要有个家，这个家就是抗日民主政权。只要人民承认，我们的政权就能存在，现在是壮大人民革命力量的千载难逢的机会。"

刘少奇还从大政方针上对刘瑞龙和皖东北的工作进行具体的指导，

他强调，在统一战线中一定不能忽视自己独立力量的发展，不要丧失自己在政治上、组织上、工作上的独立性。他对王明在国民党统治区右倾路线的做法极为不满，他说："他们在大别山区，专门替国民党撑门面，招兵、收钱粮、当苦力，就是不发展自己的力量。结果，国民党不要我们时，就把我们一脚踢出了大别山。"他再三叮嘱："发展力量就是抓武装，抓政权，抓发动群众，抓财政经济，抓发展党，抓培养干部，这是我们的'六大宝'，它的总体就是巩固的抗日民主根据地。"刘少奇还指示刘瑞龙，选派最好的干部去政府工作，担任县长、区长、乡长。

刘少奇来到皖东北一个多月，这里的形势发生了可喜的变化。刘少奇来到皖东北更重要的目的，则是谋求开辟苏北根据地的最佳途径。共产党领导的武装力量若控制苏北，与淮南、淮北连成一片，长江以北的抗日民主根据地就能相互支援，巩固发展，华中敌后的抗战局面也就大为改观。

可是眼下，皖东北的形势虽然很好，但号令仍不行于军队。6月6日，刘少奇给党中央发去电报："我在皖东北之部队，系统指挥不统一，内部外部情况均复杂，请中央及朱、彭令黄克诚同志速来苏皖地区统一指挥，任军区司令。如能多带兵力来为更好，否则不能完成任务。"

夏秋之际，八路军、新四军在战略上实施南北对进、控制苏北的时机已经到来。

陈毅、粟裕率江南新四军于六七月间渡江北上，在江苏泰县的郭村击退数倍于我的顽军，进至泰兴的黄桥镇后，又歼灭向我进攻的韩德勤主力第八十九军和独六旅一万多人，新四军北上部队得以在苏北立足生根。

为协同新四军巩固和扩大华中抗日根据地，党中央命黄克诚率八路军一部由华北南下，到达豫皖苏与彭雪枫领导的新四军第六支队会合，统一整编为八路军第四、第五纵队。刘少奇根据党中央决策和华中情况，提出"向东发展，向西防御"的基本斗争方略。八路军第四纵队由彭雪枫任司令员兼政委，担任"向西防御"的任务。八路军第五纵队由黄克诚任司令员兼政委，担任"向东发展"的任务。

8月，黄克诚率八路军第五纵队东跨津浦路，来到皖东北，任苏皖地区军政委员会书记，刘瑞龙任副书记。

9月，黄克诚率八路军第五纵队开始向苏北战略进军，踏入淮海地区，与地方党的同志共同努力，建立了8个县的抗日民主政权。刘瑞龙和苏皖区党委的同志随后也东进淮海。中原局决定，刘瑞龙任淮海区军政委员会书记，参加淮海区根据地的建设工作。八路军第五纵队主力继续东进，扫平盐阜。

10月，八路军、新四军在盐城会师，从此，奠定了华中敌后抗战的新局面。

……

在跟随刘少奇挺进华中的过程中，刘瑞龙蒙受了很多教益，对他日后开展工作，完成党交给的任务，起了很大的指导作用。自1942年春天刘少奇离开华中局返回延安，直到全国解放，刘瑞龙都没有再见到他。多少年来，每当追忆这段历史往事，刘瑞龙还是心潮澎湃。1980年，他写下一首七律《怀少奇同志》，以缅怀先贤，并志伟绩。

> 旌旗慷慨出潼关，远拓华中破阻拦。
>
> 抵掌纵谈东进策，排顽抗敌路途宽。
>
> 北战南征跨苏皖，跃马横刀大别山。
>
> 擘划江淮全局定，凭临泰岱指东南。

1940 年 8 月 25 日，八路军、新四军部分干部在淮北泗县魏营子合影。前排右起：刘瑞龙、黄克诚、韦国清、韩振纪、郭树声、常玉春；后排：李雪三（右 ）、张爱萍（右三）、田守尧（右四）、张天云（右五）、邓逸凡（右六）、金明（右七）

四　革命伴侣江彤

　　从五卅运动的第一声怒吼，到跟随少奇挺进华中开创抗日战争的新局面，穿越血雨腥风，经历悲壮的历程，刘瑞龙已经进入而立之年。1940 年夏天，原皖东北特委书记杨纯看到刘瑞龙还是单身一人，生活上没有人照顾，就和周围的同志商量，打算给他介绍一个爱人。后来一了解，大家都觉得江彤这个女同志不错，既善良又单纯，与刘瑞龙肯定是很般配的一对。

　　江彤原名姜希兰，1919 年 10 月 4 日出生在山东青岛市一个铁路职员家庭。她的祖籍原是山东蓬莱，祖上是做中药材生意的。她的父亲姜必祐在青岛读书，毕业后在青岛铁路局报务段当段长，后来就在青岛安了家。江彤的生母先后生有两男两女4个孩子。江彤是小女儿。在江彤刚满4岁那年，母亲因心脏病去世。父亲续弦又娶了一位夫人，继母生下8个弟弟妹妹。因此，江家大大小小共有12个子女。

后来，父亲调到胶济铁路沿线的小站当站长。父亲要工作，自然无法照顾那么多未成年的孩子。为了帮助继母带弟弟妹妹，直到10岁，江彤才得到读书的机会。但她学习非常刻苦，后来，她以优异的成绩考取济南山东省立第一女子中学。那时，父亲工作的站点经常调换，举家随迁，动荡不安的生活养成了江彤大胆泼辣的性格。

七七事变后，日寇大举进攻华北，国民党80万大军一触即溃，不到一个月，平津失守。敌寇即沿津浦线南下山东，1938年1月初占领济南，10日占领青岛，月底占领泰安。而山东军阀、国民党第三集团军总司令韩复榘与国民党第三舰队司令兼青岛市市长沈鸿烈闻风而逃，致使山东大好河山沦于日寇之手。日寇到处奸淫烧杀，山东人民处于水深火热之中。

江彤就读的省立第一女中停课了，她只得转到青州第十中学继续读书。日本鬼子的炮火越来越近，继母带着弟弟妹妹到莱阳老家避难，只有江彤和在潍坊车站当站长的父亲没有走。江彤准备和老师、同学一起奔赴延安参加抗日。就在她回潍坊取路费时，胶济铁路中断了，老师和同学已经提前出发，她不得不跟着父亲，坐着木轮大车回到莱阳乡下，暂避战火。

当亡国奴的耻辱，让江彤激愤难平。她到处打听抗日队伍的消息。父亲是一位有爱国心和正义感的铁路职工，当日寇逼近胶济线时，他高举号志灯为最后一列南下的火车出示信号。为了不替日本鬼子工作，40多岁的父亲蓄起了长须，告老还乡。

1938 年年初，中国共产党领导的外围组织莱阳地区民族解放先锋队，曾派人动员姜必祜参加工作。考虑到父亲年纪大了，家里还有那么多弟弟妹妹要靠父亲抚养，江彤决心"替父从军"，为民族雪恨，抗战到底。父亲看女儿的决心如此之大，很支持她，还为她取名姜民雪。

正月十五，天刚蒙蒙亮，江彤头戴礼帽，身着长衫，女扮男装，与一位好友一道登上租来的自行车，飞驰而去。

江彤首先参加了莱阳民族解放先锋队，不久又调到民先总队人民第三军，即胶东八路军第五支队的前身。在革命队伍中，她迅速地成长起来，半年后便加入中国共产党。

在革命部队，江彤最佩服的当属杨纯大姐，虽然杨纯年长她两岁，但革命经历却丰富得多。杨纯是四川人，抗战前在武汉大学读书，七七事变后，被党组织派到山东。她参加过著名的山东徂徕山起义，曾任八路军山东抗日第四游击支队队长。她还女扮男装，带领一个团的兵力与鬼子作战。在淄博特委担任组织部长期间，杨纯发动组织淄川、博山一带的矿工和革命群众进行游击战争，炸毁张店电厂，袭击敌哨所，还配合铁道游击队破坏铁路，炸毁机车和桥梁，使鬼子的交通运输中断了半月之久。

1939 年 2 月底，山东分局派杨纯以特派员身份到皖东北视察，与在国民党盛子瑾部队做统战工作的中共秘密特支书记江上青接头，相机建立中共皖东北特委。杨纯动身时，唯一选定的就是大胆泼辣的淄博特委妇女部部长江彤。出发前，她们剪掉一头秀发，身穿蓝色土布大褂，脚登靸鞋①，头戴草帽，还学着当地男人的样子把长布衫下襟的一角掖在腰带上。她们机智地躲过鬼子和伪军的巡逻队，穿过封锁线，跨越陇海铁路，顺利地进入皖东北地区。

---

①　靸鞋：鞋帮纳得很密，前脸较深，上面缝着皮梁的布鞋。

当年在苏北抗日根据地，江彤留着一个男式"小分头"，腰间别着一把小手枪，可谓英姿飒爽。她巾帼不让须眉，不仅在工作上要走在男同志的前边，就是骑马、打枪，也要争个高下。闲暇时，她经常拉着男同志比赛骑马。她还立下一条规矩——不准放马鞍，骑在光光的马背上。不少男同志都曾败给她。

"假小子"的风姿，也给江彤惹出不少笑话。一次，新四军战地服务团演剧队到江彤所在的部队演出，女团员张茜（后为陈毅夫人）去上厕所，突然有一个"男同志"随脚跟了进来。张茜非常生气地将这件事报告了领导。领导立刻集合部队点名，让张茜找出违反纪律的人。张茜仔细地扫视着队列中每一张面孔，当她的目光落到江彤脸上时，气愤地伸出手指："就是他！"顿时，队伍里爆发出一阵笑声。大家忍俊不禁，一个个笑得前仰后合。

1941 年元旦，江彤（前）在皖东北与张爱萍（右三）、张震球（右一）、梁兴初（左一）等合影

尽管江彤最听杨纯大姐的话，可当杨纯把军政委员会书记刘瑞龙介绍给她当对象时，她还老大的不愿意。江彤少女时曾读过《安娜·卡列尼娜》等外国名著，对未来的生活充满浪漫的憧憬。而刘瑞龙这位老红军干部从外表看上去给人一种冷冰冰的感觉。刘瑞龙只好亲自找江彤谈话。

"小江同志，我想听听，你对我到底有哪些不满意的地方？"在皖东北军政委员会驻地，刘瑞龙开门见山地问江彤。

平常心直口快的江彤，这会儿却支吾了。她不好意思面对刘瑞龙，眼睛直往窗外看，沉思了一会儿，还是把心里许多的不愿意一股脑地吐了出来："这么说吧，我不打算在这儿久留，等这里的工作结束了，我还打算去延安呢……再有，我们之间的差距太大了，论革命经历，论文化，论水平，您都比我强得多……再说，年龄也不合适啊，我才二十出头，您都三十大几了……"她讲了一大堆理由，一句话："反正是不合适！"

刘瑞龙微笑着听江彤把话说完，一句也没有反驳，反倒接过她的话茬儿，与她聊起天来："你想去延安？好啊，我就是从延安来的。当年，我们安吴青训班就接待了无数奔赴延安的革命青年。"

江彤的眼睛突然亮起来："那您听说过青州十中的老师和同学吗？"

"全国各地的都有。"

"后来，他们都到延安了吗？"

"到延安的只是一小部分，大多数同志还没来得及看到延安的宝塔山，就听从组织的召唤，奔赴抗日前线了。全国的抗日战场这么大，各个根据地都需要人才啊！"

江彤赞同地点点头："说真的，让我马上走，还真离不开呢！"

"没关系，等到赶走了日本鬼子，我们可以一起去延安，向党中央毛主席汇报皖东北根据地的胜利。"

"我怎么能和您一起去呢？您是首长。"

"那可不一定。革命战争就像一座大熔炉，你参加革命的时间虽然不长，已经是特委妇女部长了，比我们这些参加革命 10 多年的老同志进步还快呢！"

江彤让刘瑞龙说得不好意思了，不由得抿着嘴笑了起来，心想，这个刘书记，别看外表严肃老成，像个老夫子，说起话来还挺风趣，句句说到人家的心里了。

看着江彤脸上的表情，刘瑞龙知道她固守的内心防线已经松动，干脆乘热把话题转回到婚事上。"小江同志，你刚才说的问题都好解决"，他稍微顿了一下，摊开双手为难地说，"至于年龄问题嘛，我就没有办法了"。

话是这么说，刘瑞龙还真有办法。他确实喜欢上这个直爽、泼辣的山东姑娘。听说江彤酷爱骑马，一日闲暇，他有意约江彤和军政委员会的几个同志进行骑马比赛。姑娘当然很愿意。口令一下，江彤骑着白马首先冲了出去，其他几个同志也跟着冲了出去。大家心里明白刘瑞龙的用意，没跑多远，就勒住缰绳。这时，刘瑞龙举起鞭子策马直追。渐渐地，两匹马越跑越近……

1940 年中秋节，刘瑞龙和江彤在苏皖地区军政委员会驻地——泗县（今一部分属江苏泗洪县）张塘村举行婚礼，恰是明月当空，月老作证。那一堂两厢的茅草房外，摆了三四张方桌，桌上堆着一捧捧的花生、红枣，还有洪泽湖新收下来的莲蓬子和菱角，军政委员会的同志们都来助兴。

伴着洪泽湖拂来的凉爽的晚风，大家的心情格外兴奋。金明和宣传科长张彦闹得最厉害。他们一唱一和，"夫妻恩爱"、"多子多福"之类的喜庆对子脱口而出。工作人员们也你一言我一语地和着打油诗，跟着起哄。刘瑞龙一贯就是好脾气，虽然是军政委员会的首长，但在这个喜

刘瑞龙与江彤。现存二人的第一张合影

庆的日子里，就随他们说，随他们闹吧！

月亮已经升到头顶，同志们仍然说说笑笑，余兴未尽。刘瑞龙有意清了一下嗓子，金明心领神会，吆喝了一声："我宣布，婚礼到此结束！"

参加婚礼的人们说着笑着，把这对新人送进"洞房"……

第十二章 主政淮北苏皖边区行政公署

淮北苏皖边区地处敌人三大据点的中间地带，周围的铁路、河流、交通要道都由敌伪占据，敌人的"扫荡"更是家常便饭。怎样当好根据地340万人民的父母官？刘瑞龙伸出四个手指——廉明公正。他又风趣地拍了拍自己的口袋：我这里，既无摇钱树，也没有聚宝盆！一切都要在大家的努力之下成为实际的胜利！

一 行署主任的施政演说

1941年1月皖南事变发生后，中央军委立即在江苏盐城重建新四军军部，将新四军编为7个师。这年5月，新四军第四师师长兼政委彭雪枫率部进驻洪泽湖西岸的半城镇。

新四军四师移师皖东北以后，华中局对地区范围和党政军领导机关进行了调整：划陇海路以南、淮河以北、津浦路东、运河以西地区为淮北苏皖边区；撤销原中共皖东北区委员会，成立中共淮北苏皖边区委员会，邓子恢、刘子久、刘瑞龙、刘玉柱、彭雪枫、吴芝圃、张爱萍为委

1941 年，刘瑞龙在淮北

员，邓子恢为书记；成立淮北苏皖边区行政公署，刘瑞龙为主任，刘玉柱为副主任。

新的淮北苏皖边区纵横 150 公里，总面积约 2 万平方公里，包括安徽 7 县、江苏 9 县、山东 2 县，除安徽的泗县(今一部分属江苏泗洪县)、灵璧、五河，江苏的睢宁 4 个完整县份外，其他县份只包括一部或大部分。抗日民主政权能收到公粮的地区有 340 余万人口。

从战略角度看，苏皖边区是坚持敌后抗战和准备反攻的主要支点之一，是华中各根据地与华北各根据地的一个主要联络点，因此也是敌伪顽和亲日派的必争之地。

9 月中旬的一天，300 多位淮北各界人士来到洪泽湖之滨的孙园村，参加行政公署成立大会。这天，天气虽然晴朗，却刮着大风，树叶被吹得哗哗直响，和着欢庆的锣鼓和噼噼啪啪的鞭炮声，会场上的气氛格外热烈。所谓会场，不过是一处能容下几百人的露天空场，旁边有一片借以防空的小树林，莅会者无论男女老少席地而坐。会场前，一张课桌，一把椅子，就是讲台。

身着灰布军装的新任淮北苏皖边区行政公署主任刘瑞龙走上讲台，在热烈的掌声中，发表施政演说。

"今天，我们开这个大会，为什么首先提出施政纲领呢？"刘瑞龙开宗明义，直切主题："所谓施政纲领就是我们对各种问题的主张与行动的标准。我们共产党有军事纲领、政治纲领、经济纲领、文化纲领。通常政府的施政纲领，就是政府对各种问题的主张和做法。有了纲领，就有办法、有主张、有宗旨、有标准，否则，就是昏头昏脑，不成其为政府了。纲领还带有法律的性质，不仅政府要以它为标准，老百姓也要以它为标准。在我们的抗日民主根据地里，施政纲领对政府和人民是统一的标准。它是老百姓审查政府的把柄，也是政府要求老百姓的把柄！"

行署主任发表施政演说，颁布施政纲领，在苏皖边区是第一次。参

1982 年春节，淮北抗日根据地老同志团拜合影。前排左起：陈兰、刘子久、刘瑞龙；二排左起：江彤、蒋敏、刘尹楠、程希、杨光群、赵衡

加会议的各界人士无不聚精会神地聆听报告。

　　刘瑞龙接着说："我的施政演说，可以说，是我们边区政府的一个'开场白'。反共派、敌人正在造谣中伤。我们必须要把我们所做的事情传开去，让大家知道抗日的国民党、共产党和进步人士在苏皖边区究竟干了些什么？是不是像谣言所说的那样？我们不同于敌伪之处，就是敢于把我们的真面目公布天下！不要说十目所视、十手所指，就是千万人来看，我们都不怕。今后，苏皖边区的环境会更加复杂，斗争会更加艰苦。我们要在这里进行长期的艰苦斗争和建设，要在这里长期生根就必须有这样一个纲领。"

　　针对有些人提出的，"搞施政纲领是赶时髦"，"现在陕甘宁、晋察冀、冀鲁豫都有纲领，所以你们也要搞一个"等奇谈怪论，刘瑞龙做了一个否定的手势："不然！假如那样，我们何必印发公告、搞宣传、开大会，在这样的大风中进行讲演呢？就因为这是我们苏皖边区300万人民共同的战斗纲领，这是我们长期坚持抗战的纲领！我们不但要写，还要做，不但自己做，还要团结广大人民去做！"

行署主任的施政演说慷慨激昂，会场的掌声也一阵高过一阵。

刘瑞龙又把话题转到苏皖边区："我们苏皖边区地处广大的敌后方，地处蚌埠、徐州、清江浦（今江苏淮阴市）——敌人三大据点的中间地带，周围的铁路、河流、交通要道都有敌伪。这里与陕甘宁边区不同，敌人进攻是家常便饭，战争是经常的，情况是紧张的，对付日本侵略者的方式主要是游击战争。因此，我们的纲领就不能不是坚持敌后游击战这样一个对付敌伪的纲领。它的目的就是采取各种必要的步骤，使军、政、民能够紧密地团结在一起，坚持抗日游击战争。苏皖边区的人民一定要保住这块土地，自己的身家性命才有保障，全国抗战才能配合。因此，我们制定施政纲领的核心，就要坚持长期战争，保卫苏皖边区，使这一地区长期保持在抗日力量的手里！"

这天，刘瑞龙特别兴奋，嗓音也异常响亮。他在深刻阐述边区政府制定施政纲领的根据、中心内容和基本精神后，着重谈了抗日民主政权必须建立新作风的问题，并向边区政府各级干部提出三点要求，希望每一位同志以此警惕：

第一，战斗的——做事要爽脆，决定了就做，以最大毅力完成任务，完成自己所进行的工作，不要拖泥带水。

第二，民主的——要经常接近群众，接触各个阶层的人民，倾听群众的呼声，倾听群众对政府的批评，对上层不轻佻，对下面不骄傲，一切繁文缛节都要除掉。

第三，廉洁的——分文不取，涓滴归公，洁身自好。

刘瑞龙还针对个别乡镇干部拐款潜逃的事件，再三讲了干部的廉正问题。他说:"中国历代只有清官才会得老百姓的拥护。过去所谓廉明公正,廉是第一件大事,不廉就不能明,也不会公,也不会正。贪官一定也是昏官、私官、邪官,这是必然的。我们边区目前的条件还很艰苦,同志们有困难,公家解决,绝不能以贪污来解决。贪污与共产主义是不相容的。同志们要警觉敌探和汉奸收买腐化的毒计。哪个党员贪污就开除他的党籍!"

怎样才能当好根据地340万人民的父母官?刘瑞龙伸出四个手指:"就是这四个字——廉明公正,我们的同志要切实把握住这一点!"

台下响起一片热烈的掌声。坐在前排的几位蓄着长须的老先生不住地点头,其中有同盟会的元老,有当地著名的绅士和社会名流,他们都称赞共产党的主张好!

为了保证政府机关的廉洁,兼顾各方面的利益,特别是搞活经济,扶助教育,刘瑞龙当场宣布了各级公务人员津贴费的具体规定:

行署处长以上5元;

秘书、局长、供给部主任、县长4元;

科长、科员、股长、区长3元;

区员、乡长以下2元;

货检总局长、科长等9元;

检查局长、科长8元;

分局主任7元;

各所所长6元;

其余财务人员一律5元;

淮北中学教员10元。

台下报以热烈的掌声。

刘瑞龙补充说:"也许大家觉得少了,但是穷人只好有穷主意。"他用双手拍了拍自己的军装口袋说:"我这里,既无摇钱树,也没有聚宝

1942 年冬，刘瑞龙（前排右三）与淮北行署同志合影。前排右四为江彤

盆！"说到这儿，他自己也开怀大笑起来。

最后，刘瑞龙用简明中肯的话语结束了演说："我讲了很多希望，这一切都不要落空，而是在大家的努力之下成为实际的胜利，使三个月后的检查工作成为一个庆祝胜利的大会！"

在行政公署成立大会上，工作人员宣读了《淮北行署施政纲领》和行政公署组织规程，通过了秋季公粮征收办法，选出了淮北苏皖边区行政委员会。

几天后，《淮北行署施政纲领》正式张榜公布，纲领囊括根据地的政治、军事、经济、文化建设等 12 个方面。根据地的各种报纸和刊物都登载了《纲领》的全文。在每个街镇、乡村群众集中的地方，行署还派出宣传队进行宣讲，让边区政府的主张深入到 300 多万淮北人民的心坎里。

二　向参议会代表"报账"

各位参议员先生、各位同志：

今天本席仅以一个人民公仆的资格，报告我们淮北苏皖边区成立以来，主要是行政公署成立以来的政府工作。照旧社会惯例，一个管账的每年须要向他的老板报告账目，账目如果清楚便继续连工，否则就要讨论讨论，研究研究。在这个报告中，我秉着有什么说什么的精神，据实以报，还望各位听的时候能够加以更多的注意，是否有花账，是否有账目不清的地方。

……

这是 1942 年 10 月，刘瑞龙在淮北地区第二届参议会上《关于淮北苏皖边区三年来的政府工作》报告的开场白。接着，他就政府在抗战动员、政权民主化、财政、经济建设、文化教育、保安司法、团结各阶层辅助民众运动、敌伪工作等方面的工作，向出席会议的 200 多名参议会代表进行逐条"报账"。

争取中等资产阶级，争取开明士绅，争取地方实力派是共产党在抗日民族统一战线中一项极其重要的任务。淮北苏皖边区各地都有一些在地方上享有声望的开明士绅参加"三三制"政权工作。

当年，彭雪枫领导的新四军游击支队转战豫皖苏边区后，节节胜利，捷报频传，极大地鼓舞了淮北人民的抗日热情，许多爱国民主人士满怀激情投奔新四军，参加到抗日救国的行列之中。彭师长经常亲自登门，拜访爱国民主人士，或申纸染毫，写信向他们阐述时局，为建立淮北抗日统一战线做了许多努力，为淮北抗日民主根据地建设打下了很好的基础。

安徽泗县双沟乡陈店村开明地主和士绅陈荫南先生，早年曾参加孙中山先生领导的同盟会，参加过辛亥革命和北伐战争，有着强烈的爱国主义思想和崇高的民族气节。面对日寇对我敌后根据地大举进攻，许多地方士绅出于对共产党的偏见纷纷向外逃亡。在新政权处于危难的时刻，陈荫南带头响应共产党的三大政治主张，毅然参加抗日民主政府的工作。在他的影响与带动下，泗县的一些民主人士，开明地主、士绅及其子弟和青年学生参加了八路军、新四军，直接投入到抗战的行列中。

有着"抗战救国的第八位君子"之称的任崇高[①]先生，一贯倾向革命。中国共产党成立之初，他就结识了早期共产党人恽代英。在他 42 岁那年，由恽代英介绍，破例参加了中国社会主义青年团。大革命失败后，他跟随团中央负责人任弼时、陆定一辗转武汉、上海等地，从事秘密斗争和党领导的教育工作，曾几次被捕入狱。抗战初期，他担任上海各界抗日救国会常务理事，来到淮北根据地后，任淮上行政公署副主任兼怀远县县长，还创办了豫皖苏边区淮北中学，是淮北根据地著名的教育家。

在 1939 年 12 月到 1940 年 3 月，蒋介石发动第一次反共高潮期间，国民党安徽省政府迫害爱国进步人士，封闭了主张团结抗战的《大别山日报》，报社社长张百川先生长途跋涉，通过重重关卡，来到豫皖苏根据地参加敌后抗战。

皖北涡阳县名绅田兆馨是清末四川提督田振邦之子，早年参加同盟会，尔后目睹国民党政府的腐败而弃官返乡。由于受我党统战工作的影响，他经常阅读新四军游击支队发行的《拂晓报》，激起抗战救国热情。

---

① 任崇高（1881—1973）：四川泸江人。1936 年 11 月 23 日，蒋介石下令逮捕沈钧儒、邹韬奋、李公朴等爱国民主人士和学者的"七君子"事件发生后，任崇高立即组织有上海各界参加的请愿团，为营救"七君子"而被捕，被称为"抗战救国的第八位君子"。

他不顾花甲之年，欣然访问新四军游击支队，竟留在根据地参加抗日救国斗争，还改名田丰，积极参加根据地建设。

怀远县社会名流纽玉书毕业于金陵大学，时任国民党中央青年干事、国民党革命行动委员会委员兼长江支部书记。皖南事变后，彭雪枫师长向他剀切诚挚地说明了顽固派发起的反共磨擦对抗战造成的严重危害。纽先生以国民党进步人士的名义，在《拂晓报》上发表谈话，强烈谴责反共军进攻抗日部队的不义之举，呼吁团结，反对内战。他不顾安危，随新四军游击支队转移到津浦路东，出任淮北苏皖边区参议会参议，还利用各种社会关系，经常往返津浦路两侧，从事秘密的敌后统战工作。

……

这次，参加淮北边区第二届参议会的各位代表，是根据我党倡导的抗日民主统一战线的"三三制"原则选举的。他们都是第一次以人民代表的资格参加会议。听完刘主任"报账"，参议员们对共产党如何团结各阶层人士的政策还存在着种种疑虑。刘瑞龙对他们的质询坦诚地作了答复。他就大家最为关心的问题开诚布公地表明了共产党的态度：

"关于逃亡地主问题，据去年统计，本区有167个地主逃亡，具体到各县还不止这个数目。行政公署曾与边区参议会确定方针，挽救这一现象，提出不咎既往，不算旧账的口号，请逃亡地主回来。经过一个时期劝告解释，大家回来了，有一部分人还不敢和政府见面，等到政府给予担保才相信。

"关于会门帮口问题，在边区是一件大事。过去此地土匪成患，老百姓为了打匪，自发组织了帮会。边区现有会门名目共20多种。但今天的情况很复杂，敌人采取利用会门的政策。政府对帮会采取就事论事的态度，帮会中的人，只要做个好老百姓，就与其他公民享有同样的权利。我们同时劝告他们，这种迷信是不好的，希望他们参加抗日团体。

如果发生违法行为，政府将依法处理，但不因为他是会门，而是因为他违法。

"至于各种宗教，如佛教、回教、耶稣教、天主教，人民有信仰之自由。只要在抗日的前提下，你在礼拜堂祷告上帝也可，在如来佛面前烧香请求打败日本也可……"

刘瑞龙的讲话被一片笑声所打断。

他接着说："信仰某一宗教，政府不反对也不提倡。问题在于，今天敌人利用宗教。当和尚、当道士、当牧师，都不犯法，如果损害抗战，政府则要依法处理。不是因为他信仰某种宗教，而是因为他违法。我们希望他们联合一致参加抗日。

"边区回民兄弟很多。回汉信仰不同。他们信仰穆罕默德，念可兰经，只吃反刍的动物。我们对他们的宗教习惯要绝对尊重。政府、军队都不能有侮辱回民的举动。回民与其他公民一样享受各种权利。在教育方面，政府要给回民以便利。我们有些地方已经办了伊斯兰小学。回民集中的地区，可以选回人当乡长。我们边区参议会中就有好几位参议员是回民。这就是抗日民主政权对回教的态度。

"对于敌区人民，凡人在敌区土地在我地区的地主，可以回来收粮收租，并带一定限度的粮食外出；可以向边区内放债，只要不提过高的利息，可以回来收债，政府予以保障。欢迎敌区商人到根据地投资。欢迎敌区技术人员、知识分子、青年来根据地工作。青年可以免费读书。工作人员可以优待，并补贴其家属。对边区情形不了解者，欢迎他们来参观。今夏，敌区穷苦农民到边区割麦子的就有两三万人。政府、参议会、群众团体帮助他们安插、介绍职业，结果每人除吃用外，还带回一二石麦子。"

……

刘瑞龙每讲一个问题，全场都是一片热烈的鼓掌声。

刘瑞龙还谈到瓦解敌军的工作。他说："要告诉日本的工人、农民，他们在反对军阀、财阀方面和中国人民的利益是一致的。日本兄弟有很多是进步的，他们在来中国前或到中国后，就不赞成侵略中国，他们愿意同中国兄弟在一起反对日本军阀。参加本次大会的后藤勇同志，就是以日本先进战士的资格来参加抗日战争的！"

国际友人是世界反法西斯战线的重要力量，淮北军政党首长十分重视这项工作。先后有日本、朝鲜、奥地利和美国等 30 多位国际友人，在淮北根据地参加反对日本法西斯的斗争。半年前，日本人民反战同盟淮北支部在大王庄成立，后藤勇任支部部长。日本朋友矢口庆司、林博、太田延（女）等，为反对日本军国主义不懈努力，每天撰写传单、书写标语，根据地对日伪军的宣传品，大半出自他们的笔下。

抗日战争期间，淮北抗日根据地军民多次营救美国飞行员。图为根据地领导转送美国飞行员时留影。左二为刘瑞龙

经过十几天的大会讨论，参议员先生们认为，在过去三年中，边区政府所采取的施政方针是正确的，同意边区政府在军事、政治、财政、经济、教育、司法、保安、民运等方面所采取的一系列措施，一致通过了刘瑞龙的"报账"。

参议员先生们对边区政府的工作不是歌功颂德粉饰太平，而是以认真负责的态度，反映真情，说老实话，踊跃提案，谏言献策。他们曾提交"彻查有私人擅自动用公粮及舞弊情形应严惩案"、"褒奖救灾募款中之出力人员案"、"彻底整饬纲纪发挥民权案"、"禁止非刑确保人权案"、"发掘蝗子不力之各级政府应与以惩戒案"、"防止敌人烧粮抢粮案"、"敌人经济阴谋加紧，应迅速对策案"、"禁止粮食走私案"、"如何提倡纺织以裕民衣案"、"保障洪泽湖大堤案"、"号召地方人士慨义解囊捐资，广泛兴设私立小学，以济失学儿童案"、"实行拥军运动案"，等等。每项提案有提案人，有附议，有案由、理由、办法和决议。边区参议会授权驻会委员监督提案的检查和落实情况。

淮北苏皖边参议会充分体现了抗日民族统一战线的群众性，使淮北人民实现了参政的权利，加强了各阶层人民的团结，对团结各阶级、各党派参加抗战，巩固和扩大抗日民族统一战线发挥了重大作用。

本届参议会正式确定淮北苏皖边区参议会为地方最高权力机关。会议民主选举了驻会委员会委员及正、副参议长，选举了边区行政委员会委员和行署正、副主任，以及高等法院正、副院长。在热烈的掌声中，刘瑞龙再次当选淮北苏皖边区行政公署主任，继续"连工"。

那位身着灰色粗布制服、头戴新四军军帽、剑眉高挑、胸前飘着银须的陈荫南老先生，在本次参议会上以高票额当选淮北行政公署副主任，成为刘瑞龙的搭档和战友。

刘瑞龙十分敬重这位年长他20岁的党外同志，在淮北行署的各项工作中，总是谦逊地听取陈老的意见。凡是行署颁发的重要训令、指示、通告等，都是由刘瑞龙和陈荫南共同签署。刘瑞龙从不因为陈老是党外人士而妄自尊大，认为他可有可无。陈荫南也决不因为自己的老资格以及在乡里的威望和影响而倚老卖老。陈荫南积极配合刘瑞龙，热情参与行署的各项工作。他曾参与制定淮北根据地征收公粮的政策规定，提出按土地多少合理分配比例的征收办法。由于他办事公正，征粮工作不仅农民群众赞成，就是地主、富农也能顺利接受。

1943年夏季，淮水暴涨，大柳巷河堤吃紧，双沟区召开修筑大柳巷圩堤大会。面对突然袭来的洪水，这位50多岁的老先生一马当先，承担起防洪筑堤的堤工总监督。经过新四军四师官兵和当地群众数千人的努力奋战，终于挡住了洪水，保住了农田和人民群众的生命财产安全。

当年，淮北根据地的生活非常艰苦。陈荫南与刘瑞龙及行署工作人员同甘共苦，一样实行供给制，穿粗布衣，吃地瓜、玉米和高粱面，每月只能拿到5元津贴费。陈荫南体贴百姓疾苦，经常到农民家走访，在田头、场边与老百姓拉家常，倾听他们对人民政府工作的建议和批评，有时还到农民夜校讲文化课，宣传党的政策，宣传社会主义和共产主义远景。遇有来访群众被哨兵阻拦，他就走出警戒区，直接与群众见面交谈。

陈荫南不仅积极参加抗日政府的工作，他的家还享有"抗日饭店"的美称。新四军的后勤供给机关曾一度设在他家里，负责粮食、服装、枪支弹药等后勤物资的储存、保管及转运。新四军陈毅军长和其他领导同志也曾在他家里住过。一些过往淮北根据地的我党政军重要干部及子女，也得到陈荫南及家人的接转和掩护。为打破敌人的封锁，解决根据地和部队的急需，陈荫南千方百计想办法，派家人通过国民党故旧，到敌占区贸易局贩盐，购买布匹。

陈荫南曾是拥有1400亩土地的大地主，他献地献房，破产为革命。抗战胜利后，他又参加到人民解放战争的行列之中。新中国成立后，他曾担任安徽省副省长。刘瑞龙曾高度评价陈荫南先生对淮北抗日根据地以及对革命做出的贡献，称赞他："不仅是患难与共的朋友，而且由朋友走向同志的关系。他是一位由旧民主主义者走向新民主主义和社会主义者，并向往着共产主义的。"

三　淮北地方银号的董事长

发动群众减租减息，改善民生，确立基本群众的政治优势，是淮北行署狠抓根据地建设的中心环节。由于全区大多数地区实行了减租减息，工农群众的生活普遍改善，根据地的生产力有了很大发展，耕地面积、畜力、生产工具、户口都有了明显增加，农村副业也活跃起来，集镇日益繁荣。

淮北根据地建立初期，根据地财政的主要来源是实行合理负担的统一累进税，征收公粮、田赋和物资税。为了发展经济、调节财政、稳定金融，保证根据地的军民供给，区党委健全了政府的财政机构。1942年5月，淮北地方银号在半城镇正式成立，刘瑞龙任董事长，邓子恢、彭雪枫、刘子久等区党委主要领导同志都是银号董事会的成员。

淮北地方银号是江淮银行①的分支，其业务范围包括：发行边币，代理金库；举办低息放款、存款；办理汇兑和法币、硬币兑换；在特定情况下，收购部分粮食、棉花和土纱、土布，并附设供应社（站），经营日用品供销业务。

如何领导淮北根据地的财政、经济建设？刘瑞龙有一位难得的好老

---

① 1941年1月，新四军军部在江苏盐城重建后，即成立苏中抗日根据地地方性银行——江淮银行，发行江淮币。江淮银行归属新四军军部财经部领导，下属淮南银行和淮北地方银号两个分支。1945年8月，淮南银行、淮北地方银号、江淮银行、盐阜银行、淮海银行五个地区性银行合并组成华中银行，发行华中币。

1942 年，刘瑞龙与邓子恢（左）在淮北根据地

师，他就是中共淮北苏皖边区党委书记邓子恢。邓子恢是闽西革命根据地的创始人之一，早年曾东渡日本留学。1931 年中华苏维埃共和国中央临时政府在江西瑞金成立时，邓子恢任中央财政部部长，领导中央苏区的经济工作。他在中央苏区组织创办了劳动互助社、消费合作社、粮食调剂局等，受到毛泽东等领导同志的交口称赞。

淮北地方银号成立后，陆续发行了 1 角、2 角、5 角、1 元、2 元、5 元、10 元、20 元面值的边币，累计发行边币总额为 4000 多万元。

淮北地方银号发行边币的方针，不是依靠边币作为开支手段，而主要是用于发展生产、调剂金融，对付日伪的经济掠夺，保证边区物价的稳定。边区政府规定，在根据地内一律禁止伪币流通。边币发行之初，边币与国民党法币的比值为1∶3。为了保证根据地经济的不断繁荣和发展，1944年，淮北行署决定对税收、市场物价和往来账务进行清理，一律改以边币为计算单位，随后，边币兑换法币的比价不断提高，到年底，1元边币已可兑换50元法币。

淮北边币的发行是以充分的物资作基金。银号根据市场物价涨落的趋势，及时投放货币和物资，对根据地经济起着调剂作用，保持了物价的平稳和边币的信誉。同时，淮北银号还根据淮北区委和行署的指示，发放了大量贷款支持农业和手工业生产，支持商品流通，支持灾区人民克服生活方面的困难。

针对敌人的野蛮"扫荡"和经济封锁，造成淮北抗日根据地物资缺乏、经济严重困难，根据毛主席"自己动手，丰衣足食"的伟大号召，1943年11月，淮北行署作出《关于开展生产建设的决定》，提出边区生产建设的基本方针是在现有基础上发展生产，以农业为主，以工业为辅，发展私人农家经济和家庭手工业，组织机关、部队、学校进行生

淮北地方银号发行的纸币

产，掀起了轰轰烈烈的大生产运动。

由于汪伪汉奸控制棉纱布匹，严禁细布进入敌后抗日根据地，造成苏皖边区布价暴涨，出现了斗粮尺布的情况。淮北区委发出《关于开展纺织运动的决定》，号召根据地党政军民立即开展群众性的纺织运动，解决军民穿衣用布的问题。具体办法是：大力动员本地妇女学习纺织，恢复本地织布机生产，资助外来纺织户；淮北银号给予贷款支持；政府给予政策支持，如，植棉地免收公粮，棉花进口免税，内地流通不再征税等。行署建设处还制定了《淮北苏皖边区纺织事业奖励办法》，鼓励群众争做种棉、纺纱和织布英雄。

在淮北区党委和行署的号召下，边区广大妇女纷纷组织起纺织小组和纺织合作社，各机关、部队、学校也积极行动起来，提出了许多群众通晓的口号。各地政府还利用年关赏花灯、划旱船、唱纺纱小调等喜闻乐见的形式，向广大群众进行宣传。

在大生产运动中，刘瑞龙抓住到边区各县检查工作的机会，抽空与老农和基层干部座谈。如，怎样推广棉花种植？怎样搞好棉花的田间管理？怎样发动妇女纺纱织布？以及每人开多少荒？种多少菜？养几头猪羊和鸡鸭鹅？等等。

当年在基层工作的同志至今还记得，在泗阳县尹庄的农具房里，刘瑞龙和他们围着一张小饭桌，在煤油灯下促膝座谈。他还带来了各县新编的种棉织布的民谣谚语，如，"枣树发芽种棉花"，"要想穿得暖，纺纱织布带种棉"，"一天能纺四两线，吃一半来赚一半"，等等。他一边讲，一边转动身旁的纺花车，做些示范动作给大家看，手把手地教纺线。

群众的积极性充分调动起来了。淮北行署原计划到 1944 年上半年发展纺纱车 1 万辆、织布机 350 架，据当年 6 月统计，仅边区 9 个直属县已有纺纱车 3.7 万辆、织布机 2700 架，形成了村村有织机、户户有纺车的局面。纺织运动的广泛开展，解决了根据地部分军民穿衣用布的困难，人民生活也进一步得到改善。

在领导淮北根据地财政经济工作的过程中，当年川陕根据地的许多经验对刘瑞龙启发很大，工作起来也显得轻车熟路。

为了保护抗日根据地的资源，促进工农业生产的发展，淮北行署采取保护工商业的政策。在根据地境内私人经营工商业，只要不通敌，不贩卖违禁品，不违反政策法令，一律准其营业，允许贸易自由，保障其合法利益与账款收回，并给予银号贷款支持，及购买原料和推销产品的便利。工厂、商店、小作坊可以雇用店员或学徒，进行生产及营业。外来资本家投资开发洪泽湖边的荒地予以保护，并给以各种必要和可能的帮助。

边区各县设立了进出口货物检查处，又在主要集镇上设立了检查分处，负责征收各种工业品和农副产品的进出口和过境的货物税。货物在根据地境内流通，不重复征税。征收的税款直接上缴县金库，再由县金库转缴淮北行署总金库和新四军第四师供给部。从敌占区进口的布匹、棉纱、百货、小五金等都征收进口税。凡属军需品均采取免税或低税率。

为了支持工农业生产，促进根据地经济繁荣，淮北行署鼓励在苏皖边区各地建立农村合作社，承办边区政府及淮北地方银号所委托的购买粮食，以及发放、收回各种贷款等业务；帮助社员运售多余的粮食及春荒时购买缺少的粮食，以防粮价过低或过高，使农民吃亏；采购日常生活必需品，如布、油、盐、火柴、黄烟等，廉价卖给社员，以减少社员受商人的剥削；开办小生产作坊，榨油、磨豆腐，年节杀猪；帮助纺织小组买卖棉花、棉纱、棉布；帮助社员购买耕牛、农具等，以利生产。到1944年年底，全边区合作社社员总数达23万多人，股金1600多万元边币。

由于采取了保护工商业的政策，不仅粉碎了敌人的经济封锁，保护了根据地内工商业户的正当经营，繁荣了经济，而且调动了民族资产阶级与小商贩的积极性。许多商人从外地购买物资到根据地进行交易，甚至冒着生命危险从敌占区购买军需品、医药等急需物资运送到根据地来。

淮北根据地处于黄淮之间，水灾频繁。各级政府每年在组织春耕、夏收、秋收，力争粮食增产的同时，兴修水利、疏浚河道、加固淮河大堤、减轻水灾。1943年夏秋之间，滨湖各县有许多河道河水泛滥，淹没农田，秋禾歉收，群众深受其苦。淮北行署通过地方银号发放贷款。淮北人民大力开展水利建设，各地驻军立即抽出人力，冒着酷暑开入工地，帮群众浚河修堤，奋战了整整3个月，使250万亩农田免遭涝灾。1944年是淮北边区水利事业发展最快的一年，在春耕生产中，全边区共动员人力12万多人，挖沟、修河总计2000多公里，直接或间接受益的农田达400多万亩。

据1944年统计，在根据地内与淮北地方银号发生借贷关系的工商户占工商户总数的百分之七十以上。银号发放的各种贷款总数折法币5000万元，加上春耕春种、兴修水利贷出的粮食折款，共折法币1.77亿元。这些贷款扶持了边区发展经济，极大地鼓舞了群众的生产热情。

四　用军事斗争检验政府工作

军事斗争是根据地一切工作的中心。淮北行署成立后，在苏皖边区进行过三次较大的战役：程道口战役、淮北1942年冬季反"扫荡"和山子头战役。新四军第四师在兄弟部队的配合下，英勇作战，保卫了人民的胜利果实，巩固和扩大了淮北抗日民主根据地。

1942年冬季，日伪军对淮北抗日根据地进行为时33天的最全面、

1942 年冬，（左起）张震球、刘瑞龙、邓子恢、廖志强、张爱萍、冯定在淮北泗县半城镇

最疯狂的大"扫荡"。这次大"扫荡"是从 11 月 14 日开始的。在日军第十七师团师团长平林盛人统一指挥下，6000 余日伪军，加之飞机、坦克，分 5 路向淮北抗日根据地中心地区洪泽湖以西的半城、青阳镇咄咄逼来，妄图摧毁我主力及军政首脑机关，摧毁我根据地之人力物力，建立据点伪化苏皖边区。

　　当晚，邓子恢、彭雪枫主持召开军政委员会联席会议，研究确定反"扫荡"的战役方针。会场上的气氛严肃而凝重。彭雪枫师长站在地图前，用手中的红蓝铅笔示意着各路敌人的进攻方向，郑重地宣布了我淮北主力部队和地方武装的作战部署，他说："师部决定，我主力部队先跳出敌人的包围圈，转移到敌侧后，把处于内线作战的被动地位，变为外线作战的主动地位，待敌人被打得疲惫收兵时，再集中力量寻机歼灭其一路或数路。"说着，他做了一个重拳出击的手势。

根据区党委和新四军军部的统一部署，我主力部队南渡洪泽湖，在敌人侧翼和后方展开进攻，根据地腹地只留下第九旅第二十六团和地方武装牵制敌人。刘瑞龙领导的地方政府在根据地内就地坚持，承担的压力相当大。

在行政公署召开的紧急会议上，刘瑞龙进行了简短的战前动员，他说："就地坚持是政府一切工作的出发点，也是地方政府唯一的责任。在战时，群众的眼睛都看着政府。只有政府坚持住，就能给主力以有效的帮助，给敌人伪化根据地政策以有力的打击。我们多坚持一个乡，敌人就多一分困难，我们就多一块打击敌人的阵地！"随后，他对全区各县组织自卫队、锄奸、情报工作，以及发动民众开展破路斗争都作了具体安排。

在刘瑞龙的带领下，全边区公民举行分片宣誓："誓死保卫根据地，决不允许敌人侵占我苏皖边区一寸土地！"全区人民同仇敌忾，充分做好了迎击敌人的准备！各地干部坚守阵地，纷纷提出"县不离县，区不离区，乡不离乡"的口号，立即带领群众实行空室清野，决心积极地寻找机会，制造空隙，主动灵活地与敌人斗争。淮北人民武装在"抗日防匪保家乡"的口号下迅速组织起来，仅泗东、泗南、泗宿、泗阳、泗五灵凤、淮泗、淮宝7个县，就组织起基干队近3万人。各地还建立了联庄会、打更队、查更队、钢枪队、保家队等不同形式的武装组织。

宣誓会后，刘瑞龙率领淮北行署机关迅速撤离张塘村，东渡成子湖，跳出了敌人的包围圈，在黄圩一带，果断地指挥着各级政府的工作。

两天后，分进合击的敌人来势汹汹地占领了半城镇。敌人得到的只是一个个空荡荡的村子，寻找不到我主力部队和党政机关，只得靠烧杀抢掠来发泄兽性。根据地军民采取游击战术，与日伪军两日三战。各县组织的游击小队到敌伪据点周围进行骚扰，搅得敌人坐卧不安。有时，敌人刚刚端起饭碗，我们的小股部队就来个突然袭击，甩几个手榴弹，打一阵机枪，敌人不得不丢下饭碗，盲目追赶。夜晚，敌人刚躺下睡觉，我们的民兵就摸上去，东打一枪，西放一炮，牵着敌人的鼻子一直转到天亮。半个月过去了，敌人始终寻找不到突击目标，人力、物力消耗殆尽。

针对反"扫荡"过程中，政府机关臃肿运转不灵活的问题，刘瑞龙坚决进行精兵简政。战事开始前，淮北行署根据党中央关于精兵简政的指示，已从原有干部、杂务人员、战斗员360人的行署机关中减掉79人。战斗中的这次精兵简政，刘瑞龙下了大决心，行署机关只留下101人，坐骑也由16匹减少至2匹，不仅减少了粮草和开支，机关的机动性和工作效率也大大提高。被精简的大批干部充实生产、教育、财政、建设部门和地方武装部队，加强基层力量。

敌人为了摧毁我根据地，"扫荡"前曾派出许多汉奸、敌探到苏皖边区活动。有"内线"，有"坐探"，还有土娼，有的化装成乞丐、逃荒的、卖唱的、卖麻糖的，侦察我边区地形、道路、部队、机关。敌人大部队深入根据地腹地后，又派出侦探专门探测我新破的路沟和空湖地进行战术侦察。边区各级政府根据行署提出的方针，严厉地镇压了一批汉奸、特务。

12月初，日伪军改变策略，采取稳扎稳打的战术，打通了泗（县）宿（迁）公路，并在青阳、马公店、金锁镇和归仁集等地建立据点，企图巩固占领区。这时，四师各部队在彭师长的指挥下开始反击。在朱家岗战斗中，坚守在敌占领区腹地的我第九旅二十六团，与三路围攻之敌喋血鏖战，击退了日伪军的重重包围和数十次冲击。我军内外夹击，狠狠打击了敌人的气焰。几天后，敌人被迫撤退。

苏皖边区地处平原水网地带，一望无际，不易机动迂回，破路则是淮北区地方武装最有力的斗争手段之一。敌人"扫荡"之初，我根据地张开口袋把敌人放进来。当我主力返回内线，三打青阳，四打马公店，血战朱家岗，拦截敌人退路时，破路就发挥了巨大的威力，有效地拦截打击了敌人。

淮北平原的破路战如同冀中平原的地道战一样，密如蛛网，绵延数百里。行署提出破路标准，有训令作详细规定：干道、重要支线、横路都要彻底破坏，构成网状，既要合乎对敌作战的战术要求，又要节约民力。行署和四师部队专门派人指导破坏碉堡、桥梁、圩寨和道路的工作。

破路势必毁坏农田，老百姓不免心疼。淮北行署和地方政府做了大量深入的群众动员工作，提出"多流一滴汗，少流一点血"，"多挖一铲土，鬼子不好走"，"破路为大家，大家都要干"，"赶走小日本，重新建家园"等口号。在刘瑞龙和行署的领导下，全边区人民开展了破路突击运动，在一个月中，共动员150万工，在战斗中心区的7个县破路

1942年，33天反"扫荡"胜利后，刘瑞龙回到遭受日军摧残的半城镇

4000 多公里。来犯根据地的日伪军就像钻进了迷魂阵，到处挨打。

在 33 天反"扫荡"中，新四军第四师和淮北人民进行了大小 30 余次战斗，歼灭日伪军 700 余人。敌人的"扫荡"以彻底失败而告终。

地方政府怎样从战争中学习战争？33 天反"扫荡"刚一结束，刘瑞龙就在边区行政委员会会议上，报告反"扫荡"中的政府工作。他说："战争锻炼和考验了我们，同时也暴露了我们的弱点。"他列举了战争观念不强、情报联络工作跟不上、政府组织机构尚不适应战争和动荡环境的种种表现。

为了迎接新的斗争，政府立刻要做的工作是什么？刘瑞龙的回答十分干脆："首先就是继续精兵简政！使得地方各级政权机关在将来更严峻的战争环境中，能够灵活机动地执行坚持任务，我们不是不痛不痒地简，而是痛痛快快地精简！"

在来年开始的第三次精兵简政中，刘瑞龙可谓大刀阔斧，不仅对在编人员，而且对行署机构进行了几项重大改革：并处减科，实行财粮统一，行署人员减到最低限度，干部和杂务人员只保留 60 人的编制。刘瑞龙算了一笔细账，连续三次精兵简政后，行署机关每月可节省公粮 1.5 万斤，公草 3.3 万斤，还节省了菜金、津贴、生活用品等其他费用。

估计到在今后的军事斗争中地区可能被分割，各地工作游击性、独立性增大，为适应对敌斗争的需要，刘瑞龙和行署决定，在根据地内下设若干个行政区联防办事处，以便统一并加强所在联防区各县政权工作之领导。县委、县政府是执行各项任务的核心领导单位，行署一方面为各县适当配备德才兼备的干部，一方面在不违反政策原则及行署法令的原则下，适当扩大县政府的权力。

为完成人民自卫武装建设，切实加强现有各县武装区队，刘瑞龙吸取红十四军、红二十九军的惨痛教训，要求首先整顿基干自卫队和游击小组，着重审查成分，充实队员。他还要求人民武装工作将武装基干化和群众化很好地结合起来，发动和组织全民参加武装自卫斗争。在这次整顿中，淮北各地人民武装的领导指挥系统——武委会普遍建立起来，并通过他们充实自卫队的活动，建立更房、岗棚，打更放哨，加强了锄奸和情报工作。

在准备应付敌人大规模"扫荡"的同时，行署要求各级政府，必须领导人民与敌人的蚕食政策作斗争：在敌寇未蚕食的地区，要打击一切特务活动，不失时机地从军事上打击出扰之敌伪；在敌寇已经站稳脚的地区，要组织伪据点周围的人民武装开展扰敌斗争，缩小其伪化圈，孤立敌伪据点，从各方面增加其伪化的困难，并在伪据点内分化瓦解伪军、伪组织，争取他们同情抗战，为抗战服务。

在33天反"扫荡"中，边区财政在动荡的环境中一天都没有停止工作。各地均能随时兑换边币，使边币基本保持稳定。行署还拨发了31万赈款，各地也发动募捐救济灾民。反"扫荡"结束后，刘瑞龙建议各级政府，立即整顿财政税收，严整粮政纪律。他说，政府不了解不掌握财粮状况便没办法保证战争的胜利。他要求在进行战争的同时，要注意安定民生，组织群众进行生产，在生产中解决救荒问题，进一步发展边区的农业经济。

为了适应动荡的战争环境，淮北区停止了集中正规的办学办法，采用分散的据点式的补习班方式办学。不少中学师生和小学教师办起了冬学，参加动员和组织群众的工作，成为坚持抗敌斗争的模范。

刘瑞龙肯定了在反"扫荡"中办冬学的经验，由淮北行署发布命令，边区各地适时开展冬学运动，普遍实施抗战民主教育。行署教育处特颁布冬学教育实施办法，规定每个村庄开办一所冬学，以更房、民房为课堂，以全体抗日自卫队员及农工青妇各抗日救国会会员为教育对象，以抗战常识、民主简义、反"扫荡"须知等为教学内容。

1943年3月25日，陈毅在新四军四师半城师部视察时，与四师领导人合影。左起：刘子久、邓子恢、陈毅、彭雪枫、刘瑞龙、吴芝圃

　　为了加强对冬学运动的领导，从行署到县、区、乡都成立冬学委员会。刘瑞龙亲自挂帅任淮北行署冬学委员会主任。在冬学的带动下，各地还办起了民校、夜校、识字班等，出现了白天人人忙生产，晚上大家上学校，家家丰衣足食，户户抗日劲头高涨的新气象。

五　平反冤假错案

　　1942年春天，淮北区党委根据党中央关于在全党开展整风运动的指示，成立了以邓子恢为主任、刘瑞龙为副主任的"学习总委会"。他们根据淮北根据地的战争形势，先后举办了9期干部轮训班，清理主观主义、宗派主义和党八股三种歪风，从而提高了全区广大党员和干部的思想觉悟和理论水平。

1943 年 4 月 3 日，中共中央发布的《关于继续开展整风运动的决定》，对国民党特务分子的渗透做了过于严重的估计，加上康生的"左"倾错误指导思想，在陕北大搞"抢救失足者运动"的过火斗争，导致反特斗争扩大化，造成许多冤假错案。虽然党中央毛主席及时制止了"抢救运动"的蔓延①，但康生的所谓"抢救运动"的"经验"已传到淮北，个别单位和个别地区受到一些影响，发生了"淮中案件"和"泗阳案件"两起严重的冤假错案。

位于泗县阳景庄的苏皖边区公立淮北中学②，是中共淮北区委员会和淮北行署直接领导下、以培养地方干部为宗旨的新型学校，吸引着广大爱国知识青年投奔革命阵营。然而，在 1943 年夏秋季之后，近 8 个月的时间里，却发生了令人痛心的一幕，占在校人员总数近四分之一的教师和同学被卷进一起莫须有的"进步青年建国团"特务案件中。

事件的起因是：放暑假之前，校方个别重要成员沾沾自喜于建校之初反特锄奸斗争的胜利，片面地总结了没有"内线"的教训，决定选派政治纯洁、容易接近特务分子的新党员或党的发展对象作"内线"，侦察特务分子的活动，酝酿了一场新的反特斗争。

在第一次反特斗争中，教育专修班有一个名叫胡坚的女同学被检举为三青团活动分子，却因没有确凿的证据不能下结论。胡坚本人对校方的种种做法也有怨气，结果被校方当作新一轮反特斗争的突破口。暑假后，学校女教导员周 × 亲自布置女生孙 × 接近胡坚，侦察她的特务活动，以此作为党组织接收孙 × 入党的重要考验。

---

① 1943 年 7 月 30 日，毛泽东指示停止"抢救失足者运动"。8 月 15 日，中共中央通过《关于审查干部的决定》，重申审查干部的 9 条方针。

② 淮北中学：成立于 1941 年秋，结束于 1945 年抗战胜利。在 4 年时间里，为淮北党政军各条战线培养和输送了 2000 余名干部。

孰料，开学不久，爱慕虚荣的孙×却偷窃了同学50元边币，在学生中引起骚乱。为了掩饰自己的错误，孙×借题发挥，诬陷是胡坚指使她干的。淮中副校长张××和女教导员周×，不做调查，轻信其言，认为这是破坏学校的特务活动。他们令孙×充当"内线"，打入"特务组织"，将功赎罪，否则就向全校公布她偷钱的事。

孙×无奈，只好虚构假情况，从编造"进步青年建国团"的名称开始，一步步地编造出"特务组织"、"特务组织成员"及其组织领导，以至"特务组织"图谋"偷枪"、"投毒"、"暗杀"等一系列反革命破坏活动。校方想要什么情况，孙×就编造什么情况。对孙×捏造的假情况，他们非但不调查，反而按图索骥，对被诬告之人进行逼供信，乃至严刑拷打。一个仅有220人的学校，被打成"特务分子"或"特务组织上层领导人"的竟有40多人。

满怀抗日激情刚刚来到根据地参加革命的年轻女教师陈秉惠，毕业于南京中央大学，不仅长得漂亮，打扮也很时髦，在一群穿着土布军装的工农干部中显得很突出。在当时，不要说来自南京的中央大学，就是来自敌占区的人都要经过严格的"特嫌"审查。在淮中，陈秉惠自然成了"送上门的特务"，还是日、汪、蒋"三者合流"的"特务总负责人"。

为了巩固口供，校方召集办案人员和涉案人员交换意见，将主要口供中的矛盾点——"破解"，成为一个完整的案结。他们既不向淮北区党委和淮北行署报告，也不让校长任崇高老先生知晓。当"淮中案件"在根据地哄传开来，区党委要求对收集材料证据进行认真清理时，他们又消极怠工，甚至提供片面的材料蒙蔽上级。

当区党委责成边区公安局受理此案时，负责具体工作的同志同样采用逼供信的办案方式，结果"特务分子"层出不穷，案情越发扑朔迷离。

一晃半年过去了。淮北区党委从淮中送来的案情材料中发现矛盾很多，认为案情大有可疑，决定由区党委副书记刘瑞龙亲自负责案件的清理工作。

几乎与"淮中案件"同时，泗阳县也发生了一起所谓"三青团案件"。在短短 5 个月内，全县逼出 1000 多个"三青团员"，还逮捕了 150 多人，范围涉及党、政、军、民、学各界。区党委得知案情后，曾多次指示泗阳县委注意政策，停止逮捕，严禁逼供信，但泗阳县委就是不听，又在县武装第七大队大肆逮捕干部，恐怖局面严重扩大。

泗阳形势危急！刘瑞龙与区党委委员彭雪枫研究后，联名给正在淮南黄花塘新四军军部开会的区党委书记邓子恢写信，进行书面汇报。他们商量了分工，决定由彭雪枫审讯与"淮中案件"有关的主要"人犯"，刘瑞龙亲赴泗阳处理紧急情况。刘瑞龙抵达泗阳后，力挽危局，严令停止一切非法的逮捕活动。

接到刘瑞龙和彭雪枫的来信，邓子恢昼夜兼程火速赶回淮北。他亲自挂帅，与刘瑞龙及前来援助的新四军军部锄奸部部长梁国斌一起，主持全案的审查工作。经过 20 多天艰苦细致的工作，他们获得的全部审讯记录和调查材料表明："泗阳案件"存在严重的逼供信，由于泗阳县委主观臆断，混乱案情，反倒让真正的特务分子有机可乘，随便乱咬，使案件无限扩大，冤枉了不少好人。

从 3 月 22 日开始，淮北区党委召集各有关单位负责人，进行了连续 7 天的联合会审，对重要"案犯"重新审讯，对各种人证、物证逐一研究。会审结果表明，全案所指控的"三青团特务分子"，绝大部分属于虚构。

几天之后，邓子恢和刘瑞龙分别就"泗阳案件"向《拂晓报》记者发表谈话，全面介绍了案件的起因、审理经过以及淮北区党委、淮北行署的处理方针和善后办法。他们要求各级干部向泗阳群众做深入的宣传解释，并代表区党委向在这一案件中蒙受冤屈的干部和群众道歉。中共淮北区党委随即作出《关于审查泗阳反特案件初步总结的决定》，宣布

彭雪枫（1907—1944）

改组泗阳县委，重申反特斗争的政策。邓子恢和刘瑞龙在《拂晓报》上发表的谈话以及区党委的《决定》，被列入淮北根据地开展整风运动的必读文件。

"泗阳案件"告破，历时 8 个月的"淮中案件"的侦破也取得突破性进展。彭雪枫师长不愧是身经百战的军事家，在处理错综复杂的反特案件中也显示出大将风度。为了尽快弄清案件的真相，他查询了包括口供记录在内的全部案件材料，听取了各方面的意见，并与"案犯"进行面对面的讯问了解。他紧紧抓住案件中的主要矛盾，针对关键情节一追到底。

根据彭雪枫提出的几项重大疑点："特务总负责人"陈秉惠既无口供又无铁证；审问中存在严重的逼供信和串供现象；现有口供存在许多

不合逻辑、不合情理的"事实"。淮北区党委经过认真研究，完全同意彭雪枫的分析，开始怀疑陈秉惠与"淮中案件"有关的真实性。

正当区党委着手研究"淮中案件"的材料时，日军飞机轰炸了半城镇，被关押在区公安局的重要"案犯"胡坚不幸被炸死。从她身上发现了许多写有"冤枉"的字条。胡坚的惨死，引起孙×良心的忏悔和自责，从诬陷好友竟发展到遭遇不能自拔的悲剧。她痛哭流涕地向上级党组织交代了，她在张、周二人的威逼、导演下所编造的一切谎言。

在抗日战争最后一年多的时间里，战争依然是一切工作的中心。这年春夏之交，淮北军民开始实行局部反攻。彭雪枫师长和邓子恢政委领导新四军第四师和地方武装展开了大规模的春季攻势，向淮北地区的敌伪据点发动猛烈进攻。战役自3月21日起，历时55天，进行大小战斗60余次，使泗灵睢、灵（璧）北、宿（县）东各县基本连成一片。

受到军事斗争胜利的鼓舞，刘瑞龙在主持区党委日常工作的同时，投入极大的精力，领导"淮中案件"的清查工作。邓子恢、彭雪枫、吴芝圃等领导同志也利用战斗间隙参加审案工作。在梁国斌部长的亲自主持下，办案人员重新调阅了全部案卷，对案件所涉及的人证物证进行了缜密的研究和调查，特别是对"内线"、"密信"、"毒药"、"偷枪"、"暗杀"等"特务活动"的关键问题进行了多次专题研究。经过两个多月反复调查核实，去伪存真，"淮中案件"终于真相大白。

"淮中案件"产生的后果是相当严重的，使淮中党组织的威信受到极大影响，党内没有民主，党的生活变得死气沉沉，干部不团结，互相猜忌，人人自危。广大青年开始怀疑我党对青年的态度，以及党的教育政策和宽大政策。他们怀疑淮中，怀疑根据地的其他中学，有很多学生不愿在淮中读书，纷纷动议转学。

同时发生在淮北抗日根据地的两起重大案件，引起刘瑞龙的深入思考。淮北中学可谓人才济济，从学校领导到任课教师，荟萃了淮北根据地的各路精英。校长任崇高是著名的教育家和党外民主人士，一路来与我党共同奋斗。副校长张××毕业于北京大学国文系，是一位长期从事教育工作的老同志，还是学校党总支的主要负责人。就说女教导员周×，也是毕业于抗大四分校的年轻骨干。为什么一个17岁的农村女孩子，用漏洞百出的谎言，竟引发了历时8个月之久、牵连数百人、又迟迟不能了结的大冤案呢？除了陕北"抢救运动"的影响外，我们自身的症结到底出在哪里？刘瑞龙思忖着。

在清查案件的过程中，刘瑞龙多次深入到淮中，与师生们促膝谈心，重申党对青年的态度和党的教育政策，鼓励大家放下包袱，实事求是地反映情况，帮助党组织尽快查清案件的真相，还同学们一个安定、舒畅的学习环境。经过大量的调查研究和深入细致的思想工作，刘瑞龙摸清了导致"淮中案件"肆意发展的思想根源，主要是主观主义和宗派主义在我们一些同志的头脑中作怪。

淮中是淮北区党委和淮北行署直接领导下的学校，发生这样严重的事件，区党委有没有失误呢？刘瑞龙也进行了深刻的反思：

淮北根据地处于三角斗争地带，随时准备应付日伪和国民党的袭击。而敌人则以各个大小据点为基地，对根据地边缘地区加强伪化蚕食，并向内地伸展，经常派遣特务潜入根据地。在第一次反特斗争中，淮中打开了群众锄奸运动的门路，打破了锄奸工作的神秘化、孤立化。区党委领导同志曾发表谈话、写了社论，表彰淮中干部和同学与特务坚决斗争的精神，却未进行深入的检查，对一些错误论点没有及时发现并加以克服，以致产生第二次斗争，肆意扩大逼供信的错误。从这一点说，区党委是有责任的。

一连几个夜晚，刘瑞龙在昏暗的油灯下起草报告。他不仅要把"淮中案件"的真相以及淮中党总支违法乱纪和违反党的政策的错误，一一写进报告中，还要深刻地检查发生这一案件的思想根源。他认为，处理

"淮中案件"，绝不能仅仅满足于澄清事实、平反昭雪、宣布处分了事，更重要的是要通过这次教训，使淮中乃至全区的党员和干部受到一次深刻的思想教育，不要重犯历史的错误。

1944 年 6 月 1 日，淮北区党委召开总结会，听取刘瑞龙关于《淮北中学第二次反特案件总结》报告。刘瑞龙用大量极具说服力的调查资料，详细介绍了案件发生及处理的经过，同时根据充分的事实和司法推理，对"淮中案件"作出了真实性的判断，彻底揭示了"淮中案件"的真相。为了"惩前毖后，治病救人"，刘瑞龙又针对淮中党组织所表现的主观主义和宗派主义的错误进行了全面、透彻的剖析。区党委会议充分肯定并一致通过了刘瑞龙的总结报告，决定由刘瑞龙会同淮中的同志办理善后工作。

7 月 17 日，中共淮北区党委正式作出决定，为"淮中案件"全案彻底平反，宣布"全部被牵累的人与本案无关"，全部被牵累的学员恢复学籍，工作人员恢复工作，党员恢复党籍，对抵制假供，大胆揭发者予以奖励。《决定》批评了淮中党组织反特扩大化的严重错误，对制造假供、串供、指供、大搞逼供信的主要办案人员根据情节给予相应的处分。

几天后的一个黄昏，淮北中学召开了隆重的平反大会。会场就设在学校简易的操场上。全校两三百师生整齐列队，席地而坐。会议由德高望重的任崇高老校长主持，由区党委副书记刘瑞龙作总结报告，并正式宣读区党委决定。

天色渐渐黑了，主席台前亮起了汽灯，池塘里的青蛙呱呱地叫个不停，讨厌的蚊虫在头顶上嗡嗡地盘旋，还不时对人发起袭击。报告会进行了三四个小时，会场上一片寂静，忽而又爆发出雷鸣般的掌声。刘瑞龙的报告以理服人，张扬正气，拨开了人们心中凝结已久的疑团和迷雾。区党委的决定公正严明，大快人心！

"泗阳案件"和"淮中案件"的彻底平反，成为淮北区党委和行署遵照中共中央、毛主席的指示，深入开展整风运动的一部最生动的活教材，不仅维护和提高了共产党在知识分子中的威信，而且巩固和扩大了共产党在淮北人民中的声望。

六　"瑞龙井"的传说

洪泽湖畔的张塘村，抗日战争期间曾是淮北苏皖边区行政公署所在地。那时，洪泽湖里的水量不如今天丰盈，距离湖边不远的张塘村地下水位又很低，群众吃水全靠村边唯一一口古砖井。1942 年春天，砖井突然坍塌，老百姓吃水成了大问题。

见此情景，刘瑞龙决定发动行署干部和群众，在原址上重建一口新井。这口新井怎样才能坚固，大旱之年也不会干涸？刘瑞龙亲自请教了当地有经验的老石匠。

石匠说："要想水井常汲常盈，井深起码要 20 庹[①] 以上，最好选用柳山的石头砌筑井围子。"说罢，石匠又摇摇头说："难啊！柳山离此地有 20 多里，修一口井等于从柳山搬一座小山来。"

刘瑞龙态度坚决地对老石匠说："吃水是群众生活的大事。共产党为百姓造福，要有长远之计，要考虑到子孙后代。"他决定组织力量到柳山开山凿石，为老百姓筑一口幸福井。

决心已定，刘瑞龙立即责成行署建设处的同志，与村里的能工巧匠们一起研究，首先设计出新井的图纸：石井呈圆锥形，底径丈余，口径 3 尺，井深 24 庹。为了节约民力，他们还精确地计算出井圈每层所用石料的尺寸，确定了施工方案。

① 成人两臂平伸时，两手之间的距离为 1 庹，约合 5 尺，用来表示长度。

不日，施工开始，刘瑞龙亲自上阵指挥，行署机关干部和当地群众争先恐后。施工队分为三组，一组在家里挖土传泥，清理坍砖；一组到柳山凿石选料；另一组负责运输。行署调集了 20 多辆木轮牛车，跨越古汴河，一日两趟，将石料运回张塘。圈井砌石的细活儿就要靠能工巧匠了。大家忙碌了月余，石井终于垒成了。

新井启用那天，张塘全村的男女老少都围拢来。一瓢瓢甘甜清凉的井水，不仅滋润了村民干渴的喉咙，也流入每一个群众的心田。为此，老百姓为石井取名"爱民井"。

有趣的事儿还在后边，在新井围筑和使用的过程中，发生了一连串奇怪的现象：

石井砌筑时，开挖的深度远远低于原来的水平面，而老井里的水却不涌不溢，石圈砌多高，水就跟着涨多高。

这年春夏，淮北大地干旱少雨，沟塘河渠干涸，而"爱民井"里的

现存江苏省泗阳县张塘村的"瑞龙井"

水常汲常盈。十里八乡的群众听说后，都到这里来提水。还有一些穷苦百姓提着清凉的井水，到集市上去卖。"爱民井"水竟然成了解暑止渴的天然饮料。

据说，有人曾不慎跌落井中，却不沉不溺，安然无恙。此事听起来新奇，实为张塘人亲眼所见。

更奇怪的是，日久天长，井箍被井绳磨出的一道道沟纹，还会随磨随长，难见沟痕。

……

老百姓议论纷纷。

有的说："若不是新井砌在了龙脉上，方有如此奇观。"

有的说："莫非是'水龙王'下凡，保佑我一方水土祥瑞平安。"

老百姓一传十，十传百……

真是无巧不成书，行署刘主任名瑞龙，江淮一带"瑞"读作"睡"，"睡"和"水"同音，"瑞龙"不就是"水龙"嘛！老百姓异口同声地将"爱民井"改为"瑞龙井"。

60多年过去了，张塘村家家户户已经用上了自来水。当年刘瑞龙带领干部群众砌筑的那口老石井仍完好如初，灰白色的井石不缺不损，平静的水面仍然能照见月亮。

从19岁离开家乡，一晃15个冬夏寒暑过去了，刘瑞龙常常思念孤苦年迈的老母亲。1944年春天，当淮北根据地的形势基本稳定后，他便派交通员去南通，接老母亲来根据地小住。考虑到南通土话不好懂，刘瑞龙专门派了一位江苏海门籍的邢同志去接老人家。

此时，李遂安老太太已年近七旬，天天都在思念儿子。这回儿子亲自派人来接她，老太太当然乐得合不上嘴。可老人家从未出过远门，又是一双小脚，途中兵荒马乱的，未免有些害怕，思来想去还是拿不定主意。她略微收拾了一下，便在邢同志的陪同下，来到南通城东的龙王桥，找外甥葛松亭商议。

瑞龙终于派人来了！葛松亭喜不自胜。当时南通是敌占区，刘瑞龙又是南通警察局记录在案的共产党要人。十几年来，他虽然转道给葛松亭来过几封报平安的家信，却是用的化名和暗语，让人琢磨不透。

"这场战争不知还要打多久？舅妈年事已高，倘若不让她去见见儿子，万一有个三长两短……再说，一位古稀老人只有一个交通员陪同，路上如有闪失，对瑞龙不好交代……"葛松亭考虑了片刻，决定让大姐葛伯兰陪同舅妈一起北上。伯兰表姐也已 60 岁，好在她读过高小，脑瓜灵活，正好与李老太太做个伴儿。

邢同志带着两位老人从南通出发了，乘小火轮顺通扬运河、京杭大运河一路北上，到洪泽湖边，又改乘木帆船。在运河两岸还不时听到枪声，进入洪泽湖就安全多了。自 1941 年 5 月新四军第四师第九旅在张爱萍旅长的率领下，在路东打了大胜仗后，洪泽湖就在新四军的控制下，湖中经常有武装船只巡逻，从湖上扬帆破浪要比走陆路安全且快捷得多。

来到洪泽湖西岸淮北区党委和新四军第四师驻地大王庄，两位老太太相互搀扶着，一边走还一边张望，一切都那么新鲜。练兵场上新四军战士在紧张地操练，杀声震天。每隔不远就有民兵或儿童团员站岗放哨。在田地里，军民一起忙春耕。战士们还为老百姓挑水，扫院子。每个人的脸上都洋溢着笑容。

这天，热情迎接老太太的是身怀六甲的儿媳妇江彤，刘瑞龙在区党委开会，直到天黑才回来。当刘瑞龙和母亲见面的那一刻，母子俩都眼含热泪，但一切又是那么平常，仿佛就像昨天一样。刘瑞龙久久端详着母亲慈祥的面容，她白皙清瘦的脸庞上留下一道道岁月的沧桑。看着母亲深陷的眼窝，儿子知道她一定流过不少泪水。母亲不多语，但深情的目光一直追随着儿子的一举一动。如今，儿子领导着这么大一片解放区，李老太太忘却了一生的苦难，从内心深处感到欣慰。只有伯兰表姐叽叽呱呱地讲述着路上发生的事情。

彭师长和邓政委在百忙的战事间隙，也常来看望李老太太。他们用省下的津贴费给老人家买来鸡鸭鱼蛋，让她好好补补身子。彭师长还对李老太太说："老人家，您可要在淮北多住些日子，等江彤给您生个胖孙子，再回南通啊！"

两位老人在淮北可是闲不住，整天缝缝补补，用南通带来的小花布和瑞龙、江彤的旧衣服剪剪拼拼，给未出生的"小毛头"缝制了一摞柔软舒服的小内衣、夹衣和棉衣裤。老人到来时，刘瑞龙一面主持区党委和行署的日常工作，一面忙着解决淮北中学和泗阳县的两大冤案，白天会议一个接着一个，晚上还要在油灯下写材料，批改文件，天天忙到深夜，只有忙完所有的工作，才能坐下来与母亲和表姐谈谈心说说话。反正母亲也习惯了，多少年来，她整夜整夜地不睡觉，坐在床上不停地叨念着儿子。现在，儿子就在眼前，还有什么比这更开心呢？

根据地什么都好，就是气候和生活很不习惯，住的是土坯搭建的茅草房，吃的是玉米、高粱和红薯，成团的虱子弄得满头满身都是。最让李老太太心绪不安的还是每天夜里远处传来的密集的枪炮声。

和儿子一起住了两三个月，李老太太说什么也不住了，非要回家不可。是淮北的气候不适应？还是这里的高粱米和红薯吃不惯？老太太说都不是。她看出儿子现在是在做大事情，自己不能在这里吃闲饭，打搅儿子的工作。刘瑞龙实在执拗不过，只好同意母亲回去。

那天，刘瑞龙把老母亲和表姐送上码头，一直送到木帆船上。看着木帆船渐渐远去，刘瑞龙心里充满了内疚。真难为老母亲了，那么老远来到淮北，自己就连一身新衣服也没有给老人们做。

十几天后，刘瑞龙正在工农干部训练班毕业典礼大会上作报告。报

1944 年 12 月，刘瑞龙与长女延淮在淮北区党
委驻地大王庄

告结束时，台下递上一张字条。在往常，递纸条都是请报告人回答问题。刘瑞龙习惯地展平纸条，认真念道："江彤——同志——生了……"

他还没琢磨过味儿来，台下顿时爆发出热烈的掌声："噢……江彤生了！江彤生了！"

刘瑞龙这才醒悟过来，微红着脸，高举起字条，大声地宣告："告诉大家一个好消息，江彤同志生了！是一个丫头，我们的队伍中又增加了一个小革命！"

这个"小革命"就是刘瑞龙和江彤的大女儿刘延淮。

七　永志不忘彭雪枫师长

1944 年春天，日军为了打通平汉铁路，向河南发动进攻。国民党40 万大军竟抵挡不住数万日寇，日失一城，37 天中丢弃了 38 座城市。大敌当前，国民党却将 3 个集团军留置皖西阜阳、太和以及大别山区，伺机东犯华中新四军。淮北津浦铁路沿线的广大群众正在遭受日寇和顽军的蹂躏，他们急切盼望新四军打回路西来。

为了挽救中原危局，拯救沦陷区人民，中共中央本着团结抗战的精神，决定出兵河南、打击日寇，从战略上把华中、华北、陕北三大抗日根据地连接起来。7 月 25 日，中央命令新四军第四师向河南敌后进军，恢复豫皖苏边区、收复萧（县）永（城）夏（邑）宿（县）根据地，并与八路军友邻相配合，打通与豫东睢（县）杞（县）太（康）地区的联系，相机控制新黄河以东地区。

根据中央指示，华中局和新四军军部决定，由师长彭雪枫、参谋长张震、政治部主任吴芝圃率第四师执行西进任务，邓子恢和刘瑞龙留在淮北路东坚持斗争，配合主力西进。

8 月 15 日，四师在大王庄召开挥师西进打回老家去的誓师大会。彭雪枫师长进行了鼓舞人心的战斗动员。四师指战员情绪空前高昂，决心努力杀敌，夺取西进战役的胜利。

会后，邓子恢和刘瑞龙带领留守路东的同志，在大王庄路口为西进的战友送行。他们目送着彭雪枫师长跨上战马，率领四师健儿急驰而去，浩浩荡荡的队伍即刻消失在飞扬的尘烟之中。

四师主力冒暑西征，区党委不断收到彭雪枫从前线发来的告捷电报：

部队经过 5 天急行军，于 8 月 20 日西越津浦铁路，进入豫皖苏边

1944 年 8 月 15 日，新四军四师西征出发前，（左起）刘瑞龙、彭雪枫、邓子恢、张震、吴芝圃在大王庄合影

区，首战小朱庄，一举全歼顽伪合流的王传绥部 3 个团，打开了西进的大门，并争取该部吴信元支队战场起义。

我部正乘胜前进，连战皆捷，扫清了萧县、永城、宿县等地的顽伪政权，豫皖苏大片土地重新回到了人民手里。

9 月 11 日，我部在夏邑八里庄全歼伪化顽军李光明支队 1600 余人。

在路西捷报频传的凯歌声中，9 月 11 日的夜晚却格外寂静。突然，从河南前线传来令人震惊的噩耗——彭雪枫师长在收复夏邑县八里庄的战斗中壮烈牺牲。邓子恢、刘瑞龙以及区党委的同志们不胜悲痛。刘瑞龙禁不住热泪滚滚，数不清的往事顿时涌上心头……

在创建淮北根据地的日子里，刘瑞龙和彭雪枫在同一个团结、战斗的领导集体里，一个在地方主持政务，一个在部队带兵打仗，他们配合默契，相得益彰。与彭雪枫一起工作、战斗的经历，使刘瑞龙非常钦佩他的人格。在长期的革命斗争中，新四军第四师与淮北人民结下了骨肉深情。身为当地军事主官，又是区党委的一名委员，彭师长从不居功自傲，始终积极参加、鼎力支持地方党委和政府的工作，尽可能地减轻地方政府和人民群众的负担。每年春天，部队抽出大批骡马帮助群众春耕；麦子黄熟，帮助农民收麦打场；冬季农闲，协助地方训练民兵，还举办冬学。他们处处关心民瘼，想方设法解除人民的疾苦。

从 1942 年起，根据党中央"一面打仗，一面生产"的方针。淮北区党委决定，主力部队每人每年要生产半石粮、百斤菜；地方部队要做到每年自给粮食三个月、食油一个月。四师各部队热烈响应区党委的号召，开荒种地，下湖割苇，开辟菜园，养猪养鸭。短短两年时间，四师特务团生产的粮食基本自给，抗大四分校的蔬菜吃不完，供给部饲养的肥猪除自用外还可部分供应市场，骑兵团在洪泽湖放养了 3000 多只鸭子，时常能吃到鲜鸭蛋。部队在大生产中取得的成绩，既改善了战士们的生活，也减轻了地方政府和人民群众的负担。

1943 年 7 月，滨湖地区发生蝗灾，大批蝗虫铺天盖地，吞噬庄稼，毁坏农田。区党委发出紧急指示，动员群众扑灭蝗灾。当地驻军急民所急，与群众一起组织打蝗队，两天灭蝗数万担，迅速遏制了蝗灾，保护了庄稼。8 月中旬，淮水猛涨，大柳巷淮河大堤决口，情况万分紧急。正在师部主持会议的彭雪枫闻讯后，当即率领会议代表直奔大堤抢险。他带头跳入水中，和战士、民工一起组成人墙，在水中指挥抢险，经过十几个小时的艰苦奋战，终于堵住决口，保护了数万群众生命财产的安全。

在淮北全区开展的拥政爱民、拥军优抗活动中，彭师长提出了"对敌人如猛虎，对群众如绵羊"，军队应该是"政府的卫队和老百姓的护兵"的口号，还专门题写了一副对联："政府卫队，保卫政府，乃是义务"，"人民护兵，爱护人民，原为本分"，横批为"拥政爱民"。彭师长要求各部队把这副对联抄写下来，张贴在俱乐部的墙壁上，时刻牢记，切实执行。新四军四师受到淮北人民的真心拥戴。四师将士和 10 多万根据地民兵结成了抗击日寇的坚强的铜墙铁壁。

彭师长对刘瑞龙和战友们的关怀，更让刘瑞龙念念不忘。

那是 1942 年秋的一天，彭雪枫接到紧急报告：淮北行署主任刘瑞龙因工作过度劳累晕倒了，要赶快去抢救。但师部医务所所长胡医生出诊去了，彭雪枫一时找不到人，很是着急。他一面派人去找胡医生，一面令警卫员备好三匹马，待胡医生一回到师部，警卫员一把把她拽到马上，与彭雪枫一起，策马直奔行政公署。在马背上，彭雪枫紧拉缰绳，满脸焦急地对胡医生喊："我们要去救刘主任，行署的刘瑞龙主任！"

到达行署后，胡医生一跳下马就跑进屋，只见刘瑞龙双眼紧闭，满脸蜡黄，直挺挺地躺在那里。胡医生立即对他实施抢救，先是嘴对嘴地进行人工呼吸，又注射了强心剂……慢慢地，刘瑞龙的脸上有了血色，渐渐睁开眼，苏醒过来。一直守候在刘瑞龙身边的彭雪枫这才松了口气，脸上露出了微笑。

直到这时，彭雪枫才想起胡医生是个有身孕的人，他一再向胡医生道谢。中秋节前夕，彭雪枫还专门给胡医生送去两块月饼，以表谢意。

……

看着彭师长整日操劳军务，已是 30 多岁了，仍旧单身一人，作为淮北根据地的"父母官"，刘瑞龙很过意不去。他想应该为彭师长找一位能谈心说话、体贴照顾他的知心人。

刘瑞龙知道，彭雪枫在婚姻问题上有自己的信念和追求。早年在家乡，他曾因拒绝包办婚姻而离家出走；参加革命后，也有过相爱之人，但 10 年艰苦鏖战，音信断绝。他总以"匈奴未灭，何以为家"为由，婉言谢绝组织上的关怀。

经过细心观察，刘瑞龙"相中"了淮宝县（今江苏洪泽县）委那个高鼻梁、大眼睛、漂亮、泼辣的妇女部部长——林颖。刘瑞龙了解林颖，不仅是工作上的接触，还因为林颖和江彤亲如姐妹。林颖是湖北樊城人，时年21岁，无论从觉悟、才干、性格、长相、个头上看，与彭师长都很般配。

这年夏末的一天，林颖从湖东来半城开会。刘瑞龙试探着把为彭师长介绍对象的事悄悄说给林颖听。话刚出口，林颖的脸上竟泛起欣喜的红云。其实，林颖来到根据地不久，就被彭师长骁勇善战的大将风度和俊秀英武的外表所倾倒。她爱听彭师长的讲演和报告，喜欢看他写的文章，还特别敬慕他过人的才华。

刘瑞龙一看"有门"，便兴冲冲地与刘子久合计，不如做一回"月老"，为彭师长成全一桩美好的婚事。

战争的残酷让女人走开！贯以"海阔天空，独来独往，岂不惬意"的彭雪枫，这次却敞开了心扉，愉快地接受刘瑞龙和刘子久的"美意"。原来，两年来，他也同样心照不宣地注意着林颖。

几天后，彭雪枫欣然提笔给林颖写信，信中写道："子久、瑞龙两同志的美意，使我们得有通信的机会——我很需要一位超过同志关系的同志，更多地了解我，更多地帮助我——而我心中的同志，她的党性、品格和才能应当是纯洁、忠诚、坚定而又豪爽。"

鸿雁传佳音，彭雪枫的信刚刚发出两天，就收到林颖同意确立恋爱关系的回信。

……

让刘瑞龙心碎的是，彭师长与林颖结婚才3年，林颖刚刚有了身孕，他们的小宝宝还没有出世，就再也看不到亲爱的爸爸了。是邓子恢、刘瑞龙、张爱萍、张震等叔叔伯伯和许多长辈们，把彭师长的遗孤小枫迎到这个世界上，给他精心呵护、细心照料，使这个小生命在淮北根据地的土地上茁壮成长起来。

　　因路西战役刚刚胜利展开，党中央和华中局根据对敌斗争的需要，指示四师师部严格保密，这个不幸的消息始终没有公开宣布。直到1945年年初，中国人民必胜的抗战形势已成定局，为缅怀彭雪枫的丰功伟绩，延安八路军总部和中共中央办公厅向全国沉痛地公布了彭雪枫将军在淮北前线英勇殉国的消息。

　　1945年2月7日，延安各界举行了隆重的追悼大会。同一天，在新四军第四师驻地大王庄也举行了追悼彭雪枫的隆重仪式。3000多名淮北军民和各界人士悲痛地为他送行。在低沉哀婉的安息曲中，刘瑞龙与邓子恢、张爱萍等淮北区党政军领导人亲自执绋将彭雪枫的灵柩缓缓送到半城镇西门外，徐徐安放在墓穴中。

1958年，刘瑞龙与彭雪枫父亲

圆墓后，中共淮北苏皖边区党委书记邓子恢在彭雪枫墓前发表了极为沉痛的演说。

"今天我们就可以为彭师长作一个严正的定论。首先就国家民族来说，彭师长是保卫国家的民族英雄；对人民来说，彭师长是为人民服务又为人民热情爱戴的群众领袖；对我们部队来说，彭师长是一位文武双全智勇兼备的军事家和政治家；就党内来说，彭师长是一个模范党员，是一个布尔什维克。"这庄严的声音震撼着淮北大地，在浩瀚的洪泽湖上空回响着，久久地回响着……

这一天，洪泽湖西岸出现了罕见的霜降，原野、村庄一片洁白，枝头上挂满了白色的霜花。大地在悲泣，洪泽湖在鸣咽，淮北军民决心继承先烈的遗志，打倒日本帝国主义和国内反动派，为彭雪枫将军报仇！

1945 年 4 月 23 日，中国共产党第七次全国代表大会在延安召开，大会制定了"放手发动群众，壮大人民力量，在我党的领导下，打败日本侵略者，解放全国人民，建立一个新民主主义的中国"的政治路线。淮北党政军民坚决贯彻党的七大路线，积极对敌作战，在军事、政治、经济、文化各条战线均取得重大胜利，渡过了黎明前的黑暗。

1945 年 8 月 15 日，日本宣布无条件投降。中国人民经过十余年的浴血奋战，终于取得了伟大的抗日民族解放战争的胜利。

淮北人民不愧是英雄的人民，在迎接最后胜利的斗争中，他们配合新四军四师，向津浦路徐（州）蚌（埠）段东西两侧的城镇和敌伪据点展开猛烈进攻，根据地所辖区域发展到 3.5 万多平方公里，根据地人口达到 700 余万人。

在伟大的解放战争中，特别是在举世闻名的淮海战役中，淮北人民迅速动员起来，层层建立战勤机构，掀起了全力支援前线热潮。广大群众省吃俭用，把一针一线，一个鸡蛋，一朵棉花，一粒粮食都拿出来，支援了自己的部队。在通往淮海战场的大路、小路上，由青壮年组成担架队、民工团，头顶寒风，脚踏冰雪，不分昼夜，争先恐后，从四面八方涌向前线。在后方，千千万万的妇女夜以继日地磨面、做军鞋、缝军衣，照顾伤病员。在这场波澜壮阔的战略决战中，淮北津浦路东共出动民工 169 万人次，担架 6700 副，小车 3 万辆，大车近千辆，挑子 1.8 万副，牲口 2900 头，运送军粮 1800 万斤，面粉 1400 万斤。津浦路西地区，仅豫皖苏三分区就出动民工 580 万人次，担架 6.1 万副，大小车 13 万辆，牲口 45 万头（次），运送面粉 2 亿斤，柴草 5 亿斤。淮北人民为淮海战役的胜利，为夺取全中国的解放做出了重大贡献。

第十三章　车轮滚滚

　　大淮海、大支前、大后勤，在大规模的运动战中，刘瑞龙表现出卓越的战勤指挥才能。在纵横两三千公里的广大地区内，数百万民工冒着枪林弹雨，推着小车，赶着牛车，挑着担子，从四面八方汇集战场，展开了旷古未见的人民战争的恢弘画卷。陈毅司令员赞叹道："淮海战役的胜利，是人民群众用小车子推出来的。"

一　苏中土改旗开得胜

　　抗日战争胜利后，饱尝战乱之苦的中国人民，迫切希望休养生息，医治战争创伤，实行和平建国，而蒋介石一边打着"共商国是"的旗号，高喊与共产党"和平建国"，一边指挥数十万国民党军队积极推进，妄图抢夺胜利果实。针对尖锐复杂的斗争形势，中共中央制定了以革命的两手对付反革命的两手的斗争策略，并对战略部署进行了重大调整。

　　中共中央确定了"向北发展，向南防御"的战略方针，决定山东军区主力由罗荣桓率领，向东北进军。华中局和新四军军部北移山东，与山东分局合并组成华东局，新四军军部兼山东军区。在华中地区另成立华中分局和华中军区，受华东局和新四军军部领导。新四军部队一部赴东北，大部调山东，江南部队撤至江北，迅速建立华中地区"超地方性的野战兵团"，以形成野战军、地方军和民兵三结合的武装力量。

1945 年 10 月 24 日，华中分局成立，邓子恢任书记，谭震林任副书记，张鼎丞、曾山、粟裕、刘晓任常委，辖 8 个地委。华中军区由张鼎丞任司令员，粟裕、张爱萍任副司令员，邓子恢任政治委员，谭震林任副政治委员。几天后，苏皖边区政府在江苏淮阴成立，李一氓任主席，刘瑞龙任第一副主席，季方、韦悫、方毅任副主席，辖 8 个专员公署。11 月 10 日，留在苏、皖两省的新四军部队组成华中野战军，粟裕任司令员，谭震林任政治委员，辖第六、第七、第八、第九 4 个纵队。

日本投降后，苏皖边区的斗争一天也没有停止。与全国各解放区一样，广大农民在惩治汉奸、清匪除霸的同时，开展了大规模的群众性的减租减息、退租退息斗争，已经开始直接从地主手中取得土地，实现"耕者有其田"。党中央及时注意到农民群众这一思想情绪，于 1946 年 5 月 4 日，发出《关于清算减租及土地问题的指示》，即《五四指示》。

《五四指示》将党在抗战时期实行的削弱封建的减租减息政策，改变为消灭封建，实行"耕者有其田"，并将其作为我党目前最基本的历史任务，是一切工作最基本的环节。全国各解放区迅速掀起轰轰烈烈的土改热潮。中共华中分局决定派刘瑞龙去苏中地区组织领导土地改革运动。

苏中包括扬州、泰州和南通三个地区。刘瑞龙阔别这片热土已经整整 16 个年头了。抗日战争爆发后，这片被烈火灼焦的土地又重新燃起抗击侵略者的熊熊烈火。1940 年夏季，陈毅、粟裕率领新四军苏北指挥部挺进江北，在苏中指挥了著名的黄桥战役，粉碎了 4 倍于己的国民党顽军的进攻，开创了华中敌后抗战的新局面。粟裕领导的新四军第一师利用游击战与要点争夺相结合的作战方针，发动群众改造地形，拦河筑坝，设置水下障碍，限制日军汽艇机动，在临江濒海、交通发达的平原水网地区开展游击战争，挫败了日伪军的频繁"扫荡"、"清剿"和"清乡"，创建了巩固的苏中根据地。

5月的苏中解放区，风和日丽，生机盎然。金色的麦浪、碧绿的稻田，一望无际的油菜花，绿树掩映下的小村庄……一切都令人陶醉。刘瑞龙坐在飞奔的马车上，饱览着沿途喜人的景象，越往南走，他的心情就越激动。

一到苏中，刘瑞龙便在区党委的领导下立即开展工作。他首先调查研究，摸清了我们队伍中影响土改深入进行的思想障碍，什么"现在提出土改似乎过早了"，"这样会使地主反对我们"，"地主失去土地，大地产变成小地产，会影响社会生产力的发展，引起社会倒退"，"农民无代价取得土地，没有法律依据"，等等。

为了端正思想认识，刘瑞龙先后在各级党的会议上作报告，反复、深入地宣讲《五四指示》，针对我们队伍中存在的错误观念，进行了有力的批判。他说："什么叫法律依据？农民在今天取得土地之前，几千年都忍受着无穷的剥削和重大牺牲，失去的土地，早就该收回了。这笔账地主阶级是经不起清算的！法律是阶级意志的表现，农民要求土地，这就是法律！还要到何处去寻找法律？只有广大农民取得了土地，才能提高农村生产力，才能发展工商业，一切建设才谈得上，才能促进整个中国社会的发展，这是中国社会发展的必经道路！"

为了严格执行党的土改政策，刘瑞龙一再重申《五四指示》的规定：解决土地问题的方式一般不是无偿没收，而是通过清算和购买实现有偿转移；在土改中，不可侵犯中农土地，要保护工商业；对富农和地主、地主中的大中小、恶霸非恶霸要有所区别；对开明士绅应适当照顾；允许中小地主、富农、开明士绅保留多于农民的土地。党的政策很快深入人心。

如何迅速开展土改运动？是直接分田还是算账分田？在报告会上，人们也提出不少疑问。刘瑞龙十分干脆地回答道："我们的目的在于地主拿出土地，农民分得土地，算账只是取得土地的方法之一。一切群众创造的、既迅速又确实、又能为当地群众所接受的方法都可以采用，不必机械规定，束缚我们的手足。"他号召苏中解放区的党政军民学都行动起来，参加土改，不问你出身于何阶级，只要参加了共产党，参加了革命队伍，都需要这样做，在土改中充分发挥自己对人民服务的忠诚。

在苏中区党委的领导下，各县、区都成立了土改工作队。刘瑞龙还具体指导土改工作队的工作，提出要采用挨户访问、个别调查、开调查会的形式，按照"中间不动两头平"的原则进行土地调查，苏中地区的土改运动很快打开了局面。群众还创造了"自己报，互相评，大家查"的方法。在清算地主的斗争中，不仅让地主交出土地，还立即追出并焚毁了他们私立的红契、粮票、租据。所有分配过土地的地区，群众的情绪非常高涨。

1946年6月26日，国民党反动派悍然撕毁停战协定，大举进攻中原解放区，并发动了向各个解放区的全面进攻。新的全国内战爆发了。

蒋介石对华东的如意算盘是，实行由南向北的逐步压缩，先将中共军队华中主力赶过陇海路北，再会同胶济线南下部队将中共军队聚歼于鲁中地区，以解京①沪杭地区的"心头之患"。华中战场风烟滚滚，战火首先在淮南燃起，尔后向淮北、苏中，以及两淮②、涟水、宿北和鲁南地区蔓延。

7月上旬，华东国民党军以正规军58个旅约46万人向淮北、淮南、苏中、鲁南解放区发起大规模进攻。苏中解放区南濒长江，直接威慑国

---

① 新中国成立以前，南京为国民党政府所在地，简称京。

② 两淮：即今江苏省淮阴、淮安两地。

民党反动统治的中心南京，是国民党军进攻的主要方向之一。国民党第一绥靖区司令官李默庵指挥5个整编师共15个旅约12万人，集结于长江北岸南通、靖江、泰兴、泰州一线，出动了包括飞机、火炮、炮艇等多种现代化武器装备，企图先占如皋、海安，尔后再沿（南）通（赣）榆公路和运河一线向北进攻，与向淮南、淮北进攻的国民党军相会合，进而夹击我苏皖边解放区首府淮阴。

我华中野战军在粟裕、谭震林的指挥下，集中第一、第六师和第七、第十纵队，共19个团3万余人的兵力，奋起迎战。在苏中军区部队和民兵的配合下，参战部队充分利用在解放区内作战的有利条件，每战集中绝对优势兵力，各个歼灭敌人，在一个半月内连续作战7次，七战七捷，歼灭国民党军6个旅及5个交警大队共5.3万人，占进犯苏中国民党军总兵力近一半，极大地鼓舞了解放区军民，树立了自卫战争必胜的信心。

苏中战役期间，苏中地区的土改运动也搞得热火朝天。各级党组织积极发动群众保田保家，动员了几十万民工昼夜为部队运送粮食、弹药，抢救伤员，创造了土改、支前、生产三不误的经验，有力地支援了战争。

刘瑞龙在总结苏中土改工作经验时说："单纯进行战争动员，放松进行土地改革，事实证明这样做不行。农民精神很紧张，愈动员，工作愈不好做。后来改为抓紧土改，结合进行战争动员，这样，土改进行得热火朝天，农民为保卫土改果实、保卫解放区，战争动员进行得也很迅速、扎实。"

粟裕和谭震林对地方工作取得的成绩非常满意，指示刘瑞龙及时总结、宣传这个经验，紧张突击，花大气力，力求在秋收前解决全区的土地问题。

刘瑞龙抓土改，抓支前，工作已经够忙的，他还亲自主持了一个"马背上的编辑部"，编辑一份反映民运工作的内部刊物。秘书王文长曾当过县长，眼下成了刘瑞龙得力的助手。刘瑞龙亲自组稿、写稿、审稿、改稿，他的马袋里除了行装、文件和书籍外，就是为编辑这本刊物搜集的大量的资料。

针对野战部队随时会因战局发展而转移的作战特点，粟裕和谭震林指示刘瑞龙及苏中各级党组织，要在蒋军可能侵占的地区，结合土改运动，有计划地镇压敌特和暗藏的地主还乡团分子，主动扑灭蒋军推行顽化于未发之前，以便在主力转移之后，当地军民能够比较顺利地坚持敌后游击战争。刘瑞龙及时总结推广了在敌人进攻中加速土地改革，结合生产、支前、武装群众坚持地区斗争的经验，对华中全区的工作推动很大。

二　受命于战局危急时刻

苏中战役重创了来犯之敌，却未能遏止蒋军疯狂进攻的势头。国民党大批全副美械装备的精锐师团，正从胶济、津浦、陇海三条铁路和各城市、各要点向我苏北、鲁南解放区腹地咄咄逼来。苏北、鲁南解放区陷于三面受敌、一面临海的包围之中，两淮和临沂都有被丢失的可能。

当时，大军云集北线①，后勤工作秩序混乱，老百姓怨声载道，地方叫苦连天，前线还是供应不上。华中分局书记邓子恢急电刘瑞龙速返两淮，担任北线后勤司令部政委，授权他采取坚定措施，迅速克服混乱，确立秩序，达到有组织有计划地供应战争。刘瑞龙星夜兼程，火速赶到睢宁以西的山东野战军司令部驻地，向陈毅司令员请示任务。

自 1943 年陈毅司令员离开苏北去延安参加中共七大，刘瑞龙已经 3 年没见到他了。在战局危急时刻，刘瑞龙前来助阵，大家自然喜不自

---

① 北线：指宝应、盐城一线以北，陇海铁路以南的苏北地区；南线：指宝应、盐城一线以南，长江以北的苏中地区。

胜。当刘瑞龙汇报了苏中地区加速土改，组织生产，支援前线的情况后，陈毅很感慨地说："淮北部分地区土改缺乏经验，曾出现机械的'阶段论'和推延土改的缺点，要是能像苏中这样，事情就好办了。"

陈毅司令员的一席话，让刘瑞龙感到心痛。他在淮北工作战斗了6年，对这片热土有着深厚的感情。可就在国民党大肆向华东解放区进犯时，淮北根据地的个别领导人错误地估计形势，盲目东撤，痛失淮北军民用鲜血和生命建立并保卫了9年的敌后根据地。7月下旬，当陈毅司令员率山东野战军在淮北积极迎敌时，战斗异常艰苦，虽然在历时两昼夜的朝阳集战斗中，取得一次歼敌5000人的战绩，但在日后围攻泗县的战斗中，却因种种原因，久攻未克。淮北战场情势变得异常紧张，山东野战军陷于被动，被迫东撤，在睢宁以西地区进行休整。

陈毅一再叮嘱刘瑞龙，一定要建立起强有力的支前后勤机构，迅速将人力、财力、物力组织起来。接着，他请山东野战军参谋长宋时轮向刘瑞龙介绍了部队急需供应的若干事项。刘瑞龙临危受命。

根据华中分局的指示，刘瑞龙主持召开了北线后勤工作会议，对加速土改，加强支前工作和接敌地区坚持斗争的准备工作进行了详细部署，并对组织动员民力、粮草供应、水陆运输、民兵参战等问题作了具体安排。刘瑞龙强调指出，保证粮草供给和保证运输是当前后勤工作的首要任务，民兵参战、后方治安、战区群众工作都要做好，一切满足战争需要，从各个方面支援主力取得胜利。

战火在迅速燃烧。战局很快转到两淮、涟水一带，山东野战军主动放弃淮阴。

10月初，粟裕、谭震林率领的华中野战军在完成苏中歼敌任务后，开始北上，与山东野战军会师。

在抗日战争时期，我军通常是若干个团联合作战。自卫战争开始后，战争的规模越来越大，常常是几十个团协同作战，加之战线不固定，战况紧张多变，为适应战争需要的后勤保障工作又是多方面的。由于缺乏经验，地方支前部门准备不足，部队到底怎么打？地方也不清楚，弄得处处供不应求。部队要 300 副担架，地方只有 50 副；要 1000辆小车，只有 200 辆。部队同志说地方干部"吹牛皮"，地方怪部队要求无止境。

在刘瑞龙的后勤司令部里，经常坐满了要担架、要小车、要船、要民工的人。有的漫天要价，就地还钱，争论不休，火气大的甚至动了拳脚。部队急需时，索性自己"抓夫"。你能抓，他能跑，抓了跑，跑了抓，有的群众干脆装病或外出躲差，弄得军政交怨，军民交困。粮食、弹药运不上来，伤员抬不下去，道路不通，无船渡河的情况也屡见不鲜，支前工作陷入困境。

怎样才能尽快摆脱困境，扭转华中战场供应混乱的局面？刘瑞龙沉思着，梳理着纷乱如麻的头绪。

在关键时刻，陈毅司令员亲自给刘瑞龙以指导和帮助，指示他，要抓住华中各地普遍开展土改的有利形势，进一步把人力、物力、财力组织起来，按战争需要进行有计划的调度；还应选派工作能力较强的干部充实后勤机构，组织和带领民工，做好支前工作。为了便于人民解放军南北机动作战，保证运输通畅，陈毅还就准备担架和保障部队渡河等问题亲自派人给刘瑞龙等送来手令。他要求后勤司令部组织人员，在盐河的时家码头和陶码头两处，控制船只，搭好浮桥，以利苏中主力北上时顺利通过。

刘瑞龙按照陈毅的指示，整顿了支前后勤工作，健全了华中北线后勤司令部，建立起各种工作制度，统一调度淮海、盐阜地区的人力、物力、财力支援前线。山东支前机构也支援了部分粮草和民工，增强了北线后勤司令部的供应力量，使华野部队及时穿上棉衣，补足了弹药，比较充分地供应了宿北战役[1]、鲁南战役[2]的需要。

　　1947年2月初，山东野战军和华中野战军在山东临沂地区集中休

1947年年初，江彤与女儿延东（左一）

---

① 1946年12月13日至19日进行的宿北战役，是我山东野战军和华中野战军会师后利用大兵团协同作战打的第一个胜仗，全歼敌整编第六十九师3个半旅2.1万余人，对扭转华东战局具有重要的战略意义。

② 1947年1月2日至20日进行的鲁南战役，我山东野战军和华中野战军在鲁南峄县、枣庄地区取得的空前大捷，歼敌5.3万余人，缴获坦克24辆，榴弹炮、野炮、山炮89门，汽车474辆。

整。山野、华野和山东军区部队合编为华东野战军，陈毅任司令员兼政治委员，粟裕任副司令员，谭震林任副政治委员。同时成立了中共华东野战军前委，陈毅任前委书记。

这时，华东主要战场转移到山东境内。蒋介石误认华东野战军续战能力不强，匆忙制定所谓"鲁南会战计划"，向陇海线和胶济线调来29个旅（师）的兵力，南北对进，妄图逼我在临沂附近决战。

针对敌人进攻临沂的部署，中央军委和毛主席作了相应指示，敌人愈深入愈好，我们打的愈迟愈好，不求急效，必要时可放弃临沂。华野前委建议，甩开陇海之敌，置蒋军主突击集团于无用之地，人民解放军从速挥戈北上，求歼南下之李仙洲辅助突击集团。经毛主席同意，华野除以两个纵队在临沂附近阻击南线之敌外，主力于2月中旬冒严寒兼程北上，日行百里，全速前进。

因战场扩大，华东解放区缩小一半，部队却增加了一倍多，达到35万人，山东人民的支前负担明显加重。为了适应战争的需要，中共华东局成立了山东省支前委员会，刘瑞龙任支前委副主任兼前方办事处主任，随华野司令部行动。

山东省支前委员会立即进入战时状态，一面电示鲁中区党委动员广大群众全力支援部队，一面急令已到临沂地区集中的支前队伍调头北上。一路上，支前大军情绪高涨，有力地保证了华野在长途行军中的粮草供应。地方武装和广大民兵配合主力，协助侦察敌情，封锁消息，保证了华野隐蔽开进。几十万人的大部队向北迅速移动，敌人竟一点都不知道。蒋介石错误地判断华野将要西进，督令北线敌军迅速南下。等到北线敌人发觉时，华野大部队已赶到他们的面前。

2月19日，华野主力部队合围李仙洲集团于莱芜地区，展开全线进攻，仅4天即全歼李仙洲部，毙伤俘敌6万多人，第二绥区副司令李仙洲被活捉。莱芜战役连同南线及胶济线东段的作战，华东野战军首创一次歼敌 7 个整旅 7.6 万余人的纪录，一举解放了博山、淄川等 13 座县城，使渤海、鲁东、胶东解放区连成一片。

几十年后，当人们回忆这段经历，称赞刘瑞龙在大规模运动战中所表现出来的卓越的支前后勤指挥才能时，他却谦逊地说："莱芜战役中，山东解放区人民在战区紧急多变的情况下，经受了考验，在前线服务的民工有 60 多万。鲁中的党政军民更是全力以赴，迅速为我军几十万人组织了粮草供应，出动了 40 多个子弟兵团参战，有力地配合了野战军作战，保证了战役的胜利。部队每到一地，老乡们纷纷送粮、做鞋，家家户户为战士们烙制各种各样的煎饼，有山东老百姓喜欢吃的大葱裹煎饼、小米煎饼、玉米煎饼和高粱酸煎饼。当时人民群众热烈支援前线的情景，至今令人难忘。"

三　"空军司令"与小记者

就在刘瑞龙重返两淮，担任北线后勤部政治委员之际，华中《新华日报》派记者徐熊前往北线进行战地采访，随军报道那里的战勤工作。

一脸稚气的小记者徐熊只有十八九岁。他来到北线司令部的第一天，刘瑞龙就利用工作间隙，与他亲切地攀谈起来，还十分认真地告诉他："搞战地采访同调查研究一样，关键是抓两头：一头是要站在高处抓全局；一头是要钻入深处抓典型。"

小记者本想来到北线可以轰轰烈烈地大干一场，几天下来才知道，刘瑞龙原来是个"空军司令"！他手下只有一个秘书、两个副手和两个警卫员，还有两匹不会说话的战马。小记者像泄了气的皮球，提出要转到战斗部队去工作。

见此情景，刘瑞龙一点没有责备他，反倒和颜悦色地开导说："小徐啊，你想想，前线分社的记者力量已经很强了，报社派你来采访前方的战勤工作，说明你们报社的领导很有眼光。战勤工作在战争中占有重要地位。在我们解放区，民工支前规模这么大，历史上哪有这种情况？全面报道支前工作，热情讴歌千千万万的人民群众踊跃支前的英雄事迹，我想，你是可以大有作为的！"

小记者不好意思地点点头，心里还是不太服气。

刘瑞龙看出徐熊对军事很感兴趣，便吩咐警卫员拿来一张军用地图，摊在方桌上，给他讲解起敌我双方对阵的态势来。小记者一下子被吸引住了。

接着，刘瑞龙又联系到战勤工作与前线战斗的关系。他说："支前工作是一件很复杂、很艰巨的工作。支援前线的每一斤米每一斤面，都要从后方运去，还要通过各种运输工具，经过数次转运，才能到达目的地。我们还要把被服、鞋袜、弹药和慰问品送到作战部队，把前线的伤病员运下来，转移到后方，又要经过多少周折？支前队伍本身就是一支浩浩荡荡的大军。你要安排他们吃，安排他们住，要保证他们途中的安全。"

刘瑞龙指着地图上一条狭窄地带说："你看，由于国民党的夹击，我军的战场天地就这么小，仅野战部队和当地党政军群机关干部就有几十万，再加上数十万民工，怎么周转？这些都是学问。我们当记者的，难道不应该好好报道一下？"刘瑞龙的语气缓慢平和，却极具鼓动性。

小记者挠了挠头，露出顽皮的神情。

这次交谈之后，刘瑞龙主动提出，让徐熊与他同吃同住。这时正是涟水战役酝酿之际和鏖战之中，支前供应按"一兵三工"计算，需要大量的人力、物力。小记者亲眼目睹了刘瑞龙杰出的组织才能，在日日夜夜动荡不定的转移运动之中，他由上而下地逐步建立起一个精干、完整、运转灵活的战勤指挥体系，动员和组织起华中各地千千万万的群众，投入到巨大而浩繁的支前后勤工作中。

一个月过去了，在水网纵横的苏北平原上，在战火纷飞的解放战场，到处都是车轮滚滚的支前大军，那数不清的担架队、挑子队、小车队、毛驴队，那一眼看不到头的长长的民工行列，像千百条小河流向大海那样，昼夜不息地涌向前线。

在部队北进的日子里，小记者除多侧面、多方位地了解和学习刘瑞龙认真负责、呕心沥血的工作精神，以及事必躬亲、一丝不苟的工作作风，得益最大的还是"抓两头"的工作方法。部队处于高度流动之中，仅行军作战、组织支前，就够疲惫的，可每到一处，刘瑞龙都会利用各种形式向驻地干部和群众进行社会调查，了解他们的工作和生活情况，听取他们的意见和建议。

时间长了，小记者真正体会到刘政委通过调查研究，对沟通上层和基层所起的重要作用。他工作于上层，运筹在高处，每天向下发号施令，影响之大，一事不慎会使实际工作造成巨大损失，一字有误会带来下面干部的极大被动。而他勤于社会调查，向广大干部和群众求教，就可以把自己深深植根于实际生活的土壤之中，就可能从群众的呼声和见解中去理解他们生活的酸甜苦乐，去领悟支前后勤工作的关键所在，从而找出发动群众、指导工作的正确途径。

在采访报道中，小记者也学会了"抓两头"的窍门。他常常一面在战勤司令部了解动向，掌握总的精神，一面深入驻地或附近村庄，向干部、群众和支前民工了解典型事例，掌握最鲜活最生动的第一手材料。他和王文长合作的关于"发动群众做好支前工作"的稿件，不仅刊登在《新华日报》（华中版）上，而且经新华社转发全国。

鲁南战役告捷后，小记者如愿以偿，被正式调到华东前线分社当记者。在跟随北线后勤司令部采访的一段时间里，刘瑞龙运筹帷幄的统帅风度、殚精竭虑的工作精神、和蔼可亲的长者风度，无不深深地感染着他。直到这时，全国各个战场的记者还没有人采写过支前后勤工作的组织者和指挥者。小记者灵机一动，萌生了一个想法——写一篇有关刘瑞龙的报道。为了把文章做大，他特意约了两位同事，一同到前线追寻刘瑞龙。

不负众望，刘瑞龙热情地接见了他们，慷慨激昂地介绍了山东战场支前和后勤工作面临的形势和任务，以及如何克服眼前的困难，让支前工作跑到战争的前边。可三位记者无论怎样耍花招，兜圈子，试图引出有关他个人的话题，刘瑞龙却滴水不漏。记者们无奈，要求把他所谈的问题作为"访问记"报道出去，他仍然不肯，甚至严肃地说："你们不要把眼睛放在上层，要深入到基层去，去采写和讴歌战争洪流中的工农兵群众！"

小记者实在有些沮丧，但又一想，他感到很惭愧："白跟刘政委跑了两个多月，还是不了解他，当初就应该想到，像他这样谦逊而讲究实干的人，怎么会同意宣扬他个人呢?!"

四　激战孟良崮，支前力量大检阅

1947年3月中旬，华野前委在淄川大矿地召开扩大会议，总结莱芜战役的经验。根据党中央关于《迎接中国革命的新高潮》的指示，部队开始投入紧张的整训，准备迎击国民党新的进攻。根据陈毅司令员的指示，刘瑞龙按照前委讨论决定的精神，以陈、粟、谭的名义起草了向党中央毛主席反映情况的电文。

总结会结束后，野战军司、政、后的一系列会议便接连开了起来。刘瑞龙以山东支前委员会副主任兼前方办事处主任的身份，参加了华野后勤工作会议，研究华野作战需要和山东解放区人力、物力、财力长期供应的问题。

刘瑞龙认为，我军目前高度集中，已积累了大兵团作战的经验，装备有了改善，战斗力显著提高，按照战时每人月均45斤口粮的标准和"一兵三工"的民工需要计算，山东解放区支前的人力、物力仍然比较充裕。虽然解放区还存在困难，只要做好工作，坚持长期斗争，粉碎敌人的进攻是完全可能的。

为了把今后的工作搞得更好，刘瑞龙认真分析了地方工作的困难。他说："目前，华野作战的规模在历史上是空前的。部队在大规模地运动，有电报、电话，部队是集中的，随时可以机动。老百姓则不然，不仅分散，由于运输工具的限制，行动不可能这样快。"他建议：今后对每个战役要有一个比较确定的保证计划，地方和部队分工和责任都要明确，真正达到在战略上、战役上、战场上统一进行工作。他还提出支前工作要做到四个"不要等"：不要等上级发钱；不要等地方给我们；不要等到安全地方才搞；不要等人家向我们要才搞。一句话，要在战斗进行中搞好部队建设。

这一时期，饶漱石、张云逸、邓子恢、张鼎丞、曾山①等代表华东局主持和领导后方支前工作。他们从动员、组织和调度解放区人力、物力、财力等多方面为华野战胜敌人创造了物质条件，并在全区人民中确立了自力更生、长期打算、以战养战，增产节约、全力支前的观念。正是由于土改进程的加快和深入，在广大农民获得土地和发展生产的基础上科学地组织支前力量，才使解放区的人力和物力源源不断地供应战争的需要。

根据华东局和华野前委的指导思想和具体指示，刘瑞龙带领支前

---

①　饶漱石：时任中共中央华东局书记。
　　张云逸：时任华东军区副司令员、中共华东后方工作委员会书记。
　　邓子恢：时任中共中央华东局常务委员。
　　张鼎丞：时任中共中央华东局常务委员。
　　曾山：时任中共中央华东局财政经济办事处主任。

战线的同志们及时地改变了单纯靠就地取给、就地供应的办法，决定在全解放区范围内，统一计划、统一调度，把分散的人力、物力组织起来。为适应战争情况和任务多变的特点，他们创造了常备民工、二线民工和三线临时民工相结合的完整体制；粮食补给也按照战局的走势作了三线部署；在支前力量使用上，实行合理负担和厉行节约的政策，有计划地动员支前民工，充分动员和组织留乡人员参加生产，为缺乏劳动力的军属、工属代耕代种，做到部队在前线安心打仗，支前民工无后顾之忧。

自卫战争开始时那个雄心勃勃的蒋介石，此时已无力进行全面进攻，被迫缩短战线，集中兵力对陕北和山东解放区实施重点进攻。3月13日，胡宗南部23万大军，从南、西、北三面进攻陕北解放区。3月18日，中共中央主动撤出延安，开始转战陕北，拖住胡宗南部，为人民解放军在其他战场举行战略反攻创造有利的条件。

与此同时，国民党军重兵集团进攻鲁中山区，企图同华东野战军决一死战。在山东战场，由陆军总司令顾祝同坐镇徐州统一指挥，集中24个整编师编成3个机动兵团，采取加强纵深、密集靠拢、稳扎稳打、逐步推进的战法，由南向北向鲁中山区推进。从3月下旬至4月中旬，国民党军打通了津浦铁路徐州至济南段，占领了鲁南，接着向鲁中山区进攻。面对国民党军的重点进攻，华东野战军积极寻找战机，然而，除4月下旬在泰安歼灭整编第七十二师主力外，几次决心均未实现。

5月4日，中央军委指示华野："敌军密集不好打，忍耐待机，处置甚妥。只要有耐心，总有歼敌机会。"

5月6日，中央军委再次指示："第一不要性急，第二不要分兵，只要主力在手，总有歼敌机会。"

陈毅、粟裕根据中央军委的指示精神，将主力东移，后撤一步，让敌人放胆前进。果然不出所料，华东野战军主力后撤后，蒋介石误以为华野攻势疲惫，无力决战，遂于5月10日下令跟踪"进剿"。顾祝同转令3个兵团放胆向博山、沂水一线疾进。敌七十四师前进积极，态势突出。

整编第七十四师是国民党军甲种装备师，全部美械装备，号称"五大主力"之一，歼灭该师将震撼敌军，沮丧其士气。且该师中将师长张灵甫自恃作战有功，骄横跋扈，与其他部队矛盾较深。蒙阴、沂水地区多为岩石山区，地形复杂，便于华野隐蔽集结和寻隙穿插。华野主力又位于该师进攻正面，不需大的调动就可出其不意地迅速集中5倍于该师的兵力加以围歼。

5月11日，陈毅、粟裕在明察国民党军的整个进攻部署后，毅然

1947年5月，孟良崮决战前，陈毅、张茜夫妇与刘瑞龙（右二）陈士榘（右一）合影

决定求歼敌七十四师。

此时正是桃花盛开的季节，华野司令部驻地附近的山沟里桃花如海。为了放松心情，忍耐待机，陈毅轻松潇洒地携妻子张茜和野司参谋长陈士榘、前方办事处主任刘瑞龙一起到山沟里漫步、赏花，还在桃花丛中拍照留影。听说张灵甫出发前口吐狂言，要"把陈毅赶进东海里喂鱼去！"陈毅以牙还牙，非常风趣地把敌七十四师比作"喂肥了的猪"。他说："喂肥了的猪自己送上门来，真是好极了！"他还提出"活捉张灵甫"的口号。

5月12日清晨，陈毅、粟裕令正在东移的各部队立即西返蒙阴以东、坦埠以南地区，以"猛虎掏心"的战法：集中5个纵队16个师，围歼敌七十四师于坦埠以南、芦山以北地区；一部兵力在敌七十四师正面实施阻击，主力从其两翼寻隙向纵深楔进，割断敌七十四师与左右邻的联系；以4个纵队分别阻击和牵制其他各路敌军。

14日，华东野战军在孟良崮地区完成了对敌七十四师的分割包围。老谋深算的蒋介石深感震惊，同时又认为是与共军决战的绝好机会，故一面空投粮食、弹药，令七十四师固守待援；一面调动10个整编师的兵力火速增援，企图与我决战。情况万分紧急，如不能在短时间内歼灭敌七十四师，我前线部队将陷入敌10个整编师的围攻之中。

15日13时，在陈毅、粟裕的指挥下，华东野战军发起总攻，各部队从四面八方多路夹击。敌人缩集于孟良崮、芦山及其附近山地，依托岩石，居高临下，不断发起反击。围歼战异常惨烈。每一个山头、高地、要点，我前线部队往往经过多次争夺，刺刀见红地拼杀。我阻援部队打得也很顽强。敌增援部队最近时距离敌七十四师只有5公里，却不能前进一步。被围歼的数以万计的敌人最终粮尽水绝，陷入极度饥渴难支的困境。敌机空投的补给又大部落到解放军手中。

激战至16日上午，陈、粟再次下令发起攻击。强大的炮火首先发出火力，向敌人盘踞的山头、高地猛轰，接着步兵在猛烈的炮火掩护下发动冲击，越战越勇。几个小时后，参战部队攻占了所有高地。敌官兵打起了白旗，纷纷缴械投降。骄横异常的张灵甫也在战斗中毙命。在孟良崮、芦山顶峰，胜利的欢呼声震撼山岳。

　　孟良崮战役是对鲁中及各地支前力量的大检阅，也是对刘瑞龙指挥运筹能力的一次考验。在华东局和解放区群众的大力支持下，刘瑞龙机动灵活地组织调动着7万随军民工、15万二线民工、69万临时民工组成的庞大的支前队伍。在敌七十四师进犯时，解放区军民实行了彻底的空舍清野。敌军每到一处，找不到吃的，也找不到人，一筹莫展，进退两难。战斗打响后，战区群众迅速赶回来，烧水做饭，支前作战，在敌人猛烈的炮火之下，夜以继日地抢运伤员，赶运粮食、弹药，支援解放军打胜仗。

1947年，孟良崮战役后，刘瑞龙在沂蒙山木老镇留影

　　孟良崮战役历时 3 天，歼敌 3.2 万余人。面对战役胜利蔚为壮观的场面，刘瑞龙从军装口袋里掏出笔记本，兴致盎然地写了一首欢庆战役胜利的小诗：

> 窜犯马山气何雄，睥睨坦埠似掌中；
> 那知奇师间道出，勇士围歼奏肤功。
> 空心战术空心死，重点进攻重点终。
> 一等蒋军原如此，行见美蒋哭技穷。

　　刘瑞龙习惯记东西，在华野也很有名。酷爱诗文的陈毅司令员，在战役总结会上路过刘瑞龙的座位，随意"检查"他的小本子，发现了这首小诗，顿时露出笑意，大笔一挥为他做了修改。"空心战术空心死，重点进攻重点终"一句，就是陈毅司令员改写的。他淋漓尽致地抒发了全局在握，克敌制胜的革命豪情。

五　体察军情民意，在战争中学战勤

　　孟良崮战役结束时，全国战场的形势已发生了显著变化，国民党军虽然在兵力上占有优势，在战略全局上仍保持进攻态势，但因机动兵力不足，在东北和华北战场已转为守势；在南部战线，除对陕北、山东两解放区实行重点进攻外，在鲁西南、豫皖苏边界至大别山地区兵力薄弱，形成两头重、中间轻的"哑铃"态势。在战略全局上，人民解放军除陕北、山东战场尚处防御地位外，其他战场已逐步转入战略性反攻。

　　为了粉碎国民党军继续把战争引向解放区，消耗解放区人力、物力，使人民解放军不能持久作战的战略企图，党中央制定了以主力打到外线去，将战争引向国民党统治区域，在外线大量歼灭敌人的战略方

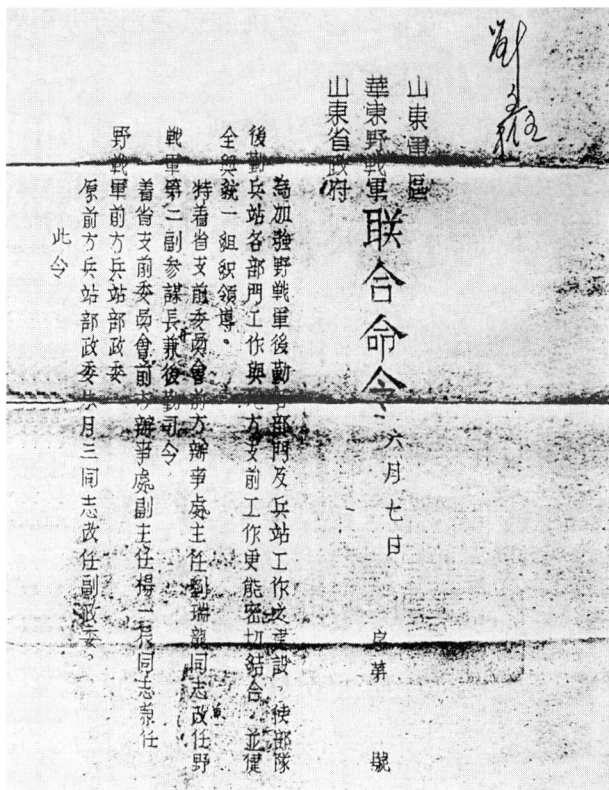

1947年6月7日，山东军区、华东野战军、山东省政
府下达联合命令，任命刘瑞龙兼华东野战军后勤司令

针，并决定将战略进攻的主要方向置于战略地位重要、国民党军防御薄
弱的鄂豫皖三省边界的大别山区。

1947年6月底，刘伯承、邓小平率晋冀鲁豫野战军主力12万余人，
强渡黄河，跨越陇海铁路，挺进大别山区，揭开了人民解放军战略进攻
的序幕。我华东野战军主力以6个纵队、一个特种兵纵队组成外线兵
团，在陈毅、粟裕的率领下挺进鲁西南，南下豫皖苏，与刘邓、陈谢大
军会师中原。

为加强华东野战军各后勤部门及兵站工作之建设，使后勤兵站与地
方支前工作密切结合，健全与统一组织领导，6月7日，华东军区、华

东野战军、山东省政府联合命令：省支前委员会前方办事处主任刘瑞龙同志改任野战军第二副参谋长兼后勤司令。

在战略转折的重要关头，怎样做好战勤工作，对重任在肩的刘瑞龙来说是一次严峻的考验。在实战中，陈毅司令员和粟裕副司令员以运筹战局的文韬武略和悉心体察军情民意的高尚情操，不断给刘瑞龙以深刻的教益。

7月，刘瑞龙主持召开了他上任以来华东野战军第一次后勤工作会议。陈毅司令员亲临会议作报告，重点讲了如何爱护民工和组织民工的问题，热情讴歌了解放区伟大的民工运输队。他说："目前，在我军前方和后方，日夜有数十万劳动人民为战争服务。这样一支由劳动人民组成的志愿大军，其劳动服务之热忱，政治觉悟之高尚，工作过程之辛苦，在中国历史上还是第一次。他们风餐露宿，日夜辛劳，还要与美蒋的飞机、炮火进行搏斗。他们爱护伤员、爱护公物的高度负责精神，保证了繁难任务的完成。数十万劳动人民的组织和指挥，逐渐形成系统和秩序，这是一门博大精深的组织科学。这是在我党领导下，中国劳动人民高度的政治觉悟与组织天才的伟大表现，是我军能保持常胜光荣成绩的有利因素之一。试想，如果没有这样一支伟大劳动人民志愿运输大军，我们休想战争能够胜利。"陈毅司令员的报告生动、精彩，对部队、地方，特别是支前工作影响很大。

在解放战争的大部分时间里，刘瑞龙是在陈毅和华野前委领导下担任支前和后勤领导工作的。在痛歼蒋军的战斗中，陈毅司令员经常认真指导、教育刘瑞龙和部队的同志们，要坚决地依靠群众，善于发动和组织群众，积极完成支前后勤任务。

关于民工的称呼问题，就是陈毅司令员首先提出来的。长期以来，我们的部队、政府甚至领导同志都称担任支前工作的群众为"民夫"或"夫子"。不少支前群众讨厌承受这一旧称呼，他们说："俺是自愿上前线为战争服务，不是强迫来当夫的，革命同志就革命同志，俺不跟你夫呀妻呀的！"

一位同志写信向陈毅司令员反映，"民夫"是统治阶级奴役人民的一种轻贱的旧称呼，与我们劳动人民服务前线的自由劳动的新内容太不相称，应该改变"民夫"的称号。陈毅立即电示全野各部队，提倡在全野开展部队与民工的互爱运动，把民工视为部队的组成部分，在民工中也要开展立功运动，随军民工应享受与部队同等的物质待遇，战利品应适当分配给民工同志。

陈毅司令员一贯反对任意使用民工和浪费民工。他常说，人民的力量虽是丰厚无穷的，但必须有节制地使用，才能源源不断地长期供应战争，否则便有枯竭的危险。他不断叮嘱刘瑞龙和后勤战线的同志，要科学地有组织地使用民工，要注意计算使用民力的具体限度，不多要，不滥用，适当分配任务，适时予以休整机会。他还教育部队自己劳动，一切可能不用民力的应尽量自己解决。从各方面节约民力，培植民力，不仅足以亲密军民关系，也是不断增长战争力量、战胜敌人所必需的。

一位美国记者在山东解放区采访时，看到几十万乃至数百万民工服务前线的运输行列，深感惊诧，他说："在欧美各国纵令有此现象，也必须军队押解，官吏监督，至少应有巨大报酬才行，否则民工推运着许多重要的日用品和军用物资是难以保障不损伤、不盗窃或私自取用。"这位美国记者得出一个结论：这是解放区人民民主运动的伟大成功，是突破历史所创造的奇迹。

陈毅司令员十分自豪地说："我们解放区的民工运输队以缓慢的速度打败了国民党所依靠的美式飞机、汽车、海船和火车的现代速度。因此，我们应该更深刻觉悟到和领会到坚决的实际的依靠伟大的进步的人民，科学地转动和启发千百万人民的进步头脑，创造新的智慧。我们已经打败了一个日本帝国主义加汪精卫，我们再打败一个美帝国主义加蒋介石是不成问题的!"

转入外线作战后，远离华东根据地，部队作战、机动和补给都非常困难。8月初，西线兵团进至鲁西南地区，积极与敌周旋，掩护晋冀鲁豫野战军主力进军大别山。时值盛夏，白天骄阳似火，夜间闷如蒸笼。雨季骤然到来，大雨滂沱，山洪暴发，河水陡涨，部队经常要在过膝甚至齐腰深的大水中行进，在泥泞的道路上长途行军。越往西南方向走，水土不服的人越多，痢疾、伤寒等传染病也一天天多起来。一些干部、战士产生思想情绪，对脱离土生土长的根据地一时想不通。加之豫皖苏边区通货未定，国民党货币、冀南票、华北票、北海票乱得很，后勤采购遇到很多麻烦。

一日在行军中，粟裕副司令员发现，华野直属司、政、后机关因队伍太庞大，人喊马叫，混乱不堪，他很不满意:"常备行军就乱成这个样子，将来战略行军或战争转移怎么办? 那将更麻烦，甚至有危险!"

天亮时分，部队刚刚驻扎下来，粟裕不顾长途夜行军的疲劳，提笔给刘瑞龙等几位率军南下的司政后首长写信，严肃提出精简野直机关的6点意见:

1. 继续精简充实战斗连队。但精简要能收效，必须精简干部，才能精简杂务人员，以充实连队。

2. 各部门工作杂务人员，应首先定出其每人每日应服务多少时间来定数额，不能先定数额就去工作，否则人多事少，并应尽量提高其工作效率。

3. 供给部无东西可供。除少数会计人员外，其余可分散到当地各分区埋伏，既可减少庞杂，又可使他们与地方联系，而进行一些购置补给品工作。

4.卫生部之医院，亦可分散设于各分区接收伤员，仅要其负责人及转动站随队行动即可。

5.政治部人员除分到各分区外，可抽出一批组织民运队，准备随各分遣队(拟派一、四纵出去任分遣)行动，以便进行群众工作。

6.以后直属队以及各纵队出发，应严密地定路线及分梯队出发(如一大队七时出发至八时走完，二大队八时出发至八时半走完)，以人数多寡定时间长短，以免拥挤与疲劳。

粟裕不仅在军事战略上深谋远虑，战略部署上缜密周到，捕捉战机敏捷机智，而且在部队军政素质的建设上也从难从严。由于野直机关坚决执行粟裕副司令员的指示，有计划地精简机关，充实基层，机关的机动性和办事效率大有改观。在后勤保障工作中，刘瑞龙集思广益，把后勤工作放在群众之中：动员和组织西线兵团的每一位指战员，人人都做后勤工作，每人携带一定数量的口粮和弹药；坚决贯彻以战养战的方针，认真搜集战利品，做到在一般情况下不缺口粮和弹药；各级部队都组织工作队自己筹集粮草，发动群众解决暂时的困难。

根据毛主席的密电："目前中心环节是在陇海南北积极行动，歼击及抓住五军、五十七师，攻占一切薄弱据点，直接援助刘、邓。"陈毅、粟裕抓住战机，果断部署，采取南北夹击，求歼由曹县向北进攻的国民党军第五十七师。至9月5日，华野西线兵团以及晋冀鲁豫野战军第十一纵，均已集结在沙土集南北地区，完成了集中兵力歼灭敌人的战役布局。

9月7日凌晨，沙土集战役即将打响，一匹战马卷着黄尘飞驰而来，气喘吁吁的通讯员跃身下马，将一封急件递到刘瑞龙面前。

刘参谋长瑞龙同志：

　　我们正包围攻击五十七师于沙土集、双庙及其以北地区，但参战部队除六纵有迫击炮弹外（十纵任钳制），其余均无炮弹，对作战影响甚大。而此战又关系我军今后之能否在鲁西南站脚的重大关键。因此，请尽一切努力，迅速将迫击炮及山炮、六〇炮弹往前送，越快越好，越能往前送越好，望切实办到，万勿延误，至盼至盼。

　　并致

敬礼

粟　裕

九月七日晨

　　沙土集战役是西线兵团转入战略进攻后的第一仗，事关全局。刘瑞龙接指示后，立即调用一切运输力量，如数将弹药迅速运到各纵队阵地。

　　这件事引起刘瑞龙的反思。他感到自已有负职守，虽然在战役开始前，他进行了认真的布置，在战役准备过程中，却疏于检查，差点贻误战事，应该引以为戒。而粟裕副司令员不仅从战略上部署战役，且善于切实从事当前战役的组织和指导，随时了解战役的补给情况，发现问题及时采取有力措施，迅速加以解决，满足前线需要，使刘瑞龙受到很大的教育和启发。

　　这时，敌五十七师骄狂失慎地一路北进，与第五军之间拉开20公里的空隙。战机已到，陈毅、粟裕立即下令发起攻击，对敌师形成合围。激战至9日凌晨3时，我西线兵团即将敌五十七师全部歼灭，毙敌、伤敌2000余人，生俘中将师长段霖茂以下7500余人，缴获大量武器弹药。在此期间，从郓城、菏泽方向向沙土集增援的国民党第五军等部，均被担任阻援任务的西线兵团一部及晋冀鲁豫野战军第十一纵队击退。

沙土集战役的胜利，迫使国民党军从大别山区和山东其他战场抽调4个整编师前来救援，有力地策应了晋冀鲁豫野战军主力进军大别山，以及华东野战军东线兵团的胶东保卫战，对整个南线战局的发展具有重要意义。

战争不仅是双方人力的竞赛，也是财力、物力的竞赛，战争准备必须是长期的。华野在转入外线作战期间，配合友邻创建中原解放区，使豫皖苏地区的工作尽快打开了局面。

10月16日，陈毅和粟裕在给中央的一封电文中说："地方工作以实行土改和建设财粮为中心任务。前者需要全力进行，后者需要一批干部搭好架子即可。筹办财粮，建立秩序，就地补给，以减轻后方负担。以上两者开始能做好，可造成对于今后大规模后支的有利条件。"

到底派谁去"搭架子"？陈毅、粟裕是有慎重考虑的。徐州位于津浦、陇海两大铁路干线的交会处，素有"南国重镇，北门锁钥"之称，历为兵家争战之地。随着战局的发展，以徐州为中心一定有一场恶仗，其周边的山东、苏北、淮北、华北地区，均有巩固的根据地，而其后方豫皖苏地区却长期为敌战区或拉锯地区，基础薄弱。刘瑞龙曾在豫皖苏工作过，熟悉那里的情况，不如把他当作一枚"卧槽马"，摆在以徐州为中心的豫皖苏新区。

陈毅、粟裕决定慷慨解囊，除派刘瑞龙担任豫皖苏分局财经办事处主任，参加区党委工作外，还选派了华东局城工部部长杨一辰、华东野战军第八纵队政委兼鲁中区书记向明等得力干将，支援中原根据地的工作，同时也为日后在豫皖苏新区大量歼敌准备战场。

在近一年的时间里，刘瑞龙又干起了地方工作的老本行。他深入区镇、乡村调查研究，发动群众搞土改，狠抓全盘工作的中心环节——动员和组织人力、物力保证战争供给，工作很快打开了局面。

面对今后大规模作战，要供应几十万大军的作战需要，必须首先把财经工作安排好。根据豫皖苏新区的具体情况，刘瑞龙着力解决了多项重大问题：建立独立自主的金融阵地，驱逐蒋币，发行本币；恢复和发展解放区经济；厉行精简节约，积蓄人力、物力、财力，以便长期支持；实行全党当家，克服财经工作中无政府无纪律状态，确立正常秩序；组织供应战争的勤务；组织支前队伍；保证粮食供应；等等。

在全面总结豫皖苏新区支前工作的同时，刘瑞龙给华野前委写了一份调查报告，对建立兵站、转运伤员和粮食等问题，提出一系列建设性意见。

以往，部队动员民工支前，多采用包运制，弊病较多。部队在山东及南下以来，又全是义务制，漏洞很多，民力、财力浪费很大，临阵脱逃和抬空趟儿也照付粮食。有的民工队抬一个伤员从龙曲到许昌只有200多里路，竟报销了1620斤粮食。刘瑞龙算了一笔账：从龙曲到许昌，若途中无障碍，要走五六天，一副担架6个人轮流抬，按规定一人一天9斤粮食的报酬，一副担架一天就是54斤，全程下来不过300多斤粮。

刘瑞龙认为，常备担运队实行义务制，临时担运队实行包运制的办法比较好，在加强政治动员，提高群众觉悟的基础上，还必须给民工以实际利益。为实行好包运制，分局财经办事处制定了统一的工资规定：50里按一天算，每副担架发给48斤粮；出动大车，3头牲口算6个劳力，2人赶车，共8个劳力，运送一名伤员发给20斤粮，如运送8位伤员，可得160斤粮。这样，既保证了伤员的运送，民工也很满意。

在伤员转运线上，也应对人力进行全面组织，部队负责护理及联络，地方负责转运及招待。伤员转运应以近处运送为主，远处调节为辅，争取一次抬到，50里设一个转运站，25里设一茶水站。

刘瑞龙还肯定了在粮食运输中建立粮站的做法：一个纵队建一个粮

站；师的位置设分站；在战区、分区建立中心站，负责指挥各粮站，调剂供给。粮站还须明确分工：地方支前部门负责征收粮食，可直接运送到分站；粮站本身负责运输及收发账目；部队负责分配，指挥领取粮食。部队进入战区以前，必须带足两三天的口粮。

六　大淮海、大支前、大后勤

1948年9月8日至13日，中共中央在西柏坡召开政治局扩大会议，根据战争形势的发展，提出了今后的工作任务及军事计划：在大约5年左右的时间内（从1946年7月算起），从根本上推翻国民党的反动统治。为此，要求军队向前进，作战方式由游击战争过渡到正规战争；要求各战略区在战争第三年打更大规模的歼灭战，即人民解放军仍然全部在长江以北和华北、东北作战，求歼国民党军的重兵集团。会议要求人民解放军进一步进行正规化建设，以便适应大规模近代化正规战争的需要，一方面，将战争所需要的人力资源和物力资源大量地从国民党方面和国民党区域去取给；另一方面，必须用一切努力恢复和发展老解放区的工业生产和农业生产。

政治局会议后，中央电令刘瑞龙立即回华东野战军工作，负责支前后勤的准备工作。

面临战略决战，刘瑞龙归心似箭，更何况他已经有了自己的"专车"——部队缴获的美式卡车。而此时商丘至徐州段被敌邱清泉兵团阻断，"专车"只好经豫西、晋东南、冀南绕道回山东。车行月余，一路听到的都是胜利的喜讯。

刘瑞龙动身前，即1948年9月16日，华东野战军正执行中央军委关于"攻济打援"的指示，在粟裕、谭震林的指挥下，发起济南战役。我华东野战军经过八昼夜激烈的攻坚作战，在徐州之敌尚未来得及北援的情况下，全歼守敌 10.4 万余人，包括起义 2 万人，南京与天津间最大的城市——山东省会济南宣告解放。这一战役使华东、华北两大解放区连成一片。

济南战役的胜利拉开了我人民解放军战略决战的帷幕。全国各战场捷报频传，锦州、长春、郑州、开封相继解放。

由许昌到郏县时，刘瑞龙在中原局驻地见到陈毅和邓子恢①，向他们汇报了一年来豫皖苏新区进行土改的经验，以及对今后支前后勤工作的意见。陈毅谈到华野在执行中央 9 月会议决定中应该注意的问题，嘱咐刘瑞龙向前委各同志转达。

在北上洛阳，由孟津渡黄河，经长平、晋城、长治、邯郸、临清、东阿到济宁的半个多月里，刘瑞龙随处看到，沿途民工推着小车，挑着担子，络绎不绝地向前方运粮食，送军鞋。"军队向前进，生产长一寸，加强纪律性，革命无不胜"，毛主席在中央政治局会议上提出的战略方针，正在变成亿万军民的战斗行动。

10 月 29 日下午，刘瑞龙的"专车"抵达华野指挥部驻地山东曲阜。久别的战友在战略决战的前夜重逢，粟裕、唐亮、陈士榘、张震、钟期光等华野领导同志都万分喜悦。特别是粟裕代司令员，想起一年前，他与陈毅司令员在豫皖苏新区布下的这枚"卧槽马"，终于天马行空回到华野后勤司令部的领导岗位，更是由衷的高兴。他握住刘瑞龙的手，简单地介绍了华野指挥部关于发起淮海大战的决定。从粟裕代司令员睿智、深邃的目光中，刘瑞龙已经看懂了一切。

在济南战役胜利的当天，粟裕即向中央军委建议乘胜举行淮海战役，攻歼淮阴、淮安、宝应、高邮、海州、连云港之敌，为夺取徐州创造条件。中央军委和毛主席当即复电，同意华野举行淮海战役，并于

---

① 1948 年 5 月，陈毅被任命为中共中央中原局第二书记，中原军区、中原野战军副司令员。邓子恢任中共中央中原局第三书记，中原军区、中原野战军副政治委员。

10 月 11 日发出关于淮海战役作战方针的指示：第一阶段的重心是集中兵力歼灭黄百韬的第七兵团于新安镇地区，完成中间突破；第二阶段攻歼海州、新浦、连云港等地之敌；第三阶段在淮阴、淮安方向作战。遵照中央军委的指示，华野召开了前委扩大会议，对淮海战役作了周密的部署。

革命形势发展得如此之快，一种积郁大舒的感觉顿时贯通刘瑞龙的全身。第二天清晨，他就来到野司作战室，与张震副参谋长一起研究支前后勤的准备工作。

张震介绍说，前委扩大会认为，淮海战役是敌我在江北的重兵决战，我军参战兵力、装备、物力、财力均不占优势，加之，徐州之敌是三大战役中唯一能够得到敌后方直接补给的力量。预计参战部队将高度集中，战役进展是连续的、相当长期的。在战役过程中，运动战、阵地战、追击战、阻击战与分割围歼战等不同战斗手段将相互配合。支前后勤工作必须考虑到大兵团集中一个战场与友邻部队并肩作战的情况。党中央、毛主席十分重视淮海战役的支前后勤工作，周副主席专门派军委后勤部部长杨立三来华野帮助布置工作。

张震还介绍说，在前委扩大会上，地方、部队的同志都做了保证。为了统筹华东全区的支前工作，华东局组成了支前委员会，由傅秋涛担任主任。地方上对部队战地粮食供应及运输，常备和转运的担架、挑子、小车的配备和调拨，油、盐、菜及战场器材的供应，修护公路、架设电话线、河运船只等问题都做了具体安排。我们部队方面也对弹药和物资补给、伤员收容、战场救护、粮弹运输、民工使用、副食供应、交通修复等立下了军令状。前委要求我们总结历次战役支前后勤工作的经验，在战役开始前做好一切必要的准备。

听了张震副参谋长简明清晰的介绍，刘瑞龙信心百倍地投入战前状态。他立即组织后勤司令部会议进行动员，随后又与后勤副司令员喻缦云一起，具体落实支前后勤的准备工作。

1948 年 11 月 6 日晚，淮海战役正式打响。华东野战军主力从赣榆、临沂、滕县、单县出发，以苏北的新安镇为主要目标，向南开进；另一部从宿迁向北开进。战斗首先在新安镇北面的郯城打响，实施对黄百韬兵团的分割与合围。

11 月 7 日至 9 日，中央军委依据辽沈决战大获全胜和中原战场的变化及徐州之敌撤守未定的情况，决定扩大淮海战役原定作战规模，改求歼刘峙、杜聿明集团一部，为求歼其主力或全部于长江以北。这是在以徐州为中心，东起海州，西迄商丘，北自临城（今枣庄市薛城区），南达淮河的广大地区内进行的波澜壮阔的伟大战役。"小淮海"已经发展为"大淮海"！

淮海战役开始前，刘瑞龙率后勤司令部随野司移师临沂。战斗开始仅 3 天，华野部队即全部进入华中地区作战。大家本以为各地支前工作准备得很充分，粮食补给很有把握。孰料，苏北兵团一行动，新安镇的敌人弃城而逃，部队一夜追击了 130 多里，支前的小车根本跟不上，运粮指挥站已经掌握不住情况，粮食供应及伤员运输均发生困难。

面对支前工作出现的紧急情况，刘瑞龙一面与华东局商议缩短补给战线，将山东粮食南运，并建议华东支前委移驻台儿庄，在台儿庄、运河站分别设立粮站；一面请华中工委组织支前机构，进到宿迁附近，筹集粮食，布置支前工作。他又连夜赶往刚刚打下的新安镇，与当地干部研究临时筹粮办法，明确提出："向群众筹粮，一定要付足粮草票或留下证明信。每人平均土地不足一亩者，不借粮；每亩借粮不得超过 10 斤。个别地主、富农存粮多者，可以多借。"

其时，地方支前的负担相当繁重。就拿新安镇东边的滨海县来说，一个月内计划调运 6000 万斤粮食。而粮食加工完全靠组织起来的群众

淮海战役期间，刘瑞龙使用的马灯

一圈一圈地推碾、磨面，再把加工好的粮食运送到屯粮点。从屯粮点把 200 万斤粮食运送到随军粮站，需用 7000 辆小车，4000 副挑担。费了这么大劲儿，也只够战区东部 4 个纵队和苏北兵团吃几天的。主战场所在的邳睢铜地区，过去一部分是游击区，由于敌军"扫荡"，粮食损失很大，中晚秋作物又遭水淹，底子已经亏空。当地干部群众克服重重困难征粮借粮，还组织起担架委员会、生产支前组，家家磨面，妇女做饭，小学教员和学生都来当助手。

从临沂到郯城，到新安镇，到宿迁，刘瑞龙一路指挥调运，一路做调查研究。在他的小本子上，每天都密密麻麻地记满了有关粮食、弹药、民工、运输、伤员、野战医院等方面的各种数字。一连多少个夜晚，在听过战情报告、研究完工作后，他还要在昏暗的小油灯下整理计算笔记本上大量的数字，通盘运筹全野的供给部署。他的眼睛熬得通红，只是稍微打一会儿盹儿。有时头痛难忍，他就在头上戴一个铁箍来缓解疼痛。面对空前规模的大决战，作为野战军后勤司令部的最高指挥员，他必须走在战争的前边，随着战局的变化和走势，迅速作出预见，适时调整近、中、远计划，才能运筹自如地组织调动支前大军，变被动为主动。

11月14日晚，新华社播发了《中国军事形势的重大变化》的评论，根据辽沈战役后，敌我力量变化的新形势，对人民解放战争胜利的时间重新作了估计。原来预计从1946年7月起，大约需要5年左右的时间，便可以从根本上打倒国民党反动政府。现在看起来，从现时起，只需再有一年左右的时间，就可以将国民党反动政府从根本上打倒了。

"这么有分量的估计，一定是毛主席的手笔！"读了新华社播发的评论，刘瑞龙备感振奋，忘记了连日的疲劳。

11月16日，中原野战军解放了商丘，攻克了战略要点宿县，迟滞了敌黄维兵团的东援，阻击了蚌埠北援之敌，有力地协同华东野战军完成了对徐州敌人的战略包围。

当天，中央军委发出关于发展淮海战役的指示电，指出："此战胜利，不但长江以北局面大定，即全国局面亦可基本上解决。望从这个观点出发，统筹一切。统筹的领导，由刘（伯承）、陈（毅）、邓（小平）、粟（裕）、谭（震林）五同志组成一个总前委，可能时，开五人会议讨论重要问题，经常由刘（伯承）、陈（毅）、邓（小平）三人为常委，临机处置一切。小平同志为总前委书记。"

这天，刘瑞龙到达宿迁县，与华中工委书记陈丕显、江淮区党委书记曹荻秋共同研究支前工作。华野在追歼黄百韬兵团作战中，急需从华中地区筹措粮草、增调民工、延伸交通运输干线、增设供应线，健全支前机构。

20 世纪 50 年代，陈丕显（右）到华东医院看
望刘瑞龙时合影

据陈丕显和曹荻秋反映，华中地区的支前工作从一个月前就开始进
行准备，原部署战役第一阶段主要在陇海线，由山东负责，华中支援，
没想到战争进展如此之快。本来他们计划在大后勤到来之前，先组织群
众把冬小麦种下去，现在看来，工作重心应迅速转移到支前上来。

听了华中地区反映的情况，刘瑞龙感到，由于对整个战局的变化不
了解，支前工作还存在着几个脱节：局部任务与全局脱节；支前机构与
前方部队脱节；前方需要与供给脱节。刘瑞龙与陈丕显和曹荻秋一起分
析了目前的困难，认为最主要的问题是运输力，在研究了具体办法后，

取得一致意见。

战争是强有力的动员令。随着战局的发展，华东局进一步加强了对支前全局的统筹和领导，为了解决华中的困难，加紧动员山东的支前力量。华中工委也重新调整了支前部署。华东军区派来军用卡车运送粮食，还联系雇用了地方运输公司的马车南下送补给，加上十多万支前民兵，数十万二线转运民工和广大后方临时民工，历尽艰辛，克服困难，担负繁重的战勤任务，有力地保证了战役的顺利进行。

经过 15 天激战，华野在徐州以东的碾庄地区，全歼敌第七兵团，黄百韬自杀身亡。淮海大战首战告捷。

战役第一阶段结束以后，毛主席和中央军委立即对支前工作作出指示："必须准备全军部队及民工一百三十万左右，三个月至五个月的粮食、弹药、草料，十万至二十万伤员的医治。"根据华野转入中原作战，供给战线太长的困难，军委决定，中原局迅速令豫皖苏分局动员筹粮，保证中野和华野转入豫皖苏地区作战部队的粮食；华北局应迅速令冀鲁豫区调集 1 亿斤至 1.5 亿斤粮食，保证华野部队的需要，华北还应分担中原及华野部队弹药之补充。

黄百韬兵团被全歼后，由豫南赶来增援的黄维兵团，在安徽宿县西南双堆集地区陷入我中原野战军的包围。蚌埠、徐州之敌南北对进，妄图解黄维之围，接连遭到我华东野战军的顽强阻击。徐州杜聿明集团南援不成，放弃徐州向西南逃窜，又被我华野包围于河南永城和江苏萧县（今属安徽）之间的陈官庄、青龙集地区。遵照中央军委指示，采取消灭黄维兵团、围住杜聿明集团、堵截蚌埠北援之李延年、刘汝明兵团的方针，对敌实施连续作战。根据战役第二阶段的作战目标和战局特点，刘瑞龙对华野的弹药、粮食、医院、民力、冬季被服补给、交通等问题作了全面部署。

12月1日，战略要地徐州解放。参战部队缴获170门火炮及大批弹药、被服、装备。徐州的广大工人、市民迅速动员起来，组织了100多辆私营汽车，数以千计的平车、马车，投入支前行列。不到20天时间，铁路员工和沿线农民就修复了被战争毁坏的铁路，以徐州为交会点的津浦、陇海铁路的部分干线很快通车，东到新安镇，西迄洛阳，南抵宿县，北达济南，大大加快了支前物资的运输。徐州市内的医院也迅速担负起接受伤员的任务。解放了的徐州已经成为支援我人民解放军作战的重要枢纽和基地。

从12月3日夜，中原野战军在华东野战军的积极配合下，浴血奋战12天，全歼敌黄维兵团和由徐州西逃的孙元良兵团共12万余人，生俘黄维。

为了打好第二阶段战役，刘瑞龙进行了认真的筹划，经与野司和华中支前司令部商讨后，起草了一份电致华东局的报告，对第一线粮食供应作出详细准确的部署，甚至对每一天各纵队的需用量、运送方向、民力组织，以及在战场外围建立屯粮区，并对每个屯粮区的常存数量也都提出了具体意见。他还建议华东支前委组织一前线办事处，与华中支前司令部一起办公，及时解决江淮前线民力及粮食调运的困难。

由于战线迅速西移，战役规模不断扩大，两大野战军集中在豫皖苏三分区一个地区作战，军需供应陡增。山东、华中所筹粮食离战区太远，一时难以运到。冀鲁豫、豫皖苏、豫西、渤海地区大力支援，很快起运军粮。华北和华东调来大批弹药。中原局第三书记邓子恢和中原野战军参谋长李达为华野送来两亿元中州币[①]，并在郑州、开封等地收集现粮，火速运抵砀山。军委后勤部门迅速组织济南、徐州、开封、郑州等地的被服厂赶制大批军装送往前方，同时组织火车、汽车、民船运

---

① 　中州币：即豫皖苏解放区"中州地方银行"发行的货币。

输。地方支前部门也在战区增设了兵站、粮站、民站、医院和转运站。经过各地紧急动员，一齐努力，前方供应得以缓和。

部队连续作战，伤亡不断增加，急需兵员补充，解放区人民响应党的号召，"到前线去，到主力去！"各地广泛掀起了参军热潮，新兵源源补充前线。战役前后，仅山东省动员入伍的青壮年就有16.8万之多。

各地民兵积极配合部队作战。他们在后方保卫生产，肃清土匪，保护交通，维护社会治安；在前方押解俘虏，捕捉散兵，成了野战军的有力助手。一天夜晚，豫皖苏夏邑县王楼乡200多人的民兵担架队发现一股逃敌。他们机智勇敢，一拥而上，全歼逃敌，生俘敌团长以下400余人，缴获一门小炮和机枪、长短枪200余支。敌四十一军中将军长胡临聪在全军覆灭时化装潜逃，被豫皖苏的民工俘获。敌人完全陷入人民战争的汪洋大海之中。

那些来自不同地区，操着不同口音的百万民工大军从四面八方汇集战场，为着一个共同的信念——保证供应，全歼敌人！国民党军靠的是现代化的美式武器和装备，而我战区军民冒着枪林弹雨，顶着风雪严寒，靠人背、肩挑、小车推、担架抬、牛车拉、骡马驮，日夜奋战在运输线上。陈毅司令员盛赞："淮海战役的胜利，是人民群众用小车子推出来的。"

全歼黄维兵团以后，人民解放军对被包围在陈官庄地区的杜聿明集团之邱清泉、李弥两个兵团暂缓攻击，转入战场休整。

刘瑞龙和华东支前委主任傅秋涛一起回忆淮海大战开战以来的战斗历程：部队从山东出发，不久进入江淮，以后又转至豫皖苏，华野与中野并肩作战，支前工作也从山东扩展到华中、豫皖苏以及华北的冀鲁豫。他们认为，从目前的情况看，各方面的力量都调动起来了，部队的粮食供应也比较充分，但要争取战役的最后胜利，还有许多事情需要统一调节，各地区支前工作也必须协同一致。他们向粟裕代司令员报告了情况。粟裕感到这些问题提得很及时，遂报告中央军委，建议召开一次包括华东、中原、冀鲁豫、华中四方面代表参加的联合支前会议。这个建议得到中央军委的首肯与回复，总前委书记邓小平责成刘瑞龙具体负责联合支前会议。

在刘瑞龙和傅秋涛的轮流主持下，联席会于 12 月 26 日至 29 日在徐州召开。经过充分协商讨论，各方达成共识，明确了分工：战场的东、南两面由华中区负责；战场的北面由山东供应；战场的西南面由豫皖苏供应；冀鲁豫区调一亿斤小米作为后备。以上事项由傅秋涛领导的华东支前委员会统一调度。会议还对粮食、民工、交通、战区内 6 种流通货币币值统一的问题，部队元旦、春节的供应等，交换了意见，提出了具体建议。

12 月下旬以来，淮海大地连降瑞雪。华野阵地上粮弹充裕，士气高昂。元旦前，全野每个将士都收到一份经中央批准慰劳的年礼：一斤猪肉、五盒纸烟，同时还得到后方人民送来的慰问袋，有的装有军鞋，有的装有花生、红枣，还有慰问信。而近在咫尺的敌人却粮尽弹缺，士气颓丧，已经到了山穷水尽的地步。

毛主席专门为淮海前线起草的《敦促杜聿明等投降书》[①] 播发后，对瓦解敌人起了重要作用。人民解放军展开强大的攻心战，频频向敌人阵地喊话："国民党军兄弟们，过来吧！解放军宽待俘虏！大米饭、白馒头尽你们吃！"许多饥寒交迫的蒋军官兵，舍命逃出活地狱，投向我军阵地，20 天内自动投降者达 1.4 万余人，相当敌人两个师的兵力。

1949 年 1 月 1 日，新华社播发了毛主席的新年献词——《将革命进行到底》。刘瑞龙认真阅读了两遍。他在日记中写道："毛主席所讲的

---

① 《敦促杜聿明等投降书》：系 1948 年 12 月 17 日毛泽东为中原、华东人民解放军司令部写的一个广播稿。

是全国胜利的规模。照年头算，今年 40 岁，入党 23 年，做了些有益的工作，也犯了不少错误，对党的贡献不大。学习还是半桶水，要继续加倍努力……中央文件要深入一步研究。预定的书还是要读下去。工作便是事业，一定要搞出头绪，边做边学，事物在发展，不学习便更落后。"

面对现代化的交通管理、运输力的组织调运以及城市庞大的生产力，刘瑞龙又在思考更深刻的问题，寻找战勤工作的差距。

长期以来，我军习惯于依靠农村解决补给，还没有很好地运用城市的有利条件，及时建立起领导机构。他认为，今后战勤工作依靠农村，如担架、磨面、运输等仍是主要的，但要充分运用城市力量及现代化交通：重伤员应尽量送城市医院治疗；被服、鞋袜等应着重在较大城市由商人包征，并按包运办法动员城市车辆支援前线，这些都是今后支前后勤工作亟待转变的重要问题。

随着大规模运动战进程的推进，刘瑞龙的后勤指挥才能日臻渐进。大战场、大支前、大后勤，他的心中已经勾画出一幅夺取大淮海最后胜利的蓝图。

新年刚过，刘瑞龙即返回华野指挥机关所在地蔡凹，向华野前委汇报了会议情况，并给总前委写了书面报告。总前委书记邓小平亲自给刘瑞龙复信：

瑞龙同志：

送来联合支前会议各件，均已阅悉。我完全同意该会所作各项决定，请即依照执行。

此复

布礼！

邓小平

1 月 10 日

1949 年 1 月 10 日，邓小平给刘瑞龙的亲笔信

经请示总前委首长并报中央军委和毛主席同意，1 月 2 日，华野司令部在蔡凹签发作战命令：决趁杜聿明集团尚未得到充分补给和动摇恐慌之际，发起总攻，首先歼灭较弱的李弥兵团残部，而后乘胜扩大战果，歼击较强的邱清泉兵团残部。

战争的发展比人们预料的要快得多。战役第三阶段的战斗，从 1 月6 日下午 3 时 30 分打响，我军以绝对优势的炮兵火力向敌阵地发起攻击，仅用了 3 天时间，就在永城东北的青龙集、陈官庄地区全歼杜聿明集团。徐州"剿匪"副总司令杜聿明被我华野第四纵队俘虏。

淮海战役是中国人民解放战争史上时间最长、规模最大、歼敌人数最多的一次战役。中原、华东野战军并肩作战，创造了以 60 万胜 80 万

的辉煌战绩。

淮海战役又是一场横跨苏、鲁、豫、皖、冀五省的支前大会战。前方有我60万大军作战，后方有我500多万民工支前。后方人民出动了23万副担架，85万辆大小车，转运伤员11万人，送达前方的粮食有5.7亿斤，弹药物资计330万吨。为了保证前后方运输和通讯联络畅通无阻，解放军打到哪里，后方人民就把公路、铁路修复到哪里。一切为了胜利，已成为千百万人民的自觉行动！

1949年1月10日，淮海战役大获全胜的当晚，刘瑞龙随粟裕代司令员、张震副参谋长，驱车来到陈官庄战场。

皓月当空，打扫战场的汽车穿梭不停，汽车前灯放射出耀眼的光芒，整个战场亮似白昼，洋溢着一派胜利的喜悦。两个多月炮火连天的战场，只有几天工夫，忽然寂静下来，一群群的俘虏被押出战场，三三两两的敌伤兵正等待人民解放军收容。只有远处，不时发出几颗信号弹，或零零星星地放几枪几炮，那是解放军战士在试用缴获的新式武器，以示胜利的欢欣。这时，天空中响起一阵马达的轰鸣，一架敌机又飞临战场上空，转了几转，再也看不到地面上与之联络的信号灯，扔了一颗照明弹，带着失败的悲凉飞走了。

从战场归来，刘瑞龙正等着号房子，东方已露出鱼肚白。他没有一丝倦意，心潮激荡地写下了诗篇：

庆淮海战役全胜

徐宿肖永大战场，自古兵家决兴亡。

蒋贼陈兵六十[①]万，妄图顽抗逞强梁。

主客攻守时已变，解放军威势大张。

---

① 最后统计实为八十万。

刘瑞龙诗作手迹

百万军民齐协力，长围猛击力如钢。

贼军饥寒交窘日，我逸以暇气昂扬。

四晚总攻同捣蒜，贼军穷蹙终败亡。

一战全胜定江北，整装待发渡长江。

第十四章　进军京沪杭

1949年4月21日，毛主席、朱总司令发布了向全国进军的战斗命令。东、西两集团的战斗也即将打响。刘瑞龙带着兴奋，带着凝重，召集在江北的最后一次支前联席会议。他说："今天以前，一切工作是准备，今天以后，一切便要保证行动中的需要。我们后司人员战时的岗位应该在前方！"迎着上海解放的曙光，刘瑞龙又踏上新的征途。

一　第三野战军的"粮草大将军"

辽沈、淮海、平津三大战役的胜利，从根本上动摇了国民党统治集团，使其在军事、政治、经济等方面都已濒临绝境。打过长江去，推翻蒋家王朝，解放全中国！已经成为不可阻挡的历史潮流。

根据战争形势的发展，各野战军冠以军区地名已不适合。中央军委作出关于全军组织编制、番号的决定，以序号排列，西北、中原、华东、东北野战军，依次改为第一、第二、第三、第四野战军。三大战役结束后，各野战军先后进行了整编。

1949 年，渡江战役期间，（左起）陈毅、谭震林、刘瑞龙、粟裕合影

　　此时，第三野战军辖 4 个兵团，计 15 个军和两广纵队、特种兵纵队，共 58 万余人。中央决定，陈毅任司令员兼政治委员，粟裕任副司令员兼第二副政治委员，谭震林任第一副政治委员，张震任参谋长，唐亮任政治部主任，刘瑞龙任后勤司令员兼政治委员。第七兵团司令员王建安、政治委员谭启龙，辖第二十一、第二十二、第二十三、第三十五军。第八兵团司令员陈士榘、政治委员袁仲贤，辖第二十四、第

二十五、第二十六、第三十四军。第九兵团司令员宋时轮、政治委员郭化若，辖第二十、第二十七、第三十、第三十三军。第十兵团司令员叶飞、政治委员韦国清，辖第二十八、第二十九、第三十一军和两广纵队。中共华东野战军前委改称第三野战军前委，陈毅为前委书记。

1949 年 1 月 19 日至 26 日，三野前委在徐州东北的贾汪召开扩大会议，讨论整训计划，研究渡江作战，制定有关进入城市和新区农村工作的政策。粟裕副司令员代表前委作了淮海战役伟大胜利的总结报告。他根据新华社播发的毛主席《将革命进行到底》的新年献词，提出了三野全军 1949 年的六大工作任务。

会议途中，去西柏坡参加中共中央政治局会议的陈毅司令员满面春风地回来了。他传达了中央政治局关于《目前形势和党在 1949 年的任务》的决议。决议指出，1949 年和 1950 年将是中国革命在全国范围内胜利的两年。1949 年夏秋冬三季，我们应当占领湘、鄂、赣、苏、皖、浙、闽、陕、甘九省的大部，其中有些省则是全部。

陈毅司令员激情澎湃地告诉大家："党中央交给我们的任务是，今年基本打倒国民党，明年全部消灭国民党！在全部消灭国民党后，不要骄傲，还要学习，要将革命进行到底，掌握全国的政权！"

可就在几天前，蒋介石以"因故不能视事"为名，宣告"引退"，把总统的职务名义上交给副总统李宗仁，提出要和共产党进行和平谈判。陈毅告诫同志们："我们要擦亮眼睛，蒋介石下野，不是诚心服输，而是在耍花招，是为了赢得时间，依托长江以南的半壁山河重整军力，等待时机卷土重来。我们务必不能松懈警惕！"

陈毅司令员此次回来，表现出由衷的喜悦，他的话语中总是夹着笑声。他高度赞扬毛主席敢讲敢提的理论勇气和深入实际的工作作风。他说："理论的概括是闻一生十，闻十生百，一以贯之，才能掌握全局！"听了陈毅司令员的报告，刘瑞龙和参加前委扩大会的同志们备感鼓舞和振奋。

这天晚上，刘瑞龙从贾汪赶到徐州华东局驻地，在落实了南下修路的事情之后，又去看望山东支前慰劳团的同志们。随后，他又来到华东支前司令部，与傅秋涛司令员饮酒畅谈。一瓶双沟大曲，一盆炒花生，两位司令员兴致盎然地谈至午夜。身材魁梧的傅秋涛司令员是湖南平江人，皖南事变中冲杀出来的骁将。在淮海大战中，两位司令员团结协作，发动数百万民工，在支前后勤战线打了一场盛况空前的大胜仗，他们却难得坐在一起畅谈往事。面对党中央"打过长江去，解放全中国"的作战部署，兵马未动，粮草先行，他们壮怀激烈地举起酒杯，为迎接全国胜利干杯！

第二天一早，刘瑞龙在徐州主持后勤部会议。赴西柏坡参加军委后勤会议的同志传达了朱总司令的重要指示。总司令说："现在打仗就是打后勤，美国7个后勤人员供给一个士兵。我们就要过长江了，大军出动就要求后勤工作做好准备。"总司令要求全军各部队，有计划、有系统地组织大规模的后勤体系；消除过去客观条件所造成的地域观念，逐步做到统一集中；建立统一的装配样式和各项规章制度；有计划地进行军工、军需生产，用充分的物资来保障战争的胜利，并为将来的社会主义建设服务。

会议结束已是除夕。春节休整的几天，刘瑞龙更加忙碌，大军渡江在即，许多困难必须提前考虑。从战争全局看，主客强弱之势已成定局，不会再有像淮海战役那样空前规模的大仗，但是，上百万人的部队和支前民工，将面临南方雨季作战，也是前所未有的，一些细致的工作仍不能忽视。他要思考渡江战役的后勤工作报告，制定野后编制表，还要汇总各集团军上报的军需情况，与供给部的同志草拟一份必须立即着手准备的军需清单。

春节期间，还有一件令人振奋的喜讯：前方传来捷报，2月2日，刘瑞龙的家乡南通解放了！他在当天的日记中写下一句发自肺腑的感言："从此，西起合肥，东至海边，大江以北尽为我有！"

春节刚过，粟裕副司令员即召集三野前委开会，研究加速南渡的准备工作，要求在2月底以前，整个三野部队完成整编和干部配备，开展以如何渡江为主题的军事教育和反对无政府、无纪律的政治工作。他要求野后立即着手部队渡江所需装备、器材、船只的准备，后勤补给、运力调整、弹药补充等工作也要及早做好准备。

长江自古称为"天险"，人民解放军只能依靠木帆船突破敌人陆海空军组成的长江防线。组织实施这样的战役，比以往任何战役都要复杂，后勤保障工作更要考虑得周全。当天下午，刘瑞龙即与张震参谋长一起研究渡江应行注意及准备事项。他们根据作战要求，共同商定后勤准备工作大纲。

刘瑞龙领导后勤司令部立即投入南进准备工作。按照以往的经验，粮草是第一大问题，只要部队有的吃，其他事情都好办。而眼前面临的是，部队将大踏步地前进，木轮车换成了汽车加火车，最紧迫的问题还在于调整运力、掌握交通。饶漱石、曾山等华东局领导同志来徐州检查工作时，决定刘瑞龙和傅秋涛立即去蚌埠，在部队行动之前做好道路交通准备。自从华野西线兵团越过津浦铁路进行外线作战，刘瑞龙就被留在豫皖苏新区，他已经一年半没有见到远在大连的妻子和女儿了。

江彤儿时曾患有咳喘病。她生性好强。参加革命后，样样工作都力争走在男同志前边。长期的艰苦奔波，身体严重超负荷支出，她的心肺功能受到极大损伤，时常咳喘不止，胸痛难忍。组织上决定送她到大连治病。

这时，刘瑞龙的老战友张爱萍，因头部受重伤，正在大连养伤。当得知江彤带着孩子来到大连，张爱萍和夫人李又兰急忙去看望她们。战后的大连虽为苏军占领区，但电力不足，物资匮乏，生活条件很差。张爱萍把组织上给他带来治病的银元，兑换成卢布分些给江彤以助燃眉之需。有一次，小延东发高烧，全身抽搐，因缺医少药，李又兰急忙帮江彤给孩子冷敷降温，直到小延东的体温恢复正常，张爱萍和李又兰才放心。

临行蚌埠之前，曾山部长告诉刘瑞龙，江彤和两个女儿已经由大连回到石岛，不久即可以来徐州了。刘瑞龙的脸上露出会心的微笑。因重任在肩，他等不得与家人团聚，第二天一早就与傅秋涛一起出发了。

从徐州到蚌埠近170公里的路程中，两位司令员时而乘火车，时而改换工程车，时而步行，时而乘船过河，为的是摸清沿途铁路、公路、河流、桥梁和车站的详细情况。一路上，战争痕迹斑斑可见，个别村落只剩下断壁残垣，道路桥梁破损严重，破坏最厉害的是蚌埠淮河大桥。由蚌埠向南的几条公路问题也很严重，蚌（埠）滁（县）段很危险，一下雨便停车；古河到巢县，巢县到含山、到铜城闸，和县到江浦的20多座桥梁全部被敌人破坏。

2月25日，中央军委电示渡江部队，做好先行攻占浦口并炮击南京的准备，行动时间约在3月中旬或下旬。而沿途的铁路、公路、桥梁破坏成这个样子，刘瑞龙心急如焚。

面对千头万绪的渡江物资准备，刘瑞龙夜不能寐。他静下心来，打开广泛流传军中的小册子《士兵与统帅》，重温18世纪俄罗斯战功显赫的苏沃洛夫大元帅的性格特点，抄写在日记中：胆大而不急躁；迅速而不轻佻；身为长官而不刚愎自用；喜功而不自炫；自重而不自傲；刚强而不执拗；作风坚决而毫不犹豫；谨慎思虑而不卖弄机智……无论会战或行军时，万事再三权衡，深思熟虑，不为一时机会所惑而力求支配环境。刘瑞龙感到，对照苏沃洛夫的性格特点，对于在复杂的战事中保持清醒的头脑不啻是一剂良药。

为尽快解决道路交通问题，刘瑞龙多次往返于徐州与蚌埠之间。据专家分析，修复蚌埠大桥要等到 8 月水落后才能开工，没有半年以上的时间不可能修复通车。看来，指望修通淮河的蚌埠大桥已经不可能了，为了尽快解决运力，最现实快捷的方案是扩大淮河北边的小蚌埠车站，增加进站铁轨道数，增设站台和水塔；在淮河上架设浮桥；紧急抢修蚌埠以南的明光大桥，保证津浦铁路蚌滁段尽快通车。在华东局和三野前指的大力支持下，刘瑞龙迅速组织部队、民工和铁路技术人员，全线开工，以保证部队和渡江物资准时到达江边。

在淮海大战中，部队缴获了大量的汽车，野后建立了汽车团，各兵团建立了汽车营。部队的机动能力提高了，可又有新的难题摆在刘瑞龙面前——培养技术熟练的驾驶员并非一日之功。他回想起鲁南战役以来，部队先后解放了一批国民党军驾驶员，经过人民军队的教育，取得很好的效果，百分之九十以上的人员还在服役。渡江在即，只有就地取材，加快对淮海战役中大批"解放驾驶员"的教育和改造工作。

刘瑞龙深入运输部队了解情况，据负责同志反映，这些"解放驾驶员"由于受国民党的教育和美国大兵的影响，生活散漫，雇佣思想严重，一下斩断了传统的发奖制度，无零钱用，无钱买烟，生活上很不习惯。刘瑞龙认为，最关键的是加强政工干部的配备，在对"解放驾驶员"进行政治教育和思想工作的同时，须注重榜样的力量，要从他们中间选拔出一批骨干，向汽车管理干部传授驾驶技能，把政治工作与专门业务有机地结合起来，一定能带出一支过得硬的运输队伍！

大战在即，司令部未雨绸缪，侦察工作做得很出色。张震参谋长令各兵团按规定区域派出侦察，掌握了最新的敌情资料，查清核实了敌人的江防部署，并对长江水位、流速、江幅、潮汐、港汊、江心洲、起渡点、登陆场等做了广泛的调查。

经查实：蒋介石口头"引退"，实际仍以国民党总裁身份总揽军政大权，积极扩军备战，在宜昌至上海的 1800 余公里长江沿线，部署了

115 个师约 70 万人的兵力。敌海军第二舰队的 89 艘军舰、敌江防舰队的 44 艘军舰分别位于长江下游和长江中游巡弋，封锁江面。敌空军的 300 余架飞机分置于武汉、南京、上海等地，支援陆军作战。此外，美、英等帝国主义也各有军舰停泊于上海吴淞口外海面，威胁或伺机阻挠人民解放军渡江。

从 2 月底开始到 3 月中旬，三野部队按预定计划陆续向南开进，相继抵达长江北岸，一线排开。王建安、谭启龙率第七兵团进至庐江地区。宋时轮、郭化若率第九兵团进至无为、含山地区。陈士榘、袁仲贤率第八兵团进至扬州、仪征地区。叶飞、韦国清率第十兵团进至靖江、泰州地区。各兵团均派出部分部队，包围封锁妨碍我军渡江准备的敌江北桥头堡据点，并以火炮控制江面，积极打击敌人舰艇的活动，有效地控制渡口和船只，开辟渡江通道，保证大部队迫近江岸，全面展开渡江作战之前的各项准备。

3 月 23 日夜，三野指挥机关进至蚌埠东南孙家圩子——渡江战役总前委所在地。

在人民解放军兵临长江之际，国共两党即将在北平举行和平谈判。为了配合谈判桌上的斗争，依据党中央、中央军委向长江以南进军的既定方针，人民解放军第二、第三野战军，第四野战军一部和中原、华东军区部队，共约 8 个兵团 26 个军 110 万人，准备适时发起渡江战役。

为统一指挥，中央军委决定，由第二野战军司令员刘伯承、政治委员邓小平和第三野战军司令员兼政治委员陈毅、副司令员兼第二副政治委员粟裕、第一副政治委员谭震林等 5 人组成中国共产党渡江战役总前委，邓小平为书记。准备在 5 月汛期到来之前，由安庆、芜湖、南京、江阴之线发起渡江作战，歼灭汤恩伯集团，夺取国民党政府的政治经济中心南京、上海以及江苏、安徽、浙江省广大地区，并随时准备对付帝国主义可能的武装干涉。

依据中央军委的意图和国民党军的部署以及长江中下游地理特点，3月31日，总前委书记邓小平亲自起草了《京沪杭战役实施纲要》。《纲要》明确提出：由粟裕和张震率三野第八、第十兵团的8个军及苏北军区3个警备旅共35万人组成渡江东突击集团，在江苏三江营到张黄港段渡江；谭震林率三野第七、第九兵团的7个军共30万人组成渡江中突击集团，在安徽裕溪口至枞阳镇（不含）段渡江；以二野3个兵团9个军35万人组成渡江西突击集团，在枞阳镇（含）至望江段渡江。东、中两集团归粟裕、张震指挥。西集团由刘伯承、张际春、李达指挥。东、中、西3个突击集团，采取宽正面、有重点的多路突击的战法，首先歼灭沿江防御之国民党军，然后向南发展，夺取南京、上海、杭州等城，占领江苏、安徽省南部及浙江全省，彻底摧毁国民党政府的政治、经济中心。

二　后司人员战时的岗位应该在前方

按照总前委制定的渡江作战部署，粟裕和张震立即率三野指挥机关从蚌埠孙家圩起程，经凤阳、天长、扬州，于1949年4月4日夜抵达泰州东南15里的白马庙，来到长江边上。

京沪杭战役的规模空前巨大，支前后勤工作的规模更是空前巨大，部队和地方都做了充分准备。华东支前委员会对战役需要进行了详细计算，作出具体计划，重点是粮食供应和渡江船只问题。三野渡江前后，部队和民工约计200万人，加之南京、上海等城市用粮，5个月下来，可是一个不小的数字。华东支前委员会动员各方力量，江南征借，江北调运，很快落实了10多亿斤粮食。船只和水手是渡江作战的先决条件，部队团以上都建立了船只管理机构。在各级支前机构和人民群众的支援下，到4月初，三野部队搜集到的各类木船，预计每个军可分到五六百只，加上部队自己制造的运送火炮、车辆、骡马的竹筏、木排，基本上解决了第一梯队乘载的需要。

为了保证后续支前物资及时运抵江边，刘瑞龙随三野指挥机关出发后，沿途检查道路、桥梁及各地的支前情况。经过部队和民工的奋力抢修，明光铁道便桥已修好，另外，又找到一辆修好的机车，这样渡江物资可一直运到江边。刘瑞龙一边前行一边召开会议，向沿途县、区委布置任务。他要求各地在组织好民工运输的同时，要特别注意铁路和桥梁的安全，加强巡逻，保障军运畅通。因为集结在扬州的第八兵团的军需品，只能从明光用小推车送过去，从明光向南，刘瑞龙便离开铁路线，经石坝、涧溪、旧铺、天长，直下扬州。

4月6日，刘瑞龙抵达扬州。他顾不上休息，立即召集驻守扬州的第八兵团后勤部及地委负责同志开会，研究扬州段渡江作战的后勤供应工作。

全野部队到达指定位置后，动员了上万名船工，训练部队选派的数千名水手，并组织先头部队指战员与船工同吃同住，在船工中开展诉苦教育，在部队中展开团结船工的运动。部队还制定了船只损坏赔偿办法和船工伤亡优抚条例，妥善安排船工家属生活。因为做了大量深入细致的工作，促进了船工和部队指战员的亲密团结，树立起打过长江去，消灭国民党反动派的必胜信心。

据地方同志反映，这次大军渡江消灭老蒋，老百姓的热情很高，不少群众主动提供船只，积极要求参战，决心亲自把大军送过江去。但老百姓毕竟没有经过枪林弹雨，在敌人猛烈的炮火下摇船渡江，心里不免有些胆怯。不少船工烧香拜佛，希望能求个上上签，祷祝渡江安全。还有个别船工请来仙姑，好吃好喝，希望讨个吉利。为了保证解放军胜利渡江，地方干部在进行政治思想工作的同时，也想了一些辅助办法。譬如，派工作人员分头到庙里说服和尚师傅，请他们把签筒里的下下签全都抽掉，有的还找仙姑谈话，让她们多讲些吉祥话。

刘瑞龙对地方同志的大力支持表示衷心的感谢，但感到对群众的顾虑还必须做深入细致的工作，解决他们的实际困难。会后，刘瑞龙和当地的负责同志一道去查看隐蔽在沿江内河及港汊里的船只。

比起平静的江边，这里是热火朝天的练兵场。刘瑞龙下到一条正在岸边休息的木帆船上，与战士和船工促膝谈心。他问大家："渡江打老蒋有信心吗？"

一个山东籍的战士抢先说："部队刚来到长江边，俺真没想到长江这么宽，一眼望不到对岸，心里还真是没底儿，在船老大的指导下，俺演习了几次，嘿，渡江也不过如此！"

刘瑞龙又问身边一位 40 开外的船工："请问船老大，帮助大军渡江有困难吗？"

船工实实在在地说："要说摇船到对岸，风浪再大也不可怕。可在炮火中行船，恐怕还得定定心。"

刘瑞龙笑了，他是长江边长大的，明白船工的意思。"定定心"是说离岸前还要喝点酒，壮壮胆。

刘瑞龙令随行参谋记下他的指示："特批每位渡江船工 4 两白酒、1 斤猪肉。"

在场的船工赞同地伸出拇指说："呱呱叫！"

听着这边一片欢笑声，附近几条船上正在休息的战士和船工也围拢过来。

"听口音，首长好像是我们这块的人？"一位船工试探着问。

刘瑞龙用地道的乡音回答说："是啊，不远，就在东边，我是南通人。"

警卫员插话说："我们首长参加过万里长征，他离开家乡已经 20 年了！"

船工们都用敬佩的目光注视着这位和蔼可亲的大军首长。

刘瑞龙又把话题转回到渡江的船只上。他关切地问道："各位老大，我还想听听，咱们船上都有哪些规矩？"

船工们你一言，我一语，争先恐后地说开了：

"按我们船上的规矩，不兴讲'老板'，也不兴讲'搁下'之类的话。"

"船上的人不兴站在船头解小便。"

"裤子不兴搭在桅杆上。"

"上船不兴七嘴八舌地乱讲话。"

……

刘瑞龙将这些"禁忌"一一记在笔记本上。他表示一定要把尊重船工的习俗作为纪律向部队广泛宣传。他还借机向船工和战士们传授粟裕司令员讲过的渡江作战的一些经验，比如，遇到敌舰要沉着，可以用炮打，如果靠得近，就用火箭筒打；不要看见敌舰就跳水，还是要奋力划向对岸；摇橹的人要加力摇到敌舰航线以外；等等。

船工们不住地点头说："这样，我们就有数了。"

船工们一致表示：困难再大，也一定安全、顺利地把大军送过江去！

4月8日凌晨，刘瑞龙抵达三野前指所在地——泰州白马庙。稍事休息后，他便着手起草关于第三野战军渡江前的物资准备向前指报告，其中包括，部队向南开进后的生活情况及南渡作战的物资准备，具体内容有六项：装备炮兵；弹药及军需物资的补给；汽车调整及其他运输工具的补充；伤病治疗及收容准备；财政；支前准备情况；等等。

4月上中旬，前指全面检查东突击集团南渡前的物资准备，刘瑞龙陪同粟裕乘吉普车视察泰州以东长江沿岸。

在紧张的大战前，粟副司令员显得很轻松，一路谈笑风生。他认为，在渡江准备中，首要环节是了解敌人的兵力部署和地形。他主张实地调查，及时修正地图；在了解情况时，要根据战斗要求，详尽了解敌人之滩头阵地、桥头堡是石崖、沙地还是淤泥，岸边有无芦苇，是否可以靠岸，如何靠岸等等；对渡江点，要先抢占码头，还要注意对渡江点的掩护；渡江成功后，要构筑桥头堡，占领制高点，向纵深两翼发展，扩大突破口；还需要仔细侦察我岸情况，开通进路、修桥补路，搞好出口，隐蔽船只，了解河路宽窄，船只来往一次需要多少时间；等等。他还强调，部队主要干部要随先头部队，要组织对空连对付敌机，要考虑和研究白天前线运输的方法。

为战斗打响后，堵截东逃敌舰，刘瑞龙又跟随粟裕来到南通，实地查看江面的情况。粟裕不时拿起望远镜仔细观察江面上游弋的国民党军巡逻舰，以及江对岸和出海口的情况。

紧靠长江出海口的南通，是当时苏北第一大工业城市。淮海战役胜利后，人民解放军乘胜向长江边挺进。2月2日，南通全境宣告解放，一面鲜艳的红旗插上了位于南通市中心的钟楼。

在南通，粟裕向军管会详细了解了南通地区的盐税；海门、启东一带农村的生产力；天生港电厂目前的发电能力；大生厂一厂、三厂、副厂解放前后劳动生产率的对比；南通纺织、造纸、食油、面粉加工业的原料、生产和销路问题，燃煤存在的困难，以及工人的工资、福利和群众要求。粟裕说："做群众工作是我军三大任务之一，抗战后期放松了，今后要恢复到抗战初期那样，不仅在乡村要做群众工作，还要注意城市的群众工作。"

此次来南通，粟裕还另有用意。他知道刘瑞龙已经20年没有回过家乡，且听说刘瑞龙的老母亲不慎摔折了腿，现在正躺在医院里，大军渡江之前，说什么也要让他回家看看。在完成视察工作后，粟裕径直来到南通苏北医院。

当刘瑞龙随粟裕一起走进病房时，江彤正守在病床边陪老人说话。

"妈，粟裕司令员来看您来了！"说着，江彤起身，给粟副司令员让座。

"老人家，您吃苦了。现在南通解放了，您可以住在医院里定定心心地把腿伤养好。我们的革命很快就要在全国取得胜利，到时候，让瑞龙同志带着您老人家到苏州、杭州去跑跑，那里可是'人间天堂'啊！"听了粟裕司令员的一席话，在场的人都开心地笑了。

李老太太用不大好懂的南通话告诉粟副司令员："过春节时，不当心跌了一跤，把腿跌断了，是瑞龙的二哥锦龙用小推车把我送到南通城里，瑞龙的表哥葛松亭把我送进医院的。"老人还对为她治病的医生、护士说了一些称赞的话。

刘瑞龙轻轻掀开盖在母亲身上的被子，看着母亲腿上打着硬邦邦的石膏，不能动弹，心痛难忍，鼻子一酸，泪水盈满了眼眶。然而，在苦难中挣扎了半辈子的母亲，眼神中却透着刚毅，脸上露出久违的微笑，家乡解放了，儿子回来了！母亲的情绪感染了刘瑞龙。刘瑞龙想给母亲留下点零用钱，可掏遍了所有的口袋，竟找不出一块钱。一个堂堂的第三野战军后勤司令员，掌管着百万大军的粮草和军需，此时的他，却身无分文。年近四旬的刘瑞龙在母亲面前还像个孩子，不好意思地笑了，还不动声色地挠了挠头。

刘瑞龙的这个细微动作，让粟裕看在眼里。他立刻从口袋里掏出钱，放在老太太的手心里。

刘瑞龙和江彤连忙制止："怎么能让司令员拿钱呢？！"

粟裕二话不说，告别了李老太太，转身"命令"刘瑞龙说："我们走，回去还要开会！"

1949年4月19日，对三野将士来说是永远载入史册的日子。这一天，三野前委在白马庙召开师以上军政负责干部会议——渡江作战会议。

当第八兵团司令员陈士榘和第十兵团司令员叶飞简明扼要地汇报了该兵团的准备情况及渡江作战部署后，粟副司令员作了简短且振奋人心的报告。他的话语铿锵有力："同志们！我们这次会议，是人民解放战争最后一次大战的军事会议！与国民党和平谈判，我们在政治上收获很大，但必须以力量、以具体行动配合谈判。看来，蒋介石是不准备在协议书上签字的，那么，军事行动即需开始！现在，我代表三野前委正式宣布：我第三野战军第七、第九兵团明晚（20日）南渡！第八、第十兵团后天（21日）南渡！"

盼望已久，准备多时的大战，终于一锤定音！

4月20日，是全野最紧张的一天。野司作战室里，战前准备工作正有条不紊地进行着，十几台收发报机滴滴答答不停地响着，连接着党中央、总前委、前线指挥所和前方的声音。

在指挥所里，开辟新区工作的联席会议已经开始。

野政副主任钟期光报告了部队入城的注意事项。

即将赴任的苏南区党委书记陈丕显报告了苏南工作部署。

野政主任唐亮报告了部队由战斗队兼工作队后政治工作中的重点问题。

野后司令员兼政治委员刘瑞龙提出渡江后军事供应中的问题，以及筹粮、货币、交通、民力等注意事项。

最后，粟裕副司令员发表总结讲话，指出人民解放军进入江南后的军事、政治任务，军队与地方关系，以及工作中的具体政策。

这一天，由于国民党政府拒绝在和平协议上签字，和平谈判宣告破裂。

当晚20时，在裕溪口至枞阳镇百余公里的长江北岸，突然炮声乍起，一条条喷吐着烈焰的火龙直飞长江南岸。在我军强大炮火的掩护下，由谭震林指挥的我三野中突击集团的4个军，首先发起渡江作战，迅速突破敌军长江防线，向南岸纵深发展。

4月21日，毛主席、朱总司令发布了向全国进军的战斗命令。东、西两集团的战斗也即将打响。刘瑞龙带着兴奋，带着凝重，召集在江北的最后一次支前联席会议。他说："今天以前，一切工作是准备，今天以后，一切便要保证行动中的需要。我们后司人员战时的岗位应该在前方！"

根据当天战情报告，东线我岸边部队在炮击江中敌舰时，每舰耗去120发野榴弹，超过预先估计。刘瑞龙及时作出指示，除催后方抢送外，后司机关必须及时准确地掌握前方炮弹的消耗情况，加强仓库检查与安全保管，前线的运输道路和工具也要准备好，医院及时跟进，粮船、弹船、民工都需要具体落实。他要求机关内部建立办公及值班制度，每个兵团都要派一个工作组，及时沟通上下前后的通信联络！

当日19时，三野东线集团从张黄港至三江营段，西线集团在安徽贵池至江西彭泽县马挡段，同时向长江南岸守敌发起了强大的突击。在500多公里的江面上，万帆竞发，火光映红了整个夜空。我第十兵团第一梯队首先在天生港、王师塘、长山等地突破敌江防阵地，登上南岸。江阴要塞守敌在我秘密党员的策动下宣布起义。我特纵炮兵封锁长江，断绝了敌舰东逃的航道。第八兵团一部向扬中岛发起突击，随后，渡过夹江向敌纵深发展。

截至4月23日，江防之敌全线溃退。我三野第三十四、第三十五军于当晚占领蒋介石经营了22年的国民党反动统治的中心——南京。刘瑞龙慷慨抒怀，写下《我东西两集团渡江》的豪迈诗篇。

帆樯如林复如梭，百万英杰上船头，

直向江南驶将去，解放义声薄斗牛。

空前壮举欣此日，南中兄弟早张罗，

复仇怒火谁能遏，指顾降幡出石头。

三　在大进军中学习做城市工作

大军南下势如破竹，敌人陷入总溃退的混乱状态。京沪交通已被我人民解放军切断，捷报一个接着一个。三野前委决定，立即成立军事接管委员会，由唐亮任主任，刘瑞龙任副主任。

一连几天，刘瑞龙不分昼夜地紧张工作，江北的粮食、弹药要继续南运，同时要迅速清查已经缴获的物资，并开始在江南借粮，只有三管

刘瑞龙诗词手迹

齐下，才能保证过江部队的供应。刘瑞龙进行了紧急部署：苏南支前工作的重心在筹粮，苏北根据财委决定再筹一亿斤粮，运过江去；民力暂不用再动员，适当运用已动员之民力，为照顾生活部分民工可以复员，以休养生息；除汽船由运输部组织水运大队外，其余船只均交渡江指挥部；苏南铁道、公路、电话之检修及保护，由各军管会负责；油盐供应由苏北再调剂一批；苏南支前机构必须与地方党政结合，以行署区党委兼理为宜。粟裕副司令员同意这些意见。渡江前，刘瑞龙又与苏南区党委书记陈丕显进行商酌。

1949 年 4 月 25 日晚，三野指挥机关从靖江县八圩港渡过长江。这与 1930 年 9 月红十四军失利，刘瑞龙登岸江阴时的情形已今非昔比，动情之下，他写下《八圩晚渡》。

> 行来八圩港，江阴在望中，
> 虽隔一江水，哪能阻艨艟，
> 八圩桥头堡，等闲若飘蓬，
> 蒋贼夸天险，突破一夜功。

上有天堂，下有苏杭。部队进军京沪杭，一路都是人间美景。刘瑞龙又在思考新的问题。

1949 年 2 月 8 日，毛主席发出"把军队变为工作队"的指示，要求军队在渡江南进和解放全中国的过程中，不但是一个战斗队，而且主要是一个工作队。军队干部要学会接收城市和管理城市。三野前委于 2 月中旬召开扩大会议时，华东局领导传达了毛主席的指示，传达了党中央转来东北野战军进入天津模范执行纪律和政策的情况通报。

不久，华东局又颁发了《关于接管江南城市的指示（草案）》。草案指出，对新收复的人口在 5 万以上的城市或工业区，均应实行一个时期的军事管理制度。在占领城市初期，应指定攻城部队的直接最高指挥机关军政负责同志与地方党政若干负责人组织该城市的军事管理委员会。军管会为该城最高权力机关，基本任务是：镇压反革命分子之活动，肃清反动武装的残余势力，恢复并建立革命秩序；保护人民生命财产及一切正当的权利，建立革命政权；保证城市政策的正确执行与有秩序地进行各种接管工作。

刘瑞龙在日记中认真记下了学习做城市工作的体会：

> 要懂得在城市中，善于对付帝国主义和国民党反动派；善于对付资产阶级；善于接近工人和组织工会，动员和组织青年；善于接近和训练新区干部；善于管理工业和商业，管理学校、报纸、通讯社和广播电台；善于处理外交事务；善于处理各民主党派、人民团体的问题；善于调节城市与乡村的关系，解决粮食与煤炭和其他必需品的问题；善于处理金融和财政问题。

刚刚踏上长江南岸的土地，刘瑞龙便着手调查研究，亲自深入学校、工厂和街镇，与学生、工人和市民座谈，初步掌握了江阴的情况，从而得知，工人最关心的是工资问题；商人要解决币制，要求解释我党对合法利润、税捐、产销等政策；教育界要解决吃饭、学生课本、学校经费及学校管理等问题。

刘瑞龙还走访了县城以及周边的集市，进行市场物价调查，并将第八兵团报来的扬中三茅镇和丹徒县姚介桥的大米、豆油、白洋布、洋油、猪肉的价格，以及人民币、银元、伪币及折合米价——记录下来。

刘瑞龙又来到江阴街上，只见大街小巷到处张贴着安民布告和红红绿绿的标语，准确地昭示了我党的方针政策。他了解到，军管会刚一成立，很快就与群众见面，他们召集全城各界人士开座谈会，宣布我党、我军的主张，立即清查与接管弹药仓库和物资仓库，并查明田赋处、碾米厂及粮库所存的公粮，有计划地供应前线的需要。他们还具体组织复工、复业、复课，解决币制问题，迅速恢复了与各地的交通和通讯联系。对学校中的三青团和国民党的御用工会、农会、商会、妇女会，他们先进行调查了解，再制定接管办法；对我方情报掌握之中的特务、叛徒、投机分子，先进行警戒，待加强了解后，再分别处理。刘瑞龙对军管会的工作表示满意，他指示说："我们要充分运用城市相对集中的有利条件开展工作。进城后第一张布告、第一条标语、第一个会、处理的第一件事，都必须稳当郑重才行。"

大军渡江以后，第三野战军一举解放南京、镇江、常州、无锡、苏州，并将广德以东、长兴以北之敌人基本歼灭，毙伤、俘虏敌人约 10 万人。三野除留少数部队在山区清剿残敌外，大部均按预定计划分别向东面开进。

正当三野部队沿太湖南北走廊猛追穷寇乘胜攻占上海时，却在苏州勒住了缰绳。党中央、中央军委鉴于接管上海的准备工作尚未就绪，为了避免仓促进城陷于混乱，果断命令"不要过于迫近上海"。4 月 27 日晚，三野前指移师常州，计划在常州停留 10 天。

走在常州街头，刘瑞龙的所见所闻却与江阴大相径庭。由于部队进展很快，地方工作已经跟不上了。常州解放 5 天后，军管会才正式成立，安民布告刚刚上墙。因币制未挂牌宣布，群众不了解共产党的政策，多数商店没有开张营业。各地下团体却纷纷亮相：工农党接收报馆；民主同盟接管县政府；新民主主义青年团到处贴标语，有的写着"清算豪门"、"实行彻底的共产主义"；而中共地下党在常州又是多头领导，上海、南京、苏北、苏浙皖各有组织，市民无所适从，坏人则乘机冒充捣乱。刘瑞龙与常州军管会负责人商谈军管工作，决定首先统一地下党，停止非法团体活动，查明处理反动武装。

虽然战役已近尾声，但野后的任务一点也没有减轻，缴获急需接收、清理，运赴指定地点，统计各军消耗，调整医院，江北物资赶运南京……许许多多的问题仍然萦绕在刘瑞龙的脑海中。江南很快要进入夏季，物资供应的重心已转到被服、粮食及经费方面；船只及民工要很好整理安置；铁路及内河轮船交通需迅速组织起来；兵站沿线及仓库位置及后勤机构要迅速调整，这一切必须通盘筹划。而这时无锡的问题明显地暴露出来：物价暴涨，工薪出现混乱，有的工厂以棉布代发工资，工人跑的很多，社会上甚至传出谣言：无锡近期无盐市，市场变得更加混乱。

其实，无锡解放后，接管工作进展得很顺利，第二天便成立了以管文蔚任主任委员的无锡市军管会，建立了政务、公安、财经、文教等6个部，按照"原封不动，各按系统，自上而下，整套接收"的方针，接管了国民党的党政机关和官僚资本企业。

问题到底出在哪里？刘瑞龙火速赶到无锡，经过连续两天的调查了解，召开群众座谈会，初步摸清了问题的症结所在。

原来，第一个进驻无锡的攻城部队，在接管工作中出现了纰漏。一位负责同志错误估计无锡的情况，认为敌人逃走后，伪币最多只有20亿元，结果受到资本家的愚弄。渡江前，华东局财委初步了解了江南的情况后，将人民币与伪币的参考比价定为1：10。而由资本家操纵当地商会，在无锡解放的当日，拿出一份1：3的物价单。该同志没与军管会商量，便同意商会的价单。伪币价格升高，物价自然就高，以致引起混乱。

货币斗争是大军南进中党政军领导机关财政工作的主要任务之一，也是恢复新区秩序和生产的先决条件。渡江前，华东局即颁发了《处理新区货币问题的意见（草案）》，明确规定，部队进入京沪杭新区之后，应迅速宣布伪币为非法货币，一律使用人民币，华中币作为新区辅币。考虑到大军渡江后，因我干部不足，新区银行机构一时不易普遍建立，加之新区与伪区的经济联系短期内依然存在，与老解放区经济联系则可能因军事行动及长江阻隔短时期内接不上，为保护人民群众特别是劳动人民的利益，对伪币采取暂准流通、限期禁绝的方针。

草案还规定，关于人民币与伪币的比价，应以几种主要物资，如粮、盐、油、布匹、煤及当地主要特产的人民币价格与伪币的价格作对比，计算出比价后，再压低20%左右，作为我军到新区的第一次公布之比价。以后再看市场条件，继续压低伪币价格。部队到新区宣布第一次比价的时间越快越好，最好在进城的当天。

在听取汇报的过程中，刘瑞龙和无锡军管会组织多方商议，将人民币与伪币的比价确定为1∶8，并报告华东局批准。中共苏南区委员会也加大了对无锡工作的指导力度。人民币比价再次挂牌后，军管会在群众中开展积极的宣传工作，市场波动不大，经济开始活跃。

一天，粟裕副司令员把刘瑞龙找到常州，研究苏南下一步的支前任务。他说："我野各军已继续向沪杭方向开进，预计明天占领杭州。参加攻沪的部队计划用8个军，连同其他人员约40万人，对粮煤供应，野后要拿出一个计划，预为准备，才能保证不乱。"说着，他伸出两个手指："基本任务还是两个，保证粮柴，恢复交通。"

刘瑞龙向粟裕汇报说："这些问题，我已提前做了安排：第一步，在常熟、唯亭、用直三点屯粮1000万斤；第二步在罗店、南翔、莘庄三点屯粮2000万斤；油、盐、柴也都做了统一安排。京沪沿线及浙江部队的物资供应由各地就近供给。交通运输方面，主要是修复及掌握铁道、公路、船只，对江北船只及临时民工要妥为处理。"

刘瑞龙不愧是三野部队的"好管家"，他不仅工作做得扎扎实实、有板有眼，许多计划又都走在部队行动的前边，粟裕非常满意。

为了把工作落在实处，刘瑞龙组织制定、印发了《部队南渡后的后勤支前工作》指示。确定了后勤支前工作总的任务：保证预定物资南运，协同地方支前机关保证部队在新区之供应，清查部队缴获，准备新的战役阶段的补给及收容工作，并准备进入上海后的接收工作，明确规定了部队后勤工作的要点和地方支前工作要点，组织专人研究上海接管对象、步骤及方法，并拟定具体方案。

一天晚上，一个叫施亚夫的瘦高个子军人来野后驻地看望刘瑞龙。他就是当年大生一厂的那个"孩子王"施满侯，如今是常州市军管会参谋长。

在一阵深情的叙旧后，施亚夫谈了目前干部中的思想动态。他说："我们的干部在江北农村蹲惯了，一下来到花花绿绿的大都市，品质好的依然如故，一些思想不坚定的便飘飘然起来，开始出乱子了。"他还列举了不少实例。

刘瑞龙说："部队是打了胜仗进城的，老百姓欢迎我们。在这种情况下，我们更要提高自身的水平，要加强城市纪律教育，否则，我们就会失去民心。"他要求施亚夫，具体检查部队进城以来有无损害群众利益的事，特别要抓紧对勤杂人员的教育，这些同志工作分散，纪律比较松懈。他还叮嘱说，要检查部队的马匹，马匹不能放在城里，尤其不能进寺庙，要放在郊区喂养，还要注意不能割农民的茭白叶子喂牲口，不能做任何损害老百姓利益的事情。

常州是京沪线的咽喉，戚墅堰发电厂又是京沪线上重要的供电系统。作为常州军管会参谋长，施亚夫承担的工作非常重要。刘瑞龙对他说，毛主席在七届二中全会讲话中说："我们接管城市的第一天起，我们的眼睛就要向着这个城市的生产事业的恢复和发展。"他要施亚夫恪尽职守，不惜一切代价保护好发电厂，确保城市用电。

施亚夫走后，刘瑞龙陷入沉思，从进军京沪杭一路来，部队的思想状况在潜移默化地发生变化，出现了不少令人警惕的现象。他想起第一次到蚌埠检查路况时，正好是个星期天，许多机关干部都去剧场看黄梅戏，部队正在备战，纪律却如此松懈。他又想起，几天前，粟裕副司令员在一次谈话中提到的："丹阳方面个别干部争着做官，部队还未到上海，便争官做，真是值得注意和警惕啊！"而以上情况又多发生在后勤部队。

刘瑞龙立即行动，找来后勤政治部的同志，希望对部队目前存在的思想问题做一次普遍的摸底，结果令人担忧：

表现一，不安心本职工作：厌倦长期艰苦的战争生活，家乡解放了，便产生离队思想；大批干部抽出参加接管工作后，引起部队情绪波动，留下的同志认为自己"吃不开"了。

表现二，违犯政策、纪律的现象增多：喝酒、赌钱、卜卦、兑钢洋，使用作废的货币和旧粮票欺骗商户；京沪线上城市多，风景优美，市场繁荣，满街逛的现象更为普遍。

表现三，享乐腐化思想抬头：有的同志羡慕资产阶级生活方式，羡慕城市女人漂亮，买雪花膏、搽头油，抽纸烟的现象比较普遍。

部队目前进驻的还是中小城市，进入大上海后怎样当好霓虹灯下的哨兵？刘瑞龙决定，根据中共七届二中全会的精神，在全野后勤部队开展深入的教育，使同志们牢记毛主席提出的两个"务必"："务必使同志们继续地保持谦虚、谨慎、不骄、不躁的作风，务必使同志们继续地保持艰苦奋斗的作风。"

5月17日，三野后勤政治部正式发布了《第三野战军后勤政治部关于目前部队的思想指导》，要求在全体指战员中，反复进行城市政策纪律教育，不为花花世界所腐蚀，严防"糖衣炮弹"的袭击，真正做到眼不花，心不动，手不痒，脚步不乱。

四 迎接新上海的曙光

1949年5月8日深夜，姑苏古城万籁俱寂。粟裕副司令员率领三野前指悄然开进距苏州城西 10 公里的木渎镇。与 4 月 27 日清晨解放苏州的那支攻城队伍不同，没有骡马牵引的大炮，不见寒光闪烁的枪刺，却肩负着运筹京沪杭战役最后胜利的神圣使命。几天后，刘瑞龙在检查部署了沿途的支前工作后也来到木渎镇。

上海是中国最大的城市和经济中心，长期以来一直是帝国主义在华利益最集中的地方。渡江胜利后，中央军委向总前委、华东局、第三野战军发出一系列指示，要求抓紧完成占领上海的准备工作，既要歼灭守军，又要完整地接管城市，保护外国侨民，以利尔后的建设。在军事部署上，要先占领吴淞、嘉兴，封锁吴淞口和乍浦海口，切断敌人的海上退路，防止大批物资从海上运走。为贯彻《京沪杭战役实施纲要》，总前委决心以第三野战军所属 10 个军及特种兵纵队近 30 万人的兵力攻取上海；以第二野战军主力集结于浙赣铁路金华至东乡一带休整，准备应对帝国主义的武装干涉，支援第三野战军作战。

5 月 10 日，党中央、中央军委下达淞沪战役作战命令。三野前指依据中央军委和总前委指示，决定首先兵分两路，采取钳形攻势，从浦东、浦西两翼迂回吴淞口，断敌海上退路，尔后再围攻市区，分割歼灭守军。据此，我三野部队迅速越过苏州一线，占领进攻阵地。

5 月 12 日夜，上海战役正式拉开帷幕。我三野第九、第十兵团的 8 个军奉命向上海外围守军发起攻击。蒋介石奉行不守长江守上海的方针。京沪杭警备总司令汤恩伯凭借长期修筑的数以千计的钢筋混凝土工事和 20 万守军，扬言要把上海变成"斯大林格勒第二"。盘踞在吴淞地区的守军以子母堡群为核心，依托多道阵地，在海军舰炮和空军飞机的支援下，以坦克、装甲车掩护，频频向我攻城部队发起反冲击。为了保证上海城市完整，促成和平解决，人民解放军每攻克一个地堡群，歼敌一个营，都要付出重大牺牲。从 13 日至 15 日，在吴淞以西，进攻月浦、杨行、刘行的我第十兵团第二十八、第二十九军，伤亡达

8000余人。

苏州地区是第三野战军北线进攻后勤支前工作的最前沿，所辖太仓、昆山、常熟、吴县（含苏州市区）、吴江五县，成弧形将上海西北方向围住。解放上海和南下部队的军需物资大部分须经苏州转运或由苏州地区供应。

面对激烈、胶着的战情，15日下午，刘瑞龙急召第十兵团后勤部部长宋季文和苏州行政公署专员李干成来木渎镇前指，具体研究部署加强北线后勤支前工作等事宜。

随着吉普车有力的刹车声，宋季文和李干成并肩走进前指后勤司令部。

"前线的最新战报你们都看到了，今天，北线攻击部队又有2000伤亡，敌人还破坏了昆山青阳港的铁桥，妄图阻止我后续部队增援。"刘瑞龙表情严峻地说，"就在今天，陈毅司令员以总前委名义致电三野前指，他肯定了我作战部队几天来的战绩，也特别告诫我前线军、师、团各级指挥员，'攻沪战役不要性急。我军应立于主动地位，做充分准备，大量使用炸药，配合炮兵及坑道作业，去克服敌之钢筋水泥碉堡。'这样，就要求我们后勤支前的同志，把困难想足，把工作做细，尽全力保障前线的需要！"

刘瑞龙面向宋季文："宋部长，你先谈谈情况吧！"

宋季文刚从前沿下来，说话还带着火药味儿。他随手摘下军帽，抹了一下额头的大汗，一口气将前线各军及主要进攻阵地的弹药补充、粮食供给和伤员救护等情况，一、二、三、四、五地汇报了一通。

当刘瑞龙具体凿实地询问前线各军弹药供给的准确数量时，宋季文急切地说："最紧急的是炸药，大量的炸药！奶奶的！我非把狗日的碉堡统统端掉！"

面对紧急的战场形势和纷杂的工作，40开外的李干成一向沉稳有序。他简明准确地汇报了当前苏州地区的粮食储备、军用物资调运等情况后，着重谈了道路交通问题。他说："上海战役与淮海大战不同，与渡江战役也不同，虽然战场小了许多，物资供给比以前充足多了，但是，要使储备在苏州的粮食、弹药及时送上去，还要使后续的军用物资运得进来，道路交通就成了最突出的问题。"

李干成站起身，指着墙上的军事地图示意说："敌人逃跑时，对苏州地区的道路和桥梁破坏得相当严重，通往前方的道路就更不要说了。我们苏州地委和专署动员了 7 万民工，夜以继日全力抢修道路和桥梁，首先恢复了通往战区的锡沪、苏嘉公路，苏锡、苏昆、苏太、锡常、常太、太浏、湖苏常① 等公路也很快修竣。根据江南河流多的特点，我们先后动员了 5800 余条汽轮和民船，来加大运力。"

刘瑞龙赞同地说："是啊，过去支前我们主要靠小推车，现在是缴获美国的十轮大卡！打机械化战争更要争分夺秒！我们野后立刻派出工兵部队，全力支援你们！"

宋季文也插话说："从自卫战争，到淮海大战，到渡江战役，干成同志领导的支前司令部一直跟我兵团并肩战斗，地方同志给了我们很大的支持啊！"

李干成是江苏涟水县人，是位 1930 年入党的老同志。他早年曾就读上海建设大学，是个地道的知识分子，却以实干著称，是位倔强、执著的硬汉。

刘瑞龙清楚地记得：1946 年深秋，全副美械装备的国民党精锐师团，向我苏北、鲁南解放区腹地发动大规模进攻。国民党整编第七十四师在飞机和炮火的掩护下，分 3 路由淮安、淮阴直逼涟水城下。李干成领导的淮涟第二中心县委就战斗在战场的中心地带。在他和中心县委一班人的坚强领导和有力指挥下，淮涟的群众充分发动起来，投入到保

---

① 锡：无锡；沪：上海；苏：苏州；嘉：嘉兴；昆：昆山；太：太仓；常：常州；浏：浏河镇；湖：湖州。

卫家乡的战斗之中。在历经 14 天的涟水保卫战中，华中野战军共歼敌 8000 余人，挫败了国民党军对涟水的进攻。

刘瑞龙还记得：淮海战役一开战，战场变化迅雷不及掩耳，仅 3 天时间，人民解放军全部进入华中地区作战。苏北兵团一行动，驻新安镇的敌人弃城而逃，部队一夜追击了 130 多里，支前的小车根本跟不上，粮食供应及伤员运输都发生困难。这时，华中支前司令部副政委李干成临危受命，担任前方办事处副主任。他与办事处主任万金培一道，以一万辆小车带 100 万斤粮食随军前行，在近战区全力支前。为了跟踪支前运力，刘瑞龙还为李干成配备了专用电台。

面对眼前紧张激烈的上海战役，李干成领导的苏州专署依旧是在支前的最前沿。刘瑞龙充满信任地说："老李，有你为我北线部队做后盾，我可一百个放心啰！"

在木渎镇，接收上海的工作也在紧锣密鼓地进行着。几天来，刘瑞龙和野后接管委员会诸同志按照华东局的指示，认真研究进入沪市后有关接管方案。他指出："在我们面前可能出现两种情况，一是和平有秩序地接管，一是接收被战争打乱的烂摊子。两种情况，应有两种接管方法。前者，按原系统，后者按性质分部接管。两种情况我们都要有所准备。为了不出纰漏，我们尽量要把工作做细，对不同单位采取不同方针，对不同人员亦应有不同对策，处理问题应有步骤。"

刘瑞龙亲自修改了接管上海后勤部门的初步方案，报送前委审查。渡江以来，他第一次松了一口气。他对身边的同志说："好了，我们也该放松一下，上灵岩山上去兜兜风！"

木渎有"江南第一园林古镇"之誉，位于太湖之滨，四周群山环抱，峰联岭叠，庭院深深，弄堂幽幽，走进古镇，宛如走进了千年前的一个梦境之中。一边走，刘瑞龙一边讲起木渎镇的典故：那是春秋末年，吴越纷争，越国溃败，越王勾践献美女西施与吴王。为取悦西施，吴王夫差在灵岩山顶建造了馆娃宫，又在紫石山筑成姑苏台。为了消耗吴国的人力和财力，勾践处心积虑，趁机向吴王大肆进贡筑宫之木。木材自越国源源不断而来，堵塞了山下的河流港渎，以至"积木塞渎"，木渎因此得名。

"司令员，您真是通今博古，就连太湖边上这小小的木渎镇都知道！"随行者甚为感慨。

"哪里，我这是现买现卖。东进时，听少奇同志讲，当年毛主席在中央苏区、在长征路上，每打下一地，都要找那里的县志看。这对了解当地的历史、人文和风情很有帮助，这也是调查研究嘛！"

说着，他们来到了灵岩山下。登山顶，望太湖，湖上像笼罩着一层烟雾，远山片片，隐约在烟雾之中。他们走进装塑堂皇的灵岩寺，里边有200多位和尚正在做道场，寺里还附设有佛学院，标榜研究净土。寺里的住持妙真和尚听到大军的炮声躲到上海去了。一位年长的僧人出面敬请几位大军入殿登堂。看得出，老僧人的表情很紧张，却振振有词地念道："我佛法真理，不离世法，出世入世，全在自心。"

刘瑞龙接过他的话："只有照共产党的主张办，中土众生才能大解脱，大欢喜，大光明啊！"

那僧人施合十礼，口念："阿弥陀佛"以示赞同。

其实，那僧人看着这几位大军不是一般士兵，像是有身份的人，便想讨个说法。

刘瑞龙会意地说："佛徒要自食其力，参加新民主主义国家建设，也是有出路的。"

那僧人的表情似乎轻松了许多，不停地施礼，表示谢意。

刘瑞龙也双手合十以示回敬。

三野部队自发起对沪外围作战以来，浦东一路占领奉贤、南汇、川沙，控制了高桥以东以南之沿海线，并推进到高行、庆宁寺、周浦、林塘之线；沪西一路占领莘庄、七宝、南翔、刘行、杨行、月浦之线，歼敌近3万。我三野部队继续攻占守敌的外围阵地和部分主阵地，开始进入敌主阵地作战。

5月20日，中央军委批准，即可总攻上海。翌日，三野司令部作出淞沪战役攻击计划，决定集中我淞沪、浦西各军及特纵攻略上海。全战役分三个阶段：

5月25日前，全歼浦东地区之敌，控制浦东阵地，封锁黄浦江上交通与敌之海上退路，浦西各军完成攻击准备；

5月27日，发起第二阶段攻击，夺取宝山、吴淞及苏州河南之上海市区，完成对苏州河北敌之包围；

最后，聚歼可能溃缩于苏州河以北，吴淞、宝山以南，浦西以江湾为中心之敌，达成全部攻略上海之目的。

据此，后勤司令部在迅速完成原定部署的情况下，努力争取供应上的主动，接管工作的准备更加紧张。

虽说是最后的攻坚战，后勤保障不断出现新的困难。敌人垮得快，部队追得快，新地区规模大，夏季多雨水，后勤兵站新建，粮草供应时时告急。刘瑞龙迅速作出部署：先吃敌人遗弃之粮，在加紧城市筹粮的同时进到乡村借粮。关于被服补充，两套单衣及衬衣已全部发到部队，蚊帐问题却让他大伤脑筋，数量远远不够；在南方，夏季蚊虫叮咬，没有蚊帐会直接影响战斗力，必须下大力迅速解决。

5月24日，三野部队已全部占领浦东及苏州河南部市区，上海各广播电台已经改变了语调，热烈发言，欢迎人民解放军进入上海。

5月25日晚，刘瑞龙向粟副司令员汇报了今后行动及工作的要点后，与唐克主任一起欢送接管上海的第一批干部出发，前往南翔。刘瑞龙回想起 1933 年 2 月，受命去川陕，阔别上海已近 17 年，过去被称为冒险家乐园的中国最大的城市，已经回到人民的怀抱，再有一两天，就可以启程开进上海，愉悦之情可想而知。

5 月 26 日，粟裕副司令员签发了第三野战军淞沪警备命令后，当夜即率指挥机关离开苏州，向大上海进军，将在上海圣约翰大学开设指挥所，继续指挥战斗。刘瑞龙因料理后面供给事项，未与大队同行。

第二天凌晨，刘瑞龙离开苏州前往上海。吉普车开抵南翔时，一轮喷薄欲出的红日已出现在东方的地平线。上海郊外，战痕犹新，敌人的防御工事多数被人民解放军炮火摧毁。一些农民正在拆除敌人用以抵抗的篱笆和竹蒺藜，为大军进沪清除路障。市区的公共汽车纷纷西驶迎接解放军进城。三五成群的农民正挑着青菜、柴草去赶早市。从南翔到真

1949 年 5 月，时任中共上海市委秘书长的刘瑞龙

如，到曹家渡，一路都是欢天喜地的景象。

当刘瑞龙来到圣约翰大学指挥所时，粟裕副司令员和张震参谋长正在指挥围歼肃清北市的残敌。随后，刘瑞龙来到瑞金路三景花园华东局驻地，接受饶漱石政委的指示。瑞金路三景花园原是国民党特务机关"励志社"所在地，今天成了共产党领导人民解放上海的指挥机关。根据饶漱石的指示，市内冒名接收者甚多，接管任务迫在眉睫，必须从速进行。刘瑞龙与唐克主任商定，接管干部立即进入指定接收单位，认真了解情况，适时开展工作。

下午，刘瑞龙和接管会的同志们来到外滩和南京路，只见繁华的街道到处张贴着巨幅标语。《大公报》《申报》《时事新报》《新闻报》均以满版的篇幅刊载拥护人民解放军解放上海的消息。各人民团体的宣传车一辆接着一辆在繁华街区游动。市民们在街头扭起秧歌，欢庆的锣鼓声响彻云天。

晚上，上海电力公司、百老汇大厦及四行仓库之敌先后投降，北市残敌已全部肃清。至此，淞沪战役结束，京沪杭战役画上了一个圆满的句号。

经三野前委研究确定，并报请华东局批准，以随军南下的5000多名干部组成上海市军管系统，除党中央早已确定的饶漱石、陈毅分别担任中共上海市委书记、市长外，刘瑞龙调任中共上海市委秘书长。

迎着上海解放的曙光，刘瑞龙又踏上了新的征途。

第十五章　心系中国大农业

天下什么事情最大？吃饭的事情最大！新中国诞生的礼炮，铸定了刘瑞龙日后 40 年的人生轨迹——去办天下最大的事情。他根据中国地少人多的国情，着力推动种植制度的改革，在精耕细作上做足文章；他坚持真理，顶住"寒流"，义无反顾地支持一批农业科学家，通过科学育种，不断提高稻麦的品质和产量；他殚精竭虑谋发展，千方百计让有限的工作时间增值。三年困难时期，他奉命挂帅华东农业，全国粮棉增产首先在华东告捷！

一　向毛主席汇报华东土改

1949 年 10 月 1 日，随着开国大典震天动地的礼炮声，中国历史掀开了新的一页，一个崭新的时代开始了，占世界人口四分之一的中国人民从此站起来了！

新中国成立时，全国有 5.4 亿人口，其中有 3 亿多农业人口的新解放区还没有进行土地改革，广大农民迫切要求土改，获得土地。带领广大农民群众继续开展土地改革仍旧是中国共产党肩负的最重要的任务。

这年 10 月，刘瑞龙调任中共华东局①农委书记、华东土地改革委员会副主任，担负起领导华东全区农业生产和开展新区土地改革的重大任务。

调查研究是做好一切工作的重要基础。刘瑞龙具体分析了整个华东地区农业人口的状况：华东全区（除台湾外）农业人口共约 1.25 亿。在解放战争中，进行过土地改革的老解放区，包括山东大部、苏北一部、皖北小部，约有农业人口 4500 万。其中 2400 万人口的地区，又是被国民党军侵占的"恢复区"，地主、富农曾反攻倒算，土地关系很乱，土改尚需补课。

华东新区包括：安徽大部，苏南、浙江、福建全部，约有农业人口8000 余万。百余年来，这些地区曾是帝国主义者侵略与奴役中国人民最坚固的堡垒，也是国民党反动派统治和压榨中国人民的主要基地。新区解放不久，土匪、特务残余势力尚未肃清，群众尚未充分发动，土改任务依然很艰巨。

新区土改刚刚起步，江南的地主们就煽起了一股歪风——"江南农村无封建"。根据广大新区农村阶级关系错综复杂、农产品商品化程度较高、租佃关系形式多样、与城市工商业关系密切、文化发达的特点，通过对全区阶级关系、土地关系周密的调查研究，刘瑞龙撰写了《驳"江南农村无封建"》的指导性文章。

他一针见血地指出：长江三角洲地区的江南农村，经济情况与北方土改前的农村比较，特点确有不同。但是，这些特点并没有从根本上动摇或改变江南农村经济的半封建半殖民地的本质，没有改变封建势力在

---

① 新中国成立初期，全国划为华北、东北、华东、中南、西南、西北六大行政区，各大区设立中共中央的代表机关中央局。中共中央华东局设在上海市，辖上海、江苏、浙江、安徽、福建、山东和台湾六省一市。

江南农村经济和政治上的统治地位，而是在更复杂、更多样、更巧妙的形式之下，加深了封建阶级对农民的剥削强度，维持着封建阶级在农村中的统治地位。"江南农村无封建"的论调实质是逃避或反对土地改革的借口。

刘瑞龙告诫参加土改工作的同志们："只有依靠千百万农民群众的觉悟团结和坚决斗争，并打破地主阶级的反抗和破坏之后，土地改革才能胜利进行，'和平土改'是行不通的。"

新中国成立伊始，百废待兴。经过半年的努力，全国的财政情况逐步好转，货币收支接近平衡，国家的物资储备日渐充裕。

然而，1950年春夏之交，国民经济在恢复过程中，曾一度出现市场萧条、工厂倒闭、工人失业增多等新的经济困难。特别是全国第一大工业城市上海，大米和棉纱批发市场的交易额，4月份比1月份分别下降了83%和47%，有一千多家工厂倒闭，两千多个商店停业，工人失业在20万以上。当时的上海，人心浮动，谣言四起，民主人士慨叹人心丧失，工商业者惶惶不安……上海是民族资产阶级特别是大资本家最集中的地方，它的一举一动牵动着全国其他大城市。

3月初，毛泽东访问莫斯科回到北京，接连收到上海市市长陈毅的三封电报，反映上海工商业的困难和党内部分同志出现生活腐化的倾向。毛泽东十分注意上海的动向。他认为，国民经济要迅速恢复，离不开占中国总人口百分之八十以上的农民的全力支持，离不开农村的土地改革运动，从根本上说，就是要实行土地改革以恢复农业，调整公私关系以恢复工业，整顿干部以执行政策。

中华人民共和国成立后，中国共产党成为执政党，带领占全国总人口近60%的新区农民进行土地改革，旷古绝今，必须有法可依。中共中央决定，1950年6月中下旬，在北京召开全国政协一届二次会议，讨论《中华人民共和国土地改革法》草案；同时，由中央人民政府副主席刘少奇作《关于土地改革问题的报告》（以下简称《土改报告》）。

正在这时，刘瑞龙接到通知，要他前往新中国的首都北京，参加由刘少奇副主席组织的土改座谈会，讨论《土改报告》。参加这次座谈会的有中南、华东两个大区的有关负责同志：中共湖南省委书记黄克诚、中共江西省委书记陈正人、中共湖北省委副书记刘建勋和中共中南局秘书长兼中南土改委员会副主任杜润生。代表华东区参加座谈会的是中共华东局农委书记兼华东土改委员会副主任刘瑞龙。

这是刘瑞龙第一次来到新中国的首都北京。走出前门火车站，向北望去，映入眼帘的是雄伟庄严的天安门城楼，城楼中央悬挂着毛泽东主席的巨幅画像。座谈会在中央人民政府所在地中南海召开，明清时期这里曾是封建统治者的皇家园林。身临其境，一种人民当家作主的自豪感和为全国人民参政议事的责任感，在刘瑞龙心中油然而生。

1939 年 9 月，刘瑞龙随刘少奇率领的中共中原局东进华中敌后开辟抗日根据地，他在刘少奇直接领导下工作了两年半时间，得到很多教益。今天，能在人民共和国的首都，与刘少奇副主席及黄克诚等老战友一起共商土改大计，久别相逢，备感亲切。

座谈会进行了三天。与会同志结合本地区的情况，对《土改报告》进行了认真的讨论，并提出了具体的意见和建议。

让大家感到格外惊喜的是，一天，毛主席在百忙中单独接见了中南区和华东区的几位同志。

毛主席开诚布公地说，少奇同志叫你们来出点主意，你们两个大区是新区土改的大头，新区农村人口共三亿一千万，你们两个大区的合起来有两亿几千万，你们要早走一步。土改是我们民主革命留下的一个"尾子"。但这个尾子还不小，是个大尾子。土改搞好了，第二步搞建设本钱就大了，你们有什么意见？

毛主席谈笑风生，很和蔼，又很随意。他先是一个个地问及大家的籍贯，以前在哪个地区工作？然后风趣地谈一些当地的名人及典故。

陈正人是老井冈，是毛泽东的老熟人。1927 年 9 月，陈正人参与发动了著名的万安暴动，后跟随毛泽东投身井冈山斗争。1949 年 4 月下旬，人民解放军向江南挺进途中，党中央在研究主政江西的人选时，毛泽东首先看中了陈正人。他说："派陈正人去江西，主持家乡的工作，是再合适不过的人选。"

黄克诚与毛泽东是湖南同乡。在 20 多年的革命生涯中，黄克诚与毛泽东见面的机会并不多，更没有面对面单独说过话，但毛泽东高超的政治智慧与出神入化的军事战略思想，黄克诚打心眼里佩服。党中央进驻北平后，黄克诚才与毛泽东近距离接触，而黄克诚的沉稳、老练及善于开创新局面的工作魄力，给毛泽东留下深刻的印象。新中国成立后，毛泽东派黄克诚主持湖南省委的工作。

杜润生、刘瑞龙、刘建勋三位同志，毛泽东过去不熟悉。

杜润生自我介绍说："我是山西人，以前在太行区工作。后来从中原局到中南局。"

毛泽东称赞说："自古三晋之地，人才辈出，三皇五帝，建都、打仗在此发迹。八路军也是在山西壮大起来的。"

随后，湖北省委副书记刘建勋也作了自我介绍。

这时，大家的目光都转向华东区唯一的代表刘瑞龙。这是刘瑞龙第一次近距离接触毛泽东，也是第一次与毛泽东面对面谈话，他除了紧张，还觉得很幸福。

当刘瑞龙介绍自己是江苏南通人时，毛主席微笑着说："南通有一个张謇，是中国近代著名的实业家，一个清末状元，一生创办了 20 多个企业，不简单啊！新中国发展轻工业，不能忘记张謇。"

刘少奇十分熟悉华中的情况，他介绍说，在解放战争期间，瑞龙同志是第三野战军的后勤部长，在淮海战役中，他们组织了上百万人的民工支前队。这是一件很了不起的事情。

刘瑞龙谦逊地解释说："有党中央的《五四指示》作指引，有中共华中分局的正确领导，农民群众认识到自己的利益所在，土改搞得热火朝天。在淮海战役中，分得土地的农民为了保卫土改果实、保卫解放区，召之即来，支前的士气特别高涨。"

听到这里，毛主席感慨地说，我们的胜利是从哪里来的呢？靠着土地改革！有一万万六千万人口的老区农民被最充分动员起来，支援战争，就是靠这一万万六千万人，才有了打倒蒋介石的这个胜利。

听了毛主席对土地改革高屋建瓴的精辟概括，刘瑞龙的心情十分激动，眼前不禁浮现起当年华东战场上车轮滚滚、万众支前的宏伟场景。

接下来，毛主席请各地区负责同志汇报土改情况，大家谦逊地相互推让。

毛主席用亲切的目光注视着刘瑞龙，伸手示意说："就由我们的粮草大将军先讲讲吧！"

刘瑞龙不好推辞，他言简意赅地介绍了华东地区的土改情况，然后，神情严肃地说："从1949年夏天，第三野战军向江南进军的同时，剿匪斗争也全面展开。浙江是蒋介石等许多国民党军政要员的老巢，福建又与台湾隔海相望，国民党、三青团、中统、军统等反动党团在这一带有特殊的社会基础，敌特和土匪活动相当猖獗。据统计，华东全区陆上土匪有700余股，10余万人；沿海岛屿还有海匪。为消除匪患，华东军区投入了大量的兵力。在新区，发动群众参加土改，任务比当年苏中根据地土改更加艰巨。"

刘瑞龙接着说："长江三角洲地区是全国工商业的中心地带，有大量民族资本的存在，它是受帝国主义与官僚资本压迫的，但它与农村中的封建经济有着先天的不解之缘。解放军进城后，替地主说话的人也更多了。看来，封建势力的抵抗还是很厉害的，不能低估。"

毛主席同意刘瑞龙的分析，他说："城里的人和农村有着千丝万缕的联系，城里人自然要替地主说话。这也是好事，这可以逼迫我们把工作搞得更好一些。"

毛主席又问到中南区的情况。

湖南省委书记黄克诚说，湖南省的政治情况比较复杂，有起义部队，统战情况更复杂。土改反封建既要彻底，又要掌握政策策略。

江西省委书记陈正人谈到，国民党军溃败后，在敌特分子的操纵指挥下，盘踞在江西各地的反动武装继续作恶：袭击新生的区、乡人民政府，破坏交通，残害党员干部和革命群众。土匪肆无忌惮地进行破坏活动，严重地危害了人民的生命财产安全和社会稳定。陈正人主政江西，将剿匪斗争列为省委的首要任务。他说，残敌和土匪不清除，一切工作就无法开展，江西人民的彻底解放就等于一句空话。对于残敌和土匪必须狠狠打击。

随后杜润生汇报说，中南区准备把农村工作当作当前的中心工作，我们把农村搞好了，就可以有一个好的政治、经济环境，可以保证城市的供给。农村分配土地之前，第一步要搞清匪反霸，集中打击农村最恶劣的称霸一方的封建势力当权派和国民党的武装残匪，建立农民的政治优势和组织优势，先建立农会，再分配土地。主席的《湖南农民运动考察报告》讲到"一切权力归农会"，新区恐怕也有这么一个时期。

毛主席很赞成杜润生的提法，他说："这一步很重要，政权是根本，一国如此，一乡也如此，把基层政权搞好，国家政权就有了巩固的基础。"

毛主席说：新区土改"首先在各县普遍发动群众，进行减租退押、反霸及镇压反革命的斗争，整顿基层组织，将此作为一个阶段，接着转入分田阶段。这样做是完全必要的，而且也是最迅速的。土地改革的正确秩序，本来应当如此。华东、中南许多地方，凡土改工作做得最好的，都是经过了这样的秩序。过去华北、东北及山东的土改经验也是如此。"

座谈时，毛主席还特别提出有关富农政策的问题，希望广泛听取大家的意见。

新中国成立后，在新的形势下，对于土改提出了新的问题——对富农应该采取什么政策？中国的富农，一般带有很重的封建和半封建的剥削性质，同时又实行资本主义的经营方式。富农的人数虽然不多，但在土改中对富农实行什么政策，对中农影响很大。

毛主席说，在访问苏联时，他曾与斯大林探讨这个问题，斯大林提议，把分配地主土地和分配富农土地分成两个较长的阶段来做。在法令上，不要肯定农民分配富农多余土地的要求。他认为，在打倒地主阶级时，应当中立富农，并使生产不受影响。斯大林的意见与毛泽东不谋而合。

在座谈中，毛主席一再强调，新时期的土改与解放战争年代的土改有着不同的特点，更要严格掌握政策，避免重犯过去的错误。

6月6日至9日，中国共产党七届三中全会胜利召开，确立了土地改革的总路线——依靠贫农、雇农，团结中农，中立富农，有步骤地有分别地消灭封建剥削制度，发展农业生产。

6月14日至23日，全国政协一届二次会议在北京举行。会议讨论由中共中央建议的《中华人民共和国土地改革法（草案）》。会上，刘少奇作了《关于土地改革问题的报告》，阐明了土地改革的重大意义和党的方针政策。

6月28日，中央人民政府委员会举行第八次会议，讨论通过了《中华人民共和国土地改革法》。6月30日，毛泽东主席签署主席令，正式颁布《中华人民共和国土地改革法》。该法明确规定，土地改革的目的是废除地主阶级封建剥削的土地所有制，实行农民的土地所有制，借以解放农村生产力，发展农业生产，为新中国的工业化开辟道路。

北京之行，刘瑞龙备受鼓舞和鞭策。用三年时间在新解放区完成土地改革，是一场规模空前的反对封建土地制度的运动，"这是中国人民民主革命及军事斗争以后的第二场决战"。毛主席铿锵有力的话语一直回响在刘瑞龙的耳边。

在土改运动中，刘瑞龙结合华东地区的具体情况，带领广大干部和群众，坚定不移地执行党的方针政策，将土改与镇压反革命运动紧密结合起来，农民群众的政治觉悟空前提高，自动报名参军，踊跃缴纳公粮，进行爱国增产捐献，展开了热烈的抗美援朝保家卫国运动。到1951年秋季，华东广大地区认真切实地结束了土改，比全国普遍完成土改提前了两年。全区已有46%的农户组织起来，在农业生产中表现出显著的优越性。

农民分得土地后，生产积极性空前提高，1951年，华东地区春耕普遍提早，农民们纷纷购置农具，购买耕牛，增加施肥量。山东全省的耕畜、农具恢复到战前水平的85%以上。皖北、苏北部分灾区基本做到不荒一亩地。土地改革大大增强了农民抵抗自然灾害的力量，各地农民积极兴修农田水利，除淮河、黄河、沂河、运河及江海堤防工程外，一些多年老河也都疏浚了。1951年全区各种农作物总产量都超过1950年。随着农业丰收和土产推销工作的开展，农民收入迅速增加，生活逐渐改善，购买力较1950年增加了50%以上，工业品市场销售渠道不断拓宽。

土地改革的胜利，使广大农民摆脱了封建的经济和政治束缚，文化要求日益增长。他们踊跃上冬学，纷纷送子弟上学读书。农村文艺活动到处展开，识字班、黑板报、读报组、农民剧团都有很大发展，逛茶馆、玩赌博的闲人大大减少，社会风气焕然一新。

在土改过程中，刘瑞龙还根据党中央的指示，加快发展国营农场，充分发挥国营农场对农业生产的示范作用。据当时华东农林部门统计，华东地区有 70%的农场的农作物产量，平均超过当地群众的 40%；莱芜农场一亩丰产田，小麦收了 915 斤，打破了全国丰产纪录。

1951 年 12 月，刘瑞龙对整个华东地区的农村工作进行了总结和展望。他说：

两年来，华东农业生产的恢复任务已经基本上完成，已进入新的发展阶段。今后农村工作的方向，就是坚决执行毛主席的指示，引导农民组织起来，发展生产，提供更多的粮食和工业原料，以配合祖国大规模的经济建设。新的农业改造的任务业已开始，我们应继续贯彻党中央所指示的"积极领导，稳步前进"的方针，在巩固土地改革胜利成果的基础上，更好地发展互助合作运动，为逐步完成农业集体化的任务而奋斗！

二　推动水稻"三改"，为民增粮

1953 年伊始，我国开始执行第一个五年计划，展开大规模的经济建设。这年 2 月，曾在淮海大战、渡江战役立下汗马功劳的"粮草大将军"——第三野战军后勤司令员兼政治委员刘瑞龙，接到中央人民政府的命令，奉调北京担任国家农业部常务副部长、党组副书记，主持农业部的日常工作。新中国大农业的美好前景像一块巨大的磁石紧紧地吸引着他的全部身心。从此，他把自己的后半生全部奉献给了新中国的"三农"事业。

1953 年春，刘瑞龙在天坛留影

刘瑞龙到北京任职时，国家农业部部长是年逾古稀的李书城老先生。李老是中国同盟会元老，参加过辛亥革命，是一位与共产党同舟共济的党外朋友。他曾支持和帮助胞弟李汉俊在上海发起建立中国共产党的活动。1921 年 7 月中国共产党第一次代表大会，就是在上海望志路 106 号（现兴业路 76 号）李书城的家中召开的。1954 年 9 月，国务院任命中共中央农村工作部副部长廖鲁言兼任农业部部长。

中国是世界上人口最多的国家。新中国成立时，全国总人口为 5.4 亿。由于社会安定、生产发展、医疗卫生条件改善，到 1953 年全国第一次人口普查，中国人口已迅速增长到 6 亿。领导全国的农业生产，解决 6 亿人民的吃饭问题，摆在刘瑞龙面前的任务异常艰巨。

中国是历史悠久的农业大国。自有人类文明史以来，勤劳的中国农民在同大自然的斗争中，积累了丰富的经验，创造了驰名于世的东方传统农业。由于受封建制度的长期统治，农业生产力的发展受到严重束缚，累遭战乱，又使农业生产力屡遭破坏，直到新中国成立之前，全国农业生产基本上停留在自然经济阶段，农民生活极度穷困。

革命导师马克思曾经说过："当人们还不能使自己的吃喝住穿在质和量方面得到充分保证的时候，人们就根本不能获得解放。"[①] 社会主义革命和建设的根本任务正是在于解放生产力，发展生产力。在土地改革基本完成后，党领导亿万农民走上了合作化的道路。为了尽快恢复和发展农业生产，提高农业生产力，国家通过兴修水利、生产救灾、发放贷款、改进农业技术、组织城乡物资交流及奖励农业增产等政策，大力扶持农业生产。

为了大幅度地提高粮食产量，20 世纪 50 年代初期，国务院总理周恩来和副总理兼中共中央农村工作部部长邓子恢不失时机地要求农业

---

① 《马克思恩格斯选集》第 1 卷，人民出版社 2012 年版，第 154 页。

20 世纪 50 年代，刘瑞龙（左三）在打谷场与农民亲切交谈

部，全面调查我国粮食生产不同种植制度的分布情况，认真总结农民群众间种、套种和多熟种植的好经验。

在广泛调查研究的同时，刘瑞龙认真钻研了中国农业史书，分析了不同作物和不同种植制度的演化过程。中国是水稻的发源地，是世界最大的产稻国，具有丰富的野生稻种资源。稻米是中国人一日三餐的主食。在粮食生产中，水稻又是高产作物。刘瑞龙决定组织农业部有关部门和专家，首先对南方水稻种植区的耕作制进行深入的调查研究。

1954 年年初，曾任农业部粮食生产司副司长的著名稻麦专家莫定森，提出了有关南方水稻实行"三改"的建议，即将单季稻改双季稻、籼稻改粳稻、间作改连作，引起刘瑞龙和农业部有关领导的高度重视。

莫定森早年在法国勤工俭学，专攻农业，在里昂大学获得理科硕士学位。20 世纪 30 年代中期，莫定森即开始在杭州改良稻麦品种，发展双季稻，扩大冬季作物，大幅度地增产粮食，在抗日战争期间缓解了军糈民食，被称为"抗战无名英雄"。

刘瑞龙充分肯定了莫定森的研究成果和建议。他认为，莫定森关于南方水稻"三改"的建议，经过科学和实践的论证，增产可靠；需要增加的肥料量可以解决；有防治病虫害的有效方法；符合群众利益，群众乐于接受，应该给予大力支持。

刘瑞龙请莫定森立刻起草一份报告，提交农业部讨论。很快，农业部将莫定森起草的《关于南方稻区单季改双季、间作改连作、籼稻改粳稻的初步意见》，作为指示性文件发给全国各省、地、县。这一年，南方各地"三改"面积达到 20 万公顷，比 1953 年扩大了 2.8 倍，水稻生产取得显著的增产效果。

1954 年年底，农业部在制定来年农业科研计划时，刘瑞龙特别重视水稻耕作制的改革，大力支持"三改"工作，在有关水稻科研的立项中，耕作制的改革就占到 30% 以上。

1955 年 7 月，农业部在湖南省醴陵县召开南方各省双季稻生产会议，总结交流了发展双季稻的经验，使南方各省的水稻生产获得很大发展。毛主席听到这个消息很高兴，并在主持制定《全国农业发展纲要（草案）》时，提出把提高复种指数，发展间套作、轮作等措施写进《纲要》。

然而，水稻"三改"并非一帆风顺。一般说，粳稻产量较高，品质好，抗倒伏，不易落粒，适于丰产栽培。但在粳稻区逐步向籼稻区扩展的过程中，也有失败的教训。1956 年，湖南、湖北、四川等省没有经过试验，就从东北大量引进早粳稻种，由于地区差异较大，在水稻生长前期，这些地方气温较高，发生了早抽穗的现象，造成水稻严重减产。

1957 年 2 月，农业部在武汉召开水稻改制经验交流会，着重总结了 1956 年改制的经验和教训，全面地分析了改制的各种条件。会议认为，籼稻改粳稻在长江下游各地比较成功；长江中游地区也可以改种一部分；华南地区则不适宜改种粳稻。会议还具体研究了发展双季稻和粳稻增产的关键问题和栽培技术。

由于农业部的大力推动和各地农业部门的积极支持和不断探索，仅三年时间，南方稻区已基本上把间作稻改为连作稻，不少地区还将单季稻改为双季稻。据当时调查统计，单季改双季平均可增产 89%；间作改连作每亩增产稻谷 80—225 公斤不等；籼稻改粳稻每亩可增产 60—70 公斤，有些地方增产 50% 以上。与此同时，各地还总结推广了培育壮秧、合理密植、适时早播、防治病虫害等技术经验，特别是水稻合理密植增产效果更为显著。

从一年一熟，到一年三熟，农作物产量不断提高，农民的劳动强度却大大增加了。我国有近四分之一的耕地种植水稻。水稻插秧对农时要求很严格，一般要求在 10 天以内，拖延时间就要减产，而往往在收麦插秧和收早稻插晚稻的季节，劳动力非常紧张。水稻插秧作业的机械化和半机械化，成了稻区广大农民的迫切要求。刘瑞龙在提倡改造现有旧农具的同时，非常注重水稻插秧机的研制和普及推广。

用机器插秧，许多人认为不可思议，田小路窄难以运行，地形崎岖难以改变。当插秧机初步成功时，又有人怀疑机器插秧能否增产。水稻插秧对机械操作的技术要求的确很高，分秧和送秧则是插秧机创造者首先遇到的难题。当年创造插秧机的多数是工农出身的"土专家"。他们从梳头梳子想到夹式分秧的机械动作，从中文打字机等距移动的原理找到秧箱移动的办法。由工人、农民和知识分子组成的三结合攻关小组，像雨后春笋一样遍布南方水稻产区。

1956 年，当我国出现第一台水稻插秧机模型后，各地的试验研究也相继获得初步成功。由于不断实践，不断改进，插秧机克服了漏秧、勾秧、伤秧等现象，插秧质量和插秧效率不断提高，插秧机的种类、插秧的方式也多种多样。按每亩 3 万穴的密度，人工插秧每天只能插半

20世纪50年代，刘瑞龙（左三）主持全国水稻插秧机评比会

亩，机械插秧的效率可提高几倍、十几倍，甚至到几十倍，而且早稻、中稻、晚稻，嫩秧、壮秧都能插，密度和深度可以灵活调节。农业部曾多次主持召开全国插秧机评比会，不断将生产定型的水稻插秧机向全国推荐。

湖南攸县插秧能手陈彬秀，起初不相信插秧机插得好、插得快。为此，当地专门举行了一场插秧比赛，结果插秧机不仅操作轻便，而且速度比陈彬秀快4倍。陈彬秀真的信服了。她由手插能手变成了机插能手。

贵州农民欣喜地唱道："自古插秧手称能，如今机器飞田中，保质保量效率高，腰不酸来腿不疼。初看好似龙戏水，转眼青纱已织成。"

由于当时农业机械设计水平和钢材质量的限制，水稻插秧机产品还没有真正过关，一直不能大面积推广。但水稻插秧机的初步成功使人们得到启示，"我国农业的机械化可以和我国精耕细作的传统结合起来，打破了一些人认为的'插秧不能机械化'的观念……我们需要一整套适合水田的农业机械，例如水田深耕犁、耙，适合密植要求的中耕器和防治病虫的农械，高效率的人力、畜力或机引的收获机、脱谷机以及干燥机等，以便加速水稻地区农业的技术改造"①。

经过 30 年的努力，到 80 年代初期，我国由南向北，双季稻、稻麦两熟、小麦玉米两熟等面积增加了 3 亿多亩，全国复种指数已达 150% 左右，间、套作面积也大量增加。多熟种植已经成为我国种植业中一种主要的种植制度。

三　力挺"多倍体"育种研究

1955 年 5 月，刘瑞龙接到一封发自成都的来信，发信人是四川省农业科学研究所食粮组副主任、作物遗传育种专家鲍文奎，来信的内容是他从事多年的小麦多倍体育种研究被无端终止。他在信中详细陈述了采用染色体加倍技术，对创造新作物、改良现有作物品种特性的现实应用和深远影响，希望得到农业部领导的支持。刘瑞龙把信从头到尾仔仔细细地阅读了多遍，感到鲍文奎提出的问题很有代表性。

自 20 世纪 30 年代前后，苏联遗传学界出现了"米丘林 – 李森科"学派同持"孟德尔 – 摩尔根"遗传学观点者的争论。苏联植物育种学家米丘林，从有机体和其生活条件相统一的原理出发，提出改变植物遗传性的原理和方法。他的实践和理论以后由全苏农业科学院院长李森科发展成"米丘林 – 李森科"学说。美国实验胚胎学家、遗传学家摩尔根，

---

① 1960 年 3 月 21 日，刘瑞龙在《人民日报》发表署名文章——《水稻插秧机的革命意义》。

在孟德尔遗传规律的基础上创立了基因学说，继而发展了染色体遗传学说。

农业科学的基础是生物学，生物学的基础是生物遗传学。生物遗传是否存在遗传"基因"？是个学术问题。本来学术之间的争论很正常，而李森科却以权威自居，刻意把这场学术争论发展为意识形态批判和政治批判，抨击摩尔根遗传学是由外国输入的、敌视苏维埃政权的、"反动的唯心主义"的伪科学。到20世纪40年代后期，在苏共中央和斯大林的直接干预下，李森科派取得"胜利"，数百名持不同意见的知名科学家无一例外地受到政治迫害。

新中国成立初期，在学习苏联的过程中，也曾把这套做法当作经验引入中国，出现了用行政手段支持一派、压制另一派的情况，持摩尔根遗传学观点的中国科学家承受了巨大的政治压力，影响了教学和科研工作的开展。鲍文奎的多倍体育种研究遭遇的不公正待遇，就是其中的典型例子。

刘瑞龙一贯坚持农业科学界的不同见解应当通过科学界的自由争论和客观实践来解决。他认为，我国地域辽阔，各地自然条件和经济条件差异很大，即令解决同一个问题，在不同条件下，也必须采取不同的办法。而鲍文奎提出的问题却有着复杂的社会背景，必须经过认真的调查研究才能表态。

经过请教专家，查阅资料，刘瑞龙首先摸清了多倍体育种的基本原理和现实意义。多倍体育种是培育植物新品种的一种科学方法，常用秋水仙素配成药液，来处理种子的幼芽或幼苗的分生组织，使二倍体植物成为同源多倍体，或使远缘杂种成为异源多倍体。由于染色体数的倍增，植物形态结构和生理功能都发生巨大变化。通过多倍体育种可以杂交出颗粒饱满、品质优良、抗病能力强的水稻和小麦新品种，也可提高甜菜块根产量和含糖量，还可以结出无籽西瓜。

刘瑞龙还了解到，鲍文奎自 1939 年从中央大学农学院毕业后，就在四川成都从事谷类作物细胞遗传研究。1947 年，他考入Ｔ.Ｈ.摩尔根曾经任教的美国加州理工学院生物系，攻读遗传学博士学位。那时，多倍体研究在美国还是一个尚待开拓的育种新领域。新中国的诞生，使鲍文奎这位海外赤子无比振奋，他放弃参加接受博士学位的毕业典礼，就急匆匆赶到芝加哥，参加中国科学工作者协会留美分会举行的号召留美同学回祖国参加建设的大会。1950 年 9 月，他带着紫外光管、X 光管和秋水仙素等开展多倍体研究所必需的器材和药品，搭乘威尔逊总统号邮轮回到祖国。他辞谢了中科院上海植物生理研究所的盛情邀请，选择了他曾经从事小麦和谷类遗传研究的四川成都。

在四川省农业科学研究所，鲍文奎关于多倍体育种研究的设想，曾得到所领导的大力支持。所里拨给他 8 万斤稻谷作为筹建实验室的经费。开头 4 年，他的工作进展得很顺利：大麦获得 4 个品种的同源多倍体，同时进行了 4 倍体品种间的杂交育种；水稻得到一个籼稻品种和两个粳稻品种的同源 4 倍体，同时发现 4 倍体籼粳杂种的结实率远远超过其 2 倍体的籼粳杂种；还得到中国第一个小麦与黑麦合成的 8 倍体小黑麦的原始品系。1954 年秋天，因受苏联李森科学派的影响，鲍文奎的研究工作被迫停止，在一次千人参加的农业生产大会上，还对多倍体研究工作发动了大批判。

像鲍文奎这样热爱祖国，且做出突出成绩的知识分子，受到如此不公正的待遇，刘瑞龙感到非常痛心。鲍文奎信中所提出的问题，不仅是多倍体育种的问题，还反映了中国共产党对广大知识分子的政策。

新中国成立后，农业部云集了一大批曾经留学海外的农业科学家和农业经济学家：被称作"中国稻作之父"的丁颖，著名农业教育家、小麦专家金善宝，被誉为当代"茶圣"的吴觉农，土地利用和水土保持专家张心一，等等。他们放弃了国外优越的工作和生活条件，为了尽快解决全国人民的吃饭穿衣问题，常年在麦地、稻田、棉田、茶场，顶烈日，冒严寒，历尽风吹雨淋，始终兢兢业业地从事科学研究。他们是建设社会主义大农业的宝贵财富，应该充分地相信他们，依靠他们，发挥他们的聪明才智和技术专长。

经过充分的调查了解后，刘瑞龙又与 30 年代毕业于美国康奈尔大学的著名农业专家杨显东副部长进行了认真的探讨。他们一致认为，自然科学本身不存在阶级属性，在社会主义制度下，科学家的研究应该发展得更快些，农业部应该给予鲍文奎有力的支持。

一个月后，四川农科所接到农业部电令，通知鲍文奎恢复多倍体研究工作。得知喜讯，鲍文奎不顾早已过了水稻播种季节，赶紧在钵子里种下 4 倍体籼粳杂种的第二代。然而，从这年夏季开始，轰轰烈烈的肃

20 世纪 80 年代，刘瑞龙、江彤夫妇与亲家杨显东（左二）、汤汉青（左一）夫妇合影

反运动在全国各地普遍展开。鲍文奎又被无端隔离审查了 3 个月之久。

为了扭转对待科学问题简单粗暴的做法，毛主席曾多次亲自纠正这方面的错误。1956 年 4 月 28 日，他在中央政治局扩大会议上提出，艺术问题上的"百花齐放"，学术问题上的"百家争鸣"，应该成为我国发展科学繁荣文学艺术的方针。不久，中央宣传部部长陆定一发表了题为《百花齐放，百家争鸣》的讲话，全面阐述了党中央的方针。同年 8 月，中科院和高教部在青岛召开座谈会，两派学者畅所欲言，各抒己见。人们开始认真研究遗传学的有关问题，强加给摩尔根学说的各种政治帽子被全部摘掉，被迫停止的遗传学课程和科学研究工作逐渐开展起来。

在刘瑞龙和杨显东两位副部长的直接帮助下，始终不屈服压力、坚持多倍体研究的农业科学家鲍文奎和他的助手严育瑞被调到北京中国农业科学院筹备处。农业部划拨了一万多元经费，用以购置科研急需的实验设备。农业大学为他们提供了试验田和农艺工人，还修建了百余平方米的土温室。

在稻、麦人工多倍体中，结实率和种子饱满度是共同的难题。鲍文奎到北京后，全身心地投入研究工作，进展最快的是 4 倍体水稻的研究，籼粳杂交后，结实率和种子饱满度得到明显提高。这一进展大大增强了鲍文奎对多倍体育种的信心。他数十年如一日，克服重重困难，解决了一个又一个世界性的难题，使 4 倍体水稻和 8 倍体小黑麦的科研工作获得突破性进展。他用 6 倍体小麦和不同属的 2 倍体黑麦杂交，通过染色体加倍，育成了异源 8 倍体小黑麦——自然界不存在的新物种，兼具小麦面粉品质好、蛋白质含量高的特性和黑麦抗逆性强、抗病、适应性强的特点，取得出色的成就。

鲍文奎数十年如一日，以坚韧不拔的毅力和锲而不舍的拼搏精神，开拓我国植物多倍体遗传育种工作。1978 年，异源 8 倍体小黑麦获全国科学大会奖。1979 年，鲍文奎被评为全国劳动模范。1980 年，他当选中国科学院学部委员（院士）。

鲍文奎对刘瑞龙始终非常钦佩，直到晚年，仍旧感慨地说，每当科研方面出现解决不了的外部困难，他最愿意找刘瑞龙部长，因为刘部长最善于解决问题。

生物遗传是否存在遗传"基因"？这场由学术争论导致的政治斗争，不可避免地殃及到北京农业大学①。

北京农业大学是新中国成立后建立的，从 1905 年成立的京师大学堂农科大学起，堪称我国农业高等教育的历史起源地。它除了培养高水平的农业科学技术人才外，还承担着带动全国各高等农业院校的教学和科研工作的重任。建校之初，北农大从全国挑选了一批学术水平高、教学经验丰富的著名教授到校任教师。如，著名的真菌学家和植物病理学家戴芳澜、农业化学家黄瑞伦、园艺学家陈锡鑫、小麦遗传育种专家蔡旭、植物病理学家沈其益、农业昆虫学家周明祥、畜牧学家汤逸人等等。其中，国家一级教授就有 10 人，这在当时全国高等学校中是少有的。然而，这些高级教授大都是从英、美、日等西方国家留学归来的博士、副博士，有的在专长方面已做出重大贡献，有的在国外已很有名气。他们中间的多数是持摩尔根生物遗传学观点的学者。

由于"全面学习苏联"的负面影响，北农大在教学改革中，将米丘林遗传学设为必修课，摩尔根遗传学以及相关课程却被砍掉，持有摩尔根遗传学观点的教师受到粗暴打击，从而造成党群之间，校领导与教师之间的隔阂，有的著名学者甚至被迫出走国外。

北农大的这场危机，引起党中央的高度重视，根据毛泽东主席、周恩来总理的批示，教育部派出调查组，妥善处理北农大的矛盾，并派

①　1995 年 9 月，北京农业大学与北京农业工程大学合并成立"中国农业大学"。

1956 年 2 月，毛泽东等中央领导同志接见全国劳动模范代表，刘瑞龙（左一）参加接见

施平担任北农大党委书记兼副校长。施平是一位专家型的共产党干部，1938 年入党，20 世纪 30 年代初曾就读浙江大学农学院森林系。而面对北农大出现的许多具体问题，施平感到非常棘手。

比如，小麦育种专家蔡旭教授培育出的小麦新品种，不仅可以防治北方地区流行的导致小麦严重减产的小麦锈病，还能抗倒伏、增加产量。这一科研成果不但在试验田中得到证明，而且受到试种农民的欢迎。但有关领导拘于苏联的说法，认为这是唯心主义的产品，不准陈列展览，不让农民参观，更不准推广，甚至还要批判。施平不赞同这种粗暴的做法，主张从实际出发，保护并推广蔡教授的科研成果。而在"全面学习苏联"的热潮中，《人民日报》刊登过文章，支持米丘林－李森科学派，反对摩尔根学说。施平无奈，只好去农业部，找刘瑞龙副部长汇报请示。

北京农业大学是部属院校，行政管理归高教部，业务领导归属国家农业部。刘瑞龙是农业部常务副部长，是北农大的上级领导。他一贯尊重知识，尊重人才。看着施平焦虑的样子，刘瑞龙言近旨远地开导说："毛主席说过，学习苏联，不能全部照搬照套，要结合中国实际，有所取舍。'唯心'还是'唯物'要由实际成果来判断，蔡旭教授培育出的小麦新品种，不仅在实验室里，而且在大田耕种中得到很好的效果，农民又积极要求推广种植，这就说明，他的研究成果是唯物的，不是唯心的！当然喽，我们在处理这件事上，还要注意工作方法。"有刘瑞龙的支持，施平心里亮堂多了。

回到学校，施平先在学校党委和党员中积极开展工作，统一思想。随后，他主持召开教师大会，由校领导首先作自我检讨，向有关老教师赔礼道歉。一些老教师也对自己讲了过头话，做了过头事，作了自我批评。从而，双方取得谅解，初步缓和了矛盾。学校还决定由蔡旭教授担任农学系主任，主持全系的教学和科研工作。一些老教师被停掉的课程逐步恢复开课。学校秩序逐渐走上正轨。在此期间，刘瑞龙多次亲临北农大，了解动态，及时作出指导。

随着1956年8月，中科院和高教部在青岛召开的"遗传学座谈会"，在"双百方针"的正确指导下，有关植物遗传学的学术争论终于得到彻底解决。

新中国培养的世界著名的"杂交水稻之父"袁隆平教授，正是灵活掌握并纯熟地运用了摩尔根学派在植物育种中基因分离、自由组合及连锁互换等规律，从1960年开始进行水稻有性杂交试验，经过长期艰苦卓绝的努力，取得了巨大的成果，在大面积生产中发挥了巨大的增产作用。

四　有选择地学习国外经验

1956 年 8 月 24 日，农业部副部长刘瑞龙率领十余人组成的精干的中国农业代表团出访东欧，先后访问保加利亚、波兰、阿尔巴尼亚、苏联四国，重点考察这些国家的良种选育、农业机械、农业科研和教育工作。

然而，就在这年 2 月，苏联共产党在莫斯科举行第二十次代表大会。苏共中央第一书记赫鲁晓夫作了"秘密报告"，全盘否定斯大林。中共中央在主要方面采取维护斯大林的立场，同时，开始以斯大林的错误为鉴戒，探索中国建设社会主义的正确道路。中国农业代表团出访就是在这样的背景下进行的。

代表团出访的第一站是位于欧洲巴尔干半岛东南部的保加利亚人民共和国。保加利亚是一个传统的农业国，主要生产谷物、烟草和蔬菜，在农产品加工方面尤以酸奶、葡萄酒酿造技术著名。

在首都索非亚，刘瑞龙一行首先参观了保加利亚农业部所属的尼古拉普希卡沙夫土壤研究所、农业经济研究所和畜牧研究所。这些研究所最大的特点是，任务、计划和工作与农业生产联系得比较紧密，在若干带根本性的工作上已取得不少成就。譬如，土壤研究所，专业细分，注重实用，已经完成全国 1/200000 土壤图的制订工作，并着手进行土壤全貌的认证。保加利亚全境 70% 为山地和丘陵，巴尔干山脉横贯中部，多瑙河穿境而过。在全国 40 多个区中，每个区都有一位农学家负责研究本区的肥料采集和土壤分析工作，形成了遍布全国的土壤研究网。

参观蔬菜研究所时，刘瑞龙对采用杂交优势法进行蔬菜育种很感兴

1956 年，访问保加利亚期间，刘瑞龙（右五）等深入实地考察

趣。研究所负责人介绍说，他们对杂交优势法充满了信心，第一代杂交可增产 30％，他们还采取培育早熟、晚熟品种，温室栽培，建立蔬菜储藏库，进行蔬菜深加工和冷冻等方法，来解决蔬菜全年供应的问题。

在多布鲁查地区考察时，一位负责农业的官员向刘瑞龙介绍说，土壤的水分和肥力是这一地区的两大问题，过去生搬硬套地学习苏联的经验，认为种植草田是改良土壤结构的好办法。他们没有进行试验便大力扩展多年生的牧草，在后来很长一个时期内，这片土地不能再种植谷物。现在，他们根据本国的具体情况，采取农业技术措施解决水分和肥力问题，收到较好的效果。在种植冬小麦、大麦和玉米的实践中，他们对良种繁育也有自己的办法，不同意苏联某些权威那种僵化的看法。

回到索非亚，刘瑞龙拜访了保加利亚科学院农业科学部主任兼植物栽培所所长达斯卡洛夫院士。在谈到近年国际农业科学的发展动向时，达斯卡洛夫院士感慨地说，科学界有争论是正常现象，过去保加利亚死板地挪用苏联的经验，缺乏创造性的研究，其实，品种间杂交的办法很好，多倍体育种对某些作物很有效果，比如薄荷及某些饲料作物。他还说："科学家的许多结论常常是从群众中得来的，我研究蔬菜，就要常常向菜农学习。"

访问期间，刘瑞龙有幸参加了保加利亚盛大的国庆观礼。当游行群众经过中国代表团面前时，热烈欢呼，抛掷鲜花，表示亲密的友谊。观礼结束时，等候已久的一群孩子将中国代表团的叔叔、阿姨团团围住，要求合影留念，还热切希望能与中国儿童交朋友。

9月18日，刘瑞龙率代表团离开索非亚，前往波兰首都华沙，参加在那里举行的"农业合作化国际会议"。参加会议的有苏联、波兰、民主德国、蒙古、捷克斯洛伐克、匈牙利、罗马尼亚、阿尔巴尼亚、南斯拉夫、保加利亚和中国等11个社会主义兄弟国家的高级农业官员。会议开幕的当天，刘瑞龙代表中国代表团作了《中国农业生产合作社的劳动组织和劳动报酬》的报告，受到热烈欢迎。

参加会议的兄弟国家大都是二战胜利前后成立的社会主义国家，由于各国革命的特点和进程不同，农业合作化运动的发展也很不平衡。农户入社率，除苏联为100%，中国为91.3%，保加利亚为78.0%，其他国家均不足20%。莅会代表对中国合作化运动迅速发展的原因非常感兴趣，纷纷要求中国代表团介绍这方面的经验。为此，大会专门安排了座谈会。刘瑞龙详细介绍了中国开展合作化运动的情况，还清晰地回答了各国代表提出的问题。如，"国家对入社农民给了哪些援助？""初级社上升到高级社，怎样处理农民所有的土地？""国家是通过什么办法取得粮食，有无义务交售公粮的办法？""中国有无自由市场？农民余粮是否可以去自由市场销售？""国家统购粮食的价格与自由市场价格有无区别?""社员是否可以退社? 怎样处理社员退社的问题?"等等。各国代表对刘瑞龙简捷透彻的解答非常满意。

在波兰各地农村参观考察途中,各国农业高级官员还与刘瑞龙进行了诚挚友好的交谈。

走出国门的一个月,刘瑞龙最突出的感觉是,各国代表相互交流的气氛十分活跃,这正是苏共二十大后积极的一面。许多国家开始反思过去的事情,重新思考和探寻本国经济发展的道路。据说,南斯拉夫已派出代表团考察了 20 多个国家的农业,还派了一个代表团访问美国。

刘瑞龙率中国农业代表团访问阿尔巴尼亚时,正是中阿友谊的春天,所到之处受到极其热烈的欢迎,社员群众夹道欢呼,姑娘和小伙子们穿着美丽的民族服装载歌载舞。

吉诺卡斯特区那伐里次合作社在一个高高的山顶上。听说中国代表团要来,全村的男女老少一齐出动,聚集在山脚下奏乐迎候。欢迎的队伍簇拥着中国客人,攀越了 3 公里的山路才登上山顶。屋里,宾主边喝酒边吃鸡,听社长和社员积极分子介绍合作社的情况;屋外,群众吹吹打打,歌舞甚欢。渐渐地,社员们全都拥入屋内,唱歌,欢呼,情绪非常高涨。

让刘瑞龙和代表团成员感到振奋的是屹夫吉克村胜利合作社所取得的成绩。胜利合作社曾是吉诺卡斯特区最贫困的村庄,成立之初,全村 18 户人家,只有 16 头牛、7 只羊,9 把犁。经过 9 年奋斗,村里牲畜存栏数猛增,建起了发电站,播种机、脱粒机、收割机、搂草机、青贮机等各种生产农具基本齐全,还买了一辆大卡车。村里建有幼儿园、小学、阅览室、电影院和俱乐部。原来流浪到希腊等国谋生的村民也纷纷回到祖国,参加农业生产,全村人口翻了一番。在阿尔巴尼亚劳动党第三次代表大会上,胜利合作社获得一等劳动奖。一个山区穷社发展得如此之快，最根本原因就是社员们坚信劳动党，坚决跟劳动党走，相信只要艰苦奋斗，大家的生活就会一年比一年好。

中国农业代表团出访东欧，在阿尔巴尼亚受到最高礼遇。阿劳动党中央和部长会议的领导人先后接见了代表团。结束访问的前一天，阿劳动党中央委员会第一书记恩维尔·霍查接见了刘瑞龙一行。霍查兴奋地谈起不久前参加中共八大的情景和访问中国的观感。刘瑞龙也畅谈了在阿参观的体会。谈话破例进行了 75 分钟。当天晚上，中阿双方在阿尔巴尼亚国家银行客厅举行科技合作第三届议定案签字仪式。

10 月 24 日，刘瑞龙一行抵达莫斯科。苏联是中国代表团此行的最后一站，也是时间最长的，为期 46 天。代表团重点考察了莫斯科、列宁格勒两座城市和乌克兰、乌兹别克两个加盟共和国。

苏共二十大后，苏联国内思想混乱。中共八大刚刚结束，各方面得到好评，各国都表示要向中国学习。在这种情况下，怎样学习苏联的经验？刘瑞龙认为，代表团的任务并没减轻，单是苏联的农业科学就走在我们前边很远，必须认真地学习对我们有用的东西，不调查研究便轻易议论是不好的，这个基本态度必须掌握好。

在参观过程中，刘瑞龙感到，苏联农业高等学校的管理体制和办学经验就很值得借鉴：农业高等学校由农业部直接领导；学校的教学计划由农业部审定，经费由农业部供给；学生以论文答辩的形式代替国家考试，学位由高教部审查。

在参观列宁格勒农学院时，刘瑞龙了解到，近年来，学校实行教育改革，增加了教学实习的内容，理论教育在田间进行，与生产劳动相结合。在实习的三个阶段中，学生需要不断深化知识，"身份"也在不断提高：农场工人——生产队长——农学家。学生实习期间，教授和教学人员可到国营农场、集体农庄进行深入的研究工作。

乌兹别克共和国是著名的"丝绸之路"古国，自然资源非常丰富。黄金、"白金"（棉花）、"黑金"（石油）、"蓝金"（天然气），成为当地经济的支柱产业，棉花产量就占苏联全国的70%左右。

考察棉花种植时，刘瑞龙向当地农业负责人请教棉花丰产的经验，并一起走进棉田。农业负责人用手拨开棉田的土层说，过去按旧的耕作方法，总是将棉田上层的熟土翻入地下，把生土翻到地表，其实这样很影响棉花的产量，现在通用一种新式耕犁，上层的好土还浮在表面，下层的生土可以翻松，再加灌溉、施肥、秧苗培育和精心的田间管理等措施，棉花产量不断增加。

在畜牧研究所，刘瑞龙一行参观了机械化养牛场，真是大开眼界。这里的荷兰黑白花奶牛居住得很舒服，每牛一舍，清洁通风，挤奶完全是机械电气化，牛奶经加工消毒，可直接送到消费者手中。

刘瑞龙还学到乌兹别克农业生产的一条重要经验，即这里的干部不是把自己的工作限制在办公室里，而是深入到集体农庄，及时了解人民生活，解决基层的困难和问题。从农业部长到副部长，每人分管一个农庄，"一竿子插到底"，对实行先进技术、农作物和畜牧业的产量以及农庄庄员的收入，他们都要负责。

在考察中，刘瑞龙还注意到，苏联各地农村的自由市场很活跃，政府所属的庞大的农产品采购部已经取消。集体农庄多余的农产品可运到市场上出售，亦可由销售合作社的收购员按市价收购，农庄付给一定的手续费。

回到莫斯科后，代表团受到"米丘林－李森科"学派的祖师爷——李森科院士的接见。斯大林去世后，由于苏联300多位科学家联名上书，此时的李森科已经被撤销了农业科学院院长的职务。对于遗传学方面的争论，李森科显得很激动。但他还是友好地向刘瑞龙介绍了他本人近期的研究工作，如混合施肥的论证与实践；杏树上嫁接李子树枝条的试验结果及方法；双杂交玉米增产的理论基础；良种繁育制度中品种的复壮问题等。在以后的日子里，由于赫鲁晓夫的政治需要，李森科再次被推上首席科学家的宝座，统治苏联科学界达 30 年之久。

在苏联，刘瑞龙所到之处，都能听到有关遗传学的争论。据说，在列宁格勒，米丘林学派和摩尔根学派都占有地盘，都能发表意见，但互不往来。但多数科学家的态度很客观，承认摩尔根学派方法上有长处，米丘林学说中还有缺点。出访期间的所见所闻，更坚定了刘瑞龙支持中国农业科学家利用遗传学原理搞多倍体育种的决心。

从芳香袭人的班尼亚玫瑰谷，到激荡着磅礴钢琴旋律的肖邦故乡，从"山鹰之国"巍峨雄伟的吉诺卡斯特古城堡，到莫斯科红场庆祝十月革命胜利的阅兵式，刘瑞龙饱览了东欧诸国旖旎绚丽的自然风光和源远流长的古老文化，同时满怀豪情地憧憬着中国社会主义大农业的美好前景。

在为期 106 天的考察访问中，刘瑞龙一行深入考察了东欧国家擅长的农业作物，注意到各国的良种选育，初步确定了需要引进的作物良种；考察了适合于不同地区、不同地形条件和不同作物用途的作业机型，着重了解了山区及水稻机械化方面的研究情况及实践经验；考察了各国农业科研机构的组织、领导，农业科研的任务、计划和新成就，以及农业部门对科学及教育工作的领导；等等。

在访问中，刘瑞龙亲自记下三四十万字的考察笔记，并向国务院和中央农村工作部提交了详细的极富见解的考察报告。

1957 年 3 月，中国农业科学院正式成立。同年，全国高等农业学校交由农业部领导。国家一系列重要决定和措施，进一步促进了农业生产、农业科研和农业教育三者的有机结合。

东欧之行，刘瑞龙不仅带回了社会主义大家庭兄弟般的深情厚谊，

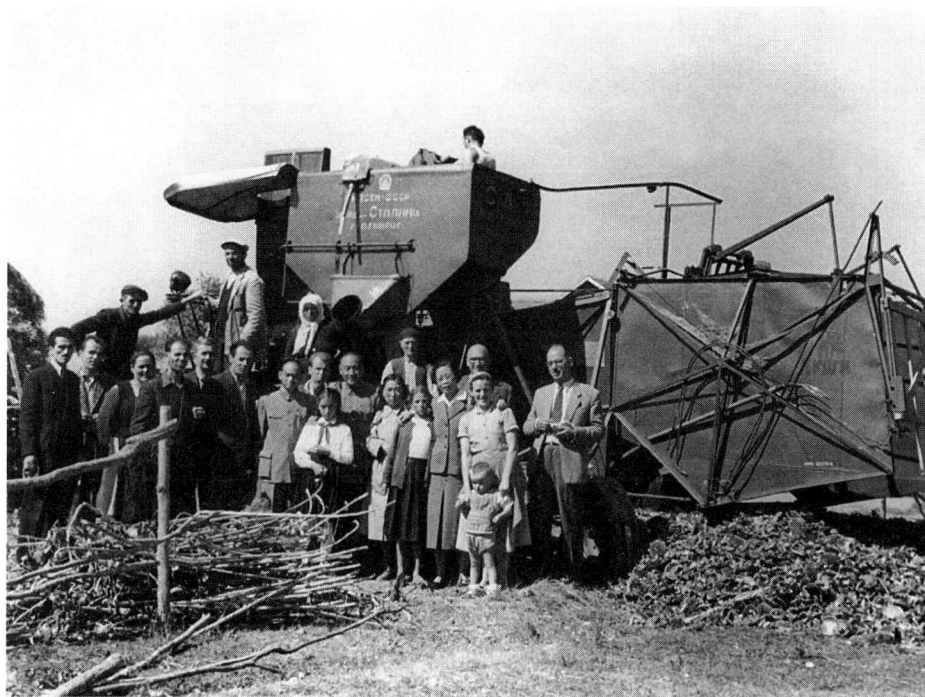

1956 年，刘瑞龙（右九）率中国农业代表团访问东欧期间，在大型农业机械前留影

还从阿尔巴尼亚带回了阿夫、阿勃等 8 个小麦品种。阿夫、阿勃原产意大利，具有穗大粒大、耐肥抗倒、高抗锈病的特性。当年，西方世界对中国进行经济封锁，优秀的农作物品种只能从社会主义兄弟国家间接引进。

阿夫、阿勃等小麦良种经过分发试种后，在四川、云南、贵州、湖北、河南、江苏、安徽、湖南以及甘肃、青海等省得到普遍推广。阿勃小麦的种植面积曾达到 3100 万亩。阿夫小麦的种植面积也曾达到 1700 万亩。

引进优良品种在我国小麦生产上有着重要地位。新中国成立后，我国直接推广利用的小麦引进品种有近百个，推广面积超过千万亩的只有 6

个，阿夫、阿勃就在其中。据统计，在全国推广的小麦品种中，大约有一半是南大2419[①]和阿夫、阿勃、欧柔[②]四个品种或其派生品种的血统。

五　摸透土壤的"动态"规律

土壤是农作物生长发育的基地。土壤的性状决定农作物生长发育和繁殖的状况。具有高度肥力的土壤是农业稳产高产的重要物质条件。而我国农业条件的特点是，人口多、耕地少；劳力资源丰富，但科学文化水平低；自然资源分布和经济发展不平衡，各地情况千差万别。这就要求我们在有限的耕地上、在资源条件允许的条件下，努力提高土地利用率，提高光能利用效率，摸透土的"脾气"，在精耕细作上做文章。

新中国成立后，毛主席和党中央以极大的精力关注农业生产，从加速发展我国农业生产的全局出发，对土壤工作作过许多重要指示，把兴修水利、增加肥料、改良土壤、保持水土、实行精耕细作、改进耕作方法、开垦荒地、扩大耕地面积等列为农业增产的基本措施，要求采用各种办法，把瘠薄的土地改造成为肥沃的良田。毛主席还指出，土壤学是农业科学的基础科学，学了它会知道怎样增产。他多次号召农业战线的同志要学一点土壤学。

1954年，高教部在北京农业大学举办为期半年的威廉斯[③]土壤学讲习班，请苏联土壤专家涅干诺夫讲课。刘瑞龙主持农业部的日常工作，日理万机，不可能抽出专门时间外出听课。而我们的许多干部进城不久，对社会主义经济建设缺乏经验。提高干部队伍的科学文化水平和专

---

①　南大2419：小麦品种，原产意大利，由我国著名小麦专家金善宝驯化选系，种植面积曾达到7000万亩。

②　欧柔：小麦品种，原产智利。

③　威廉斯（1863—1939）：苏联土壤学家、苏联科学院院士，著有《土壤学——农作学及土壤学原理》等。

业技术知识迫在眉睫。

在农业部机关，刘瑞龙和蔡子伟副部长发起并组织了一个局级以上干部业余学习研讨会。在学习研究马列主义理论和哲学思想的同时，他们精心研读威廉斯的《土壤学》及有关农业基本理论的著作。在那本厚厚的 16 开本的《土壤学》教科书上，刘瑞龙圈圈点点划出要点，还记下不少学习心得。由于大家工作都很忙，还经常有人出差，学习讨论会有时只剩下刘瑞龙和蔡子伟两个人，他们照样坚持学习。蔡子伟是陕北人，在陕甘宁边区时就在中央国民经济部工作。两位老红军各抒己见，讨论得很热烈，有时还挺"较真儿"。

威廉斯的土壤理论毕竟是教科书上的东西，为了更好地吸收其精华，指导我国的农业生产，刘瑞龙始终把分析研究的重点放在我国的土壤特点上。

我国大部分耕地分布在温带和亚热带，无霜期较长，适合栽种的农作物种类和品种繁多，有充分利用土地的优越条件。而我国地域辽阔，地形复杂，在耕地中，北方的盐碱土、涝洼土、风沙土；南方的低产水稻土、酸瘦的红壤和黄壤；西北黄土高原丘陵沟壑地区水土流失严重的粗黄绵土和黄绵土，都需要重点改良。包括丘陵地在内，我国山区土地面积约占全国土地总面积的 70%，山区的耕地面积约占全国总耕地面积的 42.8%，多为土层薄的石渣土和沙质土，粮食产量一般很低，还有相当数量的抛荒土地。

1957 年 11 月，中央农村工作部在北京召开山区生产座谈会。刘瑞龙在会上发言，在论述山区农牧业生产潜力的同时，重点讲了为了增产粮食，山区必须保持现有耕地面积，并在可能的条件下，适当扩大耕地面积的问题。他指出，山区发展粮食生产的主要途径，是因地制宜兴修水利，逐步进行坡地改梯田或梯地，旱地改水田或水浇地，逐步改用良种，充分使用自然肥料，积极改良土壤，克服兽害、虫害，提高单位面积产量。

我国山区经济作物的潜力很大，野生油料、茶叶、养蚕、果树、野生蜜蜂、畜牧都可以大大发展。究竟怎样开发山区经济？刘瑞龙认为："不同地区的自然条件、经济条件和技术条件千差万别，由此产生的农业地区性、季节性和发展的不平衡性，十分突出。同一座山的山顶、山坡、山脚的土质就不大一样。在采取一切农业措施时，都必须摸清情况，作为一切工作的出发点，从中发现、认识、利用和适应客观规律，因势利导，趋利避害，进行生产和建设，才能事半功倍。"

一个月后，在全国第二次水土保持工作会议上，刘瑞龙又作了《进一步开展水土保持工作，保证山区、丘陵区农牧业的发展》的报告。他再次强调，保持水土是山区、丘陵地区发展生产的根本措施。他还具体分析了山区的各种土地由于高程、坡度、坡向、土壤等自然条件和耕作、放牧、采樵、铲草等人为条件的不同，每块土地水土流失的程度和生产能力也不同。在坡地上，土壤侵蚀主要是地表径流造成的。广泛采用水土保持耕作法是，在广大坡面上减少径流，分散径流，减缓径流速度。例如，深耕、横坡耕作、适时耕作、雨后中耕、增施有机肥料、横坡条播、穴播沟垅种法等等，都能减缓地面坡度。

刘瑞龙还提出，在水土流失严重地区，推广保持水土的轮作、间作、套种等方法，特别要解决暴雨季节，在不影响主要作物产量的前提下，尽可能增加田面的作物覆被。他具体列举了陕北水土保持试验站的观察。陕北高原水土流失严重，在1956年8月的一次暴雨中，在单种谷子的23°坡地上，每亩冲失土壤10000公斤；而在23°—29°的冬麦地上，由于早期大面积地套种苜蓿，冲失土壤每亩只有1000公斤。这就说明地面覆被愈好，土壤冲失量愈小。

在领导全国农业生产的过程中，刘瑞龙潜心学"土"，用"土"，研究"土"，还孜孜不倦地钻研中国古代和近代农业著作，旁征博引。

1958 年，毛主席把农业增产的基本措施概括为八个字，通俗地称作农业"八字宪法"：

土：深耕、改良土壤、土壤普查和土地规划；

肥：广辟肥源、合理施肥；

水：发展水利和合理用水；

种：培育和推广良种；

密：合理密植；

保：植物保护、防治病虫害；

管：田间管理；

工：工具改革。

20 世纪 50 年代，刘瑞龙（左二）考察徐州市水蜜桃种植园

毛主席说，土是基础，有土斯有粮；增产措施，土应该放在前边。

在领导全国农业工作过程中，刘瑞龙对土壤的认识也更深刻更精辟了：在一定的社会经济条件下，农业发展的规模和速度不仅取决于利用土地面积的数量，而且取决于土壤的肥力状况。土壤肥力愈雄厚，就愈能发挥良种、密植的增产作用；浇水、施肥、田间管理、机械化作业等措施的经济效果也就更大。可以说，土壤肥力也是改革耕作制度、提高复种指数、增产增收的基本前提之一。中国历代劳动人民以自己的勤劳和智慧，在华夏大地培育了许多良田沃土，这是中国农业高产稳产的基础。

在毛主席的关怀下，从 1958 年开始，中国进行第一次全国性的土壤普查工作。在刘瑞龙亲自参与和领导下，农业部组建了全国土壤普查办公室，形成了从上到下遍布全国的普查网。经过两年的艰苦工作，初步摸清了我国的耕地土壤资源，总结了农民鉴别、利用和改良土壤的经验。1960 年 6 月，农业部在北京召开土壤普查资料汇总工作会议。

但从全国各地汇总的土壤考察资料看，群众对土壤肥力因素的认定，在威廉斯土壤学定义的基础上又有了新的补充。这些补充是否科学？刘瑞龙把前来参加资料汇总工作会议的我国著名的土壤专家、西南农学院教授侯光炯请到家里。

刘瑞龙谦逊地问道："威廉斯老先生对土壤肥力的解释是'提供水分和养分的能力'。而我国农民认识土壤的经验，又提出气和热的问题。土壤肥力的因素究竟应该提哪几个字？我想听听侯教授的意见。"

侯光炯根据多年的研究和实践，谈了自己的看法。他说，威廉斯的提法没有错，但不全面。他的土壤理论是静态的，无法对土壤与植物之间的关系作出科学的解释。土壤是有生命的历史体，各层次的土性都在随着太阳辐射热的变化不停地发生变化，这又决定了土壤的动态规律。

"土壤的动态规律？"刘瑞龙对这个提法很感兴趣。他示意侯教授继续说下去。

侯光炯说，他在调查了中国许多农业土壤后发现，除黑土、沼泽土、泥炭土以外，基本上都属于矿质土，特别是四川盆地的紫色土，虽然水土流失严重，腐殖质很少，团粒结构更少，却仍然具有一定的肥力。这个发现使侯光炯感觉威廉斯的论断有一定的局限性，并决心揭开这个奥秘。

为了证实这一认识，侯光炯组织人力进行了大规模的探索试验，先后对成都平原灰色水稻土，简阳、南桐、北碚等地的紫色土进行定点、定时观测，测定土壤的酸碱度和微生物的周期变化。经过反复测定、对比和分析，侯光炯正式提出了"土壤生理性"的理论。他认为，土壤在太阳辐射热影响下各种理化生物性质发生周期性变化，这种周期性变化与植物生理作用周期性变化是否谐调决定了土壤生产力的高低。

侯光炯还谈到，在深入农村调查的过程中，农民用"热性土"和"冷性土"来评定土壤，对他启发很大。他把农民"看天、看地、看庄稼"的经验上升为土壤肥力的生物热力学观点，提出了土温是产生土壤生理功能的唯一动力，太阳辐射热是土温最丰富的能源。土壤肥力的实质就是土壤中的水、肥、气、热的周期性变化，以及植物生理作用周期性变化谐调的程度。

刘瑞龙拍案叫绝："水、肥、气、热，我们就用这四个字！"

为了用最通俗的语言，生动地概括水、肥、气、热对土壤肥力的影响，刘瑞龙又请教了中科院南京土壤研究所所长熊毅教授。

熊毅教授好像是在开玩笑："我看，没有比'吃饱'、'喝足'、'住得舒服'再合适的了！"

刘瑞龙眼前一亮："太精辟了！一句话，养料，水分，温暖、通风的居住条件都有了！"

两个人会意地笑出声来。

通过全国土壤普查资料汇总工作，农业部门编制了反映我国农业土壤基本概况的土壤类型分布图、土壤肥力概图、土壤改良概图和土地利用现状图，还编写了《中国农业土壤志》，为因地制宜地贯彻农业"八字宪法"提供了有利的条件。

六　农业干部首先要学会接近农民群众

农业部的工作面向广大农村，面向广大农民。在农业部机关工作的同志经常要下乡调研、蹲点，总结和推广经验。20 世纪 50 年代中期，我国农村的条件还很差，大部分地区没有解决温饱，城乡差别悬殊。广泛地真心实意地接近广大农民群众，是开展农业工作的重要前提之一。

在一次机关干部会上，刘瑞龙专门讲了从事农业工作的机关干部如

20 世纪 50 年代，刘瑞龙（左三）在泗县革命老区调研时，和老农亲切交谈

何接近农民群众的问题。他生动地打了一个比方："我们下到老百姓家里，农村老大娘正在烧火做饭，她从锅台上顺手拿起一只饭碗，用满是疙疤儿的衣襟这么一擦，舀满一碗水……"刘瑞龙绘声绘色，还模仿老大娘做了一个撩衣襟擦碗的动作。

"你喝不喝？""喝不喝，啊？"他连问了两遍。

听报告的同志屏住呼吸，目不转睛地等着他的结论。

刘瑞龙用食指用力地向下一指，厉声说道："喝下去！坚决地喝下去！"随之开怀大笑。

刘瑞龙的报告对当时在农业部机关工作的干部教育很大。50 多年后，许多人对当时的场面仍旧记忆犹新。

心系广大的农村，心系亿万农民群众，是刘瑞龙后半生领导农业工作始终不渝的宗旨。在农业部工作期间，他几乎没有星期天，每逢公休日，只要不开会，就一定要到北京郊区去走走看看，谁也拦不住他。从春播到秋收，到冬天积肥、平整土地，都牵动着他的心。为了扩大北京地区的水稻种植面积，他曾多次到大兴县红星农场，考察农场周围的湿地。通县的双桥农场，他一年也要去好几次，看大田里的小麦长势，看养猪场，看奶牛。他还经常到西山林场去看林木，看果树。

在孩子们的记忆中，爸爸几乎没有带他们看过电影，逛过公园，却经常把他们带进农村的大课堂，参观国营农场，观看小麦收割机、水稻插秧机操作试验，还要挖回马齿苋、荠菜、苜蓿等一大篮野菜。

那时，刘瑞龙四十开外，万里长征练出的铁脚板，走起路来大步流星，司机和通信员都跟不上他，孩子们跟在后边更是连跑带颠儿的。到了冬天，他身穿一件灰棉袄，戴着鸭舌帽，乍一看，还真像一位乡镇干部。

每次下乡，刘瑞龙的汽车都是停在村外的大田边。他看过田里的庄稼，就徒步走进生产队，不是在村头与大爷大娘聊天，就是走进农家小院嘘寒问暖，还要与生产小队的干部促膝谈心。一圈走下来，队里的收成情况、耕作质量、群众的生产情绪，以及农产品差价、水利、牲畜、粪肥、自留地、年终分配和乡社干部问题都深深地印在他的脑海里。

在革命战争年代结下了鱼水情，刘瑞龙只要跨进老百姓的家门，就像回到自己家一样。口渴了，他顺手在水缸里舀一瓢水，脖子一仰就咕咚咕咚地喝下去。赶上老乡家吃饭，他坐上炕头，老乡吃什么，他吃什么，临走时按规定留下钱和粮票。那时，京郊农民的生活很艰苦，特别是山区，群众长年喝野菜玉米面糊，刘瑞龙从不介意，端起老乡家的大海碗，大口大口地喝下肚。

一次，在回城的路上，通信员关心地问："刘部长，今天的野菜糊糊有股怪味儿，我看了就想吐，您没事儿吧？"

刘瑞龙轻轻叹了一口气，表情严肃地说："全国解放好几年了，老百姓的生活还这样苦，我们管农业的干部有责任啊！"

一天晚上，刘瑞龙下班回家，看到客厅里坐着几位客人，地板上还横着一条两尺多长的大青鱼。不等招呼客人，他立刻板起脸来，大声质问夫人江彤："为什么收人家的东西？快拿走！"

江彤压住火，低声对刘瑞龙说："你这个人，一点不讲究方式方法！你不看看是谁来了？！"

这时，刘瑞龙才注意到客厅里的来人，一位是农业部干部处处长、当年淮北根据地的新四军女战士方志，还有一位陌生的中年农民。

直爽的方志快言快语地介绍说："他叫刘宝元，是泗洪县藕奶奶的儿子，人家现在是公社副书记，想批两个指标，回去买拖拉机。"

提起藕奶奶，刘瑞龙当然熟悉。她是孙园乡小刘庄人，人称刘大娘，是有名的抗日模范，掩护过不少抗日干部。

眼下人民公社的农业生产搞得热火朝天，可人力跟不上，急需两台拖拉机，又苦于没有指标，藕奶奶很着急，就让儿子来北京，找当年淮北行署的老主任刘瑞龙帮帮忙。为了表达心意，藕奶奶还特意让儿子拎来一条洪泽湖的大青鱼。

"拿鱼来干什么?! 老百姓的日子很不容易。"对批拖拉机的事，刘瑞龙只字不提。

刘宝元坐在一旁感到尴尬，方志也有些为难，但想到老区人民的恩情，她还是硬着头皮说："鱼，可以让宝元拿走，拖拉机，刘部长还得批啊!"

刘瑞龙淡淡一笑。

是夜，刘大娘的身影又一次浮现在刘瑞龙眼前。那时，每到秋天洪泽湖退水，穷苦百姓都到湖边挖藕。刘大娘是挖藕的行家里手，看荷杆，看荷叶，就知道藕长在什么地方，是否成熟，她挖的藕不仅肥大，还不断节不沾泥，乡亲们都愿意跟她一起下湖，久而久之，都尊敬地称她藕奶奶……一次敌人"扫荡"，刘大爷说什么也不撤退，每天背着粪筐在地里拾粪，实际上，他是在保护县委埋藏在地里的文件……在抗日战争和解放战争中，淮北人民付出了巨大的牺牲。虽然拖拉机供应很紧张，但在条件许可、政策允许的情况下，给老区人民一些支持和帮助是完全应该的。

第二天一早，刘瑞龙走进办公室的第一件事，就是亲自给农业部机械局写报告，请酌情特批两台东方红拖拉机给江苏省泗洪县孙园公社。

在 20 世纪 50 年代后期，由于人民公社化运动中"左"倾错误的严重影响，广大农村浮夸风盛行。许多地区忙于大炼钢铁，大办食堂，忽视农业生产，农民群众吃不饱饭，很多人得了浮肿病，刘瑞龙感到肩上的担子从来没有像今天这样沉重。为了了解农村的真实情况，他的调研工作更加深入细致。

一年夏初，刘瑞龙回家乡南通县调查研究，他和当地干部骑着自行车在乡间小路上飞奔，路过麦田时，就和社员们一起割麦子，休息时，又坐在田埂上拉家常。

"今年每亩田能产多少斤麦子？"刘瑞龙问。

"300斤！"社员们异口同声地说。

"300斤？真不少啊！收得到吗？"由于长期领导农业生产，从南到北的农作物亩产，在刘瑞龙心中有一本明白账。

社员们你看看我，我看看你，谁也不开口。

不知哪个"机灵鬼"突然冒出一句："干部说的！"

社员们哄然大笑。

除了"计划指标"、"实际完成指标"，这里又冒出一个"干部指标"。刘瑞龙的脸上布满阴云。什么"干部指标"?! 这分明是群众对虚报瞒产的一种讽刺！

一次，刘瑞龙带领工作组到江苏农村调研。他默不作声地在村子里走了一遭后，对随行的同志说："这个生产队没米吃。"

大家奇怪地问："您还没听汇报，怎么就知道人家没米吃？"

刘瑞龙认真地说："我们搞调查研究，首先要善于用自己的眼睛，注意留心观察，老乡家的厕所、猪圈、牛棚都要看，不要怕臭。"

原来，工作组一进村，刘瑞龙就注意到这个村大人小孩脸色发暗发绿，沿街留下的粪便也是绿色的。他断定这里的"共产风"刮得很厉害，社员以菜代粮。

当来到另一个生产小队时，刘瑞龙紧锁的眉头又舒展开来。他在打谷场转了一遭后，对工作组的同志说："你们可以总结这个队的经验，这个队长不错。"

随行的同志奇怪地问："您还没有进村，也没有见到队长，怎么知道队长好不好呢？"

20世纪50年代，刘瑞龙（右一）在淮安县农村调研时，与农业技术员亲切交谈

刘瑞龙说："你们看，这稻草堆四周圈着草木灰，草木灰是做什么用的？是防老鼠的。因为稻草里的稻粒还没脱干净，他们还留有'余粮'。仅从这一点看，就知道这个队长有预见，有水平。"

"你们发现没有？"刘瑞龙又说，"这个队的稻草比别的队多，草多说明粮多。"

听刘瑞龙这么一说，工作队的同志都表示要住在这个队，好好总结他们的经验。

不料，刘瑞龙却不同意这样做。他说："你们应该住到最困难的生产队去，这样才能找出后进与先进的差距，促进困难队穷追猛赶！"

由于勤于调查研究，善于学习，刘瑞龙对农业生产技术也很精通。工作组的同志们都很佩服他。比如罱河泥，先罱哪儿，后罱哪儿，顺风怎么罱，迎风怎么罱，罱过一次要隔多长时间才能再罱，一船河泥能增产多少粮食，他都一清二楚。老百姓也最愿意与他交流生产经验。

七　冲破三年自然灾害的阴霾

新中国农业发展的历程是曲折的。特别是在"大跃进"和人民公社化时期，由于受到"左"倾错误的严重危害，加上1959、1960、1961连续三年的自然灾害和苏联政府背信弃义地撕毁合同、单方面撤走专家，对我国农业科研、教育、技术装备等方面产生了巨大的不利影响。从1959年开始，我国农业生产连年出现大幅度减产，全国农业总产值急剧下降，1960年仅为415亿元，比新中国成立初期的1952年还少2亿元，农业总体生产水平向后倒退了整整8年!

为了扭转农业生产的被动局面，刘瑞龙更加废寝忘食地工作。他在北京西库寺乙8号的家，与农业部机关大院只是一墙之隔，他却很少回家吃饭。中饭和晚饭都是公务员小李提着饭盒送到办公室来的。

刘瑞龙很珍惜时间，千方百计地让有限的时间增值。下班后，他经常要听汇报，或组织小型会议，或找人谈话，晚饭从来没有钟点。公务员小李总是轻手轻脚地找到他开会或者谈话的地方，给他递上一张小纸条，上面写着："刘部长，现在如果您要吃饭的话，请到办公室，已经给您放好了。"刘瑞龙看过纸条，随手夹在笔记本里，又继续他的工作。

每当夜深人静，农业部机关大院一片寂静，只有那座灰楼的二层，总有一扇窗户还亮着灯光。人们知道，那是刘瑞龙还在办公。社会主义建设在曲折中前进，党中央和国务院的最新精神要深刻领会，农业生产中许多深层次的问题需要思考，各地农业增产的先进经验需要及时总结归纳，有关农业科研的新成就需要认真学习和钻研……尽管他分分秒秒地计算时间，还总觉得时间不够用。

为了度过国民经济困难时期，从 1960 年 7 月开始，党中央采取了一系列加强农业生产、降低粮食和食油供应标准、开发代用食品等措施，以保证人民最低生活水平的需要。8 月，中央发出了《关于全党动手，大办农业、大办粮食的指示》，进一步强调：农业是国民经济的基础，粮食是基础的基础，加强农业是全党长期的首要任务。9 月，中央政治局决定重建东北、华北、华东、中南、西北、西南等 6 个中央局，分别代表党中央加强对各省、市、自治区党委的领导，建立起本地区比较完整的经济体系。中共华东局设在上海市，代表中央领导上海、江苏、浙江、江西、福建、安徽、山东等六省一市的工作。

这年 10 月，刘瑞龙率中国农业代表团访问阿尔巴尼亚回国不久，便接到中央调令，赴中共华东局任农委主任。长期领导农业工作的实践告诉他：要摆脱自然灾害给国家带来的经济困难，使粮食生产提前跨《纲要》[①]，必须在地理条件相对优越、农业生产基础较好的华东地区打开突破口！就像淮海大战前夕接到党中央的命令一样，这位革命的老兵，二话没说，只身前往上海，到中共华东局赴任。

从中央政府的农业部常务副部长到地方大区的农委主任，对于刘瑞龙的这种工作变动，人们也有种种猜测。在农业部领导工作中，刘瑞龙坚持实事求是，是邓子恢意见的主要支持者之一，他会不会因邓子恢受到牵连？

---

① 《全国农业发展纲要（草案）》第六条规定：从 1956 年开始，在 12 年内，粮食每亩平均年产量，在黄河、秦岭、白龙江、黄河（青海境内）以北地区，由 1955 年的 150 多斤增加到 400 斤；黄河以南、淮河以北地区，由 1955 年的 208 斤增加到 500 斤；淮河、秦岭、白龙江以南地区，由 1955 年的 400 斤增加到 800 斤。

1952年秋天，刘瑞龙在淮北根据地时期的老领导邓子恢就任中共中央农村工作部部长，1954年9月，又担任国务院副总理，主要负责领导农村工作。在新中国的首都第一次见面，邓子恢就对刘瑞龙说："毛主席叫我来农村工作部，就是要我们把几亿农民组织起来，搞农业合作化，这是农村工作的总方针和总任务。"

刘瑞龙对邓子恢一向非常敬重，习惯地称他"邓老"。他在回忆邓子恢的文章中曾这样写道：邓老"从来不以长者自居，而是平易近人，和蔼可亲，待人诚恳。他衣着朴素，没有官气，看不出他是个留过学的'洋学生'"。在长期相处中，刘瑞龙很愿意向邓老请教和探讨问题。

新中国成立后，全国亿万农民在中国共产党领导下，通过各种互助合作形式，把以生产资料私有制为基础的个体农业经济，改造为以生产资料公有制为基础的农业合作经济。到1956年年底，全国参加初级社的农户占总农户的96.3%，参加高级社的达到农户总数的87.8%，基本上实现了社会主义改造，完成了由农民个体所有制到社会主义集体所有制的转变。

在如何实现我国农业集体化的问题上，邓老认为，应从我国小农经济的现状出发，正确领导农民在土地改革后发扬起来的两种积极性，我们应该支持农民发展互助合作的积极性，同时不应忽视和粗暴地挫伤农民个体经济的积极性。他坚持党中央提出的"积极领导，稳步前进"的方针和自愿互利、典型示范与国家帮助的原则，既要反对放任自流，又要反对强迫命令、急躁冒进。

邓老还常用苏联农业集体化的经验教训为例，他说，苏联十月革命后，从1918年至1928年的10年中，全苏联集体化比例仅1.7%，而在1930年增19.7%，1931年增29.1%。由于追求速度，强迫命令，使农业遭受损失。他告诫大家不要重复苏联1930年的错误。

从1955年夏季以后，合作化运动中出现了要求过急、工作过粗、改变过快、形式也过于简单划一的缺点和偏差，以致遗留了许多问题。1956 年 6 月，中共党内对农业社会主义建设的速度问题曾发生争论。邓子恢认为，当前巩固农业合作化的成果是最重要的，主张打好基础，稳步发展，却遭到严厉批判，被斥为"小脚女人走路"[①]。

在领导全国农业工作的实践中，刘瑞龙不仅赞同而且积极支持邓老的正确主张，他认为"邓老对我国农村集体化的态度一直是积极的、明确的、慎重的、坚定的"。

而对于人们种种善意的猜测，刘瑞龙虚怀若谷，他掷地有声地说："华东的农业很重要，亩产要超过 800 斤！我办公室里的红色保密电话直通党中央！"

此次出征，对于年过半百的刘瑞龙来说，已不同于战争年代。他上有老，下有小：身体多病的老母亲已经 84 岁了，小女儿延宁还没有上小学，夫人江彤正在清华大学机械系干部班学习，还要到外地实习，难得料理家事……

临行前，刘瑞龙侧靠在母亲的病床边，与辛劳了一辈子的老母亲留下一张合影。不料，几个月后，老母亲溘然长逝。刘瑞龙悲痛万分。华东农委的工作刚有起色，正值春播夏收的紧张时刻，他没有回京治丧，而是在笔记本中记下哀思：

> 七十天生儿，吾失老父亲。
>
> 寡母抱孤儿，抚育缩艰辛。
>
> 老母解愁犹，已要阅艺书。
>
> 教儿灯下读，听后喜开颜。

---

① 1981 年 3 月 9 日，中共中央作出为邓子恢平反的决定，肯定他在主持中央农村工作部工作期间取得的显著成绩。

公私要分清，老母告诫明。

不私一针线，不落贪污名。

刘瑞龙调往华东局工作时，延淮和延东两姐妹被留在北京，继续在清华附中读高中。对十五六岁的女孩子来说，正是思想最活跃的阶段。她们给父亲写信，谈自己对时事学习和文化学习的感受。

刘瑞龙在给女儿回信时，不仅鼓励她们善于思考的精神，还引导她们如何提高分析问题和判断是非的能力。他在信中写道："我们的祖先从来是把学问看作是'学'和'问'的统一体，脑子里对学习的东西提出疑问，是获得知识的开始，于是推动人们去认识弄清事物的内容和本质，在弄明白一个问题之后，往往会引起更多的问题，于是又推动人们深入一步去研究。古人说得好：'学贵知疑，小疑小进，大疑大进，觉悟之机也，一番觉悟，一番长进，知之越深，疑之越多。'只有经常虚心求教，发奋学习，才能把学习的东西全部弄通，并且不断获得进步。学习中能够敢问、勤问、善问，对推动学习极其重要。"

刘瑞龙常对孩子们说："世界上没有一生下来便知道一切的天才，天才在于学习，知识全靠日积月累。学习中碰到困难是常事，只有不怕艰苦的人才能攀登顶峰。勤能补拙，刀钝石上磨，人钝勤心学，这是需要决心、勇气和毅力的。"他还用蝇头小楷为远方的女儿们抄写了学习十字诀：

勤——业精于勤　恒——持之以恒

序——循序渐进　博——博览群书

专——专心致志　问——不耻下问

习——温故知新　思——好求甚解

记——勤作笔记　用——学以致用

党中央把 1961 年定为实事求是年。毛主席提出大兴调查研究之风，要求大家敢于承认错误，有多少错误就说多少，有"左"反"左"，有右反右，有什么反什么。

1961 年春节刚过，华东局即从局机关、上海市、江苏省抽调干部组成一个 40 多人的调查组，由刘瑞龙带队，开赴苏州地区。工作组兵分两路，一路在常熟县，一路在江阴县，常熟县又以白茆公社为基点。

工作组进驻白茆村后，分住在老乡家，与全村社员一起在生产队食堂吃饭。为了照顾刘瑞龙的身体，大家劝他到公社机关食堂吃饭。刘瑞龙执意不肯，他说："不在生产队食堂吃饭，怎么知道公共食堂办得好不好？"

几天后，刘瑞龙把工作组的同志召集到一起，专门谈对食堂的看法。人民公社办公共食堂是党中央提出要办的，谁也不好发表反对意见，都说食堂办得好。

这时，一个小青年突然冒出一句话："有的女社员反映，吃食堂是好，就是烤尿布困难。"

在场的人都不作声。

小青年以为大家没听懂自己的话，又补充说："女社员说，给孩子烤尿布，回家还要再生火。"

听到这儿，大家都很紧张，刘瑞龙却笑了，示意小青年接着说下去。

"还有社员反映，稀饭锅里煮干饭。"

大家的目光都集中在小青年的脸上。

小青年解释说："据社员反映，生产队的干部用小布袋把米扎紧，放在粥锅里煮，虽然同用一口锅，但群众吃的是稀汤，干部吃的是干饭。"

听到这儿，刘瑞龙终于说话了："印把子、勺把子、秤杆子、账簿子，当然还有枪杆子，一定要牢牢掌握在热心为公的人手里，掌握在贫下中农手里。在今天这样的定量标准和生活水平下，办公共食堂恐怕不合适。再这样办下去，会毁掉我们的干部!"

这次调查研究后，刘瑞龙给华东局写了调查报告，其中严肃地谈了对人民公社办公共食堂的意见。

正是由于中央和各地负责人在调查研究中真实地反映情况，这年 5 月底召开的中央工作会议，对《农村人民公社工作条例（草案）》进行了修改，主要是取消了原草案中公共食堂和供给制的规定。

为了尽快克服三年自然灾害给农业生产带来的困难，挽回损失，刘瑞龙从华东大区的实际情况出发，不遗余力地推行各项增产措施，狠抓水稻、棉花和经济作物的生产，开展多种经营。他常年奔波在华东地区的广大农村，实地研究解决困难，并给以切实的指导。华东地区粮棉生产恢复很快，不少地方获得粮食和经济作物双丰收。

从 1962 年到 1965 年 4 年中，全国粮食增产 5000 多万吨，其中七成是稻谷，大大缓解了粮食供应紧张的矛盾。为此，华东大区做出重要贡献，还涌现出一批"以粮为纲，全面发展"的全国先进典型。例如，江苏省启东县，人均占土地只有 1.3 亩地，由于粮食和棉花双丰收，每年向国家交售皮棉 4 万吨，粮食还能做到基本自给。浙江萧山县，粮食亩产达到 1600 多斤，棉、麻、油、猪等全面发展。上海南汇县，粮、棉、油连年做到三丰收……

刘瑞龙是个感情内在的人，他的激情往往浓缩在慷慨激昂的报告中，他的潇洒又飞扬在诗稿的字里行间。如果说，20 世纪 50 年代他用饱蘸激情的笔赞美祖国的大好河山，那么，在带领华东农民战胜自然灾害，大打农业翻身仗的过程中，他的笔墨则是渠水飞溅，稻花飘香。

视察稻区时，刘瑞龙与社员群众一起下水田，弯腰拔稗。他向老农学习辨认稗草的经验。老农告诉他，拔稗草以秧苗座起到转青两三天内最适宜，此时稗草生长快，比秧苗高，颜色青绿，容易辨认。于是，他写下《秧田除稗》：除稗须趁早，草盛把秧吞／粗望一抹绿，满眼尽秧针／静目凝神看，秧稗豁然分／秧针呈浅绿，幼稗发浓青／畦畦搜干净，有稗都拔清／力争今年熟，那计汗湿襟。

1963 年 9 月，一场强台风之后，他到江南各地视察灾情，映入眼帘的却是：台风颠狂甚，人定禾自康，风去禾秆傲，管理重水浆／早稻丰收过，中稻又上场，晚稻穗垂地，笑颜遍稻乡。面对这喜人景象，他兴奋地写下《江南稻海》。

山东龙口下丁家人艰苦奋斗，治山治水又治田，使山穷树少年年旱的贫困山区变为"农业学大寨"的先进典型。他挥毫泼墨《赞下丁家》：山西大寨闻天下，山东有个下丁家／修库打井筑渠堰，绿水盘山上云天／十二水库如星缀，百里长渠泛清涟／库水倾泻流自在，碎地拼成米粮川／松柏长青遍山岗，苹果大梨香满园／层层梯田层层绿，亩产千斤皆良田。

为了发展经济作物，搞好多种经营，让农民们尽快富裕起来，他下安吉[①]，穿竹海，有道是：伐竹声中访竹樵，挥舞中节好砍刀／农事有竹保丰收，农船喜得好撑篙／锹锄柄壮农产饶，晒场有帚心不焦。

在《泛富春江访东洲》途中，他欣喜地看到：麦豆油菜映满场，早稻过膝散清香，蕉藕瓜菱加黄烟，番茄苋菜韭芽鲜／院中鸡羊逐，栏里猪猡爬，庭前麦豆碍行人，屋后老竹发新芽／满村兴旺腾热气，老少脸上泛红光。他不禁叹道：名传富春渚，我更爱东洲！

---

① 安吉：县名，位于浙江省湖州市西南部西苕溪流域。

第十六章　革命幸存者的责任和情怀

当鲜艳的五星红旗在天安门广场冉冉升起的时候，雄壮的国歌旋律震撼着刘瑞龙的胸膛："我们终于在洒满烈士鲜血的土地上赢得了革命的胜利，先烈们的革命精神和业绩永远不应该被遗忘！"由于历史原因，他苦心撰写的《回忆红十四军》一书还未出版，就被打入冷宫。他暂时放下手中的笔，却用喷涌的心血，保护、充实着这部用烈士鲜血著成的史诗，关心爱护着众多烈士遗孤。

一　"我们永远不会忘记为革命牺牲的烈士们"

这是 1949 年 4 月 25 日刘瑞龙写在日记中的一段话，也是刘瑞龙随百万雄师过大江，踏上江南土地后，发出的第一个感叹！

下午到八圩港渡江，抵江阴城。忆 1930 年 8 月底红十四军失利时，与李超时同志由丝鱼港趁（乘）沙船来江阴，经无锡去上海，这是第二次到江阴。超时虽已被难，当年壮志，算是开始实现了。

李超时（1906—1931）

李超时是刘瑞龙早期革命生涯中最亲密的战友之一。他的家乡江苏邳县就在刘瑞龙曾任行署主任的淮北抗日根据地。那些年，刘瑞龙又陆续听到一些有关李超时牺牲前后的悲壮故事。

李超时被捕后，曾经给家人写过三封信。第一封信是让父亲李墩谦筹资，赎他出狱。当时，李超时的身份还没有暴露。可当老父亲赶到镇江时，他已经被叛徒出卖了。他心绪平静地对父亲说："如果真的不行了，就请您老为儿子收尸吧！"李墩谦禁不住老泪纵横。

老人回到邳县后，连续接到李超时寄来的两封家信，均是报平安的。而两封家信的日期仅隔了一天。这就不能不让老人感到蹊跷，但从信中又看不出什么东西。老人找到当年超时发展的一位地下党员。这位同志凭着地下工作的经验，用白矾水在信的背面一涂，原来是两封密写信，大意是：李超时准备在狱中领导暴动，叮嘱地下党的同志采办一些营救工具，还提到探监时带来"硝镪水"，说是可以溶解手铐。不料，敌人提前下手了。9月19日凌晨，李超时在镇江北固山麓英勇就义，与他同时牺牲的还有24位共产党员和革命志士。

李墩谦老人牢记儿子的嘱托。超时牺牲不久，老人便冒险将他的遗体运回家乡。纤夫拉着船，顺大运河一路北上。在邳县，32位李姓男丁披麻戴孝守候在运河大榆树埠头，迎接英雄魂归故里。为了保存好儿子的遗体，老人吩咐家人在三层棺木中撒放大量的石灰，棺木更加沉重。在最后通往家乡的50里路途中，32位男丁竟走了两天两夜。这一史无前例的起杠，惊动了当地的土匪。他们认为李家有钱，企图拦路截杠，进行勒索。当土匪拦下队伍时，立刻惊呆了，走在最前面的竟是李墩谦本人。老子为儿子起杠，这在当地闻所未闻，见所未见。土匪们不寒而栗，一哄而散。为了迎接儿子"归来"，老人变卖了家中100多亩熟地，还借了1000多元银洋，家中几乎一贫如洗，但他一点不后悔。他为自己有这个英雄儿子而骄傲。

1949年4月初，我三野部队挺进长江边，准备渡江作战。就在刘瑞龙到达扬州的当晚，扬州中学校长黄应韶和国语教师江达臣满脸喜悦地来到萃园二地委驻地，看望刘瑞龙。国语教师江达臣正是江上青烈士的七弟江树峰。

一阵寒暄之后，刘瑞龙关心地问起江达臣家里的情况。他说："抗日战争胜利后，苏皖边区政府在江苏淮阴成立，我们从洪泽湖西来到湖东。我曾嘱咐二分区和地方政府，在开展优抚工作时，注意关照好江上青烈士的遗属。后来，我听说，你家嫂嫂曾来过淮阴。"

"是的，"江达臣回答说："鬼子投降后的那个旧历年，我家六嫂曾到淮阴边区政府去领抚恤金，六嫂还背回了政府发给的花生和菜籽油，我们全家都高兴得不得了。"

当时，刘瑞龙任苏皖边区政府第一副主席，江上青烈士的家乡正在苏皖边区政府的辖区内。

"内战爆发后，大部队北撤，一直在打运动战，打大仗，优抚工作出现过一段空档，有许多照顾不周的地方。你家六嫂的生活肯定会遇到不少困难。她家有几个孩子？目前情况可好？"刘瑞龙又问。

面对六哥江上青最初的革命引路人，江达臣如实述说了家里的情况：

"我家六嫂叫王者兰，她的父亲早先在上海经商，因父亲早逝，家道中落。六嫂性格内向，却很坚强，她十分钦佩六哥的才学和人格，为了支持六哥革命，把父亲留给她的首饰都卖了。六哥留下两个女儿，大的叫泽玲，小的叫泽慧。为了将两个女娃儿培养成人，六嫂誓不改嫁。

"在我家兄弟中，唯独六哥没有男孩。为沿承他家的香火，我家大哥和大嫂把他们的二儿子泽民过继给六哥家，待他成年后抚养六嫂和两个妹妹。那年，泽民刚满13岁，他在六哥的灵位前披麻戴孝，举行了正式的过继仪式。这个孩子从小聪慧，很受哥嫂喜欢。

"六哥牺牲后，由于生活所迫，六嫂不得不出来工作。起初，她在我们扬州的琼花观小学找到一份工作，只是半个小学教员，除了在一年级任课外，还要负责摇铃、打扫卫生，兼做工友的工作，学校只给她开一半的工资。在兵荒马乱的年代，兄弟家的情况都不好，帮助也有限。一个寡妇带着两个幼小的孤女，生活确实很艰难……"

江达臣说着，哽咽了。

刘瑞龙安慰他说："现在好了，扬州已经解放了！我们很快就要打过长江去，解放全中国！请你放心，我们永远不会忘记为革命牺牲的烈士们，人民政府也一定会妥善安排好烈士家属的生活的。"

1949年5月27日，上海解放不久，江上青的遗孀王者兰回到上海，一个很重要的原因就是能靠近组织。王者兰住在养子江泽民家里。江泽民是中共上海地下党员。上海解放后，他担任上海益民食品一厂党支部书记、第一副厂长。江泽民曾打电话给华东军区海军司令员张爱萍，又当面向中共上海市委秘书长刘瑞龙汇报了工作。得知江上青的遗孀王者兰就在上海，刘瑞龙很牵挂。

这一年，王者兰37岁，她很想参加工作，为国家建设贡献一份力量，同时，她要自食其力，尽量减轻儿女们的负担。于是，刘瑞龙请中国人民银行上海分行的一位负责同志帮忙，安排王者兰在银行系统工作。就这样，王者兰在静安区的一家储蓄所当上出纳员，一直到1966年，她年满55岁时，才离开工作岗位。

留在扬州的泽玲和泽慧姐妹一直随七叔生活。她们每月都从地方民政局领取烈属粮，她们的生活费和学杂费也是由地方政府负担的。20世纪50年代中期，姐妹俩先后考上大学。她们对刘瑞龙伯伯和人民政府的关怀充满感激之情。

江上青夫人王者兰（1911—1985）

1949 年年底，刘瑞龙的表姐夫恽子强从北京来上海出差。他专程来到中共上海市委办公驻地看望刘瑞龙。此时，恽子强是中国科学院办公厅副主任，正在为中科院自然科学学会的筹建招揽人才。见到久别的亲人，刘瑞龙分外高兴，与恽子强畅叙别情。

时光荏苒，往事依稀。

1931 年 4 月，中央特科负责人顾顺章叛变投敌，致使中共地下党组织遭受巨大的破坏，中央委员恽代英惨遭敌人杀害，党中央和江苏省委的活动全部转入地下。刘瑞龙与恽子强、葛季膺夫妇虽然都生活在上海，却完全失去了联系。

在很长一段时间里，恽子强的处境相当艰难。1938 年夏天，上海暴发霍乱，葛季膺不幸染病去世，留下一群孤小：恽子强和葛季膺的 3 个儿子、恽代英的遗孤恽希仲（小毛弟），以及恽子强同父异母的小妹妹恽代温。

恽子强是国内有影响的化学家。1941 年夏天，根据周恩来副主席的指示，中共党组织派人潜回上海寻找恽子强，请他到苏北根据地协助新四军筹办制药厂，同时寻找恽代英烈士的遗孤。

1942 年春天，在党组织的护送下，恽子强带着 5 个孩子乘船离开上海，沿通扬运河北上，前往新四军军部所在地江苏阜宁县。一到解放区，恽子强立即着手为新四军创办医学院，筹建制药厂。在他们途经淮北根据地时，刘瑞龙与他们匆匆见过一面，之后长久未通音讯。刘瑞龙一直惦念着恽子强一家人。

1942 年年底，党中央来电，要新四军输送一批科技干部和文艺骨干去延安。恽子强和 5 个孩子的名字都被列在去延安的名单上。恽子强一行历经 8 个月的艰辛跋涉，终于在 1943 年秋天到达向往已久的革命圣地延安。

在他们到达延安的当天，周恩来副主席派卡车接他们去杨家岭党中央驻地。不想，喜从天降，失联多年的恽代英的遗孀沈葆英和周恩来夫妇一起在窑洞外迎接他们。朱德总司令、叶剑英参谋长，还有邓发、李富春等许多恽代英的老战友都来看望他们。中秋节那天，周恩来夫妇又接沈葆英、恽子强和孩子们到杨家岭吃午饭。随后，恽子强被安排在延安自然科学院任副院长；恽希仲等几个孩子被送到延安自然科学院补习班学习。

在交谈中，刘瑞龙得知，全面抗战爆发后，沈葆英立即投入到抗战的行列中，在第五战区兵站医院工作。1938年年底，她去武汉取药时，在报纸上看到中共在武汉设立了八路军办事处的消息。她终于找到了日夜想念的周恩来副主席。在周恩来的关怀下，沈葆英来到重庆红岩村，后来又被党组织送往延安工作。正是通过沈葆英，党组织才得到恽子强在上海的详细地址。

抗战胜利后，恽子强率领延安自然科学院赴东北解放区，途经张家口时，被酷爱人才的晋察冀军区司令员聂荣臻留了下来。在晋察冀根据地，恽子强从事科学、教育的组织领导工作，为建设新中国培养了一批科学技术干部。1949年3月中共中央进驻北平后，恽子强又参加成立中国科学院的筹备工作，他是中国科学院的创始人之一。

刘瑞龙又关心地问起小毛弟的情况。恽子强告诉他，在晋察冀根据地，恽希仲先是在工业专科学校学习，毕业后被分配到兵工厂当工人，后来被党组织选送到华北大学工学院俄文专修科学习。

朝鲜战争爆发后，恽希仲被分配到国家航空局南昌321厂，给苏联专家当翻译。看到一架架从朝鲜战场送回国内修理的负伤的飞机全是外国制造的，他便萌生了出国留学的想法，期望有一天中国也能制造自己的飞机。1953年8月，恽希仲如愿以偿，被选派到莫斯科航空学院航空无线电专业学习深造。带着祖国的重托和父辈的期望，他踏上了开往莫斯科的列车。这些就是后话了。

恽代英夫人沈葆英与儿子恽希仲在北京南礼士路住宅前（摄于 20 世纪 70 年代末）

畅谈中，刘瑞龙问恽子强："你远道来上海，有什么事情需要我办吗？"

恽子强把刘瑞龙带到襄阳南路他曾住过的阴暗、狭小的亭子间，心情沉重地对刘瑞龙说："当年在环境紧张的时候，我们一家就住在这里，季膺就是在这里去世的……"

恽子强从杂物堆里拿出一个尘封多年的网篮，里边装的都是恽代英牺牲前留下的遗物。其中最重要的是恽代英 1917 年至 1919 年的日记和他主编《中国青年》时用过的参考书，以及他当年收到的书信和照片，其中还有一些萧楚女的东西。

恽子强对刘瑞龙说，除了代英 1919 年的日记，他要带到北京交给嫂嫂沈葆英保存外，其他珍贵遗物，请刘瑞龙全部交给党组织保存。

刘瑞龙心情凝重地捧起恽代英的珍贵遗物，导师不畏艰险与敌人决死战斗的高大形象仿佛就在他的眼前。导师的谆谆教诲和他主编的一本本革命刊物，正是刘瑞龙最初树立共产主义的远大理想和坚定的无产阶级革命信念的指路明灯和奠基石。在 20 多年的革命征途中，无论遇到什么艰难困苦、曲折坎坷，委屈和误解，刘瑞龙都矢志不移，一往无前。

刘瑞龙和一些战友将恽代英留下的珍贵遗物进行了摘要、抄录后，遵照恽子强的嘱咐，全部交给中央档案馆，转献给党中央。

新中国成立初期，刘瑞龙先后担任中共上海市委秘书长、中共华东局农委书记。他陆续收到红十四军烈士子女和亲属的来信，询问当年的斗争情况和先烈们英勇奋斗牺牲的事迹，有的还要求他为牺牲的亲属作证明。那时，刘瑞龙除了日常工作之外，还负责经管上海地区党的历史档案材料，使他得以根据记忆，参照有关资料，作出比较确切的回答。在众多来信中，也有陆克烈士的家人。

陆克，又名陆瓖，1905 年生于江苏东台县，曾在东台德安钱庄当过学徒，20 岁时进入南通崇敬中学读书。由于深受俄国十月革命及五四运动的影响，陆克开始接受马克思主义。五卅运动时，他带领崇敬中学的进步学生冲出校门，会同刘瑞龙等通州师范的学生组成南通学联，发动游行示威和罢课斗争。1927 年，陆克由南通县委书记陆景槐介绍入党。刘瑞龙担任南通县委书记时，陆克是海门县委书记。后来，刘瑞龙和陆克一同担任中共通海特委委员。为了唤起民众，陆克亲自筹款，在海门茅镇创办了一个出售进步书刊的"金星书店"。在垦牧区，他发动和领导佃农进行抗租反暴和要求增加工资的斗争，取得初战胜利。1930 年 5 月底，为了与刘瑞龙领导的南通东乡的武装斗争连成一片，陆克转移到海门西乡领导农民运动，却在途中突遭敌"保卫团"的盘查。经当地坏人指认，陆克的身份暴露。10 月的一天，敌人谎称将陆克解往苏州监狱，却在途中把他绑在一棵大树上，剖开他的胸膛，残忍地杀害了。

1949 年 10 月 29 日，刘瑞龙接到陆克家人的来信，心情很不平静，他立刻提笔给烈士的老母亲回信。

陆老伯母：

陆骧同志为党为人民的解放事业不幸被国民党反动派杀害，党内同志莫不倍感痛惜！今天人民解放事业已在全国胜利，与众多先烈之忠贞不屈，英勇奋斗是分不开的。关于老伯母之处境，一九四一年我曾托苏北同志访问，以后又嘱请地方政府照顾，卒因情况多变，干部经常调动，致照顾不周，多有疏忽，尚须鉴谅。今

1952 年冬，刘瑞龙与夫人江彤在上海

后老伯母之给用问题，已函苏北肖政委、贺主任①，并请承汉先生前往详谈，他们定为圆满解决的，敬希保重为祷。

　　即请

秋安！

刘瑞龙

十月二十九日于上海

　　同日，刘瑞龙又给陆克烈士的妹夫承汉先生写了一封信，检讨了当年虽请苏北人民政府对老人给予关照，但因干部调动，前后脱节，造成烈士家属的给用出现困难的事，以及落实老人赡养的情况。陆克烈士的家人非常感动，一直珍藏着刘瑞龙的这封书信。

　　从参与创建红十四军，到血战祁连山；从挺进中原，到百万雄师过大江，刘瑞龙亲历了无数悲壮的历程。当鲜艳的五星红旗伴着隆隆的礼炮声在天安门广场冉冉升起的时候，他的心中却奔涌着滚滚的血河，雄壮的国歌旋律震撼着他的胸膛："经过前赴后继的浴血斗争，我们终于在洒满烈士鲜血的土地上赢得了革命的胜利，先烈们的革命精神和业绩永远不应该被遗忘！"

二　撰写《回忆红十四军》

　　几年过去了，刘瑞龙收到的来信有增无减。一些同志建议他，索性把红十四军诞生和战斗的经过写出来，在报纸或杂志上发表，作一个总的答复和纪念。于是，他与时任解放日报社社长恽逸群商榷，得到热情的鼓励和支持。恽逸群组织人力，为刘瑞龙搜集和摘抄解放前的《新闻

---

① 肖政委：即肖望东，时任苏北军区政治委员；贺主任：即贺希明，时任华中行政办事处主任。

报》《申报》《中央日报》等报刊登载的大量有关通海如泰起义和红十四军斗争的报道，供他参考。南京军区也派人到如皋、泰兴地区进行调查访问，提供了不少宝贵的资料。

为了忠实地记录下这段历史，1958 至 1959 年间，刘瑞龙与当年共同参与创建红十四军的张爱萍多次商议，以回忆录的形式，把红十四军的诞生和失败经过写出来。张爱萍首先发表了《围攻老虎（户）庄》一文，具体描述了红十四军经历的最残酷的一场战斗和第一任军长何昆牺牲的场景。

就在新中国成立十周年庆典即将来临之际，江苏省委提出要在报刊上宣传党史方面的内容，特别是宣传土地革命时期成立于江苏并对江苏革命战争产生重大影响的红十四军。省委负责理论工作的刘顺元书记亲自与刘瑞龙联系，希望给予支持，结果，一拍即合。刘瑞龙高兴地对刘顺元说："我这里有很多红十四军的资料，省委最好派一位同志来北京，帮助我整理一下。"

刘顺元与有关方面研究后决定，派《群众》杂志社的主任编辑乐秀良担负此项重任。《群众》杂志是江苏省委主办的政治理论刊物。乐秀良是 1942 年参加革命的老同志，不仅文笔好，还是个快手。更难得的是，战争年代，他在苏中地区工作过，对通海如泰的情况比较熟悉。如果乐秀良立刻出发去北京，《回忆红十四军》的文章赶在国庆十周年专辑上首发应该不成问题。

1959 年 6 月底，乐秀良登上开往北京的列车。望着车窗外飞速闪过的江河、田野，奔腾的思绪把他带回到解放战争初期的江海大地。那是 1946 年夏天，蒋介石全面撕毁停战协定，发动了对全国各解放区的全面进攻，战争的阴云笼罩着苏中地区。面对国民党 12 万重兵，以及飞机、火炮的猛烈进攻，苏中人民在粟裕司令员和谭震林政委的指挥下奋起迎战。就在敌人大兵压境的同时，苏中的土改运动也搞得轰轰烈烈。作为《东台大众》报社记者，乐秀良有幸参加华中分局第一地委扩大会，听取苏皖边区副主席刘瑞龙作土改报告。

那天，刘瑞龙走进会场时，正好从乐秀良身边经过。出于职业习惯，乐秀良留心地打量着这位首长，只见他穿着一身不大合体的宽大军装，赤脚穿着一双不太合时宜的矮腰黑雨鞋，而他挺直的腰板和矫健的步履却是一派威武的军人风度。那天，乐秀良的座位距离主席台较远，但刘瑞龙洪亮的声音和极富鼓动性的讲话给他留下了深刻的印象。

10多年过去了，而今的刘瑞龙是新中国的政府部长，与他面对面地谈事情，情况又将是怎样的呢？

乐秀良走出前门火车站，顶着烈日来到位于东单西库寺的国家农业部办公大楼。当身材魁梧的刘瑞龙出现在面前时，乐秀良的顾虑顿时打消了。他依然那么朴素，一件普通的白府绸短袖衬衫，肥大的灰色咔叽布长裤，脚穿圆口黑布鞋，说话面带微笑，非常平易近人。刘瑞龙亲自沏了一杯江苏产的碧螺春茶，款待远道而来的客人。

身为农业部常务副部长，刘瑞龙的日常工作十分繁忙。这一天，他是从百忙中抽出时间，专门接待乐秀良的。听说乐秀良是在上海当学徒时，读着斯诺的《西行漫记》走上革命道路的，他革命生涯的起点就在通海如泰地区，刘瑞龙非常高兴。

简单交谈之后，刘瑞龙向乐秀良详细介绍了土地革命时期通海如泰地区农民起义的经过，红十四军成立的历史背景，以及撰写回忆录的指导思想。他拉开抽屉，取出一份由他本人和张爱萍将军起草的简要提纲的初稿，递给乐秀良看。接着，他又从书柜中拿出一大包经过整理、分类的历史资料，其中有烈士子女和亲属的来信，有老同志、老工人和老赤卫队员提供的亲身经历，以及他们长期保存下来的珍贵史料。

刘瑞龙要求乐秀良充分利用这些材料，在此基础上进行整理、核实和补充，草拟成一份比较详细的提纲，由他和张爱萍将军讨论商定后，再写成回忆文章。刘瑞龙把乐秀良安排在秘书梁雪丰的办公室，专门为他准备了一张办公桌，还为他安排好食宿。刘瑞龙充满信任地叮嘱乐秀良，一定要集中精力把这件凝结着红十四军英烈鲜血，凝结着烈士亲人重托和老一代革命家厚望的工作完成好。

让乐秀良特别感动的是，刘瑞龙对红十四军，对通海如泰地区土地革命中牺牲的烈士有着非常深厚的感情。他一口气说出几十位烈士的名字，以及他们的家乡、革命经历和英雄壮举，还背诵了好几首当年广泛流传的歌曲和民谣。他用手指在桌子上轻轻地打着拍子，一板一眼地低声吟诵着当年南通党组织为启发群众阶级觉悟而编写的一首歌谣：

> 青的山，绿的水，灿烂的山河。
> 美的食，鲜的衣，玲珑的楼阁。
> 谁的功，谁的力，劳动的结果。
> 全世界，工农们，联合起来啊！

对如泰五一农民暴动的领导人、原中共泰兴县委书记沈毅烈士用民间"十二月花名"填词的一首《暴动歌》，刘瑞龙也十分熟悉。他不禁唱起：

> 正月里来是新春，豪绅地主杀穷人，别人杀人用刀杀，地主杀人只要说一声。
> ……
> 十一月里来雪花飘，工农举起斧头和镰刀，革命到处起高潮，打得土豪劣绅没处逃。
> 十二月里来交新春，苏维埃政府建立成，领导工农向前进，穷

1980 年 6 月，刘瑞龙与老战友参谒如皋烈士陵园时留影。左起：王长生、陆植三、刘瑞龙、徐民义、叶胥朝、施亚夫

人从此翻了身。

刘瑞龙完全沉浸在深切的回忆和昂扬的激情之中。

在写到红十四军失利一段时，刘瑞龙特别提示乐秀良，不要写得凄凄惨惨的，要充分表现红十四军英烈们那种革命的乐观主义精神和不屈不挠的英雄气概，在"老大人头挂前街，老二分尸野鸭滩"的白色恐怖中，他们的亲人们还在继续战斗，准备烧掉草屋，拿起铡刀，再到"阎王殿"上去造反！

在刘瑞龙的亲自指导下，乐秀良夜以继日地辛勤笔耕，先是写出比较详细的提纲，由刘瑞龙和张爱萍讨论，后经过反复修正，终于完成了5 万多字的《回忆红十四军》征求意见稿。刘瑞龙请乐秀良将打印装订好的 30 本征求意见稿带回南京，请省委审定并征求有关地区党委的意见。刘瑞龙本人也广泛征求叶胥朝①、陆植三（即陆景槐）、李俊民、汪蓁子（即汪钦曾）等当年参加通海如泰斗争的老同志的意见。

乐秀良冒着酷暑在北京一住就是两个多月。他勤奋认真的工作态度和对历史的深刻理解，让刘瑞龙非常满意。刘瑞龙也从多方面关心乐秀良，日后，他们竟成了"文字"之交。

《回忆红十四军》在《群众》杂志国庆专刊如期发表后，又连载5期，受到南通、扬州地区党组织和群众的普遍关注和好评。读者纷纷来信畅谈感受，还提出了补充和修正意见。江苏省委第一书记江渭清看过文章后，委托编辑部带信，感谢刘瑞龙为江苏党史、军史研究提供了一份极其宝贵的资料。应广大读者的要求，江苏人民出版社计划出版一本《回忆红十四军》的小册子。经过紧张的充实、整理、编辑、排版，一份约8万字的清样终于打印好。

1962年8月，刘瑞龙郑重地为这本即将出版的小册子题词：

献给为祖国解放和共产主义事业光荣献身的同志们

但是，令人意想不到，《回忆红十四军》却随着小说《刘志丹》的被错误批判而被打入冷宫。

在相当长的一段时间里，在一般党史和革命史著作中，绝少提及通海如泰农民运动和武装斗争，在中国工农红军的战斗序列中，也看不见红十四军的番号。许多人对红十四军是否确属中国共产党领导的一支正式革命武装力量尚有怀疑。有人认为这不过是一次一哄而起的贫苦农民与百姓的暴乱，是一群"乌合之众"的自发斗争。还有人说红十四军是"立三路线的产物"，认为这个地区本来就不应该搞武装起义，红十四军

---

①　叶胥朝：时任中共江苏省委统战部副部长。1927年加入中国共产党，土地革命战争时期曾任中共如皋县委委员。

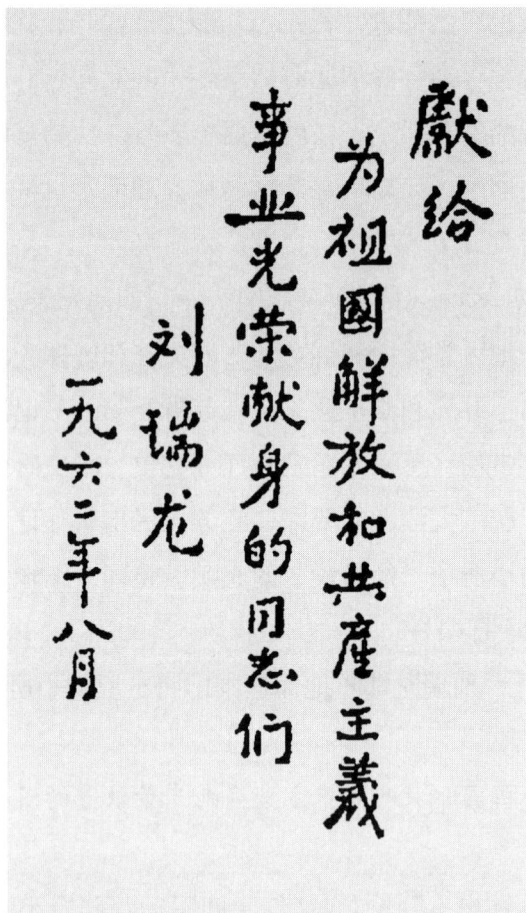

献给
为祖国解放和共产主义
事业光荣献身的同志们
刘瑞龙
一九六二年八月

1962 年 8 月，刘瑞龙为《回忆红十四军》一书
题词

应和"立三路线"一起被否定。有人甚至认为搜集、整理有关红十四军
的历史资料也无多大意义。

对这场地跨 8 县、历时 3 年的共产党领导的农民革命运动和游击战
争，到底应该如何看待？众多参加者前仆后继、流血牺牲是否值得？是
否应该歌颂？历史是最有力的见证！

从 1940 年 7 月率部挺进苏北，到军政全胜过大江，粟裕将军在这
片热土上迂回战斗了近 10 个年头。他亲眼目睹了，红十四军的斗争在

通海如泰地区留下的深刻影响。粟裕在其回忆录"挺进苏北与黄桥决战"一章中曾作过高度的评价。

他写道："泰州、泰兴、如皋、南通一带，是 1930 年土地革命时期红十四军的主要活动地区。当年的武装斗争虽然失败，但是党在人民群众中的影响很深，'野火烧不尽，春风吹又生'，一些革命分子开展宣传活动，收集武器，组织和发展抗日武装。"

他指出，1940 年新四军建立江北根据地之前，作出首先进军黄桥，建立以黄桥为中心的革命根据地，向通、如、海、启发展的决定，一个重要原因是"该地区有我党的工作和影响，群众基础好。我军东进抗日，能获得地方党的配合和广大人民的热烈拥护"。

对于通海地区的地理位置威胁和牵制敌人的战略地位，粟裕将军也给予充分的肯定。他说："黄桥处于靖江、如皋、海安、泰兴等县的中心，以黄桥为中心建立根据地，便于向（南）通、如（皋）、海（门）、启（东）发展。而只有控制通、如、海、启才可以与我江南部队相呼应，控制长江通道，威胁日寇和切断韩顽①与江南冷欣②的联系。"

三　农委主任请来的贵宾

1962 年冬天，一位满头白发的农村老太太，作为华东局农委主任刘瑞龙的贵宾，住进了中共南通县委第一招待所。在当时，县委一招可是南通屈指可数的"高级宾馆"。

老太太名叫徐如英，时年 73 岁，是金沙镇墩塘村的普通农民。从衣着看，老太太衣服裤子虽然很干净，却补丁摞着补丁，已是隆冬，她还赤着脚穿着方口布鞋。人们不禁交头接耳地猜测着："这老太太究竟

① 韩顽：即国民党顽固派、时任江苏省省主席韩德勤。
② 冷欣：国民党将领，抗战期间任江苏省政府委员和江南行署主任。

是刘主任家的什么亲戚？"

那是 1930 年 4 月的一天，中共金沙区委在二总土地堂北召开秘密会议，研究布置准备粮草支援红十四军第一支队进攻金沙之敌。会后，区委委员张祖昌带着区委的 4 位同志到自己母亲徐如英家住宿，不料被敌人的暗探发现。第二天拂晓，国民党金沙区公所特务队将徐老太太的茅草房包围了，5 位区委干部当即被敌人逮捕。当日下午，张祖昌和区委委员刘金乔惨遭杀害。

听到不幸的消息，南通县委书记刘瑞龙非常悲痛。几天后的一个早上，他带着一个同志来到墩塘村，看望、抚慰张祖昌烈士的母亲徐如英。尽管丧子心痛，徐妈妈有千言万语要诉说，但估计敌人会在附近设下埋伏，便低声对刘瑞龙说："刘县委，赶快离开，这里不能耽搁！"说着，她吩咐大儿媳曹金秀把刘瑞龙送到四总岸北自己的大女儿张爱珍家暂避，再由爱珍姑娘把他们送到安全地带。临别前，刘瑞龙送给徐妈妈两双胶鞋，还交给她一沓县委的宣传标语，吩咐她立即烧掉。

徐如英刚刚烧掉标语，一个暗探便闯了进来，花言巧语地对她说："我亲眼看到刘瑞龙和另一个家伙跑到你家，人呢？把刘瑞龙交出来，我包管把你的大儿子放出来！"

二儿子刚刚牺牲，大儿子又被捕未归，徐如英救子心切，但一想到刘瑞龙是南通县委的领导人，就是牺牲自己的性命也要保护刘县委的安全。于是，她计上心来。

她神色慌张地说了句："是啊，儿子可是娘的命啊！"她又哆哆嗦嗦地倒了一碗水说："你先喝口水，他们没走远，我马上把他们骗回来！"

话音刚落，徐如英便追了出去。她抄小路追上刘瑞龙，亲自护送他到斗香台，找到了金沙区委的同志。

当刘瑞龙即将踏上丝网船安全转移的那一刻，徐如英才忍不住伤心地哭了起来。

刘瑞龙劝慰她说："祖昌同志是为革命牺牲的，他是你们全家的光荣。我们大家都是您的儿子，等革命成功了，我一定会回来看您的！"

一别 30 多年，刘瑞龙始终惦记着烈士的母亲。由于战争环境，县委领导频繁变动，新中国成立后，人们对当年张祖昌牺牲的原因不清楚，他能不能定为革命烈士？缺少有力的旁证。徐老太太的忧虑与日俱增。她曾想寻找刘瑞龙，但是天下这么大，刘瑞龙现在何处？后来听说刘瑞龙在北京做了大官，她估计刘瑞龙早已把这件事忘记了。

1960 年，刘瑞龙从农业部调到华东局农委后，到通海地区视察和指导工作的机会多起来。他通过当地政府查访到徐如英老太太的下落。此次来南通检查工作，他专门派车把老人家接到招待所。

看到徐老太太，就像见到久别的老母亲，刘瑞龙问寒问暖。岁月的沧桑，贫苦的生活，使老人的脸上爬满了皱纹，但她的身体还是那么硬朗。当看到老人家穿得如此单薄，连袜子都没有，刘瑞龙立即从上衣口袋里掏出几十元钱和布票，吩咐秘书快去给老太太买一身新棉衣和新鞋袜。刘瑞龙让老人坐在沙发上，他亲自端来一盆热水，用肥皂为老人洗了脚，还为她穿上新袜子和新棉鞋。

刘瑞龙又联系了几位幸存的老同志，一起回忆了当年的情景，共同证明了张祖昌牺牲的那段经历。据此，当地民政部门追认张祖昌同志为革命烈士，徐老太太定期享受政府发给的烈属生活补助。在当地党组织和人民政府的关怀和照顾下，徐如英老太太幸福地安度晚年，一直活到92 岁高龄。

四　京城里的"刘家饭店"

刘瑞龙的家是一个拥有十来口人的大家庭。

上海解放后，刘瑞龙便把老母亲接到身边。母亲虽然极少言语，却

1951 年，刘瑞龙、江彤与孩子们在上海。左起：延淮、延申、刘瑞龙、延东、江彤

是儿子的保护神。只要儿子一上班，母亲就坐在走廊的长沙发上等候着儿子下班归来。深夜，她还要在儿子的卧室里走上一遭，看看床铺下、犄角旮旯里有没有害人的"鬼怪"。老人精神爽朗时，也会跟儿孙们开开玩笑。夏日里，看着儿子汗流浃背地摇着大蒲扇，老人诙谐地说："瑞龙真像个卖水的。"

从1956年开始，江彤的大姐姜希宽也来到刘家。姜希宽的丈夫原是一位土木工程师，全国解放不久便去世了。这位大姨是个朴实能干的家庭妇女，从此，一直帮助刘瑞龙夫妇操持家务。

再有，朱姚老太太一家五口人也长期与刘瑞龙生活在一起。除了朱老太外，还有她的女儿、孙女，以及他们的孩子。

刘瑞龙的家经常人来人往，常年有过去的战友及烈士的亲属来找，还有一些南通的亲戚，特别是他调到华东局工作后，出出进进的人就更多了，在家里打地铺几乎是家常便饭。刘瑞龙夫妇为人诚恳宽厚，只要人家找上门来，他们从不怠慢，不仅安排客人在家里吃住，还负责来回的路费，有些生活实在困难的，还要给一些生活补贴。

20世纪60年代初，一位烈士的女儿从南通来上海治病，因生活无着落，刘瑞龙夫妇收留了她，不仅为她提供生活费用，甚至连她看病的花销也包了。直到"文革"初期，刘瑞龙被关押，这个女孩才离开刘家。

有人开玩笑地说："刘瑞龙的家，人来人往，简直像个'大饭店'！"

家里人口多，经济负担自然就重，粮食非常紧张。特别是三年自然灾害期间，家里的粮食定量，不够吃，身为负责国家农业的高级官员，从下边搞点粮食并非难事，但刘瑞龙经常叮嘱家人："千万不能到单位去要任何东西，要和全国人民一起共渡难关！"

为弥补粮食不足的困难，春天，他带着孩子们在院子里钩槐花、采榆钱儿，掺和在玉米面里，做窝头或蒸"苦累"①；夏天，他常带孩子们到郊区荒地里去挖野菜，带回家来包饺子、蒸包子。刘瑞龙调回华东后，家里人来客往就更多了。一到星期天，江彤就乘轮渡到浦东乡下，买些南瓜、蔓菁，用麻袋背回来。

长期以来，刘瑞龙的家庭生活非常简朴。他自己的内衣缀满了补丁。孩子们穿的衣服和布鞋都是大姨一针一线缝制的。延淮和延东在北京读高中、上大学，家里每月只给每人 20 元钱生活费，其中还包括寒暑假回上海的路费。

刘瑞龙常对孩子们说："家里来的客人许多都是烈士的亲属，他们的亲人为革命献出了宝贵的生命。想想牺牲的战友，我们生活艰苦一点又有什么呢？"他还经常给孩子们讲红军爬雪山过草地的故事，教育他们从少年时期起就要自觉培养吃苦耐劳的精神，做革命事业的接班人。

在刘瑞龙家，至今珍藏着一张他与两位母亲的合影。右边一位皮肤白皙、瓜子脸的老太太是刘瑞龙的生母李遂安；左边那位圆脸大眼睛的就是朱姚老太太。两位老人微笑着，一脸的幸福慈祥。站在她们身后的刘瑞龙真真一个老实忠厚的孝顺儿子。

朱老太究竟是刘瑞龙的什么人？不少人暗中猜测，甚至善良地传言："朱老太的女儿朱文英是革命烈士，也许就是刘瑞龙早期的恋人？"

这毕竟是猜测，个中的缘由，还要从 20 世纪初说起。

朱老太原是安徽桐城县一个贫苦的农家女。20 岁那年，她便背井离乡，先是在南京毛巾厂做工，后来又在上海、南京、镇江一带给地主、资本家当佣人。1921 年，她和丈夫带着孩子举家来到南通城，在寺街 19 号居住下来。

---

① 旧时，中国北方的穷苦人家，常用槐花、榆钱、红薯叶等与玉米面拌在一起蒸熟，既当菜又当饭，借以充饥。

刘瑞龙与两位母亲——生母李遂安（右）、革命母亲朱姚（左）合影（摄于 20 世纪 60 年代）

朱姚的丈夫朱康甫是江苏江都县人，没有稳定的工作，经常失业。朱姚起五更睡半夜地给几家人帮工、做事，才换得一家 6 口人半饥半饱的生活。朱姚有 4 个子女，二女儿朱文英从小聪明伶俐，全家省吃俭用，供她读书。后来文英考进南通女子师范学校。

1925 年五卅惨案发生后，朱文英投入到反帝爱国学生运动中。1927 年大革命失败后，她加入了共产主义青年团，不久又参加了中国共产党，曾担任通州女师共青团支部书记、共青团南通县委妇女部部长，成为与刘瑞龙等南通进步青年并肩战斗的革命战友。

在女儿的影响下，朱姚夫妇把自己的家当作中共南通县委和通海特委的秘密机关。刘瑞龙、李超时等县委、特委和红十四军的主要负责同志经常来往她家。朱姚不仅为党组织收藏文件、掩护开会，还用洗衣、帮工、借债以至典卖衣物得来的钱供同志们生活需用。

后来，朱文英被党组织派到上海、无锡等地工作。1930年年初，她在上海安迪生灯泡厂领导罢工斗争时，不幸被敌人逮捕。敌人多次审问，朱文英咬定自己叫周林宝。敌人没有得到任何口供，遂将她押送到苏州监狱。由于非人的监狱生活和残酷折磨，几个月后，朱文英终因伤寒症并发精神病在狱中病逝。为严守党的机密，保护党的秘密机关，朱文英在狱中没有给父母写过一封家信。

女儿朱文英的牺牲，使朱姚万分悲痛。她发誓要为女儿报仇，要将革命工作做到底！

1931年春，中共特科负责人顾顺章叛变革命，严重威胁中共党组织的安全。根据党组织的安排，朱姚和丈夫带着小女儿来到上海，在黄励、邓中夏同志领导下，为党领导的"中国革命互济会全国总会"（即全国互济总会）做掩护工作。她为党组织收藏密件，传递消息，做饭洗衣，照顾同志们的生活，无不尽心尽力。1932年，经全国互济总会主任黄励介绍，朱姚加入了中国共产党。

在此期间，朱姚的丈夫朱康甫得了重病，因打错了针，全身疼痛难忍。朱姚在党的重要机关工作，不能让丈夫住进机关，她也不能到医院去看望丈夫。朱康甫一个人躺在病床上忍受剧痛，将身上掐得青一块紫一块，十几天后，他在疼痛中不幸离世了。这件事传到中央苏区，毛主席都知道朱姚的故事。后来，同志们对朱姚说："朱妈妈，毛主席在江西，他虽然不认识你，你为革命工作不顾亲人生病的事他是晓得的。"

1933年春天，朱姚接受党组织的委托，照管一个名叫毛毛（刘允若）的男孩儿。孩子的母亲何宝珍是全国互济总会副主任兼营救部部长。在营救同志时，何宝珍被国民党特务盯梢而被捕入狱。不久，朱姚接受了新的任务，党组织要求她把毛毛另行安置。为了保护好革命烈士的后代，朱姚把毛毛送到乡下，妥善安排在做弹花工的大儿子家里。朱姚后来才知道，何宝珍正是中央职工部部长、中华全国总工会党团书记刘少奇的妻子，毛毛是刘少奇与何宝珍的儿子刘允若。刘少奇前往中央苏区后，何宝珍独自带着毛毛在上海坚持斗争。

1933 年年底，朱姚又去掩护中共中央宣传部机关。在上海从事地下工作的 5 年间，她所掩护的秘密机关没有出过一次问题。

1935 年 1 月，江苏省委遭到严重破坏，上海地方党组织的统一领导机构不复存在。朱姚曾不顾个人安危，掩护瞿秋白夫人杨之华脱险。当时，朱姚并不知道杨之华是谁，只知道有一个共产党员遇到了危险，需要她去掩护，要依靠她的社会关系暂时避居。新中国成立后，杨之华在一份证明材料中说："我至今感觉朱（姚）妈妈对革命是有贡献的。为了掩护我，她找到一家英国人办的蛋厂，让我在那里做工，她当我的妈妈，在政治保密上她对我帮助不少。"

1935 年以后，朱姚一度与党组织失去联系。她又回到南通，一面积极寻找组织，一面做群众宣传工作。1942 年，她终于接上党的组织关系，被中共苏中四地委派往南通二甲敌占区秘密联络点做掩护工作。

抗战胜利那年，朱姚已经 65 岁了，组织上听从她自己的选择。当听说刘瑞龙已经来到淮阴，任苏皖边区政府第一副主席，朱姚毫不犹豫地说，她想去找刘瑞龙。就这样，朱姚到淮阴保育院当了一名辅导员。

战争年代，许多干部忙于工作，顾不得家庭，把孩子寄养在老百姓家里。为了解决同志们的后顾之忧，苏皖边区政府决定在淮阴创办一所保育院，由参加过两万五千里长征的女红军邓六金任保育院院长，入院的孩子一度有 80 多个。

不久，国民党反动派发动内战，苏皖边区政府北撤。考虑到朱老太年事已高，组织上让她就地隐蔽。朱老太坚决不肯，她说："我是来革

延淮、延东、延宁与革命婆婆朱姚在一起(摄于 20 世纪 50 年代)

命的，不是来享福的，我一定要跟着大军北撤！"朱老太是个小脚，硬是带着一部分工作人员和 20 多个孩子，一路长途跋涉，从淮阴到山东沂水，后又过黄河，来到河北宁津县一带，直到 1948 年秋天，济南解放，她才带着孩子们南下，把他们安全地交到父母的手中。

新中国成立后，尽管党组织对朱老太的生活做了安排，决定让她休养，还有国家行政 14 级的干部待遇。但考虑到老太太孤独一人，刘瑞龙夫妇决定让老人家同他们一起生活。刘瑞龙的孩子们都尊称朱姚"婆婆"①。在刘瑞龙的帮助下，朱老太找到革命战争年代失散多年的小女儿朱晓云，但她依然舍不得离开刘瑞龙夫妇和孩子们。

① 婆婆：苏中一带对外婆的称谓。

1973 年，刘瑞龙、江彤携子女与朱姚合影

刘瑞龙家里长期生活着两位年龄相仿，但性格迥异的老太太。可两位老人从来不吵架，吃饭每人一份，也从不争嘴。李老太饮食清淡，喜欢吃米饭、冬瓜汤。朱老太偏爱黏食。家里只要有人到南方出差，都要买回几十斤糯米，还有水磨年糕之类的食品。每当这时，朱老太都是最高兴的。

刘瑞龙经常深夜才从办公室回来，还没进门，就高喊一声："老太！"朱老太则早早地把棋盘纸铺在桌上，等着和刘瑞龙下两盘跳棋。头几步棋怎么走，朱老太早就琢磨好了。不等刘瑞龙坐定，她的第一步棋已经出马。朱老太生性好强，下棋也一定要赢，还经常悔棋，每每都是以刘瑞龙的"失败"而告终。能让老人家开心，刘瑞龙自然很欣慰。

朱老太是在组织的人，特别关心国内外大事。她有一台电子管收音机，每天都要听新闻广播，有些搞不懂的问题，还要向刘瑞龙问个究竟。

"文革"中，刘瑞龙遭受"四人帮"的迫害，被关进监狱，江彤也被下放到工厂劳动，朱老太才很不情愿地离开了刘瑞龙家，与小女儿一起生活。当造反派强迫朱姚揭发刘瑞龙的"历史问题"时，年近九旬的她佯装耳聋："你们说什么？我听不见。"说着，便打开收音机，旁若无人地听起广播来。她曾悄悄地对熟人讲："如果刘瑞龙这么好的人都被抓起来，那就是坏人（指"四人帮"）当道了！"

刘瑞龙与朱老太之间亲如母子的革命情谊，深深感染和影响着他的孩子们。如今，朱老太仙逝30多年了，每当回想起与老人家共同生活的日子，在深切怀念可敬的朱姚婆婆的同时，孩子们也更加钦佩父母正直善良和纯朴宽厚的为人。

第十七章 "文革"磨难

因莫须有的罪名，刘瑞龙被打入冤狱，与外界隔绝了 5 年。在反复无常的提审中他总是根据当时的客观背景，一五一十地把自己知道的事情讲清楚，绝不屈从歪曲事实的蓄意引导，充分表现了一名老共产党员坚定的党性原则和正直的人格。他用火一样的热情在心中遐想，用饱蘸激情的笔为祖国的社会主义建设讴歌，向党献上一片真情。

一 莫须有的罪名

1966 年 5 月，中央政治局扩大会议通过了《中国共产党中央委员会通知》（简称"五一六通知"）。8 月，中共八届十一中全会通过《中共中央关于无产阶级文化大革命的决定》（简称"十六条"），并对中央领导机构进行了重大改组。这两次中央会议，是全面发动"文化大革命"的标志。

在"文革"开始后的一段时间里，刘瑞龙负责华东六省一市的农业生产。他曾带领南方 13 省主管农业的副省长到江苏、浙江两省召开水稻现场会。这时，全国省、地（市）、县各级领导先后受到严重冲击，不能正常工作。刘瑞龙的心情十分沉重。他一直牢记毛主席的话："全党一定要重视农业。农业关系国计民生极大。要注意，不抓粮食很危险。不抓粮食，总有一天要天下大乱。"①刘瑞龙循循善诱地告诫各省的同志："不管遇到什么困难，农业生产一定要抓好，群众要吃饭呀，请把我讲的精神转告给省委。"

1967年伊始，《人民日报》《红旗》杂志发表元旦社论，宣布"1967年将是全国全面开展阶级斗争的一年"，号召"向党内一小撮走资本主义道路的当权派和社会上的牛鬼蛇神，展开总攻击"。

1月5日，"中央文革小组"副组长张春桥鼓动并指挥上海"工总司"等造反派组织："当前的基本问题是把领导权从走资派手里夺回来，希望造反派把要害部门控制起来。"

以王洪文为头头的上海造反派组织立即召开"打倒市委大会"，第二天就篡夺了上海市的党政大权，刮起了所谓"一月革命"的风暴。以"一月风暴"为源头的夺权之风，很快吹遍大江南北。

"文革"前，张春桥是中共上海市委书记兼中共华东局宣传部部长。"一月风暴"后，他担任了上海市革命委员会主任、中共上海市委第一书记兼南京军区第一政治委员。张春桥知道自己的历史不干净，想要坐稳，首先要扫清自己周围大大小小的"地雷"。秉承他的旨意，造反派开始在华东局大打出手，把近百名干部列为"黑线人物"，一个个贴上诸如"走资派"、"叛徒"、"特务"、"假党员"、"反革命"、"阶级异己分子"的标签。

这年3月，刘瑞龙"靠边站"了。造反派不让他每天回家，要他在华东局机关里"劳改"，做苦工，还要经常挨批斗。半年后，造反派又

---

① 1957年1月27日，毛泽东在全国省、市、自治区党委书记会议上的讲话。

把他转移到太湖水利局，将其监禁起来。

"文革"开始后，全国各地来上海找刘瑞龙外调的非常多，从国家主席刘少奇的专案组，到农业部下属单位，几乎天天有人来外调，最多时，一天要接待两三个单位。刘瑞龙革命生涯漫长，经历特别丰富，且长期担任领导职务。"文革"一来，过去的老领导、老战友、老部下都成了"走资派"、"叛徒"、"特务"，或是被审查对象。每次接待外调人员，刘瑞龙都是根据当年的客观背景，一是一、二是二地把自己知道的事情讲清楚，绝不屈从某些外调人员歪曲事实的蓄意引导。事后，他还要在日记中记下：今天，××地区××单位的××同志来我处，调查×××的××问题。我的回答是一、二、三、四……在如此动荡复杂的环境中，刘瑞龙本着对党、对同志高度负责的态度，仍旧冷静、严谨地处理问题，充分表现了一名老共产党员坚定的党性原则和正直的人格。

当年在华东局工作的一位同志回忆说："一次，刘瑞龙挨批斗，一连几小时坐'喷气式'。散场时，他已疲惫不堪，走路都很困难。他忽然在人群中看到我，便走过来低声关照说：'你那个农村住房调查还要继续做下去！'当时，我的眼泪都要流出来了，心酸之余，我更增加了对刘瑞龙同志的敬重。"

身为华东局农委主任，刘瑞龙不仅关心华东六省一市的农业生产，也很关心当地的农民生活。江南水乡气候潮湿，农民患关节炎病的较多。他和有关省市负责同志研究，如何改善农民的居住环境，农民住房能否建成二层小楼？建楼要花多少费用？怎样建楼长久坚固且成本最低？"文革"中，刘瑞龙的处境已到了"自身难保"的地步，但他仍旧在关心农民群众的住房问题。

"四人帮"妄图在华东局找到"突破口"，刘瑞龙的名字就在他们的"黑名单"之中。当张春桥的得力干将"探听"到，华东局农委主任刘瑞龙知道不少张春桥的历史情况时，便处心积虑地到处搜集有关揭发刘瑞龙的各种小报，一并送到张春桥面前。

张春桥像是被马蜂蜇了一样，又不好直接出面，于是把自己的妻子李文静——一个有严重历史问题的变节分子推到台前。一份由李文静口授、游××"执笔"并署名的揭发报告，很快便呈送到张春桥的办公桌上。张春桥大笔一挥，在报告上作了眉批："刘瑞龙是华东局的坏蛋，你们要把他批倒批臭！"

11月的一个深夜，华东局突然召开全体机关干部紧急会议批斗刘瑞龙，诬陷他是把矛头指向"中央文革"和"无产阶级司令部"的"现行反革命"。一夜之间，"打倒刘瑞龙！"的大标语刷满了上海的大街小巷。

经谢富治、张春桥批准，由上海市公安局发出拘票，刘瑞龙被非法关进上海市第一看守所，一切手续都是按犯人入所的程序办理的。进所时，他胸前挂着写有"刘瑞龙"三个字的大黑牌子，公安部门还为他拍了照片。

张春桥为什么如此心虚？他到底有什么把柄握在刘瑞龙手里？

原来，20世纪30年代中期，张春桥在上海工作过。1949年刘瑞龙在担任中共上海市委秘书长期间，曾接收、经管过上海党中央保管在中央文库的一批党的重要历史档案。其实，这些重要档案与张春桥风马牛不相及。

1927年秋天，我党中央机关陆续从武汉迁回上海。随着革命形势的发展，红军和根据地的逐渐扩大，党的各项工作逐步展开，党中央与各级组织之间的文件来往日益频繁，积存在中央机关的文件也越来越多。为了妥善处理和保存党的重要文件，1931年上半年，中央军委书记、组织部部长周恩来曾提议建立中央文库。

1932年秋，中共早期共产党员陈为人接受了为党保存中央文库的任务。陈为人是湖南人，即以开设一家湘绣店为掩护。白日里，他与夫人韩慧英以衣冠楚楚、处事阔绰、神情悠闲的富商形象出现在世人面前。晚上，他就憋在三楼密室通宵达旦地工作，将密写在各种小说、报纸上的文件与信函抄录下来，把原来写在厚纸上的文稿转抄到薄纸上，把大字抄成小字。经过一段的工作，他们按党中央的规定，将原 20 箱档案按时间、地点、专题分类，重新装箱完毕。一切目的都是为了使中央文库缩小目标，避开敌人的耳目。

1933 年年初，鉴于上海严峻的斗争形势，党中央撤到中央苏区。陈为人夫妇坚守阵地，数次转移，确保文库的安全。在这期间，韩慧英曾在外出联络工作时被捕。陈为人也因贫病交困奄奄一息。

后来，中央文库的保管任务由上海地下党情报系统的同志承担，先后有多位同志经手，却没有因为这些同志工作调动或曾经被捕而遭受丝毫的损失。党中央长征到达延安后，曾多次调用中央文库的档案。

1949 年上海解放时，中共上海局负责机要工作的同志，当即向市委第二书记刘晓汇报了中央文库的情况，并将全部档案送交中共上海市委组织部。刘瑞龙担任中共上海市委秘书长期间，曾亲自经管这些档案，在调离上海市委之前，他将这些珍贵的历史档案郑重地转交给党中央。

张春桥是 1935 年来上海的，当时刘瑞龙正在艰苦卓绝的万里长征途中。当年刘瑞龙在江苏省委工作时，结识了一些上海的文化人，特别是"左联"的同志。新中国成立后，他又与这些老同志交往甚密。张春桥做贼心虚，自认为刘瑞龙知道他那一段不光彩的历史。

在 20 世纪 30 年代中期的上海左翼文化界，提起张春桥可能鲜为人知，提起被鲁迅先生批臭的"狄克"，恐怕无人不晓。

张春桥从济南来到上海不久，便在上海杂志公司担任校对员。上海杂志公司是上海文坛的窗口，校对之余，张春桥也向各报纸杂志投稿。

1936 年春，张春桥用狄克的笔名，写了题为《我们要执行自我批判》的文章，吹捧"国防文学"，攻击受到鲁迅先生高度评价并为之作序的萧军的长篇小说《八月的乡村》。更确切地说，张春桥是受"军统"上海特区直属联络员、复兴社头目崔万秋的指使，在崔万秋任主编的上海《大晚报》副刊《火炬》上发表文章，向鲁迅先生射来冷箭。

而此时，上海文化界正围绕"国防文学"和"民族革命战争的大众文学"展开激烈的争论。张春桥主动跳出来，恰好给鲁迅先生找到了箭靶。于是，鲁迅先生发表了震动文坛的《三月的租界》，通过狄克这个例子告诫大家，在斗争形势急剧变化的时候，应当加强警惕，站稳立场，决不能颠倒敌我关系，混淆阶级阵线。

二 一名老共产党员的原则和尊严

坐落在南市区的上海市第一看守所，是一座三层高的监狱楼，对外只开着一扇扇小窗户，犹如一艘巨型轮船。楼内，牢房一半朝南，一半朝北，靠走廊一边是紧锁着的铁门，通风条件极差。

"文革"中，公检法被砸烂，第一看守所的实际权力被王洪文手下的造反派控制着。在这里，刘瑞龙完全是按犯人的待遇，每月只有 5 元钱的伙食费，粮食实行 8 两定量，吃的是南方最次的糙米和菜根、菜皮之类的处理菜，一点油水也没有。

几个月后，刘瑞龙被转移到位于闵行区漕宝路的上海市少年管教所。"文革"中，这里专门"监护"华东局和上海市一些高级别的"走资派"，以及所谓的上海 30 年代文化界的"黑线人物"。刘瑞龙被禁闭在一座灰色二层楼的楼上。他的专案编号是第 11 号。

与关押重犯的第一看守所相比，这里似乎文明一些，却进入了系统整人的阶段。在将近 1800 个日日夜夜，刘瑞龙承受着政治、精神和身体上的折磨，审讯更是家常便饭。专案组秉承上级的旨意，先是追查刘瑞龙与"二月逆流的急先锋"谭震林的关系，结果一无所获，接着，又追查他1928年6月、1931年5月两次被捕和在西路军被俘的问题，妄图把他打成叛徒。

在反复无常的提审中，刘瑞龙始终保持着共产党员的气节，坚持党性原则。每当遇到党内一些有争议的重大历史问题，他总是客观地、有理有据地解释当时的背景和事情发生的经过，绝不掺杂任何个人的"推理"或臆断。每当涉及其他同志的问题时，他都竭力保护，拒绝诬陷他人。不管提审员用什么过激的语言，他从来不发火，也从来不争论，顶多沉思一会儿，眼睛看着天花板，然后不慌不忙地给予答复。久而久之，刘瑞龙正直、沉稳的人格秉性和内涵，就连专案组人员都暗中佩服。

在长期革命战争的艰苦环境中，刘瑞龙经常工作到深夜甚至黎明，为党、为部队、为地方政府起草了大量的文件、报告，即使这样，他都从不吸一根烟。可在被监禁的日子里，残酷的精神折磨让他被迫开戒。他开始大量地吸烟，一根接着一根，右手的食指和中指被纸烟熏成了黑黄色。

1968年10月，《人民日报》报道了《柳河五七干校为机关革命化提供了新的经验》，并且加了"编者按"，传达了毛主席的指示："广大干部下放劳动，这对干部是一种重新学习的极好机会，除老弱病残者外都应这样做。在职干部也应分批下放劳动。"

看到这篇报道，刘瑞龙的心情不能平静，主动向专案组提出："我是搞农业的，是否能让我去农村锻炼？"

专案组置之不理。

他又申辩说："毛主席说，废物也可以利用啊！"

得到的回答却是强硬的拒绝。

　　一段时间，刘瑞龙的情绪有些低沉，自己已经年近六旬，为党工作的时间不多了，难道光阴就这样白白地流逝掉？多少个夜晚，他躺在硬板床上，辗转反侧，无法入睡……

　　在5年的监管生活中，专案组对刘瑞龙的折磨形式是多种多样的。夏天，用车轮战，连续审讯，让他白天挨高温，夜里喂蚊子。已经到了初冬，专案组还不让家人给他送棉被。他一直睡在凉席上，盖着毛巾被，冻得腰都直不起来。在极端恶劣的环境中，刘瑞龙始终关心着党和国家的前途和命运。他重新通读了《资本论》和一些马、恩、列原著，写出30多万字的读书笔记。他还用工整的字体抄写毛泽东论学哲学和毛泽东的四篇哲学著作，献给共和国20周年生日。他回忆着青年时代参与创建红十四军的战斗经历，考虑如何补充和修改被打入"冷宫"的《回忆红十四军》书稿，盼望有朝一日能够正式出版，为九泉之下的英烈讨回公道。他悉心琢磨科学种田的经验，写出《农业八字宪法浅说》的详细纲目。

　　这时，刘瑞龙每月只有25元生活费，除了伙食费外，还要订阅《人民日报》，理发、买烟，再加上买肥皂、牙膏、卫生纸等日常用品，所剩无几。

　　令人奇怪的是，刘瑞龙的卫生纸用得特别快，还总是买最低级的那种。刘瑞龙要写字，那种卫生纸虽然黑些，但表面光滑。时间不长，整摞的烟纸、卫生纸，报纸的边边角角都写满了密密麻麻的小字。刘瑞龙写的东西曾几次被专案组强行收走。在心中充满愤懑、痛惜的同时，他的心情又很快平静下来："搜走了，我再写，反倒印象更深了！"

　　刘瑞龙的笔是停不住的，要写的东西太多了，香烟纸、卫生纸、从报纸上裁下的白边已经远远不够用，他就利用下楼"劳改"，打扫环境卫生的机会，在垃圾箱里捡回一些废烟盒。日复一日，年复一年。当人们看到，一捆捆废旧不堪的破烂烟盒纸、一本本用卫生纸钉成的小册子

"文革"期间，刘瑞龙狱中写在烟盒纸背面的笔记里面，写满了芝麻大小挺秀舒展的钢笔字时，无不为这位老共产党员忠诚、执着和坚韧的品格所感动。

　　后来，在刘瑞龙从监狱带回来的行李中，孩子们发现父亲的衣服裤子已经十分破旧了，但都补得平平整整，有一件衣服上，竟然补缀了240多块补丁。刘瑞龙把捡来的鸡翅骨磨成小针，用窗纱的铁丝一点一点钻出针鼻来。他还把别人丢弃的旧袜子拆出线来，再沿着布的纹理，一针一线把衣服、裤子上的破洞补缀好。那种恶劣环境中，刘瑞龙仍保持衣着整洁，作为一个共产党人，作为一名革命战士，在任何情况下，都要维护自己的人格尊严！

三　狱中遐想

　　刘瑞龙一贯不多言语，却充满内在的激情。这位在1927年大革命失败的血雨腥风中加入中国共产党的老党员，深爱着我们的党、我们的人民和祖国的大好河山，也深爱着共同出生入死的战友和自己的亲人。在与外界隔绝的5年里，他没有消沉颓丧，心中充满了正气。他用火一样的热情在心中遐想，用饱蘸激情的笔为祖国的社会主义建设讴歌，向党献上一片真情。

　　1968年，狱中生活的第一个春天来临了。春天的脚步却被钉得死死的玻璃窗挡住了。刘瑞龙一点也呼吸不到室外的新鲜空气，只能从窗外的梧桐树吐出嫩芽，长出新叶，来吸吮春天的气息。刘瑞龙常年领导农业工作，对一年之中的节气最为敏感。他的心早就放飞到广阔的田野上。他陶醉了，置身在一片浓浓的春意之中。于是，他记下狱中遐想——《春意》：

　　　　遍地花开眼，新芽枝头萌。

人勤春来早，农家春意浓。

大军如潮涌，积肥朝前冲。

书记挑重担，身后走长龙。

银犁掀垡浪，犁到冻土融。

沃土催播种，铁牛逗春风。

麦苗盈畦绿，盎然映碧空。

畦畦勤管理，增产靠加工。

妇女忙选种，仓库笑声融。

粒粒勤挑拣，良种保年丰。

天地多广阔，村村画图中。

争春花遍地，何处不飞红。

水腾人欢笑，红日暖心胸。

紧跟共产党，春意遍寰中。

一份唯一的报纸——《人民日报》，成了陪伴刘瑞龙5年监禁生活最亲密的伙伴。他为祖国在经济建设和科学技术上所取得的成就感到欢欣鼓舞。他写下《南京长江大桥通车》《破阵子·红色卫星上天》。最让刘瑞龙牵挂的还是我国农业和林业的发展，以及种树种草、治理沙漠。在狱中，他先后写下16篇诗词，绝大部分与农业有关，如，《浪淘沙·坝上》《浣溪沙·上旺》《清平乐·沙石峪》《减字木兰花·愚公移山治理沙漠》《燕山人民颂燕山》《胶东栖霞山区》《山区巡回教学》，等等。

刘瑞龙被监禁后，他的家人被迫从皖平路12号一所宽敞的住宅，搬到泰兴大楼，仅有的两间朝北的房子拥挤不堪。老伴儿江彤原是上海纺织机械公司党委副书记、副经理，开始还是公司"文革"小组组长，工宣队"三结合"的对象。因为刘瑞龙的问题，江彤受到牵连，被关在郊区交代问题。刘瑞龙想妻子，想孩子，最放心不下的还是儿子延申和小女儿延宁。

刘瑞龙有三个女儿，一个儿子。1949 年儿子延申出生时，刘瑞龙已进入不惑之年。那天，他和三野参谋长张震、第二十三军军长陶勇开怀畅饮，喝得酩酊大醉，人生四十才得一子，喜悦心情可以想见。刘瑞龙对延申的要求一贯非常严格。而眼下，延申刚刚 18 周岁，正是世界观形成的关键时期。社会的打砸抢、无政府主义又会给这一代年轻人带来怎样的影响？他心中充满了忧虑。

刘瑞龙入狱时，小女延宁只有 13 岁，还戴着红领巾。不久，这个天真烂漫的小姑娘就背着家人，独自和高班的同学跑到浙江天台县南山公社小岭头茶场，后来又跟哥哥延申在江西靖安县务农。刘瑞龙又不能给家人写信，他写下一首《扁担精神》赠予小女，只能在心里给她鼓励和祝愿：

扁担三尺三，重担挑上肩。
轻挑让别人，重挑抢先担。
不怕担子重，不怕路途难。
脚跟要站稳，眼睛向前看。
肩膀压不垮，腰杆压不弯。
党叫挑重担，奋斗永不完。
送走了贫穷，挑来幸福泉。
任重道又远，征途着先鞭。

1971 年"九一三"事件后，专案组的监管有所放松，春节期间，还发了几块奶糖。刘瑞龙是个细心人，他发现其中一张糖纸的花边上有 4 个活泼可爱的小孩头，正好 3 个女孩和 1 个男孩，看着看着，4 个小孩好像动了起来，那个头顶留着一撮头发的小男孩不就是延申吗？那个梳着小翘辫的小姑娘还真有些像延宁！一张普通的糖纸，在刘瑞龙眼中变幻成自己儿女的合影照。他用手轻轻地把糖纸展平，夹在《毛选》中珍藏起来，每天拿出来看几次，以此寄托对儿女们的思念。

1972 年 7 月 1 日是中国共产党 51 周岁的生日。从 1927 年入党，如今刘瑞龙已经是一位有着 45 年党龄的老党员了。用什么向敬爱的党献礼呢？

他回想起当年参观红旗渠的情景。那是 1966 年 5 月 28 日，刘瑞龙带领华东地区参观团一行 11 人，来到河南省林县观摩学习。他们从位于山西平顺县的红旗渠渠首，沿侯壁断拦河坝、青年洞、南谷洞水库、分水岭，一路下来，接着又参观了红英汇流和桃园渡槽。刘瑞龙越看越有兴趣。他非常感慨地对领导这项浩大工程的林县县委书记杨贵说：

1972 年 11 月，刘瑞龙遭监禁 5 年后出狱。图为出狱后与家人在上海外滩合影。左起：刘延宁、刘延淮、刘瑞龙、刘延申、江彤、刘延东

"红旗渠就挂在太行山的山腰上，这么艰巨的工程，建在国家困难时期，靠的是自力更生，没用国家一分钱，真是了不起啊！"

刘瑞龙对杨贵并不陌生。1957年11月，中央农村工作部在北京召开全国山区生产座谈会时，这位身材高大、黑发浓密的县委书记就向中央和省部委领导同志汇报了林县山区建设的经验。他从林县的地理位置、自然条件谈起，讲到滴水贵如油的历史，交通闭塞给山区群众生产、生活带来的困难，又讲到县委如何因地制宜、全面规划，带领群众打旱井、挖山泉、修水库。国务院副总理邓子恢和在场的领导同志都非常感兴趣，会议还专门出了简报，称赞林县的道路就是中国山区建设的方向！

刘瑞龙决定写一首长诗，通过赞美红旗渠，来歌颂伟大的人民，歌颂伟大的党：

> 红旗渠，红旗渠，
> 林县人民举红旗。
> 人造天河天下奇，
> 凿壁穿岸漳水移，
> 串洞盘山三千里，
> 奋战十载创宏基。
> ……

刘瑞龙完全沉浸在当年参观红旗渠的情景中，他的思绪就像奔涌的红旗渠渠水，一口气写了82行。刘瑞龙哪里知道，此时的红旗渠也被当作"唯生产力论"的典型，正在经历一场劫难，报纸上已经很长时间没有红旗渠的消息了。刘瑞龙完全是凭着参观红旗渠的记忆，把那条镶嵌在太行山腰的人间天河描写得栩栩如生。

其中："挖通总渠通干渠，总干支渠配套齐"；"垂拱石桥槽渡接，漳河滚滚顺渠流"；"北国旱乡化水乡，荒山秃岭披绿装。山多丘多织渠网，绿水蜿蜒绕村岗"；"悬崖脚下修电站，冲转电机泻飞泉。脱粒磨粉凭电力，碾碾只当古董看。旧时油灯买不起，如今电灯映泪眼。灯下喜拨收音机，句句声声美又甜。"言简意赅，堪称诗中的绝句。如果没有对中国山区建设的深刻了解和真知灼见，是绝对写不出这样紧凑、透彻的诗句来。

在这首长诗的结尾，刘瑞龙饱含深情地写道：

> 饮水思源感党恩，
> 喝口漳水透心甜。
> 干群团结力量大，
> 实干巧干胜自然。

1974年在上海，刘瑞龙、江彤与亲家母张鸿志（前排右）等合影。后排左起：江彤姐姐姜希宽、儿子刘延申、儿媳汪早立

往昔苦难随水逝，

今日幸福滚滚来。

林县红旗飘万年，

长渠巍然映晨曦。

"九一三"事件后，一大批受迫害的领导干部陆续被解放出来，重新走上工作岗位。

1972年11月，刘瑞龙终于结束了5年的囚禁生活，回到温暖的家庭中，回到他所挚爱的工作中。这年12月，他被任命为上海市农业局顾问。

第十八章　老骥伏枥

　　1978 年，是刘瑞龙人生历程中具有特殊意义的一年。沐浴着改革开放的春风，这位从大革命时期走过来的红军老战士，满怀豪情地站在新长征的起跑线上，以极大的精力投入到向农业现代化进军的伟大实践中。"文革"岁月，使他的身体遭受严重摧残。为了抢回失去的时间，他老骥伏枥，从事着严重透支的繁重劳动。

一　站在新长征的起跑线上

　　1978 年，在刘瑞龙人生历程中具有特殊的意义。

　　这年春天，全国政协五届一次会议在北京召开。这是全国政协会议因"文革"停开 13 年后的第一次会议。会上，刘瑞龙当选为全国政协常委。

　　这年夏天，党内开展关于真理标准问题的大讨论，冲破了长期以来"左"的错误思想的束缚，有力地推动了各条战线的拨乱反正，为中共十一届三中全会的召开、为实现中国社会主义建设时期历史性伟大转折奠定了思想基础。

这年秋天，刘瑞龙正式调回北京，任国家农林部顾问。

这年冬天，中共十一届三中全会在北京举行。会议的中心议题是把全党工作的重点转移到社会主义现代化建设上来。周恩来总理在四届人大一次会议上展现的在本世纪内实现农业、工业、国防和科学技术现代化的宏伟蓝图，在排除了"左"的干扰之后，即将全面实施。

这一年，刘瑞龙 68 岁。5 年的牢狱生活使他的身体受到严重摧残。4 年前，他忽觉右手手指发麻，继而，右腿不由自主地抖动起来，全身出冷汗，后来发展到从右手到右肩没有知觉，不能用筷子吃饭，走路非常吃力，眼睛也开始模糊起来。在这期间，他曾多次住院，经过综合治

1980 年，刘瑞龙亲赴常熟县农村检查稻田莳秧质量

疗，虽然右手逐渐恢复功能，但腿脚还是经常出现抖动，后来又出现心慌、手脚发麻等症状。医生诊断，他患有冠状动脉硬化、急性心肌供血不足、糖尿病等多种疾病，建议他长期休息。

沐浴着改革开放的春风，刘瑞龙早已把病痛抛在脑后。这位从大革命时期走来，参加过万里长征的红军老战士，又满怀豪情地站在新长征的起跑线上。谁又会想到，这竟是他人生历程中最后一个 10 年。

1979 年 6 月，刘瑞龙重新担任农业部副部长职务。一回到工作岗位，他便精神百倍地投入工作，以满腔的热情关注全国农村的经济体制改革。他广泛涉猎各种书刊，学习新的理论和知识，认真地回顾和总结领导农业工作的实践，继续对农业科学进行理论探索。

第二年春天，他再也坐不住了，于是，向农业部党组提出，要到苏北和苏中地区走走，考察一下农业生产先进地区在农业现代化建设中如何发挥优势？为了掌握第一手材料，他没有先到南京向江苏省委和省农业厅打招呼，而是直接从北京到上海，然后渡江，由南通一路北上。他轻车简从，从部机关挑选了两位能记、会写，善于发现问题的干部，途中生活由老伴儿江彤照顾，只是为了途中工作方便，请南通地委派了一辆面包车。

从 1980 年 6 月 5 日至 7 月 15 日，刘瑞龙先后考察了南通地区的南通、海门、启东、如东、如皋、海安六个县和盐城地区的东台、大丰两个县，还视察了沿黄海新垦区。在为期 40 天的考察中，他边看、边听、边座谈讨论，了解农业生产现状和农民生活情况，着重探讨建设商品棉基地的若干问题。

南通、盐城地区是我国棉花集中产区。在当时，这里的皮棉产量占全国总产量的 17%，不仅棉花单产比全国平均产量高出一倍多，且质地好，是理想的细支纱原料。粉碎"四人帮"后，南通、盐城地区的农业生产连续三年获得丰收，特别是中共十一届三中全会以来，由于认真贯彻执行党中央关于加快农业发展的一系列政策和决定，人心欢畅，生产蒸蒸日上，农村经济开始活跃，社员收入年年增加。

在调查中，刘瑞龙发现，在形势大好的同时也出现了一系列亟需研究和解决的新情况和新问题。当地群众有许多生动的顺口溜："你要百万担，我要吃饱饭"；"粮食增了产，棉花就大胆"；"夏粮产量低，棉花成了小弟弟"；"粮食一年增，二年掉，棉花增产办不到"……

在产棉区，正确处理粮棉关系是关系到棉农生活和棉花生产能否稳定持续增产的大问题。但从国家目前的状况来看，粮食和棉花都要进口，因而既要求产棉区尽可能多生产棉花，又要求粮食也能基本自给。而棉区人均占地很少，盐城地区人均占地一亩三分，南通地区人均只有七八分地，最少的只有四分地，粮棉争地的矛盾相当突出。

粮棉比例究竟怎么安排合适？过去国家农业部门先后提出"以粮为纲，粮棉并举"，"粮棉并举，突出棉花"，"以棉为主，粮棉双高产"等口号，但在实践中，矛盾依然存在。通过与所到地区负责同志座谈讨论，刘瑞龙认为，提出"以棉为主，粮食基本自给"的方针含义比较明确，也比较能反映客观实际。国家为了从棉区多收购棉花，并使棉农口粮不低于邻近产粮区的水平，就要尽可能给棉区调进一些粮食，真正做到政策兑现。

据当地群众反映，有关棉花定购基数的问题也亟待解决，否则，同样影响棉农的生产积极性。按全国供销合作总社规定，定购基数是前三年的平均产量。而南通、盐城地区从1976年连续丰收，三年平均产量是历史最高值，如果按照这个基数定下来，平年不利于调动生产积极性，遇到灾年不要说完成任务，就连群众的基本生活也无法保证。群众热切要求，在保证完成国家棉花定购任务的前提下，多增产棉花多留成，充分发挥本地原料和劳力资源的优势，发展地方棉纺工业，搞生产、加工、销售一条龙。

根据当地的经验，粮棉产量一般是"旱丰涝歉"。而盐城地区地处淮河、里下河下游，地势低洼，每遇涝年，上有客水压境，下有海潮顶托，使得海港逐渐淤塞，抗洪排涝任务十分艰巨。南通地区的农田则易遭受暗渍。近几年，各地区兴建小型水利工程，以及推广田间一套沟，"里三沟，外三沟"，把田"抬起来种"，已经收到排涝防渍的良好效果。刘瑞龙认为，当前突出的任务是加速搞好中小型水利工程配套，提高施工标准和质量。

燃料、饲料、肥料、木料俱缺，是苏北、苏中农村的一个大问题。刘瑞龙非常关注正在推广的沼气与太阳灶相结合的试点。当看到，海安县成立了能源研究所，正在研制利用太阳能的多种装置；盐城地区农业试验站准备利用风能；南通地区科委在如皋县搞试点，一个40来户的生产小队，家家有沼气池，有太阳灶，晴天雨天都可以烧水做饭。刘瑞龙充分肯定了这些经验，称赞说，沼气池和太阳灶结合，再配以少量的秸秆和煤，逐步改变农村人民生活耗能结构，就有可能扩大秸秆还田的面积，这是培肥土壤，建设高产稳产农田的一个重要条件。

南通、盐城地区河渠密布，资源丰富，发展副业的门路很多。在考察中，刘瑞龙欣喜地看到农村的经济结构正在发生可喜的变化。各地区分别发展了以瓜果、薄荷、药材、杞柳、芦苇、咸水草等为重点的种植业；以猪、牛、羊、兔、蜂、蚕、貂和家禽为重点的饲养业；以鱼、虾、蚌珠、文蛤、紫菜为重点的水产养殖业；以刺绣、钩针、挑花、抽丝、红木雕刻为主的工艺美术产品；还有以竹、草、柳条、紫穗槐等为主的编织业。在这里，农副产品综合加工利用的潜力也很大，仅棉花一项，副产品就有：棉籽榨油，棉油脚制肥皂，棉籽壳作工业原料，短绒作香烟过滤嘴的原料，等等。不少社队都创造了搞好副业生产的好经验。

考察期间，刘瑞龙还来到黄海垦区。在大丰、射阳、东台和如东一带，苏北沿海可围垦开发的积淤成陆的滩地有 300 多万亩。绝大部分海岸还一直向海里淤涨，每年淤涨成陆的面积约有五六万亩。群众说："既然老天爷每年都送来这么多的土地，我们怎能让它荒着不利用呢！"据当地同志介绍，滩地的特点是围得快、长得快，如不及时围垦，就会外高内低，反而会增加兴修排灌工程的困难。

江苏省围垦指挥部的初步设想是，充分发挥地方的积极性，采取以县为单位，组织社队联合开发经营为主，国家给予投资和贷款扶助的方式。刘瑞龙肯定了他们的想法，同时指出，利用滩地一定要实行统一规划布局，统一布置水系，统一工程标准，以保证新垦区充分合理地利用土地和水利资源，全面发展农、林、牧、副、渔生产，逐步建设成现代化的农业基地。他还提出在海涂种植大米草，限制盐碱，改良土壤，几年后，海涂就能变成良田。

土地革命时期，刘瑞龙曾任中共通海特委书记，解放战争时期，又是苏皖边区政府第一副主席。对于当年的老领导重返故地，南通、盐城两地从地委到县委都很重视。起初，人们以为老领导只是故地重游，"走马看花"，各处转转，没想到他那么认真，从群众最关心的问题切入，实实在在地解决了许多农业生产和群众生活的关键问题。

仲夏的江淮大地，骄阳似火。刘瑞龙下棉田，看海涂，上大坝，过沟坎，他手拄木杖踽踽独行。秘书王文德怕他跌跤，总要上前搀扶他一把。刘瑞龙心里明白，自己年过七旬，已经力不从心，走平路腿脚还发软，更不用说上楼下楼了。他嘱咐秘书："下楼时，你要走在我的前边，万一失足，还可搭一把手。"

其实，刘瑞龙的考察工作从一到上海就开始了。上海市农委的同志看到当年的老首长风尘仆仆地前来指导工作，便提前在衡山饭店为他安排好一套带有客厅的高级套房。走进宽敞的大客房，刘瑞龙很不自在，提出要换普通房间。

市农委的同志连忙解释说："考虑到首长要召集座谈会，房间还是宽敞一些好。房租费用嘛，我们全包了，您老就不用操心了。"

刘瑞龙理解地方同志的盛情，当即想出一条万全之计："我在上海还有一位亲戚，我还要去看看她，今晚暂时不住在这里。"

事后，刘瑞龙曾几次严肃地对秘书说："改革开放了，也不能摆阔气，花那么多钱开销房租，我不能开这个先例！"他要求秘书，今后要把工作做在前边，不能再出现让双方都尴尬的场面。

在海门县考察时，刘瑞龙参观了一家乡镇针织厂。包装精美的花色手绢是这家工厂的特色产品。刘瑞龙鼓励他们把产品打入北京、上海等大城市，还要有勇气打入国际市场出口创汇。当厂负责人得知，刘瑞龙的老伴儿曾在上海纺织机械工业公司担任领导工作时，一定要送一些"套帕"做样品，被江彤婉言谢绝。结果，刘瑞龙在这边参观过，厂方在那边把一小包样品悄悄放在面包车上。后来，江彤得知此事，便小声与刘瑞龙商量，一套手帕才几元钱，是不是按市场价买下来？刘瑞龙立刻板起面孔，毫不客气地当众批评说："多少钱也不能要！哪有一边视察工作一边随便买东西的?!"厂方只好把样品收了起来。

回到招待所，随行的同志议论起刚才发生的事，都说刘部长太认真了，在商店里是买，在厂里也是买，一分钱也不少付。江彤笑着为刘瑞龙宽解说："我家这个老头子就是这样，事事讲原则。三年困难时期，他到上海郊区调查蔬菜生产，在回城途中，司机才告诉他，菜区的同志在后备箱里放了一捆大葱。老头子说什么不答应，硬是让司机把车开回去。还有一次去苏州视察，地委送给他一些当地的土产百合。回到上海，他才知道这件事，十分生气地对司机说：'你怎么拿来的，就怎么退回去。'司机无奈，只好抽空跑了一趟苏州。"

　　南通、盐城之行，是改革开放以后，刘瑞龙为期最长、最有成果的一次考察。他深切感到：党的十一届三中全会是新中国成立以后我们党历史上一个伟大的转折，也是中国农业发展历史性的转折。党中央坚持实事求是的思想路线，在建设具有中国特色的社会主义现代化农业进程中实行一系列改革，作出一系列放宽农村政策、搞活农村经济的决策，特别是尊重和支持群众的首创精神，实行了多种形式的家庭联产承包责任制，积极发展多种经营和乡镇企业，疏理流通渠道，实行技术改造，极大地调动了广大农民的生产积极性。

　　为了起到以点带面的作用，刘瑞龙不顾旅途疲劳，每天坚持和随行人员一起把当天记录的材料整理成清晰的文字资料。回到北京后，刘瑞龙将这些资料进行了认真的整理和修改，向农业部提交了《关于南通、盐城地区商品棉基地建设若干问题的调查报告》，针对正确处理粮棉矛盾、落实发展棉花生产政策、提高棉花生产的科学技术水平、进一步搞好农业基本建设、全面发展农工副业走向农工商综合经营等问题谈了自己的看法。农业部将刘瑞龙的报告转报给国家农委，同时抄送中共江苏省委参阅。据江苏省农委函复，省委负责同志同意刘瑞龙的意见，并责成有关部门加紧落实解决。

　　毕竟是古稀老人，从这以后，刘瑞龙的身体状况一直不太好，医生严禁他长时间外出。刘瑞龙便把自己的主要精力放在研究我国农业现代化进程中一些深层次的问题上。外地召开的一些重要农业会议，由于身体原因不能出席，他也要尽可能地写去书面发言。

　　西北地区幅员辽阔，多是民族地区，又是国防前线，由于历史遗留的贫困，新中国成立后的三十年里，大部分地区改变不大，又因生态平衡遭到严重破坏，农业生产力水平很低。1981 年，西北九省、区在兰州进行农业科学技术交流，讨论如何改变西北穷困落后面貌、逐步实现农业现代化的问题。刘瑞龙对此非常关注，经过认真的思考，他写了一份书面发言。

刘瑞龙指出，要从根本上改变西北地区的农业面貌，一定要走中国式农业现代化的道路，从目前实际需要和可能的步骤和措施做起，放宽政策，使农民休养生息，恢复元气，发展生产，从而活跃和发展农村经济，使农民逐步富裕起来。从宏观经济看，发展西北地区农业生产必须实行农、林、牧、副、渔全面发展，但又必须从当地自然、经济、技术条件等实际情况出发。一个地区，一个小流域，一个县的农业基本建设，必须根据农业区划制定统一规划，通过民主讨论，在若干方案中选择最佳方案，然后制定总体规划和分期分批实施的步骤，在实践中还要根据情况不断修订完善，检查总结经验，要经过长期努力才能收到成效。

为此，刘瑞龙请来了"医生"——要特别重视发挥现有科技人员的作用，加速培养少数民族科技干部。他举了一个例子，一个穷苦老百姓生了病，没有钱治病，如果有比较高明的医生，能针对病情，开出花钱少、见效快的药方，加上善于调理，健康就可能较快恢复。他强调，要解决医生的问题，就需要各级领导努力落实知识分子政策，切实改善他们的工作和生活条件，使他们安下心来，为改变西北地区的穷困面貌，为逐步实现农业现代化做出贡献。

二　红十四军——永远飘扬的战旗

1979 年，大地回春，江苏《群众》杂志筹备复刊。在拨乱反正中，编辑部的同志们想起当年被打入冷宫的《回忆红十四军》这本小册子，一致认为，应该为《回忆红十四军》恢复名誉。于是，杂志社派副总编辑乐秀良等三位同志前往北京，看望刘瑞龙。

十年动乱，《回忆红十四军》成为刘瑞龙的一大"罪证"。当年的执笔人乐秀良也被下放到江苏丹徒县十里长山当了"新农民"。外

1940 年冬，刘瑞龙与张爱萍（左）在淮海区

调人员不断而来，追问小册子的"出笼经过"、"历史背景"、"罪恶阴谋"，等等。"四人帮"对红十四军的诬蔑，更使乐秀良为刘瑞龙的处境担心。

乐秀良抵达北京时，刘瑞龙正在友谊医院住院，历经磨难，多种疾病缠身，看上去他衰老多了，头发、眉毛都花白了，走路也有些颤颤巍巍的。早在20年前，刘瑞龙和乐秀良就成了"文字知交"，劫后重逢，两人悲喜交集，感慨万分。刘瑞龙告诉乐秀良，周恩来总理在世时十分关怀红十四军，"文革"期间，总理在同张爱萍将军谈话时，曾满怀深情地提到当年参加红十四军斗争的一些幸存者，说："江苏是革命的老根据地，红十四军就诞生在那里。当年红十四军的干部如今就剩下张爱萍、黄火青、刘瑞龙三个人了！"听到这个消息，乐秀良十分感慨，备受鼓舞。

在交谈中，刘瑞龙针对有人认为"红十四军是'左'倾错误路线的产物，不值得歌颂"的说法，向乐秀良谈了自己的看法。他说："我们应当学习马克思对巴黎公社伟大斗争的态度。当时革命的领导人虽然犯了错误，但是'工人的巴黎及其公社将永远作为新社会的光辉先驱为人所称颂。它的英烈们已永远铭记在工人阶级的伟大心坎里'。"刘瑞龙特意引用了马克思在《法兰西内战》中的这段话。他多次谈道："红十四军是否值得歌颂，应当由历史事实和人民群众来做判断。"

不久，经过乐秀良等记录整理，后经刘瑞龙亲自审定，《回忆红十四军》被缩编成近两万字的文稿，以《通海如泰起义和红十四军》为题，在复刊的《群众》杂志第一、第二期发表了。

此后，根据党中央的号召，为抢救珍贵的党史资料，刘瑞龙振奋精神，又重新拿起笔，开始整理回忆录。中共南通地委组织了有陈汝明、黄一良等同志参加的《回忆红十四军》编写组。在刘瑞龙亲自指导下，以江苏人民出版社1962年的清样为基础，进一步开展调查研究，征求意见，修订增补，并得到军事科学院战史研究部、中央档案馆和江苏省档案馆的大力帮助，获得了许多珍贵的历史档案资料。

在《回忆红十四军》一书中，刘瑞龙深情地回顾了1927年到1930年，通海如泰地区的党组织，在党中央和江苏省委领导下，高举反帝、反封建、反对国民党反动政府的红旗，组织和领导工农革命运动，建立中国工农红军第十四军的斗争。他着重叙述了红十四军诞生、成长、发展、胜利以及失败的经过；叙述了红十四军诞生前，通海如泰地区青年学生在共产党领导下选择革命道路、与工农相结合的过程，以及工农革命运动蓬勃兴起的壮阔情景；还叙述了红十四军失败后，党为了坚持和恢复革命阵地所进行的艰苦斗争，并实事求是地评价了斗争的胜利和影响，总结了经验和教训。为了缅怀先烈，全书出现了58位烈士的姓名，在"附录"中，刘瑞龙还为其中30多位烈士写了传略。

刘瑞龙十分重视史料的真实性和严肃性，绝不满足于个人的回忆。他常和一些老同志共同回忆，互相补充修正，还特别注意查阅党的文献资料，参考当年报纸上的有关报道，反复考证核实，务求准确。对书稿中提到的一些人的名字和事迹，他都经过慎重的考虑，尊重当地党组织的意见，注意全面地历史地评介一个人的功过。在审定烈士传略时，刘瑞龙约请在京的几位烈士子女与编校人员一起讨论、推敲文字。一次，为了凿实对一位烈士一段重要经历的概述，总共百十个字，他竟用了两个小时。

关于书稿中刊载的红十四军《告工农及一切劳苦群众书》，其中第一句话就是"我们现在已经杀尽了我们的反革命刮民党军官"，反映了当时宣传工作中"左"的影响。整理书稿的同志曾提出是否可以删去？刘瑞龙再三考虑后，认为这是历史，还是全文发表，刊登实物照片，并在下面加以注释。

1980 年 5 月的一天，中央统战部顾问李维汉，约刘瑞龙到家中叙旧。李老非常关心红十四军后来的情况，当他看过《回忆红十四军》的"前言"、"后记"和"简介"，又听刘瑞龙介绍有关书稿形成的过程后，表现出由衷的高兴。他和刘瑞龙一起回忆了当时江苏省委在决定成立红十四军之后，曾调何昆、张世杰、薛衡竟、余乃诚、徐德、黄火青、秦超、张爱萍、李华生等同志去苏北加强领导力量的情况。他们还一起回忆了当时省委领导同志的分工。那时，陈云同志分管外县工作，李硕勋同志是省委军委书记，他们分别过问过通海特委的工作，对红十四军的工作进行过具体的指导。代表中央军委找红十四军汇报研究工作的是刘伯承同志。聂荣臻同志也在中央军委，也了解红十四军的情况。

在交谈中，刘瑞龙很赞同《文史通讯》上刊载的《李维汉同志关于撰写回忆录的意见》中提出的观点，他说："我们在撰写校订《回忆红十四军》的过程中，努力做到了'真实'二字。作为共产党员写的回忆录，还注意到党、群众和集体三方面的作用。"

李老听后，连声称叹："求实存真是回忆录的根基嘛！一定要坚持唯物论，坚持辩证法。"他乘兴拿起钢笔，郑重地为红十四军题词：

红十四军从创立、发展到失败期间，我正在中共江苏省委任书记职务。红十四军的失败是受了李立三路线影响，对此我负有责任。

红十四军和通海如泰地区的革命烈士永垂不朽，革命传统永放光辉。

李维汉

1980 年 5 月 4 日

李维汉同志题词

红十四军从创立、发展到失败期间，我正是中共江苏省委书记职务。红十四军的失败是受了李立三路线影响，对此我负有责任。

红十四军和通海如泰地区好革命烈士永垂不朽，革命传统永放光辉。

李维汉

一九八〇年3月9日.

1980 年 5 月 4 日，李维汉关于红十四军的题词

　　李老的谈话和题词，确证了红十四军是在党中央、江苏省委的领导和关怀下建立起来的历史事实，高度评价了它的革命精神和光荣传统，从而澄清了红十四军建军史上一些重要问题，粉碎了林彪、"四人帮"集团在十年浩劫中对红十四军及其广大干部、战士的诬蔑。李老言简意赅的谈话，实际上是为《回忆红十四军》一书作了一篇珍贵的序言。

　　历经几十年，刘瑞龙终于完成了《回忆红十四军》一书。从创建红十四军到红十四军的战旗高高飘扬在中国工农红军的战斗序列中，刘瑞龙付出了毕生的心血，他不愧是高擎红十四军战旗的英雄旗手！

1999 年版《回忆红十四军》，封面题签张爱萍

三　弥足珍贵的淮海、渡江日记

1974 年，刘瑞龙夫妇从上海来北京看望延淮、延东两个女儿。这时，"文革"中受到冲击和迫害的一批老干部陆续被解放，恢复工作。刘瑞龙有幸看望了一些劫后余生的老战友。时任解放军总后勤部部长张震将军就是其中的一位。

刘瑞龙与张震很早就相识了。那是 1939 年深秋，刘瑞龙随少奇同志东进中原途中，来到安徽涡阳县北乡新兴集——新四军第六支队司令部所在地。那天，支队参谋长张震随彭雪枫司令员等军地领导人，骑着马专程赶到涡（阳）北迎接刘少奇一行。从那时起到新中国成立，在近 10 年的时间中，刘瑞龙和张震始终战斗在一起。特别是在淮海大战中，张震任华东野战军副参谋长，刘瑞龙是华东野战军第二副参谋长兼后勤司令员；在渡江战役中，张震是第三野战军参谋长，刘瑞龙任第三野战军后勤司令员兼政治委员。那时，他们经常在一起分析战局，协调作战和支前部署，成为亲密的同事和战友。

在长期的工作接触中，张震熟知刘瑞龙那个最突出的习惯：凡是上级指示、工作中的经验体会和所见所闻，他随时随地忠实地记载在随身携带的笔记本上，可以说是要闻必录，大事必记。坚持写日记也是刘瑞龙的良好习惯，即使在残酷的战争环境里也没有中断过。

其实，从红军时期起，张震也有写日记的习惯，那是老首长黄克诚号召写日记，就是在二万五千里长征那样艰难困苦的年代里，都一直坚持着。

张震主政总后勤部工作后，非常注重运用我军在革命战争年代长期

张震（1914—2015）

积累的后勤工作的优良传统和宝贵经验，来提升我军现代化后勤建设的水平。刘瑞龙的来访，使张震兴奋不已。他鼓励刘瑞龙将保存的支前后勤史料连同日记整理出来，作为研究我军后勤工作的重要史料。刘瑞龙欣然同意了。

早在 1960 年冬，党中央调刘瑞龙回华东局工作时，在繁忙的工作之余，他就开始做这方面的工作。他的日记全文原来散记在随身携带的各册笔记本中。因应邀撰写回忆淮海战役支前的文章，他将部分日记整理出来，并请秘书集中抄写成册。1966 年夏天，在"文革"抄家风未起之前，刘瑞龙凭着多年革命的敏锐感，将这些珍贵的日记连同历史资料一并存进华东局机要室保密箱内，才免遭劫掠。

1978 年，刘瑞龙调回北京工作，除了农业部的日常工作外，他还担任全国政协常委。他不顾年事已高，体弱多病，在繁重的工作之余，加紧分类整理多年来记下的数百本笔记。1981 年，他首先完成了《我的日记——淮海、渡江战役支前部分》① 的整理、核实和附加注释的工作。

这部日记，从 1948 年 10 月 29 日，刘瑞龙奉中央电令，从豫东回到山东曲阜华野司令部，准备参加淮海大战，到 1949 年 6 月 6 日，奉调到上海市委任秘书长。在 221 天繁忙的战事中，竟写下近 160 篇日记。他从后勤支前工作这个独特的视角，生动、翔实地记录了淮海、渡江两大旷古未有的伟大战役的准备、进程和取得最后胜利的全过程。

千军万马战淮海，百万雄师过大江。兵马未动，粮草先筹。如此规模巨大的战役，充分有力的后勤供应是保证前方作战胜利的关键。

然而，战局的发展往往超出人们预先的设想。1948 年 11 月 4 日，野战军司令部在山东曲阜发出淮海战役攻击命令。虽然各后勤支前机构在战前做了充分的准备，可到 11 月 10 日——战争只进行了 6 天时间，

---

① 《我的日记——淮海、渡江战役支前部分》，1985 年 8 月由解放军出版社出版。

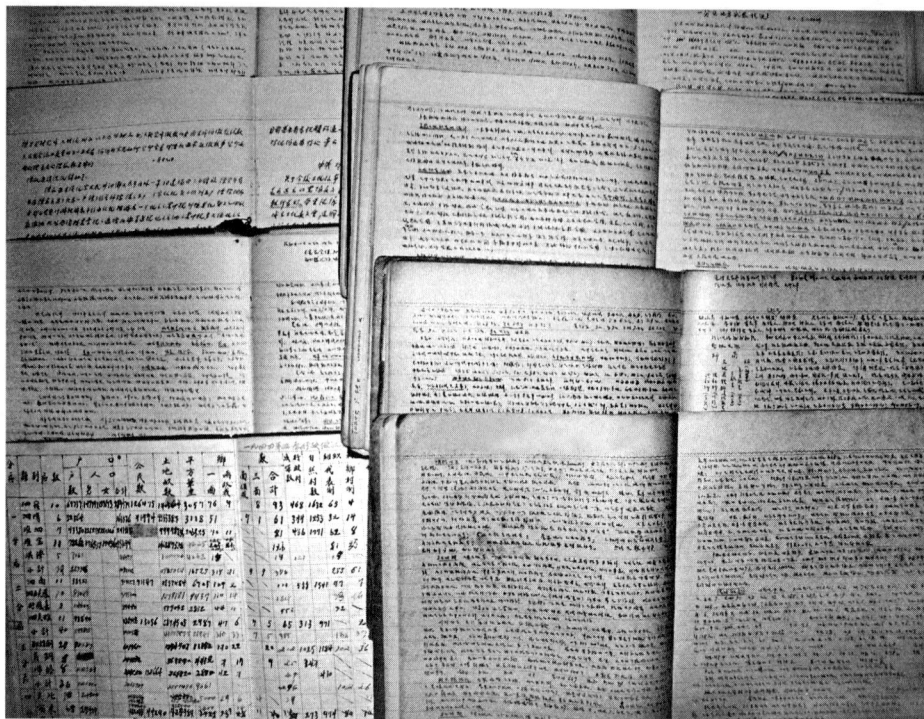

刘瑞龙淮海、渡江战役期间的笔记

前方部队的后勤补给已经跟不上了。

刘瑞龙在当天的日记中写道："我军现均已进入华中地区作战，粮食供应及伤员运输均发生困难。东兵团报告渡河部队无饭吃，进入淮海部队都实行就地借粮，但无法持久。"大规模的运动战向后勤支前指挥员提出了新的挑战！

刘瑞龙清醒地认识到，尽管战局的发展瞬息万变，但万变不离其宗。淮海战役不断地运用毛主席提出的"攻济打援"的战略部署，在敌众我寡的情况下，既全歼守敌，又全歼援敌，进而全歼可能来援或逃逸之敌。作为一个后勤指挥员只有通观战争的全局，才能运筹帷幄，打好后勤支前这一仗。

为了尽快适应党中央的作战部署，刘瑞龙将自己的指挥位置抵进前线。他还建议:"华东局将山东粮食南运,请傅秋涛同志等移驻台儿庄,于台儿庄、运河站分设粮站,进行补给;并请华中工委组织支前机构,到宿迁附近,筹集粮食前进,布置支前工作。"

为了紧紧扣住前方作战和后勤支前这两个环节,他不辞辛劳,及时汇总各支前部门的粮草、弹药及运力情况;每到一地,他都要与有关负责同志一起认真分析支前工作存在的困难,切实找出解决问题的具体办法,从而变被动为主动,灵活地组织调动各战区和各省的支前力量,来确保大规模战争的胜利。

在刘瑞龙这部《日记》中,淮海战役记有 52 篇,渡江战役记有103 篇,随着战争的胜利推进,他的后勤支前指挥才能也在日臻渐进。

渡江战役与淮海战役有着不同的特点:淮海战役在中原、苏北大平原上展开,作战区域在我解放区。渡江作战则首先强渡敌重兵防守的长江天堑,难度极大,渡江后即向江南水网地区和丘陵山区连续作战、连续追击,作战区域是敌占地区;淮海战役攻占接管的是徐州等一批中小城市,渡江作战则攻占接管南京、杭州、武汉、上海等一大批大中城市;淮海战役基本是冬季作战,渡江作战却在春夏之交。这些特点,为我军渡江作战和后勤供应带来了许多难以想象的困难。然而,渡江作战也和淮海战役一样,取得了完全的胜利。

仔细阅读刘瑞龙的《日记》,你会感到,他每一组日记仿佛就是一部典型战例中后勤支前的教科书。他不仅记下上级的作战命令,部队的战斗情况,而且翔实地记录着后勤支前工作遇到了哪些困难?出现了哪些意想不到的问题?出现这些问题的原因?应采取哪些具体办法解决这些问题?一、二、三、四……记录得非常清楚详细。你会不由得对这位百万大军中的粮草大将军之沉着、睿智和果敢肃然起敬!

当刘瑞龙将整理好的《日记》书稿交到张震将军手中时,他谦逊地解释说:"我作为一个战争的亲历者,发表当时个人记录的见闻,或许能对反映这一伟大的历史变革，起一点'管中窥豹'的作用吧！"

张震将军看过书稿后动情地说："虽然时间过去了 30 多年，这场战争已经成为历史，战争的痕迹已很难寻觅了，但读了《日记》之后，我的心情仍然十分激动，眼前不禁浮现起当年华东战场上车轮滚滚、万众支前的宏伟场景。这一点，我想参加过革命战争的老同志都是会深有同感的。至于对广大青少年来说，他们将会从《日记》中受到鼓舞、教育，并从中吸取战胜困难、夺取胜利的巨大精神力量。"

张震将军亲自为刘瑞龙的《日记》作序。他高度评价刘瑞龙对淮海和渡江战役后勤支前工作做出的重要贡献，并特别提到："当时受命于战局转折之中，在总前委和华东、中原、华北局领导下，负责具体组织五省支前工作的，就是刘瑞龙同志。因此，他的日记是中国革命这一页光辉历史的有力见证，弥足珍贵。"

在《日记》开篇，刘瑞龙写下一篇感人至深的"作者的话"。他高度赞扬毛主席领导的人民战争的伟大胜利。他写道："战役的规模是空前巨大的，支前的规模也是空前巨大的……在同一战场上，数百万军民同仇敌忾，井然有序，为着胜利而战斗，如此威武雄壮、旷古未有的宏伟壮观，只有中国共产党领导的革命军队和英雄人民才能创造。全党全军全民目标的高度统一，利益的高度统一，行动的高度统一，为我们赢得了人民解放战争的彻底胜利。"

《日记》脱稿后，刘瑞龙又以极大的热情和负责精神，将他保存和记录的其他重要资料陆续整理出来，希望能对我党、我军建设有所帮助。期间，他曾撰写大量的革命诗词，为恽代英、朱务平、吴永康、彭雪枫等多位革命烈士撰写回忆文章，还饶有兴致地参加各种党史、军史研讨会，客观评价发生在我党、我军历史上的重大事件。

为了整理出版刘瑞龙保存的珍贵史料，老伴儿江彤协助他做了大量的工作。江彤离休以后，不仅细心照顾刘瑞龙的身体，还跟随他深入基

层，深入农村，对改革开放后农业发展的重大课题进行潜心的调查研
究，提出了许多好的意见和建议。

古稀之年的刘瑞龙多种疾病缠身，右手时常发抖，记笔记已不像
过去那样应手。外出考察或开座谈会时，江彤也学着拼命地记笔记，
为刘瑞龙作补充。江彤毕竟60多岁了，还患有严重的肺心病，稍做一
点体力活儿，就气喘得不行。她连日跟随刘瑞龙长途奔波，劳累可以
想见。

1982年5月，江彤又随刘瑞龙参加华东六省一市党史资料征集工
作会议。一天清晨，她感到身体不适，全身冒火，脖颈僵硬，连续发生

1982年11月12日，刘瑞龙、江彤夫妇与亲家等在武汉元宝山合影。左起：张鸿
志（亲家母）、江彤、刘延申（儿子）、刘瑞龙、汪乃贵（亲家）、汪早立（儿媳），
小孩系孙子刘晨曦

喷射性的呕吐。她想，也许是感冒，睡一觉就过去了。可到了下午，她的体温升至42℃，头痛加剧，意识模糊，被紧急送往江苏省人民医院。经过脊椎穿刺，专家会诊，她被确诊为化脓性脑膜炎，病情十分危重，医院下了病危通知。经过医生、护士的全力抢救，她才转危为安。

……

刘瑞龙逝世后，为了了却他的遗愿，江彤拖着病体，每天气喘吁吁地埋在满是灰尘的资料堆中，为刘瑞龙整理书稿。江彤曾非常痛惜地给一位友人写信说：瑞龙同志"生前说过要出几本集子：（1）农史丛书；（2）农业丛书；（3）党史丛书；（4）《自传》的下段，解放后至今……这些都没有来得及写出纲要。但万万没有想到他还有很多未完成的任务，而过早地离开了我们！这许多任务，将由我约请领导上和熟悉他情况的老同志帮助共同来完成。他生前保存了不少书面资料，这可以找出来备用，但他头脑中的活资料是永远得不到了！！！"

在党中央、中央军委和农业部有关领导的关心和支持下，《刘瑞龙回忆录》《刘瑞龙农业文选》《难忘的征程》《刘瑞龙诗稿》等陆续出版。特别是由刘瑞龙主编的《第三野战军后勤文献资料选编》（上、中、下卷），得到中央军委领导同志的大力支持，指示军事科学院和总后勤部组织人力，安排经费，帮助整理出版。时任中央军委主席江泽民为其题写书名，军委副主席张震为其作序。

随着一本本凝结着刘瑞龙、江彤共同奋斗的结晶的出版，江彤真的病倒了，先是持续性的哮喘并发消化道大出血，后来又发生脑梗塞，失去了生活自理的能力，严重的呼吸衰竭使她一直依靠呼吸机维持着生命。在人生的最后10个月，她是在生死两界痛苦地挣扎着……

江彤躺在病榻上，脸上不时露出淡淡的微笑，为了刘瑞龙未竟的事业，去拼搏，去付出，她从内心感到充实和欣慰。

四 主持编纂两部农业百科巨著

1978 年年底，农业出版社在制定长远规划时，把《中国农业百科全书》（以下简称《农百全书》）列入选题计划。《农百全书》囊括农、林、牧、副、渔等 31 个分类，是我国前所未有的专业百科巨著，论其规模和内容即在世界专业百科之林也无甚逊色。然而，要完成这部鸿篇巨制，仅靠农业出版社自身的力量难于实现。长期在农业部工作的许多"老人"，都了解刘瑞龙的工作作风，知道他最能解决业务部门在实际工作中的困难。刘瑞龙恢复原职的任命书刚一宣布，农业出版社的负责同志便叩响他办公室的门。

"这个选题很好！我赞成。中国古代的类书①流传到现在还很有用嘛，不断重印，成为传宗接代的宝书。这个传统，我们农业出版社应该继承下来。《农百全书》荟萃古今中外农业科学知识，是一件适应我国农业现代化建设需要的重大的文化科学事业，在普及提高农业科学技术知识方面具有基本建设的性质。"看来，刘瑞龙对这个选题非常感兴趣。

接着，刘瑞龙又津津乐道地谈道，世界上一些经济和文化科学发达的国家，编撰现代百科全书已有较长的历史，如《不列颠百科全书》从1771 年在英国出第一版，20 世纪初转到美国出版，到 1977 年出版第十五版，已经历了 200 多年的历史。我国的农业历史很悠久，但有关农业的专著并不多。明朝的大科学家徐光启曾编撰过一部类书《农政全书》，于崇祯十二年刊行，全书 60 卷，分列农本、田制、水利、农器、树艺、蚕桑、种植、牧养、荒政等 12 个门类，共 50 多万字。但这以后的 340多年间，我国没有出版过更新的、更全面的农业百科全书之类的书籍。

---

① 类书：系指摘录各种书上有关的材料并依照内容分门别类地编排起来以备检索的书籍。

出版社的同志抱着试试看的心情，不想，刘部长竟大加赞赏。他们不得不面带难色地说："组织编纂这样的大书，社里力量有限，难于上马。"

刘瑞龙笑了笑说："当然喽，这么大的书，没有农业部挂帅支持，单靠出版社的力量谈何容易！我看，你们首先给部党组打个报告，请部领导拿个意见，只要得到部里支持，事情就好办了。"

说来也巧，正在这时，刚刚成立的中国大百科全书出版社准备出版一套大百科全书，其中列有《中国大百科全书·农业》卷（以下简称《大

中华人民共和国农业部

《中国大百科全书·农业》卷编辑委员会已经成立。现聘请您单位 刘瑞龙 同志担任 编委会主任。

请按照国家农委农科字〔1981〕3号文件精神，在时间保证、图书资料等方面给予大力支持，以便做好有关的编撰工作，为完成党中央、国务院批准编辑出版的《中国大百科全书》贡献力量。

此致

敬礼！

1981年7月，国家农委聘请刘瑞龙担任《中国大百科全书·农业》卷编委会主任，给农业部的函

百科·农业》卷），也苦于力量不足，难于上马，希望农业出版社给予大力协助。大百科出版社总编辑姜椿芳专门派人拜访刘瑞龙，提出由他牵头筹备《大百科·农业》卷的请求。

姜椿芳也是一位老党员。他和刘瑞龙同是第五届全国政协常委。新中国成立后，姜椿芳长期在中央编译局担任领导职务，负责马恩列斯三大全集翻译工程和《毛泽东选集》外文版出版工作。"文革"中，姜椿芳被"四人帮"投入北京秦城监狱，在将近7年的面壁思考中，一个铸造中国大百科事业的伟大信念在他胸中渐渐成熟，他带着腹案出狱。欣逢盛世，他洋洋万言的倡议书得到学术界和出版界的热烈响应，得到邓小平等中央领导同志的支持和肯定。悠悠五千年中华文明史，给我们留下了浩瀚而辉煌的文化资源，而真正编成一套汇集古今中外百科知识辞书，直到这时才步入实施。

在姜椿芳看来，刘瑞龙是我党杰出的高级领导干部，学识渊博，特别是在农业领域：农民运动、农业生产、农村建设、农业科学技术、农业教育、农业理论等各方面，都作出了卓越贡献，是党内外公认的农业专家、里手。由他牵头筹备《大百科·农业》卷是最难得的人选。

起初，大百科编辑部的同志也有几分担心，看到刘瑞龙身体虚弱，深恐他会因为健康原因而推辞。出乎意料的是，当他认真地听了来人的汇报后，立即表示出浓厚的兴趣。他说："我们伟大的国家早该有这样的文化建设了，这不仅是实现四个现代化的需要，也是对子孙后代产生深远影响的事业。"

农业出版社和大百科出版社的两个难题，同时摆在年近古稀的刘瑞龙面前。这位当年运筹于马背，指挥数百万民工大军支援大淮海的后勤司令，在完成荟萃古今中外农业百科知识辞书的浩瀚工程中，也甩开了大手笔。如果两部巨著通力合作，组成一套班子，又何尝不是一件好事！在刘瑞龙的鼎力支持下，农业出版社起草了给农业部党组的报告。

1980 年 9 月，农业部三位副部长在中南海合影。左起：何康、刘瑞龙、杨显东

报告直接转到霍士廉部长那里，很快有了回音。

考虑到两部巨著内容广泛，涉及农、林、牧、渔、水利、气象、农机等多学科，超出农业部本身的业务范围，为了便于协调各部的工作，刘瑞龙建议转由国家农委主持编纂，农业部积极参加。报告转到国家农委后，得到全力支持。在国家农委副主任何康的主持下，成立了以刘瑞龙为主任，有关部门领导和专家学者参加的两书筹备委员会，下设联合办公室作为办事机构。筹备期间，联合办公室组织搜集并翻译了国外综合百科和专业百科全书有关农业的条目表，选译了其中的重要条目作为资料参考。为避免工程启动后走弯路，根据刘瑞龙的谆嘱，联合办公室广泛联系专家学者，或专访，或召开座谈会，征求对编写两书的意见，反复修订编纂方案。

1980 年 1 月 30 日，在一阵紧锣密鼓之后，国家农委向有关单位和专家学者发出《关于编辑出版〈中国大百科全书·农业〉卷、〈中国农业百科全书〉的通知》。不久，国家农委又向有关各部局发出了《请支持〈中国大百科全书·农业〉卷和〈中国农业百科全书〉编辑工作的通知》。在刘瑞龙周密的指挥下，很快组织起一支由农林牧渔15个分支学科、有900多位专家学者参加的写作队伍，各分卷编委会也相继组成，总编委会委员名单也酝酿确定。6月25日，《农百全书》总编辑委员会召开成立大会。

编辑出版这样大型的专业性现代百科全书，在我国农业科学界是第一次，参加撰稿、审稿的人员将在五六千人以上。组织这么多的学者写书，要求达到学科内容完整、准确而又不相互重复或矛盾，达到写作水平和体例大体一致，是一件很不容易的事情。而现实的情况是，我们的队伍中专职编辑人员少，缺乏经验；广大的撰稿人员虽有写专著和教科书的经验，但对写百科条目还不熟悉。

工程启动时，特别是研究拟订结构大纲和条目总表的过程中，各分卷编委会的会议很多。刘瑞龙合理安排时间，尽可能参加各分卷会议或听取工作汇报。他还针对不同分卷的内容性质准备讲话稿，提出指导性意见，经常夜以继日地工作。刘瑞龙关于"编好《中国大百科全书·农业》卷、《中国农业百科全书》初步设想"的长篇发言，日后成为制定编纂方针、确定两书基本学科内容、制定总体设计和编写规则的指导思想。

两部百科巨著的编纂工作是一项持续十数年的巨大工程。1982年5月，正当编纂工作全面铺开，紧张有序地进行时，国家政府机关进行体制改革，成立国家农牧渔业部，撤销国家农委建制，编纂工作将面临群龙无首的窘境。刘瑞龙方寸不乱，胸中自有百万兵。在国家农委封印之前，他叮嘱编辑部的同志紧急办理请求国家农委将继续完成两部百科全书的工作转交农牧渔业部主持，并具体落实了移交手续。由于转交工作一环紧扣一环，农牧渔业部挂牌不久，便正式下发文件，将两书编辑工作列入科研发展规划中，人员编制和经费等问题也一一加以落实。每到年终，刘瑞龙总是抓紧上报编纂百科全书的工作总结，为下一年度的工作争取和创造必要的条件。

百年大计质量第一。对于《农百全书》的科学质量，刘瑞龙警钟长鸣。他聘请中国大百科全书出版社金常政副总编为《农百全书》编辑部顾问，还多次在《农百全书》编辑部举办讲座，请金常政副总编讲授编写百科全书的基本知识和经验，为《农百全书》编纂工作引路。

如果说《农百全书》是农业部的内部工作，完成《大百科·农业》卷就是打配合，协助中国大百科全书出版社完成选题任务。在大百科编辑部的同志看来，刘瑞龙是党和国家高级领导干部，只要他出面组织领导，为编写工作创造有利的条件就足够了。的确，限于时间和精力，刘

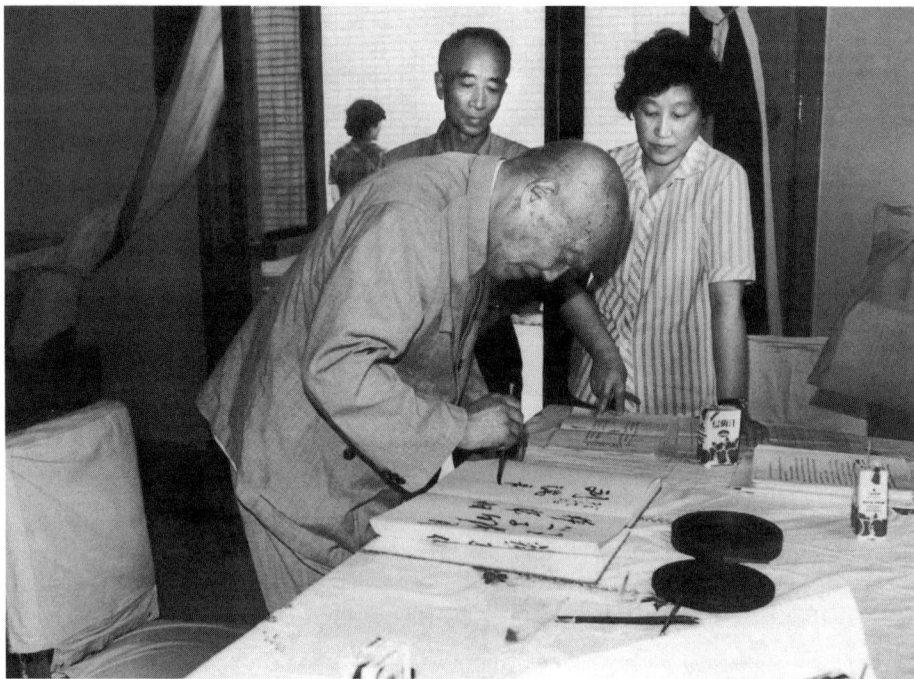

1987 年 6 月 24 日，刘瑞龙在《中国农业百科全书》首发卷发行会上签到

瑞龙不可能对《大百科·农业》卷的 2000 多个条目、400 多万字的书稿一一亲自审读，他却千方百计地出大力，不停地奔走、呼吁，把注意力渗透到编写工作过程的每一个步骤、每一个环节之中。《大百科·农业》卷年年被列入部党组工作的议事日程，连续不断地得到领导部门的财力支持。

刘瑞龙堪称具有广博农业实践经验和理论知识的专家型领导干部，他却常常把自己当作广大作者队伍中的一员，把做好两部百科巨著的编纂工作，当成进一步钻研农业的极好机会。他总是谦逊地说："我对编百科全书是外行，只能'摸着石头过河'，走一步探一步。"为了过好这个"河"，刘瑞龙以古稀之年的高龄，却像勤奋的小学生一样，一丝不苟地学习有关编辑出版工作的各方面知识。每当编辑部的同志向他汇报工作时，他总是全神贯注地听，仔细认真地记，碰到一些专业术语听不明白时，还不厌其烦地请教。正因为这样，他对编辑工作所作的指示总是切实可行的。他经常问的一句话是："我还应该做些什么？"

1983 年，姜椿芳总编辑亲自登门，聘请刘瑞龙担任中国大百科全书总编辑委员会副主任、《大百科·农业》卷编委会主任，并为《大百科·农业》卷撰写序言。刘瑞龙欣然应命。

究竟什么是农业？它的性质和特点是什么？发展的规律性是什么？刘瑞龙把多年形成的有关农业的概念、观点笔之于文，精辟地概观出经典之作——《论农业》。在成稿过程中，他又广泛征求意见，不断修改补充，常常为一个史实、一个观点而多方请教，反复推敲，五易其稿。

刘瑞龙是在与病魔和衰老作斗争的过程中接受分卷编委会主任这一重任的。年复一年，编委会的同志们明显地感觉到，刘瑞龙的体态越来越龙钟，步履举止也变得迟缓乏力。尽管如此，他还是以极大的热情埋首于大堆资料之中，勤奋忘我地耕作。一谈起百科工作，他便精神陡增，嗓音洪亮，条理分明地发表意见，设想、叮咛、期望，总是滔滔不

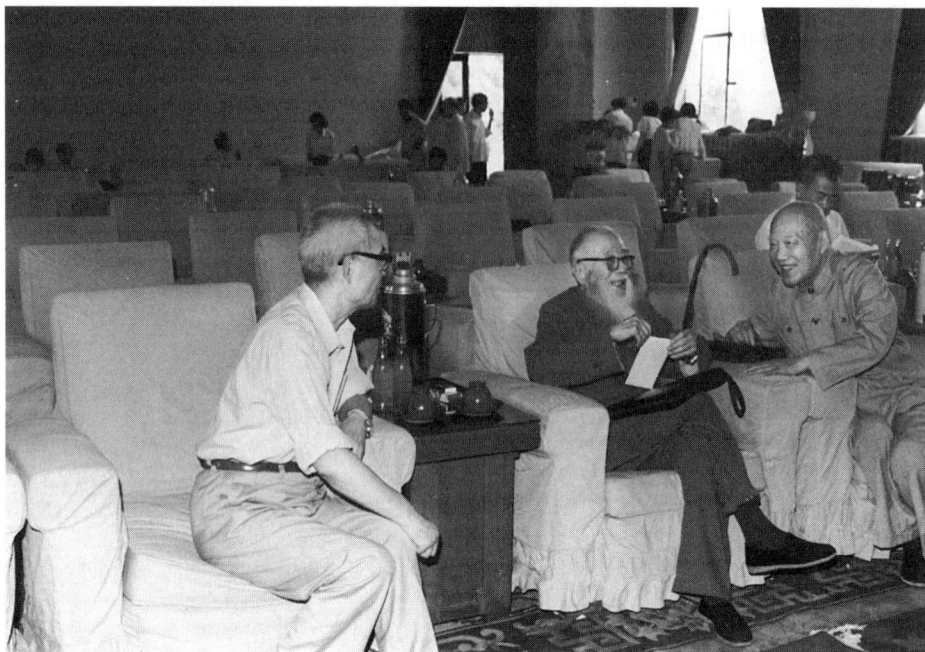

1987 年 6 月 24 日，在《中国农业百科全书》首发卷发行会上，刘瑞龙（右）与水利专家张含英（中）、原农业部副部长刘锡庚（左）亲切交谈

绝，看得出他对两部巨著出版的期待是多么的迫切。

1987 年 6 月，《中国农业百科全书》首批卷《气象》《水利》出版发行，其余分卷也将陆续出版。1988 年《中国大百科全书·农业》卷可以发排。

然而，刘瑞龙却没有等到工程全部告竣的这一天。

当年参加这项浩大工程的千余名同事，每当看着书柜里排列整齐的两部农业百科巨著时，都会情不自禁地怀念辞世多年的这一工程的奠基人——刘瑞龙。两部巨著的字里行间凝结着他多少心血啊！

五　深入探讨中国特色现代化农业

中共十一届三中全会为建设有中国特色社会主义现代化农业展开了

1983 年，刘瑞龙当选为第六届全国人大常委会委员

宏伟的蓝图。从 1979 年开始，我国逐步推行农业经济体制改革，普及以家庭承包为主的多种形式的联产承包责任制，实行了一系列搞活农村经济的政策，包括提高农产品价格，取消对农产品统购、派购制度，实行国家计划指导与市场调节相结合等等，使过去集中统一的农业经营体制得到改变。由于有了经营自主权，广大农民群众的生产积极性大大提高，从而有力地促进了农村商品经济的发展和农业生产水平的提高。各种乡镇企业也迅速发展起来，为随着农业劳动生产率提高而产生的大量剩余劳动力提供了出路，为发展农村中多种经营，引导农民脱贫致富提供了可能，同时也为积累资金，推进农业现代化提供了可能。

随着改革开放的深入，刘瑞龙把更多的精力放在深入钻研和潜心探索中国式的现代化农业问题上，从研究总结我国传统经验向农业现代化过渡，到如何建设有中国特色的社会主义现代化农业，逐渐形成一套完整系统的理论。

究竟什么是农业现代化？什么是中国式的农业现代化？1983 年 5月 13 日，刘瑞龙在《人民日报》发表署名文章《论传统农业向现代农业的转化》，第一次比较系统地阐述了他的现代农业观点。

刘瑞龙首先从农业现代化先行国家的发展过程，分析了大体相同的发展要求和趋势，概括为：生产手段现代化，生产技术和经营管理科学化，劳动社会化、专业化。他列举了三种不同的模式：一类国家，如美国、加拿大、澳大利亚、苏联等，特点是地广人稀，劳动力不足，工业又很发达，农业现代化的起步侧重于农业机械技术措施；另一类国家，如日本，人多地少，就侧重于生物、化学技术措施，搞良种、化肥、林业和农田建设；第三类，像联邦德国、法国等西欧工业发达国家，耕地和劳动力都不足，因此，机械技术和生物、化学技术同时发展。这些国家都是根据自己的实际情况，有所侧重，各种技术配合，逐步实现现代化的。刘瑞龙强调指出，我们要有选择地学习、消化国外一切有用的科学技术和经济管理方法，对他们的弯路和弊病，特别是资本主义国家用高投资、高能耗换取农产品的所谓"石油密集农业"造成严重的环境污染，决不能盲目地仿效和重复，必须开辟中国农业现代化的新路子。

在对我国传统农业的优势与弊病进行透彻的分析后，刘瑞龙精辟地概括了中国式的社会主义农业现代化："把现代农业科学技术和我国精耕细作的优良传统结合起来，取得高度的土地生产率、劳动生产率、商品率和就业率，以丰富的农副产品满足人民生活、工业发展和物质文化建设日益增长的需要。"

刘瑞龙一再提醒人们："中国农业现代化是在中国的土地上进行的，是依靠熟悉和掌握传统农业技术的中国广大农民进行的，必须从中国的实际条件出发。这个转化是一个经济发展、技术改造、文化提高的过程，不是一个早上就能突然宣布实现的，要严格地考虑我国各地的自然资源、经济条件、技术条件的不平衡性，要进行资源调查、农业区划，要作出长期和近期的发展规划，要搞试点，积累经验，逐步推广，这样才能做到从实际出发，稳步前进。"

20世纪70年代后期，一位叫张沁文的长期从事基层农业工作的知识分子，在研究农业发展客观程序的基础上，撰写了《农业系统工程·农事学》初稿，得到著名科学家钱学森的充分肯定，并推荐他在电视台播讲《农业系统工程》讲座。农业系统工程研究，引起刘瑞龙极大的兴趣和热切的关注。为此，他亲自登门拜访，向钱学森请教，还与农业部的同志们一起研究探讨，甚至请教自己从事工程技术工作的儿女们。

1984年，刘瑞龙为其主编的《中国农业浅说》一书撰写"绪论"时，就引进了农业系统工程的概念，他充分肯定了系统工程对现代农业发展的重要作用，他说："通过运用农业系统工程——现代组织管理技术，在对生产诸要素进行深入系统分析的基础上，选择那些农业生产上迫切需要，经济效果显著，又具备可行条件的农业技术措施，因地制宜地进行合理组合和运用，对于加快农业现代化建设具有十分重要的意义。"

经过多年认真的探索研究，刘瑞龙对农业现代化的认识日臻系统和完善。他说，农业现代化是一个综合性的概念，它的基本特点是物质和能量的"开放式循环"，从农业以外投入大量的能源和物质，从而加速了农业生产的发展。

1986年在为《中国大百科全书·农业》卷作的序中，刘瑞龙进一步阐述了农业与工业、与科学技术以及与市场的辩证关系。他说，现代农业是以现代工业、现代科学技术和现代市场条件为前提的。最初，纺织和其他工业的发展，工商业人口大量增加，促进农产品市场的扩大，对农业生产提供了强大的经济刺激，出现了畜力牵引的改良农具和化学肥料，相应发生的是农业经营规模的扩大或生产集约程度的提高。随着内燃机的发明、石油等矿物能源的开发利用以及化学工业的进一步发达，动力机械、多种化学肥料和农药被广泛使用，农业中投入的物质能量大大增加，农业同工业的关系更加密切，打破了古代农业的半封闭式循环。尤其是当各门自然科学被纷纷引入农业领域，形成了栽培、饲养、育种、病虫害和兽疫防治、农业工程以至生物工程等应用学科，这不仅使人们在调节控制作物和畜禽的生产环境方面逐渐取得前所未有的主动权，而且获得了改造动植物本身遗传特性的能力。再加上电子计算机、原子能、遥感、激光等先进技术手段在农业中的应用，人们对农业再生产过程的干预能力，达到了空前的广度和深度。与此同时，农村经济向发达的商品经济转化，农业的专业化、社会化程度提高，都为农业的扩大再生产提供了有利条件，使现代农业成为社会经济和科技这个整体的重要组成部分。

1988年3月25日，第七届全国人民代表大会在北京召开。刘瑞龙虽然完成了担任六届人大常委会委员的使命，而李鹏总理在政府工作报告中提出的"我国农业的根本出路在于由传统农业向现代农业转变"的任务，让他久久不能平静。

5月，在中国农史学会第二次学术讨论会上，刘瑞龙提交了《农史科学如何为农业现代化服务》的讲稿，他以"重要标志"的提法，阐述了衡量我国社会主义农业现代化水平的四条标准：

第一，要有较高的农业劳动生产率；

第二，要有较高的土地生产率；

第三，要有较高的资金利用率；

第四，要有山区资源较高的利用率。

这四条标准，与5年前他在《人民日报》发表的署名文章比较，又有了新的发展。他将第三条"商品率"，确切地定义为"资金利用率"，并赋予更新更准确的内容："随着农业现代化的推进，各种现代农业机械设备、水利设施等固定资产投资将大大增加，化肥、农药、除草剂等流动资金也将随机械化水平的提高而相应增加，同时还要考虑物化劳动的投放使用是否合理，经营管理是否科学。如果只求劳动生产率和土地生产率而不求资金利用效果就可能出现不惜工本，大量追加投资，造成增产不增收，农民收入不能增加的恶果。""重要标志"的第四条则是刘瑞龙新增加的。他指出："我国是多山的国家，山区资源利用得充分与否，关系国家的兴衰，必须特别加以重视。"

在讲稿中，刘瑞龙还提出为实现农业现代化，当前应完成的任务和方针政策，其中包括：在搞好农业区划的基础上，进行农业现代化的规划；合理调整我国农业的生产结构和布局，使农、林、牧、副、渔建立起良性循环的基础；积极发展商品生产和商品交换，把商品经济发展与合作经济发展一致起来；有计划地发展小城镇建设，加强城市对农村的支援，加强现代工业和交通运输业的武装；正确处理人与自然界的关系，合理利用资源，保持良性生态环境与控制人口增长的战略决策；等等。他再次重申："中国农业现代化的进程是一个经济发展、技术改造、文化提高的过程，必然有一个传统经验和现代科学技术相结合、相融合、相交替的过程，要采取若干过渡的形式和方法。"

这篇讲稿是刘瑞龙农业思想理论与中国农业生产实践相结合的完整表述，是作为多年领导农业的前辈对后人的交代和嘱托，也成为他系统农业理论的绝笔之作。

深入探索中国式的现代化农业，对刘瑞龙来说并非一日之功。新中国成立后，他的思想、工作、活动的重心都在如何加速和科学发展新中国的大农业上。身为农业部常务副部长，他绝不满足单纯地负责面上的业务工作，简单地完成全国农业生产任务，而是吃透上边，摸透下面，集思广益，从广泛的层面和深度上，整体、历史、全面地考虑中国农业发展问题，永远不停留在一个水平上。

毛泽东曾经说过："领导者的责任，归结起来，主要的是出主意、用干部两件事。"刘瑞龙培养干部的方法确有独到之处。他除了按常规层层抓工作外，经常是一竿子插到底，注意抓各专业部门的年轻骨干，以便了解最基层、最具体、最实际的东西。他还有一批有思想、愿意动脑子想问题的"小兵"。

刘瑞龙回农业部工作后，开始考虑他在狱中构思的《农业八字宪法浅说》怎样成书的问题。从落实提纲到确定文字，刘瑞龙都是采用群众路线的工作方法。

比如，第一章"土"，刘瑞龙是最满意的。这是他与一个名叫陶岳嵩的晚辈一起讨论完成的。陶岳嵩毕业于湖南农业专科学校，50年代初调到北京，曾在农业部土壤改良处任技术员，长期从事低产土壤改良和深翻土地等工作，写过不少有关"土"的文章。

一天，刘瑞龙把陶岳嵩请进他的办公室。他们放开思路，海阔天空地谈论"土"。通过深入交谈，刘瑞龙认为陶岳嵩的思路对头，抓住了要点，便和他一起勾勒出文稿的轮廓，放手让他去写。文稿完成后，刘瑞龙不仅自己认真地看，仔细地推敲，指出文中的问题，还要请土壤学方面的一流专家进行审阅，把文稿肯定下来。对于书稿中的文字，甚至标点符号，他都不放过。凡是在刘瑞龙手下工作过的同志都知道，刘部长善于"咬文嚼字"，文字抠得特别细，太"较真儿"。

当人们看到刘瑞龙从监狱里带出的、在一沓沓烟盒纸上写下的密密麻麻手稿，再看看《农业八字宪法浅说》开篇"编者的话"中，那串参加编写审订工作的长长的人员名单，竟有43位之多，人们不由得对这位不唯功只唯实的革命老人更增加了几分敬重。

为了研究中国式的农业现代化这一迫切的战略性课题，刘瑞龙硬撑着年迈虚弱的身体，每天翻阅大量的图书资料，还不时找专家和有关方面的领导研究、讨论问题。与其说他是一个身居高位的政府官员，不如说他一直在从事一种严重透支的繁重劳动。

由于过度劳累，他经常手中拿着文件，就倚在沙发上睡着了。当别人轻轻地唤醒他，劝他休息时，他会马上振作起来，十分满足地说："睡这么一会儿，还真管用，精神好多了！"

一次晚饭后，他实在太疲劳了，就对秘书王文德说："今天成绩不小，咱们到此结束吧！我洗洗澡，就准备休息了，明天我们还要像今天这样干，找几个人来议一次，集思广益。"

不一会儿，当刘瑞龙走出洗澡间，就像换了一个人一样，精神抖擞地叫住秘书说："泡在澡盆里，我又想到很多问题。来，我说，你记。"于是，又开始紧张的工作，直到仔细地修改好记录稿，定下明细提纲，他才高兴地说："好啊！今天成绩不小，可以结束了！"

刘瑞龙对自己简直到了虐待的程度，而对身边的工作人员却格外关心。一次，秘书跟他工作到深夜，刘瑞龙就把他安排在自己家里休息。

为了第二天工作方便，秘书准备把讨论提纲誊清一遍。不想，秘书还没写上几行字，门就开了。原来，刘瑞龙进来"查夜"，二话没说，就把桌上的资料统统"抄走"了。出门时，他还诙谐地说："现在没收生产资料，勒令你休息！"

秘书胡秋发——一位刚从部队转业的军人，从1983年至1987年在刘瑞龙身边工作了5个年头。他回忆说，在这段时间里，刘瑞龙把主要精力放在主持编纂《中国大百科全书·农业》卷和《中国农业百科全书》两部巨著、完成出版《华东支前后勤资料汇编》，以及对革命征程的回忆和新中国农业发展历程的研究等文字性的工作上。而对中国式现代化农业的深入探讨却始终是他时刻关切的重大课题。尽管医生一再发出"禁令"，不允许刘瑞龙长时间外出，他却千方百计地利用开短会的时间去完成他的"长途旅行"。

1987年夏，刘瑞龙在修改大百科全书稿件

1983 年 9 月，刘瑞龙在无锡参加"孙冶方经济理论研讨会"后，在江苏、浙江和上海市的部分农村、乡镇跑了近 50 天。回京后，他向全国人大及有关部委领导递交了《长江三角洲农村情况调查》报告。

1984 年，刘瑞龙在参加华南农学院《农史研究》会后，又在"珠江三角洲"的一些市县、乡镇、农村进行深入的调查。

1986 年 10 月，刘瑞龙应邀赴江苏盐城参加新四军军部重建 45 周年纪念活动途中，仍旧是每到一地，就召集农业部门的同志开座谈会。

……

刘瑞龙如此劳累，秘书很为他的身体担忧。刘瑞龙却乐此不疲，还经常风趣地对秘书说："我们下基层搞调查研究，就是一个'吸取营养'的过程。不深入基层，我们就没有'营养'来源。一个人如果没有营养补充，就不能正常生存，人的生命就要出问题啊！"

而刘瑞龙此时的身体状况已经透支到极点。当发生脑供血不足时，他两腿发软，浑身颤抖，必须有人把他扶住、抱紧，等血液缓缓流向脑部，他的体征才逐渐恢复正常。类似这种情况，曾发生过多次。看到这位革命一生的古稀老人日复一日地"玩儿命"工作，身边工作的同志既钦佩又心疼。

1987 年年底，部里为刘瑞龙选派了一位名叫姜亮的新秘书。人事部门的同志都知道，刘部长才思敏捷，善于钻研问题，对秘书的水平和能力要求比较高。当时，刘瑞龙正在住院，只好让新秘书自己上门来"面试"。

看着与儿子延申年龄相仿的小伙子，刘瑞龙一开口就问了一连串的问题："小姜，你都看过哪些书？""喜欢看什么书？""政治经济学读的是哪个版本？""过去都在哪里工作过？"……

坐在一旁的江彤打趣地说："你这个老头子，科考秀才呐？问这么多这个干什么？！"

刘瑞龙微笑着对姜亮说:"我跟你谈这些,就是看你带着什么观点,比如,你读的政治经济学是谁写的,我心里就有数了。"

诚然,做秘书工作的同志如果与领导干部的思想方法和政治观点弄不到一块儿,就很难配合工作,起草文件、写报告也难对上胃口,双方都很累。于是,姜亮爽快地回答:他与新中国同龄,从小生活在农村,60年代初来北京,中学毕业后到陕北插队,后来在新疆军区当了10年通信兵,参加过自卫反击战,还到西藏无人区和黑龙江执行过战备任务……可以说,工农商学兵全都干过。

听到姜亮丰富的阅历,刘瑞龙虽然没有立刻表示什么,心里却非常满意。

六　意味深长的春节家庭座谈

刘瑞龙对子女要求很严格。他家有一个惯例,每逢春节,都要召开一个团聚座谈会。全家人坐在客厅里,先由子女们依次汇报一年来的思想、学习和工作,然后,由父亲发表春节讲话。

按理说,春节是喜庆的日子,全家人坐在一起,欢天喜地包着饺子,聊着家常,是件很惬意的事情。新年一开门,就坐在那里严肃地开会,好像不太合情理。刘瑞龙却不这样认为。他说:"我们这个座谈,有许多人认为可笑,我感觉在一起谈谈话是正常的,也是必要的。能和孩子们在一起,我感到特别愉快,特别欢喜。"

新中国成立后,刘瑞龙把全部精力都放在发展新中国大农业和粮食增产上,经常伏案工作到深夜,很少有时间和孩子们坐在一起长谈。利用春节团聚的机会,好好和孩子们说说话,他当然感到特别愉快,特别欢喜。

刘瑞龙是一位慈父,又是一位严父。在外人看来,他在家庭中的

刘瑞龙和他的儿女们。后排左起：延东、延申、延淮、延宁（1976 年冬摄于北京农业部招待所）

身份就像是个单位领导，不苟言笑。而他考虑更多的则是孩子们的长远发展。

　　1964 年的夏天，作为清华附中历史上首位学生党员的女儿延东，考取了清华大学，又是一位刚刚入党的新党员。暑假期间，延东从北京回到上海。刘瑞龙没有因女儿高考疲惫让她在家里好好休息，而是要她到青浦县农村去体验生活。他说："中国是一个农业国，不了解农民，就不了解中国社会。"在短短一个多月的假期里，延东与当地的农民群众同吃同住同劳动，给失学的孩子办扫盲班。从社会实践中，她初步了解了农村，了解了农民，还交了许多农民朋友。

　　1981 年 11 月，延东就任中共北京市朝阳区区委副书记。刘瑞龙赋诗一首《延东就职朝阳》，诗中写道："此喜去朝阳，学习是首宗。牢记

刘瑞龙《示诸儿》手迹

党决议，实干世所崇。""人民有甘苦，时刻挂心中。""工作遇疑难，调研路自通。实事中求是，遵则耻随风。复杂问题来，静析忌盲从。"他教育女儿，在新的工作环境中，一定要善于学习，注意调查研究，讲究实干，坚持实事求是的工作作风。父亲的谆谆教诲使延东一生受益，她也从中感受到深切的父爱。

中共十一届三中全会后，党中央带领全国人民拨乱反正，各条战线都取得可喜的成绩。1981年7月中旬，邓小平在同中央宣传部门负责同志谈话时，严肃提出反对资产阶级自由化的问题，重申坚持四项基本原则的重要意义。为端正孩子们的世界观、社会观、人生观，刘瑞龙写下《示诸儿》一诗，告诫孩子们："人生有真谛，为民服务多"，"人民哺育我，甘为孺子牛"，"坚持四原则，吐弃瞎自由"，"专志攻学业，寸阴莫蹉跎"。

　　1982 年 1 月 25 日是壬戌年春节。一年来，刘瑞龙的感想特别多，很想和孩子们好好地谈谈，特别是：怎样调动和发展孩子身上的健康因素？"自立"的含义究竟是什么？怎样做一个德才兼备的人？这次座谈会实际成了报告会，基本让刘瑞龙一个人"包场"了。

　　这一年，刘瑞龙 72 岁，孩子们多已过了而立之年。刘瑞龙最关心孩子们如何自立的问题。他引证《论语·为政》中孔子的一段名言："吾十有五而志于学，三十而立，四十而不惑，五十而知天命，六十而耳顺，七十而从心所欲，不逾矩。"刘瑞龙说："我今年已经 72 岁了，但境界还没有达到'七十而从心所欲，不逾矩'的地步。但是，我还是希望孩子们能够真正地立起来。"

　　刘瑞龙解释说："自立有很多含义，自立不仅是指自己能够独立生活，还要有自己的判断，有自己的理想，有自己的志愿。我是在 1927 年大革命失败、国民党打杀共产党的环境中加入党的，到今年，已经 55 年了。当时的情况，确实像毛主席讲的那样，一些在大革命中间高喊革命的人，有的动摇了，有的叛变了，有的去当资本家了，有的回家去过地主生活了。但是，有一大批党员对共产主义理想坚信不疑，继续坚定地前进。"

　　这时，刘瑞龙的表情很凝重，仿佛回到通师校园那间僻静的教室里，他和几个新党员举起拳头面对党旗庄严宣誓："实行革命，阶级斗争，共产主义，牺牲个人，严守秘密，誓不叛党！"

　　他告诉孩子们："经过 50 多年的考验，我是认真履行了入党誓词的，是以自己的行动和自己的工作来维护誓词，对誓词是问心无愧的。在这中间，我们同陈独秀的取消主义进行过斗争，同三次'左'倾机会主义进行过斗争，各种各样的困难、曲折都没有阻碍我们的前进，我们还在继续前进。因为我们懂得了一个基本的道理，这就是：社会主义、共产主义是历史的必然。"

　　针对当时社会上出现的资产阶级自由化倾向，刘瑞龙严肃地说："我们这个党是中国现在最好的党，是非常坚强的有生命力的党！在'四人帮'横行霸道时，我们看到大厦将要倾倒，一些人对我们的党失去信心。但是在十一届三中全会以后，情况是向好的方向发展、转变的。三年来，我们解决了几千万人的就业问题，这是世界上任何一个国家都不可能办到的事情。我们的农民不仅有粮食了，他们发展多种经营，办起了乡镇企业，十亿人口能养活自己了，这是一件了不起的事情。这就是共产党领导的威力。所以，你们也要和我一样树立坚定信念，我们一起干！"

　　到底怎么才能为"四化"多做贡献，发挥自己的作用呢？刘瑞龙回答——就是中央所说的，我们每一个人都要成为德才兼备的人。

　　刘瑞龙引用唐朝历史学家刘知幾首倡的"史学三才"论，即作为一名史学家应具备的条件：史才，史学，史识，也就是说，要具备才能、学问和见识。接着，刘瑞龙又引用了清朝诗人袁枚的一个很好的比喻："学如弓弩，才如箭镞。识以领之，方能中鹄。"刘瑞龙认为，袁枚说透了学问、才能和见识三者之间的关系，即，学问的根基就好像弓弩，才华就好像箭头，只有用见识来发射它，才能射中目标，这个"鹄"字就是目标的意思。

　　刘瑞龙说："我们要做个德才兼备的人，也就是德、才、学、识兼备的人，'德与识'要依靠马列主义修养，辩证唯物主义和历史唯物主义的修养，依靠自己政治、理论上的修养。'才、学、识'要依靠学习和实践。"

　　讲到这儿，刘瑞龙拿起放在茶几上的当天的《人民日报》，他说："这里有一篇文章，题目是《广泛涉猎，重点研究》，就是要解决学习中广度和深度的问题。诸葛亮曾经讲：'为将而不通天文，不识地理，不知奇门，不晓阴阳，不看阵图，不明兵势，是庸才也。'现在我们要建设'四化'，必要的经济、政治、军事、理论思想，文化知识，国内外、省内外、县内外的情况都要有所了解，否则，任何工作都做不好。但仅有广泛涉猎，没有一点真才实学还不行。学习要有重点，没有专门的知识，没有抓住重点问题，没有一抓到底的精神，也不可能做好工作。"

刘瑞龙要求孩子们树立这样的志向："通过自己努力，力求在三五年内能成为一个方面的行家或专家。这就要求我们，在实际工作中抓住当前的迫切问题，深入钻研，一抓到底！专为一件事情，研究一个问题，集中一段时间亲自调查，看材料，读一点书，向专家请教，找有关人士讨论。要想弄清情况，找出方针办法，必须重点研究。"

刘瑞龙又以自己为例："拿我来讲，就是一个读了4年师范的小学教员，就是这么个本领，以后能够做一点工作就是靠学习，现在搞农业还是靠学习。最近，组织上要我搞《中国大百科全书·农业》卷。这是

全家福（摄于 1984 年春节）

一部有关农业科学的工具书。里面具体应该包括哪些科学知识？我写了一个探索性的思路《论农业》。为了厘清这个思路，我请教了许多自然科学家，包括土壤学家、生物学家等，并请农业科学院和农大审查。他们大体上同意我所提出的论点，也给提出不少意见和建议。这个问题经历了一个千难万难的过程，我用了 3 年的工夫，写成了这一篇文章。"

刘瑞龙停顿了一下，接着说："为什么要告诉你们这些？就是说，在学习中，要勤奋，要坚持不懈，要持之以恒，要有滴水穿石的精神，要为建设'四化'积累和准备才干，在这中间，我们能够出一点力，能够发挥一点作用，能够添一块砖头，加一块瓦都是好的。"

1982 年的春节家庭会，给孩子们留下的记忆是最深刻的。他们每个人都保存了一份父亲报告的录音和文字。每当取得成绩或遇到挫折时，他们都会拿出来听一听，看一看，仿佛父亲就在身旁。

尾声 一篇没有写完的讲稿

　　1988 年 5 月，中国农史学会在花城广州召开第二次学术讨论会。在此之前，刘瑞龙的心脏病已经十分严重。年初，他还在住院。几位了解他病情的老同志，劝他不要去广州。友谊医院的医生也劝阻他。去广州打前站的同志还专门打来电话，说广州的天气已经很热了。然而，谁也拗不过，刘瑞龙执意要去广州参加学术讨论会。

　　刘瑞龙一贯重视农史研究工作。在他看来，只有深入研究中国农业发展的历史和传统经验，才能更好地指导现实，预见未来。1987 年 9 月，中国农史学会正式成立，刘瑞龙任名誉会长。为了紧紧把握农史研究为农业现代化服务这个中心环节，早在年初住院期间，刘瑞龙就广泛阅读有关材料，写出研究提纲，准备在讨论会上进一步重申这个问题，希望引起大家足够的重视。

　　刘瑞龙知道自己已进入耄耋之年，外出一次很不容易，想尽可能地多做一些工作。离京之前，他要秘书到农业部教育司找来一些有关高等院校教育改革的材料，还提出会议结束后，要在华南农业大学召开一个座谈会，帮助学校解决教改中的一些实际问题。

　　4 年前，为参加农业专家丁颖教授逝世 20 周年纪念会，了解珠江三角洲和深圳、珠海等新开发区的发展情况，刘瑞龙曾有过一次广州之行。本来是一次很轻松的出行，他却给自己增加了许多额外的工作内容：到华南农业大学听取校方对教改的意见，研究培养人才的方向；参加农史教研会议，讨论有关农史的作用；等等。为了思考、准备每个会议的讲话提纲，他每天都睡得很晚，大家都担心他的身体会被累垮的。华南农大著名农史专家梁家勉教授，与刘瑞龙是步韵奉和的知己。梁夫人特意做了蛋黄蘑菇蒸肉、鸡汤银耳、蒸咸鸭、菜心夹肉、清蒸鱼等好几道清淡可口的广东菜，热情款待刘瑞龙夫妇。眼下这次广州之行，适逢梁教授八十寿辰，刘瑞龙不仅要带去祝寿文章，还有新的诗作。

火车一驶进广州站，就像钻进了大蒸笼，下车的、接站的个个汗流浃背。考虑到刘瑞龙年事已高，会务组把他安排在条件最好的小岛宾

刘瑞龙（左）在农史学会会议上。右为著名农史学家梁家勉（摄于 20 世纪 80 年代）

馆。可刘瑞龙坚持要和会议代表们一起住在位于郊区的华南农大内部招待所。南方天气潮湿，房间里没有空调。会务组只好把他安排在干燥通风的三层楼，每天都要爬上爬下。

华南农大的校园很大，招待所距离会场要走很长一段路。刘瑞龙是位高龄老人，还患有脉管炎，走路很吃力。会务组担心他吃不消，专门安排了一辆小汽车接他上下会。就连这个任何人都能理解的"特殊化"也被他拒绝了。他坚持和大家一起步行，一边走还一边讨论问题。

身为名誉会长，刘瑞龙完全可以把许多工作交给年轻同志去做。可一到广州，他便全身心地投入到会议之中。高度的责任心让他在开幕式讲话之后，又参加小组讨论的全过程，认真听取每一位莅会代表的发言，还不停地做笔记。

为了写好会议总结报告，5月22日晚上，刘瑞龙与农史学会秘书长吕平一起讨论问题到23日凌晨3时，上午又参加会议闭幕式。原定休整半天，可当天下午，他即要秘书召集华南农大有关人员开座谈会，晚上，又补充修改他在闭幕式上的讲稿。这种连年轻人都难以承受的重荷，终于使刘瑞龙已经老化脆弱的心脏，再也支撑不住了……

刘瑞龙病情十分危急，江彤被这突然发生的意外惊呆了，顿时乱了方寸。会务组的同志立刻把他送到附近的暨南大学附属医院抢救。

25日上午，刘瑞龙的病情已经缓和，还和护士们逗逗趣，说说笑话。

中午，刘瑞龙躺在病床上安静地睡着了。紧张了一整天一整夜的江彤，这才靠在沙发上稍稍打了一会儿盹。

突然，江彤被一个激灵惊醒，猛地站起身来。她看到刘瑞龙正虚弱地指着床头柜上的一只小碗——医院膳食科送来的午间补品洋参汤，只见参汤剩下一半，碗底还沉着几片西洋参。江彤明白丈夫的意思，是心疼她太劳累了，让她喝下碗中的参汤补补身子。

当江彤走到病榻边，只见刘瑞龙的额头、面颊、脖颈都渗出豆大的汗珠，呼吸也变得急促起来。她哪里还顾得上喝参汤，急忙按响了床头边的呼救揿钮。

刘瑞龙直愣愣地望着江彤，嘴角微微抽动着，好像有什么话要说，却吐不出半个字，只有那只冰冷的大手紧紧地攥着妻子温暖柔软的手，须臾不肯松开……

天色渐渐黑了，湿闷的空气憋得人喘不过气来，抢救在紧张地进行着……

当时针定格在 22 时 40 分，所有的一切都凝固了。

刘瑞龙的广州之行，在凄婉和沉痛的气氛中结束了，也为他多舛的革命人生画上一个悲壮的句号。

会务组的同志们在整理会议资料时，含泪阅读了刘瑞龙在闭幕式上的讲稿——《农史科学如何为农业现代化服务》。大家惊讶地发现，讲稿的前三部分："建设有中国特色的社会主义现代化农业任务的提出"、"实现任务的道路和步骤"、"实现农业现代化当前的任务和方针政策"，刘瑞龙都有详细的文字，而第四部分——"农史科学研究的总题目是如何使传统农业向现代农业转化，如何为中国式社会主义农业现代化服务"，只列了 7 个小标题，却没有行文，显然，这是一篇没有写完的讲稿。

斯人去矣，似留待后继者去追思，去赓续努力……

晚年刘瑞龙（摄于 20 世纪 80 年代）

刘瑞龙生平大事年表

（1910—1988 年）

　　江苏南通人，生于 1910 年 10 月 3 日（农历九月初一），1927 年 9 月加入中国共产党，入党介绍人陆景槐。

　　1917 年秋到 1924 年春，南通陆洪闸小学、城北高小毕业。

　　1924 年秋到 1928 年秋，南通师范学校学习。1925 年到 1927 年参加革命学生运动。

　　1926 年，加入中国共产主义青年团。

　　1927 年 9 月加入中国共产党后到 1928 年 6 月，任南通师范学校党支部书记，1928 年 1 月后任中共南通城区区委书记。

　　1928 年 6 月到 8 月，被捕，解南京特种刑事法庭，被判决无罪释放。

　　1928 年 9 月到 1929 年 10 月，任中共南通县委委员，1929 年 11 月接任中共南通县委书记。

　　1929 年 11 月，出席中共江苏省第二次代表大会，并当选为中共江苏省委委员。

　　1930 年 3 月到 5 月，任中共通海特委委员兼巡视员。

1930 年 6 月到 9 月，任中共通海特委书记。

1930 年 10 月到 12 月，任中共江南省委外县工作委员会委员。

1931 年 1 月到 2 月，任中共江苏省外县工作委员会副书记。

1931 年 2 月到 5 月，任中共上海法南区委宣传部部长。

1931 年 5 月到 7 月，被捕，无证无供被释放。

1931 年 7 月到 1932 年 4 月，任中共江苏省委巡视员。

1932 年 4 月到 10 月，任中共江苏省委农委书记兼省军委委员。

1932 年 10 月到 1933 年 2 月，调党中央分配工作。

1933 年 2 月到 1936 年 2 月，任中共川陕省委宣传部部长。

1936 年 2 月到 1937 年 9 月，任红四方面军政治部宣传部部长。

1936 年 11 月，任西路军政治部宣传部部长。

1937 年 3 月到 9 月，被藏族民团搜捕送军阀马步芳看守所，经党中央委派的谢觉哉营救释放。

1937 年 10 月到 1938 年 3 月，在中央党校学习。

1938 年 3 月到 1939 年 9 月，历任安吴堡青训班教务处处长，副主任，代主任。

1939 年 9 月，随刘少奇率领的中共中央中原局东进华中敌后。

1939 年 11 月到 1940 年 3 月，任中共豫皖苏区党委书记。

1940 年 3 月到 8 月，任中共皖东北军政委员会书记。

1940 年 8 月到 9 月，任中共苏皖军政委员会副书记。

1940 年 9 月到 1941 年 5 月，任中共淮海区军政委员会书记。

1941 年 5 月到 8 月，任中共皖东北区党委副书记。

1941 年 8 月到 1945 年 10 月，任中共淮北苏皖边区党委委员，淮北行政公署主任，1943 年年底任中共淮北苏皖边区党委副书记。

1945 年 10 月到 1947 年 1 月，历任华中分局民运部部长，苏皖边区政府第一副主席，华中北线后勤司令部政治委员。

1947 年 2 月到 1949 年 6 月，历任山东支前委员会副主任兼前方办事处主任，华东野战军第二副参谋长兼后勤司令员，豫皖苏分局财经办事处主任，第三野战军后勤司令员兼政治委员。

1949 年 6 月到 10 月，任中共上海市委秘书长。

1949 年 10 月到 1953 年 2 月，历任中共中央华东局农委书记，华东土改委员会副主任。

1953 年 2 月到 1960 年 10 月，任农业部副部长、党组副书记；华侨事务委员会委员。

1960 年 10 月到 1966 年 12 月，任中共中央华东局委员，华东局农委主任。

1967 年 1 月到 1972 年 11 月，被迫害入狱。

1972 年 12 月到 1978 年 10 月，任上海市农业局顾问。

1978 年 2 月到 1979 年 6 月，任第五届全国政协常委，农林部顾问。

1979 年 6 月到 1983 年 6 月，任农业部副部长、农业部党组成员。

1980 年 6 月，任《中国农业百科全书》总编辑委员会主任。

1983 年，任《中国大百科全书》总编辑委员会副主任。

1983 年 6 月，任第六届全国人大常委会委员。

1984 年 1 月到 1985 年 3 月，任中央整党工作指导委员会农林口整党工作指导小组组长。

1986 年 4 月，被全国人大补充任命为全国人大法律委员会委员。

1988 年 5 月 25 日，在广州主持全国农史学会第二次学术讨论会期间，因劳累过度，心脏病突发，不幸逝世。

农业部原副部长刘瑞龙同志
骨灰安放仪式在京举行

    1988 年 6 月 23 日下午，刘瑞龙同志骨灰安放仪式在北京八宝山革命公墓礼堂举行。第五届全国政协常委、第六届全国人大常委会委员、农业部原副部长刘瑞龙在广州主持全国农史学术讨论会期间，因劳累过度、心脏病猝发，抢救无效。于 1988 年 5 月 25 日不幸逝世，享年 78 岁。

    刘瑞龙同志 1910 年 10 月 3 日出生在江苏省南通县。1924 年考入南通师范学校，积极参加学生运动。1926 年加入共产主义青年团，1927 年加入中国共产党，任中共南通师范学校党支部书记。1930 年，他任中共通海特委书记，参与创建和领导了中国工农红军第十四军。同年，他被调到中共江苏省委工作，先后任中共江苏省委外县工作委员会委员、副书记，中共江苏省委巡视员、省农委书记兼省军委委员。此后，在长期的革命战争年代，刘瑞龙同志先后任红军第二十九军政治部主任、中共川陕省委宣传部部长、红军第四方面军政治部宣传部部长、中共豫皖苏区党委副书记、苏皖军政委员会书记、淮北行政公署主任、中共华中分局民运部部长、苏皖边区政府第一副主席、华东野战军第二副参谋长兼后勤司令员、豫皖苏分局财经办事处主任、第三野战军后勤司令兼政治委员等职。1949 年 5 月上海解放后，刘瑞龙同志任中共上海市委秘书长、中共华东局农委书记、华东土地改革委员会副主任。1953 年，刘瑞龙同志被调国家农业部任常务副部长兼党组副书记。

刘瑞龙同志是我党久经考验的无产阶级革命家，参加过举世闻名的长征。在著名的淮海战役中，他作为第三野战军后勤司令参与了动员和组织起几百万人的浩浩荡荡的民工大军奋勇支前的工作。在淮海和渡江两大战役中，刘瑞龙同志建立了功勋。

建国后的第一个五年计划期间，刘瑞龙根据中央指示，起草《全国农业发展纲要》（初稿）和第二个五年计划期间农业建设方案（初稿）；并参考古代与近代的农书，旁征博引，撰述了《农业增产的八项措施》。

"文化大革命"中，刘瑞龙同志遭到残酷迫害，被非法关押达五年之久，身心受到极大摧残。

粉碎"四人帮"反革命集团以后，刘瑞龙同志得到彻底平反，调回农业部，先后任顾问、副部长、党组成员等职务。1984 年，他还兼任《中国大百科全书》总编辑委员会副主任和《中国农业百科全书》总编辑委员会主任。

刘瑞龙同志参加革命半个多世纪，襟怀坦白、坚持原则、生活简朴、严于律己、为人表率，受到大家的普遍推崇和尊敬。

在今天下午刘瑞龙同志骨灰安放仪式上，送花圈的有：邓小平、杨尚昆、陈云、李先念、彭真、徐向前、聂荣臻、乔石、乌兰夫、田纪云、江泽民、胡耀邦、萧克、杨得志、彭冲、韦国清、陈俊生、朱学范、胡厥文、王恩茂、王光英、张震、萧劲光、廖汉生、胡绳、杨成武、李一氓、雷洁琼、王鹤寿、严济慈、陆定一、荣毅仁、刘澜涛、宋时轮、叶飞、张劲夫、程子华、杜润生等。

参加安放仪式的有：李鹏、姚依林、万里、王震、秦基伟、薄一波、宋任穷、李德生、余秋里、张爱萍、陈丕显、胡乔木、段君毅、黄华、习仲勋、周谷城、王汉斌、王任重、方毅、谷牧、康克清、钱正英、洪学智。

（根据《人民日报》1988 年 6 月 24 日报道等资料整理）

"人生有真谛，为民服务多"*

——缅怀为党和人民的事业鞠躬尽瘁的刘瑞龙同志

张　震　魏传统　杨显东　杨　纯　郝盛崎

　　忠诚的共产主义战士、中国社会主义农业建设的杰出组织者刘瑞龙同志，离开我们4年多了。我们还清楚地记得，那是在1988年5月，他不顾78岁的高龄，冒着酷暑高温，千里迢迢从北京到广州亲自主持全国农史学会学术讨论会，与到会同志同吃住、共研讨，终因操劳过度导致心脏病猝发，突然地病逝在自己无限热爱的工作岗位上，实现了他生命不息、奋斗不止的誓言。在这难忘的忌日里，我们这些曾经先后与瑞龙同志共同战斗、共同生活过的老战友、老同事、老属下都抑制不住情感，引发出无限的追思。他在血雨腥风中的人生选择，在革命征途上的坚强意志，在工作中的忘我拼搏，勤奋钻研，在作风上的严于律己，不计名利，艰苦奋斗，联系群众等优秀品德，无不历历在目，一一浮上心头。

---

　　* 原文载于1992年9月27日《人民日报》。

一

　　瑞龙同志是江苏南通人，生于1910年10月。他出生才70多天，父亲就去世了。他从小饱尝旧社会颠沛流离之苦和生活之艰辛，并由此萌生了对社会穷富悬殊的愤慨。1921年，11岁的瑞龙从乡村小镇来到南通城，寄居在曾参加过辛亥革命的表兄葛松亭家，就读南通城北高等小学，14岁时又考入南通师范学校。这使他不仅仅在文化知识上有了进步，而且也打开了入世之门。他在校内读到了鲁迅、郭沫若等人以及西方思想启蒙时期的名著，思想上受到了很大的启迪。这时，正是第一次国共合作、国民革命运动不断高涨的时期。他积极参加校内进步学生组织"晨光社"，接触到《共产党宣言》《共产主义ABC》《中国青年》《向导》等革命书籍和马克思主义的基础理论，思想觉悟提高很快。在其亲属、著名共产党人恽代英的影响和启发下，他于1926年加入了中国共产主义青年团，怀着救国救民的志向在家乡开展革命活动。大革命失败后，在白色恐怖的腥风血雨中，他作出了人生的最终选择，于1927年9月加入中国共产党。从此，开始了他新的革命生涯。1929年11月，年仅19岁的瑞龙同志担任了中共南通县委书记，并作为中共南通县委的代表出席了中共江苏省第二次代表大会，在会上当选为中共江苏省委委员。在当时极端复杂和困难的情况下，在党组织的领导下，他积极发动和组织农民运动，开展武装斗争，创立游击区，粉碎敌人的"包剿"。同时，根据中央军委的决定，与李超时、何昆、黄火青、张爱萍等一起参与创建了中国工农红军第十四军。1930年3月，瑞龙同志先后任中共通海特委委员和特委书记，并于当年6月赴如泰地区，直接参加和领导通海如泰这一国民党统治腹心地带的军事斗争和群众运动，不断地壮大了党的力量，扩大了党在大江南北国民党统治腹心地区的影响。

　　1930年10月，瑞龙同志奉调赴中共江苏省委工作，在陈云为书记，有李硕勋、刘晓等参加的省委外县工作委员会任委员、副书记，后又任江苏省委巡视员、省农委书记兼省军委委员。他不畏艰险，机智果敢地从事地下工作和农民运动。1933年2月，瑞龙同志受命赴川陕苏区工作。他先后任中共川陕省委宣传部部长、红四方面军政治部宣传部部长；参加了举世闻名的万里长征，三过草地，二过雪山，历尽艰辛。

　　抗日战争爆发后，瑞龙同志在延安中央党校短期培训后，于1938年2月赴安吴堡青年训练班，负责组织日常教务工作并且亲自授课。在中共中央青委的直接领导下，他与其他同志一起坚决贯彻党的抗日民族统一战线政策和实事求是、理论联系实际的办学方针，为抗日救亡工作培养了上万名优秀青年干部。1939年9月，瑞龙同志随同刘少奇前往华中敌后开辟抗日根据地，先后任苏皖军政委员会副书记、淮北行署主任等职。在刘少奇和中原局、华中局的领导下，他主持地方党政工作，坚持统一战线，贯彻执行党的各项方针、政策，放手发动群众，积极壮大地方武装，坚持对敌斗争，为建立和巩固抗日民主政权，巩固和壮大淮北抗日民主根据地作出了重要贡献。

　　抗日战争胜利后，瑞龙同志任中共中央华中分局委员、民运部部长、苏皖边区政府第一副主席。他认真贯彻中共七大会议精神和"五四土改指示"，发动群众开展惩奸清算、土地改革，积极恢复和发展生产，充分调动广大人民群众的革命热情，为支援人民解放战争打下了坚实的群众基础。人民解放战争开始后，瑞龙同志历任华中北线后勤司令部政委、华东野战军副参谋长、后勤司令、第三野战军后勤司令兼政委等职，直接组织和指挥了苏中、鲁南、莱芜、孟良崮、淮海、渡江、上海等重大战役的后勤支前工作。特别是在淮海战役中，他在总前委邓小平、刘伯承、陈毅、粟裕等同志的领导下，充分发挥了他宣传群众、组织群众的才能，与各有关党政军机关密切配合，动员和组织起几百万人的民工队伍，形成了一个庞大的运输供应网，充分保证了战役每个阶段的后勤供给需要。这一大规模的群众性支前运动，不仅保证了历时66天的淮海战役的伟大胜利，也为后来的渡江战役准备了充分的物质条件。在这两大战役的后勤支前工作中，瑞龙同志建立了功勋。

1949年5月上海解放后，瑞龙同志由部队转到地方工作。从此，他把自己的后半生全部奉献给了新中国的农村和农业建设事业。他先后任中共上海市委秘书长、中共中央华东局农委书记、华东土地改革委员会副主任，为华东地区的土地改革、农业生产互助合作运动和恢复发展农业生产付出了巨大的精力，至今许多同志对瑞龙同志当时做的华东土改报告记忆犹新。1953年瑞龙同志调任中华人民共和国农业部常务副部长兼党组副书记，他把全部精力都放在发展新中国农业的各项建设方案的制定与实施上。根据中央指示，他先后组织起草了《全国农业发展纲要》（初稿）、第二个五年计划期间农业建设方案（初稿）等。他直接参加和领导了第一次全国土壤的普查工作，为新中国农业的科学开发和发展提供了重要基础。1960年10月，瑞龙同志调任华东局委员兼农委主任。他顾全大局，艰苦工作，热情支持当时在安徽农村中出现的责任田制，主张科学种田，积极推行各种农业增产措施，热心致力于农村生产力的发展。"文化大革命"中，瑞龙同志遭到"四人帮"的残酷迫害，他虽身处逆境，依然挂念国家农业建设事业。后在周总理亲自关心下，才被解除关押。粉碎"四人帮"后，他得到彻底平反，调回农业部，先后任顾问、副部长等职。1984年担任中央整党工作指导委员会农林口整党工作指导小组组长，并先后被选为五届政协常委、六届人大常委。从1980年起，他兼任中国农业百科全书总编辑委员会主任、中国大百科全书总编辑委员会副主任，还被选为中国农学会农业历史学会名誉主任委员。这时的瑞龙同志年逾古稀，但壮心不已。他坚决拥护并努力贯彻党的十一届三中全会以来的路线、方针、政策，对以联产承包责任制和乡镇企业为重要标志的农村改革在中国大地掀起的狂飙感到欢欣鼓舞，对中国农业社会主义现代化的光明前景充满信心。他以高度的热情和责任感投入到农村改革的大潮中，投身到农业经济、农业技术、农业史等的理论学术研究中，为中国农业的伟大变革献计出力。凡是邀他参加的有关农业的会议，他逢会必到，发言则事先极其认真地做好准备，并且始终坚持下乡找农民和基层干部调查，坚持与专家、技术人员交朋友，收集各方面的意见，向中央和有关部门写出调查报告或建议。直到他临终前夕，还在和专家、教授座谈农业高等教育的改革和传统农业向现代化农业转化的问题，为我国社会主义农业的发展，尽了最后的一把力。真是鞠躬尽瘁，难能可贵。

二

瑞龙同志能够这样全心全意为人民服务，虽历经坎坷，而对共产主义事业终生不渝，是因为他有着坚定的共产主义信念。他走上为共产主义而奋斗的道路是经过深思熟虑、认真比较、自觉地选择的。青年时期的瑞龙同志就是一个好学上进、富有正义感的人。当他步入社会之后，正值大革命高潮到来之际，三民主义和共产主义两种思潮对他的思想产生巨大冲击，必须在二者之间作出自己的历史选择。在进步书刊、共产党人、革命环境的影响下，逐步地开拓了他的思想境界，特别是在加入共青团以后，通过参加学生运动、群众运动的革命实践，又使他的思想信仰得到不断深化和加强。大革命中，国共两党的言行也促使他不断地思考、仔细地观察和比较。亲身的实践体验促使他最终确认共产主义是人类彻底解放的唯一正确选择，共产党所指引的道路是解救中国、改造社会的唯一正确道路。在1927年"四一二"反革命政变后"黑云压城城欲摧"的险恶形势下，他毅然决然地站在中国共产党的旗帜下，"以誓词作为立身行事准则，决心终生为履行誓词而奋斗"。在此后长达62年的革命生涯中，他总是把党的利益放在首位，不避艰难险阻，不追逐名利地位，勤勤恳恳地为党的事业奋斗。即使面临生与死的考验，他也毫不动摇。在民主革命时期，他曾经三次被敌人逮捕入狱，面对敌人的凶残，坚贞不屈，机智勇敢，沉着应付；并且在狱中积极组织和领导难友开展对敌斗争，表现了共产党人的崇高气节。他有很强的党性和组织纪律性，一贯自觉地服从组织分配，认真贯彻执行党中央的路线和各项方针政策，即使在受到不公正待遇时，也能从大局出发，坚持真理，不计较个人得失，努力工作。在十年动乱中，他被加上了种种"莫须有"的罪名，非法关押监禁长达五年之久，身心遭到极大摧残，而他始终保持对党和共产主义的坚定信念。在被关押期间，他坚持真理和党性，实事求是，利用狱中有限的条件，专心致志地学习毛泽东著作，用工整的字，一字一句，一篇一篇地抄写《矛盾论》《实践论》等哲学著作，重新通读了《资本论》及其他马列原著，写出了30余万字的读书笔记。他还密切地关注国家各项事业的发展，每当得知取得新的成就时，就十分感奋，有时还拿起笔来赋诗咏诵，成诗稿17首，其中11首与农村经济建设有关。他凭着记忆认真总结新中国成立后农业政策及科学种田的经验，写出了几十万字的手稿。以后出版的关于中国农业发展的论著，不少是在狱中形成的提纲。这些，如果没有对马列主义、毛泽东思想的坚定信仰，没有对共产主义的坚定信念，没有强烈的革命事业心和责任感，是无法做到的。

瑞龙同志一贯坚持我党倡导的实事求是的思想路线和一切从实际出发的优良作风，勤于探索，好学不倦，持之以恒。瑞龙同志参加革命后，曾担负过党、政、军、群等多方面的工作任务，在实际工作中自觉养成密切联系群众、深入实际调查研究、求知若渴、刻意钻研、朴实严谨的良好作风。他向实践学习，从实际工作中增长自己的才智，在战争中学习战争，在工作中学习工作；向领导学习，在贯彻执行上级精神中体会其思想方法和工作艺术；向群众学习，不耻下问，甘当小学生。为适应经济建设的需要，他在保持战争时期的优良作风的基础上，开始注重向书本学习，向专家学习，向一切内行的同志学习。他特别注重关心、爱护知识分子，广交知识分子朋友，发挥他们的一技之长，至今使许多农业科学家难以忘怀。为了掌握和了解第一手资料，他经常下乡蹲点、巡回视察；为了学习农业管理和科学技术知识，他多次请教钱学森等著名科学家，访问了许多专家、教授和劳动模范，并先后去苏联、保加利亚、缅甸等国考察，阅读了大量国内外有关农业科技的理论著作。与此同时，他还不断地从理论和实际相结合的原则出发，撰写了大量有关农业理论、农史、土地制度改革等方面的论著。现已搜集到的这方面的文稿，1950 年到 1988 年间，就已达 300 多篇，200 余万字。在他的有关农业理论的著述中，特别是党的十一届三中全会以后撰写的文章中，广征博引了许多古今中外农学书籍的材料，紧密联系国内外农业发展的现状，通过朴实严谨的论证，提出了一系列颇有见地的观点，表现了丰富的实践经验和扎实的理论知识功底，在国内农学界和农史学界享有很高的威望，成为学有专长的专家。他曾兼任北京农业大学教授，并给学生授课。即使到了晚年，体力渐衰，他也仍然学习、著述不辍。他广泛涉猎各种书刊，学习新的理论和知识，认真地回顾和总结一生的工作实践、工作经验，继续对农业科学进行理论探索，撰写了大量有关党史、革命斗争史、农学理论的文章和著作。发表在《中国大百科全书·农业》卷卷首的《论农业》，他五易其稿，耗尽心血。真是晚霞生辉，将有限的余热，迸发出最大的光芒。

瑞龙同志是一个从大革命时期就参加革命的老同志，并且长期担任党、政、军的重要领导职务，但是他从不自傲、自居、自恃，一向保持普通党员和人民公仆的形象和情怀。自奉甚俭，粗食淡饭，衣着俭朴，数十年如一日。

瑞龙同志十分注意对子女的教育。为树立良好的学风，他身体力行，以身作则，经常对子女进行艰苦奋斗和革命传统教育，讲述长征中的故事和革命先烈的光辉业绩，他曾经不止一次地带领孩子挖野菜、吃野菜，激励子女不忘过去，继承优良革命传统，做一个有益于人民的人。他从不为自己的亲属和子女拉关系、走后门、搞特殊，而要求子女自强自立，勤奋学习，严于律己。1981年10月，瑞龙同志满怀激情地在一首题为《示诸儿——端正世界观、社会观、人生观》的诗中写道："人生有真谛，为民服务多。党导正方向，决议勤切摩。人民哺育我，甘为孺子牛。祖国抚爱我，奋起壮山河。四化振中华，力争唱凯歌。学外为建设，忘本实可羞。坚持四原则，吐弃瞎自由。专志攻学业，寸阴莫蹉跎。"诗中坦露了一个老共产党人的高尚情操，表达了他对党的基本路线的拥护支持以及对自己子女寄予的深切期望。

斯人已去，风范犹存。瑞龙同志虽然和我们永别了，但是他用自己革命的、战斗的一生和大量的文字著述给我们留下了宝贵的精神财富。缅怀其优秀品德，策人励世，使人们可以从中吸取教益，为全面贯彻执行党的基本路线，深化改革，扩大开放，为促进社会主义的两个文明建设贡献力量，为在20世纪90年代实现我国国民经济和社会发展的伟大战略目标而努力奋斗。

主要参考书目

中共中央文献研究室编，逄先知、金冲及主编：《毛泽东传（1949—1976）》，中央文献出版社2003年版。

中共中央文献研究室编：《朱德传》，人民出版社、中央文献出版社1993年版。

《李先念传》编写组：《李先念传（1909—1949）》，中央文献出版社1999年版。

黄峥著：《刘少奇一生》（修订版），中央文献出版社2003年版。

徐向前著：《历史的回顾》，解放军出版社1988年版。

李维汉著：《回忆与研究》，中共党史资料出版社1986年版。

粟裕著：《战争回忆录》，知识产权出版社2004年版。

张震著：《张震回忆录》，解放军出版社2003年版。

铁竹伟著：《廖承志传》，人民出版社1998年版。

王定国著：《后乐先忧斯世事》，人民出版社1994年版。

《恽代英文集》，人民出版社2014年版。

刘瑞龙著：《刘瑞龙回忆录》，安徽人民出版社1991年版。

刘瑞龙著：《回忆红十四军》，江苏人民出版社 1999 年版。

刘瑞龙主编：《第三野战军后勤文献资料选编》（上、中、下）（内部发行），金盾出版社 1997 年版。

刘瑞龙主编：《中国农业浅说》，农业出版社 1984 年版。

刘瑞龙著：《刘瑞龙农业文选》，农业出版社 1990 年版。

中共江苏省委党史工作委员会、江苏省档案馆编：《江苏革命斗争纪略（1919—1937)》，档案出版社 1987 年版。

中共南通市委党史工作委员会、南通市档案馆编：《中国工农红军第十四军历史文献资料》，中共党史资料出版社 1990 年版。

中共南通市委党史工作委员会、南通市民政局编：《江海英烈》，江苏人民出版社 1988 年版。

中共南通市委党史工作委员会编：《江海奔腾》，上海社会科学院出版社 1989 年版。

中共南通县委党史办公室、政协南通县委员会文史资料委员会编：《难忘的征程》，上海古籍出版社 1991 年版。

中共南通市委党史工作委员会编：《风采》，黄山书社 2001 年版。

江苏省南通师范学校百年校庆筹委会编：《世纪回眸》（南通师范学校百年校庆纪念文集），2002 年。

中国工农红军第四方面军战史编辑委员会：《中国工农红军第四方面军战史》，解放军出版社 1991 年版。

中国工农红军第四方面军战史编辑委员会：《中国工农红军第四方面军战史资料选编》（川陕时期，上、下），解放军出版社 1993 年版。

中国工农红军第四方面军战史编辑委员会：《中国工农红军第四方面军战史资料选编》（长征时期），解放军出版社 1992 年版。

共青团中央青运史研究室、共青团陕西省委青运史研究室编：《安吴古堡的钟声》，中共党史资料出版社 1987 年版。

豫皖苏鲁边区党史办公室、安徽省档案馆编：《淮北抗日根据地史料选编》（内部资料），1985 年。

后　记

我写《车轮滚滚——刘瑞龙的一生》这部传记作品，初衷是为了传承父辈一份未了的情结。

在土地革命时期，刘瑞龙伯伯曾是中共通海地区党的领导人、中国工农红军第十四军的创始人之一。而我的父亲，在抗日战争期间，曾长期担任中共如西县（今如皋县）县委书记，亲历了新四军创建苏中抗日根据地和苏中"七战七捷"的伟大胜利，深切有感土地革命时期党在人民群众中的深刻影响。父亲离休后，曾参与江苏军史的编纂工作。在长达4年多的时间里，他跑了江苏省的11个地市，进行了大量的调研采访，搜集了许多宝贵的资料，并辛勤撰写了一部《江苏农民武装暴动和工农红军斗争史略》（土地革命时期）。在此期间，父亲曾给刘瑞龙伯伯写信，诚请他对书稿加以指正。1988年年初，刘伯伯两次复信，肯定了我父亲整理党史资料的严肃认真态度，并诚恳提出建议："为加速定稿，建议先由有关市委党史办做好有关史料的审定工作，而后再由我提出核定意见。"不幸的是，3个月后，刘伯伯在广州参加农史学会第二届学术讨论会时心脏病突发因公殉职。一年后，父亲也因积劳成疾与世长辞。

　　我本是一名电机工程师，后来潜心于传记文学创作。有感于父辈深厚的革命情结，为完成父亲的遗愿，我决定写一部反映刘瑞龙与红十四军的纪实文学作品，在创作过程中，逐步发展为一部记述刘瑞龙革命人生的传记作品。

　　刘瑞龙是老一辈无产阶级革命家，思想深邃，人生经历丰富而坎坷。虽然，他留下了大量宝贵的文字史料，如，《回忆红十四军》《刘瑞龙回忆录》《我的日记——淮海、渡江战役支前部分》《刘瑞龙诗稿》《刘瑞龙农业文选》《八字宪法浅说》《中国农业浅说》，以及数千万字的工作笔记，为我进行创作不仅提供了丰富的史料，而且开阔了思路。但刘瑞龙一贯谦虚谨慎，在他的著作中，很少找到有关他本人的只言片语，更多的是歌颂人民群众，歌颂革命先烈。他始终把自己置身于组织之中，以辩证唯物主义和历史唯物主义的观点，回顾我党、我军走过的革命历程，客观地总结历史的经验和教训。这些，又使我在捕捉和挖掘主人公的个人行为和心路历程，写出一个有血有肉的人物方面，存在不少困难。

　　"应该多写写穿'蓝衣服'的人。"在采访过程中，一位老同志的提示让我找到了灵感。以往，在反映老一代革命家的传记作品中，大多是描写他们在炮火连天的战场上怎样过五关斩六将，在党内路线斗争中如何顶逆流战恶浪。然而，中国革命的历程是漫长的、复杂的，围绕革命战争这个中心任务，还有大量有声有色的地方工作，如，根据地建设，党的经济工作、统战工作、民族工作，后勤支前工作等等。在建设新中国的过程中，围绕党的政治路线，还有工业、农业、教育、科技等大量与国计民生息息相关的工作。长期从事地方工作的刘瑞龙，用一生的忘我奋斗，奏响了一曲曲恢宏、壮丽的乐章。

　　怎样确定一个真切响亮的书名？在阅读刘瑞龙书信的过程中，我看到一封写于1984年8月的信，讲刘瑞龙编写的《华东支前后勤资料汇编》

一书，谭震林曾建议将书名改为《车轮滚滚》，于是，刘瑞龙请张爱萍题签，张将军欣然挥毫。我眼前豁然一亮，就用《车轮滚滚》作本书书名！纵观刘瑞龙长达 60 多年的革命生涯，他不正像一副承载重荷的车轮，无论前进的道路多么曲折坎坷，都坚实地、毫不懈怠地滚滚向前！

在十余年的搜集整理资料和写作过程中，我得到中央党史研究室、中央党校、红四方面军战史修改委员会办公室、中共南通市党史工作委员会、江苏泗洪县新四军研究会、国家农业部、雨花台烈士陵园宣传处等有关方面的积极支持。得到罗青长、张灿明、王定国、赵凡、施亚夫、林颖、奚原、陈秉惠、方志、孟格非、徐宏久、郝盛崎、杨贵、裴祖吾等老前辈，以及乐秀良、李海文、李东朗、张素华、谢庆山、董保存、李忠尚、蒋中建、殷春泉、陈俊华等专家、学者的热心指导。恽希仲、徐小岩、刘建、王鲁光、彭小枫、江泽慧、张淮流、陆希元、彭城、黄易宇、罗援、胡木英、魏兰等老一代革命家和革命烈士后人；李易芳、陶岳嵩、王文德、胡秋发、姜亮等曾经在刘瑞龙身边工作的同志；还有刘瑞龙的家人和亲属也为我提供了大量的宝贵史料。在此，表示由衷的感谢！

由于本人水平有限，书中定有不当之处，敬请专家和读者给予批评指正。

作　者
2018 年 9 月于北京

图书在版编目（CIP）数据

车轮滚滚：刘瑞龙的一生／周燕 著．—北京：人民出版社，2019.3
ISBN 978－7－01－009239－3

I.①车…　II.①周…　III.①刘瑞龙（1910—1988）–生平事迹
　IV.①K827=7

中国版本图书馆 CIP 数据核字（2010）第 174627 号

车 轮 滚 滚
CHELUN GUNGUN
——刘瑞龙的一生

周 燕 著

人民出版社 出版发行
（100706　北京市东城区隆福寺街 99 号）

北京新华印刷有限公司印刷　新华书店经销

2019 年 3 月第 1 版　2019 年 3 月北京第 1 次印刷
开本：710 毫米 ×1000 毫米 1/16　印张：35
字数：451 千字　印数：0,001—5,000 册

ISBN 978－7－01－009239－3　定价：88.00 元

邮购地址 100706　北京市东城区隆福寺街 99 号
人民东方图书销售中心　电话（010）65250042　65289539